权威·前沿·原创

皮书系列为
"十二五""十三五"国家重点图书出版规划项目

BLUE BOOK

智 库 成 果 出 版 与 传 播 平 台

淮海蓝皮书

BLUE BOOK OF HUAIHAI

淮海经济区发展研究报告（2020~2021）

ANNUAL REPORT ON CULTURE AND TOURISM INTEGRATION DEVELOPMENT IN
HUAIHAI ECONOMIC ZONE (2020-2021)

文旅融合

主　编 / 华桂宏　岑　红

执行主编 / 沈　山　孟召宜　吴建兴　沈正平

社会科学文献出版社

SOCIAL SCIENCES ACADEMIC PRESS (CHINA)

图书在版编目（CIP）数据

淮海经济区发展研究报告.2020－2021：文旅融合/
华桂宏，岑红主编．－－北京：社会科学文献出版社，
2021.8
　（淮海蓝皮书）
　ISBN 978－7－5201－8557－8

　Ⅰ.①淮…　Ⅱ.①华…　②岑…　Ⅲ.①经济区－区域
经济发展－研究报告－华东地区－2020－2021　Ⅳ.
①F127.5

中国版本图书馆 CIP 数据核字（2021）第 121055 号

淮海蓝皮书
淮海经济区发展研究报告（2020~2021）
　——文旅融合

主　　编/华桂宏　岑　红
执行主编/沈　山　孟召宜　吴建兴　沈正平

出 版 人/王利民
组稿编辑/任文武
责任编辑/杨　雪

出　　版/社会科学文献出版社·城市和绿色发展分社（010）59367143
　　　　　地址：北京市北三环中路甲 29 号院华龙大厦　邮编：100029
　　　　　网址：www.ssap.com.cn
发　　行/市场营销中心（010）59367081　59367083
印　　装/天津千鹤文化传播有限公司

规　　格/开　本：787mm×1092mm　1/16
　　　　　印　张：23.25　字　数：344 千字
版　　次/2021 年 8 月第 1 版　2021 年 8 月第 1 次印刷
书　　号/ISBN 978－7－5201－8557－8
定　　价/128.00 元

江苏高校优势学科建设工程资助项目
江苏师范大学地理学

A Project Funded by the Priority Academic Program Development
of Jiangsu Higher Education Institutions
Geography, Jiangsu Normal University

淮海蓝皮书编委会

主　　任　华桂宏　岑　红

副 主 任　娄峥嵘　沈正平　康建荣　吴建兴　沈　山

委　　员　尹燕萍　马晓冬　仇方道　孟召宜　史春云

　　　　　欧向军　张忠启　梁　亮　苗天青　王仲智

　　　　　孙峻岭　李咏梅　李学鑫　渠爱雪　王中华

　　　　　李永乐　陶玉国　车冰清　胡庭浩　李建国

主编单位　江苏师范大学淮海发展研究院
　　　　　地理测绘与城乡规划学院

联合主编　徐州市政府研究室
　　　　　淮海经济区协同发展办公室
　　　　　江苏师范大学人文社会科学研究院
　　　　　"一带一路"研究院

《淮海经济区发展研究报告（2020～2021）》
编 委 会

主要编撰者简介

沈　山　博士，教授，城乡规划学和人文地理学硕士生导师，国家注册城乡规划师，江苏师范大学人文社会科学研究院副院长。国家住房与城乡建设部城乡建设专项规划标准化委员会专家委员，中国自然资源学会国土空间规划专业委员会专家委员，国家全域旅游示范区和乡村振兴评估专家，云南省规划委员会专家委员，江苏省区域发展研究会常务理事，江苏师范大学江苏康养产业研究院院长。2016~2017年，作为中组部、团中央第16批博士服务团成员挂职四川省广元市政府市长助理、广元市旅游发展委员会副主任。主要研究方向为地域文化与旅游规划、康养政策与市场战略、人文交流与风险判识。发表学术论文60多篇；出版《和谐社会的城市文化战略》《运河文化景观与经济带建设》《第五产业论》《当代中国城市发展丛书·徐州》等10部著作。

孟召宜　博士，教授，人文地理学硕士生导师。中国地理学会文化地理专业委员会委员，江苏师范大学文化地理与文化规划研究所负责人。主要研究方向为区域发展与规划、地域文化开发与保护、区域文化产业。在《地理研究》《地理科学》《人文地理》《中国人口·资源与环境》《南京社会科学》《中国文化产业评论》等权威期刊上发表论文30余篇，出版《文化经济协同演化研究：以江苏为例》《地域文化传承创新与文化产业特色发展》《省际边界区域协调发展研究》《地域主体功能区划：理论、方法、实证》等多部著作。获江苏省第十二届哲学社会科学优秀成果奖一等奖、江苏省第十一届哲学社会科学优秀成果奖二等奖、第四届淮海科学技术奖一等奖、江苏省软科学优秀成果一等奖等。

史春云 博士，教授，人文地理学硕士生导师，中国地理学会旅游地理专业委员会委员。主要研究方向为旅游地理学。在《地理学报》《地理科学》《地理研究》《旅游学刊》《人文地理》等权威期刊上发表论文30多篇，出版《旅游线路的空间模式及效应研究》《旅游地竞争力理论、方法与实证研究》等专著。主持国家自然科学基金2项。获江苏省第十三届哲学社会科学优秀成果奖三等奖。

仇方道 博士，教授，硕士生导师。主要研究方向为经济地理与区域可持续发展。中国区域科学协会理事、全国经济地理研究会理事、中国地理学会经济地理专业委员会委员、中国自然资源学会资源地理专业委员会委员、江苏省地理学会常务理事、《地理科学》杂志编委、徐州市地理学会理事长。主持国家自然科学基金面上项目3项，教育部人文社会科学研究项目、江苏省社会科学基金项目、江苏省高校社会科学基金重大与重点项目、江苏省高校自然科学计划项目、江苏省决策咨询基地研究项目等课题十余项，发表论文100余篇，出版专著2部，合作出版著作（教材）10部。

摘　要

本书由总报告、专题报告、城市报告、案例篇四个部分组成。

总报告。首先，对文旅融合的基本内涵和理论发展进行了系统的阐释。其次，总结了淮海经济区的文化产业和旅游产业的发展态势以及文旅融合载体如美丽乡村、特色小镇、一体两园和重点旅游村等建设。最后，提出推进淮海经济区文旅融合发展的战略导向。

专题报告。首先，总结了淮海经济区的建立和区域合作发展历程；其次，重点分析淮海经济区文化产业发展、旅游产业发展态势，并对区域文旅融合发展进行预测；最后，分析淮海经济区的物质文化遗产发展、非物质文化遗产发展、旅游景区的建设与发展情况、近年来文化事件发展、美丽乡村和特色小镇的发展以及田园综合体、现代农业产业园和农村产业融合发展示范园的建设情况，明确发展导向，提出对策或建议。

城市报告。分别介绍了淮海经济区10座城市——徐州、连云港、宿迁、商丘、宿州、淮北、济宁、菏泽、枣庄和临沂的概况，综述城市文旅融合发展态势、重点建设项目、品牌形象建设、主题活动和城市特色，针对发展中存在的问题，提出推进融合发展的建议或提升策略。

案例篇。探析淮海经济区大运河文化带上的台儿庄和窑湾古镇的文化传承与保护利用情况、非物质文化遗产徐州市马庄香包产业的发展历程和发展模式，以及解读徐州民博产业的发展。

本书可以为各级各地政府，尤其是淮海经济区的地方政府因地制宜推进

文旅融合发展提供决策参考，也可为文旅产业的消费者选择文旅目的地和文旅产业项目提供客观的第三方数据。

关键词： 文旅融合　文化产业　旅游产业　淮海经济区

序 开启淮海经济区协同发展的新篇章

淮海经济区成立于1986年，是国内最早成立的跨省域经济协作组织之一，经历了"1986～2010年20会员城市横向联合发展时期""2010～2018年8会员城市一体化建设时期"，正行进在"10会员城市协同发展"的新征程中。2018年11月，国家发展和改革委员会发布《淮河生态经济带发展规划》，明确构建"一带、三区、四轴、多点"的空间布局，其中淮海经济区被划为淮海生态经济带中的"三区"之一，淮海经济区的发展也被纳入国家战略规划，开启淮海经济区协同发展的新篇章。淮海经济区总面积9.6万平方公里，约占全国总面积的1%；2019年户籍人口7500万人，约占全国总人口的5.36%；地区生产总值33432亿元，约占国民生产总值的3.37%。淮海经济区文化底蕴深厚、区域位置特殊、发展潜力巨大，是我国重要的综合交通枢纽和物流基地、新型工业基地和现代农业基地，以及我国南北承接、东西融通的重要区域经济增长极。新发展阶段，淮海经济区地处"一带一路"倡议交汇区域，是"丝绸之路经济带"向东开放的前沿阵地，在国家构建新发展格局中地位举足轻重。

江苏师范大学是江苏省人民政府和教育部共建高校的区域引领性示范高校，其扎根淮海大地，在苏北发展中一直发挥着重要的"思想库"、"信息库"和"人才库"的功能与作用。学校紧紧围绕区域发展中的难点、重点、焦点问题开展调研，建设智库，如推动淮海经济区打破行政分割和市场壁垒、经济要素有序高效自由流动；资源有效配置、市场统一融合，区域经济社会协同发展；市场体系统一开放、基础设施共建共享、公共服务统筹协调、生态环境联防共治等，实现学科建设与服务地方发展的良性互动。1998年7月，淮海发展研究院在江苏师范大学揭牌成立。1998年9月中共江苏省委宣传部、省教育厅与江苏师范大学联合共建淮海发展研究院，确定淮海发展研究院为江苏省社会科学重点研究基地。2008年，江苏全省设立首批15个省级哲学社会科学研究基地。"江苏省淮海发展研究基地"就是其中之一。2014年，江苏省优秀期刊、科学引文数据库（SCD）来源期刊——《江苏师范大学学报》（自然科学版）开办"淮海研究"专栏，自2014年第1期开始，已连续举办七年，为淮海研究搭平台、推成果。2015年，江苏师范大学在淮海发展研究院的基础上与徐州市人民政府合作共建"一带一路"研究院。2016年"一带一路"研究院即被正式列入江苏省重点培育智库。2017年，"一带一路"研究院独联体国家研究中心被列入教育部国际合作与交流司国别和区域研究中心备案名单。长期以来，淮海发展研究院以"立足苏北，面向淮海，服务江苏，放眼全球"为目标定位，围绕加快振兴苏北，加快培育与建设徐州都市圈，苏北与鲁南、豫东、皖北经济协同发展，苏北县域经济创新等主题，积极开展淮海经济区综合研究，为江苏经济社会发展尤其是苏北区域发展提供必要的理论支撑和智力支持。

新时期，为强化区内高校交流，提升服务决策能力，提升校地合作水平，并在更高层次上推动淮海经济区高质量发展，江苏师范大学淮海发展研究院牵头，联合徐州市政府研究室、淮海经济区协同发展办公室及淮海经济区众多高校专家学者共同编撰推出"淮海蓝皮书"。《淮海经济区发展研究报告（2020~2021年）》主题选择"文旅融合"，2021~2022年度主题选择"协同发展"，2022~2023年度主题选择"数字淮海"。文旅联动是区域协同的先行者。一定程度上而言，淮海经济区"文旅认同"—"文旅融合"—"文旅协同"的发展过程，也是淮海经济区地市间认同发展、融合发展、协同发展的过程。通过联游联演、文旅互动，实现旅游协同、文化认同，才能形成淮海协同发展的深层次动力。2020年12月，淮海经济区10市共同签署了《淮海经济区协同发展战略合作框架协议》，在新时代、新征程中，新协同发展格局正在构建。同时，新发展阶段，以5G网络、数据中心、人工智能、物联网建设等为代表的"新基建"正改变着淮海经济区社会治理、生产制造、民众生活等各方面。"淮海蓝皮书"旨在通过系列化、系统化的研究报告，揭示淮海经济区区域合作是以文化旅游为先导，以多元协同为主线，以数字淮海为提升方向的动态优化调整和持续提升、不断深化的历程。

本书集合了地方政府的诸多实践、高校学者诸多思想，对于淮海经济区协同发展进行持续的探讨，对于政府主管部门、科研机构、相关智库等都具有重要的参考价值。研究报告将实践总结与理论揭示相结合，语言平实、风格务实，理论总结还有一定的提升空间。

希望"淮海蓝皮书"的编撰者遵循"格物致知、经世致用"，凝练真知灼见，贡献务实之策，将"淮海蓝皮书"做成品牌，受主流媒体关注，社会声誉提升，为淮海经济区高质量发展贡献智慧。

牛桂宏

（江苏师范大学　党委书记）

目 录

Ⅰ 总报告

Ⅱ 专题报告

Ⅳ 案例篇

皮书数据库阅读**使用指南**

总 报 告

General Report

B.1

2020~2021年淮海经济区
文旅融合发展的态势与战略导向

沈 山 孟召宜*

摘　要：　本文对文旅融合的基本内涵和理论发展进行系统阐释，总结
　　　　　了淮海经济区的文化产业和旅游产业的发展态势以及美丽乡
　　　　　村、特色小镇、"一体两园"和重点旅游村等载体建设情
　　　　　况。笔者通过研究发现，淮海经济区文旅融合处于协同发展
　　　　　阶段，区域旅游业发展从产业提档升级向文旅融合发展转
　　　　　型，区域文旅品牌从城市形象建设转向淮海文化旅游目的地
　　　　　共建，区域文旅营销从城市个体营销转向区域旅游联盟推广
　　　　　阶段。最后本文提出推进淮海经济区文旅融合发展的战略导
　　　　　向：深度融合"大运河文化带"和"黄河文化生态带"等国
　　　　　家战略，构建"两高一极""两轴两带""多节点"的发展新

---

* 沈山，博士，教授，江苏师范大学人文社会科学研究院副院长；孟召宜，博士，教授，江苏
师范大学文化地理与文化规划研究所负责人。

格局；加强顶层设计，建立常态化协商协同推进机制；打造
重点项目，重组文旅融合发展的产品体系。

关键词：　文旅融合　文化产业　旅游产业　淮海经济区

　　新时代下，文化和旅游业肩负着提升人民福祉和区域高质量发展的历史
使命，正确认识文化和旅游业的关系，实现文化产业和旅游产业的深度融合
是政府和学术界关注的核心[1]。2018 年文化和旅游部的组建，标志着我国
由政府主导推动的"文化和旅游融合"实践及其研究开始朝纵深发展。"文
旅深度融合"、"乡村振兴战略"和"全域旅游示范区创建"等协同推进、
互促共进。

一　文旅融合的基本内涵和理论发展

　　文旅融合概念源于产业融合理论，科学技术的发展促进了传统产业之间
的融合、改造和升级。随着经济发展和产业升级，技术创新支持下的产业融
合逐渐扩展到其他行业与产业领域，出现了一、二、三产业相互融合的大趋
势。从世界旅游市场的发展来看，文化旅游和自然旅游是两大市场主题。文
化旅游更多依赖于历史文化，自然旅游更多依赖于生态环境。随着乡村旅
游、工业旅游等新业态的崛起，我们发展以第一产业资源为基础的乡村旅游
和以第二产业资源为基础的工业旅游，结合了第三产业的文化与创意灵魂，
实现了传统产业的升级和旅游新业态的形成，文旅融合发展日渐成为一种新
发展理念。

　　文旅融合的研究起点在于认识"文化"和"旅游业"的关系。由于中西
方语境的差异，西方学术领域甚少有"文旅融合"之说，更多地关注"文化
旅游的经济意义"。1966 年，联合国教科文组织《信使》（*Courier*）第 12 期
专刊头条文章《文化旅游：尚未开发的经济发展宝藏》，首先提出"文化旅

游发展的经济意义"，引发各国学者对文化旅游经济价值和经济意义的关注。
1977 年，美国学者 Mcintosh 和 Gebert 在《旅游学：要素·实践·基本理论》
一书中首先阐释"旅游文化"概念，引起学界关于"文化旅游"从理论到
实践的深入讨论。《信使》1999 年 7/8 合刊中"焦点"专栏文章《旅游与
文化：融合的反思》，是文化和旅游融合学术研究首推文章，通过问题、案
例和解决方案的研究来规范文化旅游的发展。1999 年 10 月，世界旅游组织
（UNWTO）发布《全球旅游伦理规范》，强调"旅游发展和融合过程中对地
方文化的保护"。历时 30 年的"欧洲文化之都"活动可以被认为是国际文
旅融合的典型实践案例，其塑造了城市形象，促进了经济发展，推动了城市
复兴，丰富和扩大了文化产品和文化消费[2]。2018 年，《酒店与管理》
（*Journal of Hospitality and Tourism Management*）刊发《文化旅游的近期研究
热点和趋势综述》（*A Review of Recent Research and Trends*），揭示文化旅游成
为国际旅游消费的重要组成部分，文化旅游游客占到全球游客总数的 39%
以上。文化旅游在文化消费、文化动机、遗产保护、文化旅游经济学、人类
学以及创意经济等领域快速发展。其研究趋势从有形遗产转向无形遗产，更
多地关注土著和其他少数群体。文化和旅游的融合推进跨现代文化发展，受
现代新技术的影响，向移动机动性、表演演艺性和创造创新性转向。总体上
看，西方语境下文旅融合研究是基于文化和旅游关系认知的演化，核心是文
化旅游。

20 世纪 80 年代中期，国内学术界开始关注文旅融合问题，到 21 世纪
20 年代文旅融合成为研究热点，但是认知和研究领域明显呈现出"文旅关
系认知"、"融合机理研究"和"融合路径探讨"的特点。

文化和旅游关系学说。1978 年，邓小平"黄山谈话"，鼓励"挖掘地方
文化吸引外国游客"，实质是把地方文化转化为旅游吸引物，可以看作"文
旅融合"理论肇始。1985 年，学界首次发表"社会文化是重要的旅游资源"
的观点。1986 年，于光远认为旅游本身就是一种文化生活，初步解释文化
和旅游的关系：文化是一种旅游资源，旅游是一种文化体验方式。文化和旅
游关系学说可以概括为四种。[3]一是灵魂载体说：2009 年，文化部和国家旅

游局发布《关于促进文化与旅游结合发展的指导意见》，提出"文化是旅游的灵魂，旅游是文化的重要载体"，明确提出加强"文化和旅游相关融合"。二是诗和远方说：2018 年光明日报记者张玉玲的《文旅融合：奔向诗和远方》，形象阐释，影响巨大。文化与旅游融合，文化可以走向"远方"，旅游也会更有"诗意"。三是资源市场说：从经济和产业角度讲，文化是旅游产业最好的资源，旅游是文化产业最大的市场。四是身份认同说：文化具有身份识别意义，旅游者个体对民族与国家集体身份认同的追求使文化或文化符号成为旅游吸引物[4]。

文化和旅游融合机理研究。"旅游的文化性"和"文化的旅游化"构成文旅融合最核心的关联。从应用经济的视角看，文旅融合是指文化（产业）、旅游产业及相关要素之间相互渗透、交叉汇合或整合重组，逐步突破原有的产业边界或要素领域，彼此交融而形成新的产业体、共生体的现象与过程。文旅融合是要素资源整合，形成新的产品业态和产业体系；通过功能重组和价值创新，形成新的价值链。构建面向游客的文化可参观性生产与文化展示的产业链[5]，以文促旅、以旅彰文。在加快新旧动能转换、推动区域经济高质量发展的背景下，文旅融合成为当前区域或地方转型发展的新动能。

文化和旅游融合路径探讨。在 2009 年颁布的《关于促进文化与旅游结合发展的指导意见》中，融合路径包括：打造文化旅游活动品牌和旅游演艺产品、非遗文化旅游产品化，深度开发文化旅游工艺品，其实质是让传统文化面向旅游者的再生产和再创造的过程。2019 年，文化和旅游部提出文旅融合的六大路径：理念融合、职能融合、产业融合、市场融合、服务融合、交流融合，并出台政策支持开发文化体验游、乡村民宿游、休闲度假游、生态和谐游、城市购物游、工业遗产游、研学知识游、红色教育游、康养体育游、邮轮游艇游、自驾车房车游等 11 种旅游新业态。学术界也相继提出了依靠资源融合、技术融合、市场融合、产业融合，构建"文化观光＋旅游业""文化创意＋旅游业""工艺美术＋旅游业""网络服务＋旅游业""影视传媒＋旅游业""节事会展＋旅游业""娱乐演艺＋旅游业"的基本路径[6]，实现机构的融合、场所的融合、业态的融合、产品的融合、管理的融合。讲好故事：文化资源化，将主流文化变成旅游吸引物。做好展示：资源产品化，创造性地试生产文化的可参观性。创新模式：产品产业化，用文化增加旅游产品的附加值[7][8]。

总体上看，文旅深度融合的对接点及衍生的新业态和新产品是研究焦点。国内学术界研究聚焦于经济维度，对融合的公共服务价值、生态文明价值、文化自信价值研究尚存不足；从产业价值视角关注产业融合附加价值不够，推进文旅融合政策法规不成体系，融合衡量标准相对缺失[9]；区域产业融合研究占据主流，且以民族区域和欠发达区域为案例地较多，对国家战略性区域的文旅融合研究相对不足。

二 淮海经济区文旅融合发展的基本态势

"淮海"之名最早见于《尚书·禹贡》："海、岱及淮惟徐州"，作为九州之一的古徐州包括东至黄海、泰山之南、淮河以北的地区。1944年1月，日伪政府设置淮海省，辖21县。1945年8月抗战胜利后淮海省被废置，"淮海地区"仍被广泛使用。1948年11月6日至1949年1月10日，淮海战役更是使淮海地区名扬世界。因此，地理意义的淮海地区主要是指以徐州为中心的淮河以北及海州（今连云港市西南）一带的地区。

淮海经济区，是我国最早的区域经济合作组织之一，为于光远先生1986年倡议成立。1986年1月21日，在北京举行的苏鲁豫皖接壤地区经济社会发展战略讨论会上，于光远发表"淮海地区经济社会发展战略问题"讲话，相关部委的领导和专家学者论证"淮海经济区"成立的可行性和必要性。研讨结论：淮海地区有着相同近似的自然结构、地理条件和思想文化；历史自然形成了密切的经济社会联系；具有相近的生产力水平和相同的发展方向；初步形成了比较完整的交通运输网络；联合建立开发淮海地区的条件业已成熟，决定组建"淮海经济区经济开发联合会"。1986年3月15日，淮海经济区首届市长专员会议在徐州市召开。会议通过《淮海经济区经济开发联合会章程》，宣告"淮海经济区"成立。淮海经济区成为国内最

早的区域性经济合作组织之一。2018年10月，国务院批复《淮河生态经济带发展规划》（国函〔2018〕126号）。该《规划》中的"空间布局"部分，明确了空间开发的重点和方向，构建"一带、三区、四轴、多点"的总体格局。"三区"指东部海江河湖联动区、北部淮海经济区、中西部内陆崛起区。这是"淮海经济区"首次被纳入国家发改委批复的区域发展战略规划，也就是"淮海经济区的区域发展"成为国家战略的主要组成部分。国家也首次明确了淮海经济区的范围：徐州、连云港、宿迁、宿州、淮北、商丘、枣庄、济宁、临沂、菏泽10个城市。该区域总面积达9.6万平方公里，约占全国总面积的1%；2019年户籍人口为7500万人，约占全国总人口的5.36%；地区生产总值达33432亿元，约占国民生产总值的3.37%。2019年国务院办公厅印发《大运河文化保护传承利用规划纲要》，淮海经济区是齐鲁文化高地和中原文化高地建设的核心支撑，也是大运河文化公园的核心区域。淮海经济区是世界文化遗产地、大运河国家文化公园建设地。

（一）淮海经济区文化产业的发展态势

淮海经济区历史悠久，在新石器时代便有先民在区内活动，中国最早被划分为九州，而徐州便是古九州之一。商朝兴起于淮海经济区的河南省商丘市，曲阜、邹城是孔子、孟子的诞生地，徐州、宿迁是刘邦、项羽的故里。徐州自春秋时期就是兵家必争之地，也是楚汉文化的发源地。悠久的历史孕育了深厚的文化，区内的商文化、儒家文化、两汉文化构成了整个中华民族的精神内核。淮海经济区是儒家学说的发源地、中华民族发祥地之一。区内现有曲阜孔庙孔林孔府、京杭大运河2项世界文化遗产，徐州、商丘、曲阜、邹城4座国家历史文化名城，以及119处全国重点文物保护单位，634处省级文物保护单位；共有国家级非物质文化遗产83项、省级非物质文化遗产403项。

淮海经济区文化产业发展初具规模，呈现以徐州、济宁等区域性大中城市为先导，其他中小城市协同并进的局面。据不完全统计，2019年淮海经济区文化产业增加值近1400亿元，占GDP比重达到4.1%左右。其中，徐州文化产业增加值超300亿元；济宁、临沂、菏泽文化产业增加值超200亿元，枣庄、宿迁、连云港等市文化产业对GDP贡献显著。

淮海经济区文化产业门类较为完善，传统文化产业地方特色鲜明。文化产业涵盖新闻信息服务、内容创作生产、创意设计服务、文化传播、文化投资运营、文化娱乐休闲服务、文化辅助生产和中介服务、文化装备生产、文化消费终端等九大门类。徐州马庄农民乐团、"古筝之乡"沛县、邳州农民画、大风乐器等依托优秀的地方传统文化资源，形成了富有特色的创作表演服务、工艺美术制造与销售、乐器制造等产业；连云港市依托独特的水晶文化、西游文化等逐步形成了水晶文化产业和文化旅游业；宿州市有奇石、书画等传统特色文化产业。依托这些特色文化产业淮海经济区形成了文化产业园，如连云港市西游记文化产业园、萧县书画艺术城、曲阜新区文化产业园、嘉祥石雕文化产业园、临沭县柳编文化创意产业园区、鄄城中医药文化旅游示范基地等。新兴文化产业主要有文化创意设计、数字文化、动漫游戏数字内容服务、广告与设计等。各类新兴文化产业园区也在政府扶持以及社会资本的广泛参与下快速发展，典型的有徐州软件园、新沂互联网产业园、连云港酷哥动漫产业园、枣庄市天穹影视文化基地等。

淮海经济区文化协同发展格局初具，形成了"两高地一轴三带多点"的空间布局。"两高地"。一是徐州以楚汉文化、红色文化、运河文化等为底蕴，以汉文化景区、淮海战役烈士纪念塔园林、窑湾古镇等为载体，以淮海文博园、徐州音乐厅、艺术馆、奥体中心、徐州软件园等文化园区及功能性文化设施为平台，基本形成淮海经济区区域性文化服务与文化创意高地；二是济宁以儒家文化、始祖文化、佛教文化等为底蕴，以曲阜三孔、邹城四孟、汶上宝相寺等资源为依托，以孔子文化节、尼山世界文明论坛等为平台，以曲阜新区国家文化产业园等园区为龙头，逐步形成儒家文化交流与文创高地。"一个文创产业集聚发展轴"。以连云港、徐州、商丘为节点，以枣庄、宿迁、宿州、济宁为两翼，以陇海铁路、连霍高速公路等现代化交通体系为基础，依托沿线现代农业、历史文化、现代制造业，沿线工业设计、

广告设计、文化旅游、创意农业等文创产业集聚发展，形成东陇海现代文化创意产业集聚发展轴。"三大发展带"。一是以徐州、济宁、宿迁、枣庄为节点，以徐州蔺家坝、窑湾古镇、济宁南阳古镇、宿迁克拉嗨谷等为载体形成京杭大运河现代创意与文化旅游带；二是以商丘、淮北、宿州、宿迁等为节点，以淮北柳孜隋唐运河古镇、泗县隋唐大运河博物馆等为依托形成隋唐大运河文化带；三是以徐州、宿州、宿迁、商丘等为节点，以徐州黄楼、黄河故道大堤、宿迁古黄河水景公园、商丘黄河故道国家森林公园等景点为载体形成故黄河文化带。此外，以徐州淮海文博园、济宁文化创意产业园、曲阜新区文化产业园、海州区杰瑞科技创意产业园、商丘古城文化产业园区、宿迁妈祖文化园等重点园区为依托形成多点竞相发展格局。

（二）淮海经济区旅游产业的发展态势

2019 年底，淮海经济区 10 城市共有 3A 级及以上景区 388 家，其中，5A 级景区 6 家，分别是济宁市曲阜明故城（三孔）旅游区、连云港市花果山景区、徐州市云龙湖风景区、芒砀山汉文化旅游区、临沂蒙山旅游区（包含龟蒙、云蒙景区）和台儿庄古城等。另有 4A 级景区 113 家，3A 级景区 269 家，2A 级 200 家。从各市 3A 级及以上景区分布数量来看，大致可以分为三个层次。第一个层次，济宁市和临沂市最多，都多达 91 家，济宁曲阜明故城（三孔）旅游区不仅是 5A 级景区，还是世界文化遗产地。其次，徐州市 5A 级景区一家，3A 级及以上景区共有 49 家。第二个层次是连云港、宿迁、枣庄，三市景区数量相近。第三个层次是商丘、淮北、宿州和菏泽四市，虽然商丘市拥有一个 5A 级景区芒砀山，但总体上看其 3A 级及以上优良级旅游景区数量偏少。按照旅游资源类型，淮海经济区 A 级景区将划分为八大类型，包括自然景观类、主题公园类、乡村古镇类、历史文化类、科技教育类、红色旅游类、休闲度假类、博物馆类。其中自然景观类、历史文化类、休闲度假类等 3 类景区占比较高，总数达到 369 家，占到全部景区数量的 63%，博物馆类景区占比较少，淮海经济区仅有 21 家，占到全部景区数量的 3.6%。

淮海经济区旅游消费额与接待国内外游客量逐年稳步增长,但是各市旅游发展总体在各自省份处于中低水平。2019年淮海经济区10城市旅游消费总额突破5000亿元。其中,临沂市、济宁市和徐州市位列前三,宿州市、淮北市与商丘市排名靠后。10城市共接待国内外游客4.18亿人次。而考察淮海经济区10城市在各自省内的旅游发展水平排名,可以发现:无论是国内旅游还是国际旅游,除了徐州和济宁旅游产业发展水平在各自省份处于中游水平,其余各市基本处在各省的落后地位,如宿迁、淮北、商丘和临沂等市旅游指标均在各自省域位次靠后。

淮海经济区的旅游市场以国内旅游为绝对主体,入境旅游发展迟滞不前。各市国内外游客接待量差异显著。从淮海经济区各城市国内外游客接待量来看,两极分化较为突出,可以大致分为两个层次。其中,济宁和临沂两市增长较快,徐州和连云港紧随其后,增速稍缓,而其余各市增长极其缓慢,在低水平上徘徊。在国内外游客接待总人数中,淮海经济区各市的入境游客人数占比普遍较低,除济宁、临沂、宿州、枣庄和淮北五市外,其余城市的入境游客接待量占比均小于千分之一。2019年,淮海经济区的GDP仅占全国的3.37%,财政收入仅占全国的1.33%,因此,过去、现在及今后,国内旅游市场均是淮海经济区旅游市场的主体。即使是淮海经济区内入境游客接待量最高的济宁市和临沂市,过夜入境游客的接待量也长期停滞不前。其中,济宁市由于拥有世界文化遗产曲阜"三孔"旅游资源,入境游客接待量在淮海经济区各城市中遥遥领先,但占比最高也仅达0.45%。旅游外汇收入同样也增长迟缓,虽然徐州市近年来在旅游外汇收入增长上略有起色,但由于入境游客量增长有限,旅游外汇收入的增速仍然远低于济宁和临沂两市。

淮海经济区旅游业的发展进入从景区建设到全域旅游示范区创建的阶段,也就是从"封闭定点""圈景建设"走向"目的地全域统筹"的发展模式。2016年2月国家旅游局公布了首批国家全域旅游示范区创建名录,共计262个,淮海经济区有徐州市贾汪区、枣庄市台儿庄区、枣庄市滕州市等3家单位入选。2016年11月国家旅游局公布了第二批国家全域旅游

淮海蓝皮书

示范区创建名录，共计238个，淮海经济区有淮安市淮安区、淮安市清河区（现淮安市清江浦区）、淮安市洪泽县（现淮安市洪泽区）、淮安市盱眙县、连云港市连云区、连云港市东海县、宿迁市湖滨新区、淮北市烈山区、淮北市相山区、宿州市砀山县、枣庄市山亭区、济宁市曲阜市等12家单位入选。

2019年9月，文化和旅游部官网公布首批71家国家全域旅游示范区名单公布，淮海经济区的济宁市曲阜市、徐州市贾汪区等2家单位入选；2020年12月，第二批97家国家全域旅游示范区名单公布，淮海经济区临沂市沂南县入选。

（三）淮海经济区文旅融合载体的建设

淮海经济区其他的文旅融合载体建设丰富而多样，包括美丽乡村、特色小镇、一体两园和重点旅游村的建设。

在美丽乡村建设上，聚焦产业发展，推进"一村一品"专业示范村镇建设。2011年，中共中央、国务院发布《关于加大统筹城乡发展力度 进一步夯实农业农村发展基础的若干意见》，农业农村部开展全国"一村一品"专业示范村镇建设，打造区域特色农业品牌，培育新农村建设优势特色产业和新兴业态，推动农业供给侧结构性改革。从2011年到2019年，共发布9批全国"一村一品"专业示范村镇，淮海经济区10个城市共有109个专业示范村镇被列入名录，其中山东菏泽、临沂、济宁与江苏徐州4市列入名录的村镇数量较多，分别为17个、17个、15个和14个，此4市专业示范村镇占淮海经济区总量的比重高达57%。淮海经济区"一村一品"专业示范村镇的产业以果品和蔬菜菌类的产销为主，果品生产为主业的示范村镇占总数的33.9%，蔬菜菌类生产为主业的示范村镇占总数的26.6%，此外，还有以茶叶生产、中药材种植、花卉苗木等为主业的示范村镇类型。聚力环境整治，加快"中国美丽休闲乡村"建设。农业部从2014年开始开展首批中国最美休闲乡村和中国美丽田园推介活动，将最美休闲乡村分为特色民居村、特色民俗村、现代新村、历史古村四类。通过推介美丽休闲乡村，促进新型城镇化和城乡一体化发展，建设创新引领产业美、生态宜居环境美、乡土特色风貌美、人文和谐风尚美、业新民富生活美的宜居宜业宜游休闲乡村，推进社会主义新农村和美丽中国建设。从 2014 年到 2020 年，淮海经济区共有徐州、连云港、枣庄、济宁、临沂、菏泽、商丘 7 个城市的 20 个乡村获得中国美丽休闲乡村推介。

在特色小镇建设上，住房城乡建设部、国家发展改革委、财政部先后于 2016 年和 2017 年，公布了两批共 403 个国家级特色小镇。淮海经济区共有 8 个特色小镇入选名录，即山东省济宁曲阜市尼山镇、临沂费县探沂镇、临沂蒙阴县岱崮镇、菏泽郓城县张营镇、枣庄滕州市西岗镇；江苏省徐州邳州市碾庄镇、徐州邳州市铁富镇；河南省商丘永城市芒山镇。

在田园综合体、现代农业产业园和农村产业融合发展示范园"一体两园"建设上，2017 年，淮海经济区的山东省沂南县朱家林田园综合体入选国家级田园综合体建设试点。自 2017 年现代农业产业园创建工作全面启动以来，到 2020 年底全国共批准创建了 138 个、认定了 49 个国家级产业园，有 13 个省级现代农业产业园被纳入国家现代农业产业园创建管理体系，带动各地创建省级产业园 1800 余个、市县级产业园 3800 余个。淮海经济区 10 城市共有 3 家（金乡县、埇桥区和泗阳县）国家级现代农业产业园区，2 家（邳州市和沭阳县）被纳入国家现代农业产业园创建管理体系的省级现代农业产业园。同时立项建设 20 余家省级现代农业产业园区。2018 年、2019 年，国家发改委、农业农村部、工信部、财政部、自然资源部、商务部、文化和旅游部等七部门，联合公布了两批共 200 个国家农村产业融合发展示范园名录，淮海经济区共有 5 个园区入选，即徐州市铜山区和邳州市、宿迁市泗阳县、安徽淮北市相山区凤凰山和山东菏泽市牡丹区。

在全国重点旅游村的建设上，2019 年 7 月，文化和旅游部公布了第一批 320 个全国乡村旅游重点村名单；2020 年 7 月，文化和旅游部公示了第二批全国乡村旅游重点村名单，共计 680 个乡村入选。目前，我国有全国乡村旅游重点村 1000 个，淮海经济区共有 24 个村入选，占全国总量的 2.4%（见表 1）。

表1　淮海经济区全国重点旅游村

批次	城市	名录
2019年7月 （第一批）	临沂市	沂南县铜井镇竹泉村;沂水县院东头镇桃棵子村;兰陵县苍山街道压油沟村
	济宁市	邹城市石墙镇上九山村;梁山县大路口乡贾堌堆村
	徐州市	贾汪区潘安湖街道马庄村
	宿州市	砀山县良梨镇良梨村
2020年7月 （第二批）	临沂市	沂南县马牧池乡常山庄村;兰陵县卞庄街道代村;蒙阴县岱崮镇笊篱坪村;平邑县地方镇九间棚村;沂水县院东头镇四门洞村
	济宁市	泗水县圣水峪镇东仲都村;曲阜市石门山镇石门山庄村
	菏泽市	巨野县核桃园镇前王庄村
	枣庄市	山亭区徐庄镇葫芦套村
	徐州市	贾汪区茱萸街道磨石塘村;铜山区汉王镇汉王村;铜山区柳泉镇北村;睢宁县姚集镇高党村
	连云港市	连云区西连岛村;灌云县伊山镇川星村
	淮北市	烈山区烈山镇榴园村
	商丘市	民权县北关镇王公庄村

（四）淮海经济区文旅融合发展的态势

文旅融合是指文化、旅游产业及相关要素之间交融而形成新的共生体的现象与过程。淮海经济区文旅融合发展总体呈现以下态势。

1. 区域文旅融合处于协同发展阶段

对区域文旅融合发展阶段的判断可以通过构建指标体系、选取评价模型来实现。对区域文旅融合发展阶段的判断和发展趋势的把握有助于厘清文旅融合的协同权衡关系，促进文化产业和旅游产业的健康发展，对于摸清相关产业发展规律、科学制定旅游产业发展规划至关重要。本书选取2011~2019年淮海经济区10市游客花费构成中能体现旅游产业和文化产业融合度的住宿、餐饮、景点旅游、艺术文化、体育娱乐等五类指标来进行融合度测评工作，并对应地将文旅融合度分为五种类型：高度融合（高质量发展融合）、中高度融合（协同发展融合）、中度融合（持续发展融合）、中低度融合（特色发展融合）和低度融合（专项发展融合）。测算可以发现：淮海经济区整体上处于中高度融合的水平，成员城市之间文旅融合水平差异明显，其中临沂市领先、徐州市次之，淮北市、济宁市、宿州市、连云港市和枣庄市居中，菏泽市、宿迁市和商丘市位次相对靠后。本文通过模型预测"十四五"时期淮海经济区文旅融合发展将依然处在中高度（协同发展融合）期，总体上呈现出一种良好健康的发展态势。

2. 区域旅游业发展从产业提档升级向文旅融合发展转型

党的十九大报告指出："中国特色社会主义进入新时代，我国社会主要矛盾已经转化为人民日益增长的美好生活需要和不平衡不充分的发展之间的矛盾。"人民群众对文化和旅游的需求已经从数量追求转向质量和品质的提升。文化和旅游部成立并提出"宜融则融，能融尽融，以文促旅，以旅彰文"的工作思路，标志着文旅融合进入新高度、新阶段。旅游从促进经济发展、增进就业的产业发展，到成为人民美好生活的重要组成部分，是体现人民生活水平提高的一个重要指标。文化是旅游的灵魂，旅游是文化的载体。文旅融合发展，使旅游富有魅力、品质得到提升，使文化富有活力、品牌得以传播；特色文化催生旅游业态创新，使市场主体进入转型升级发展阶段，即从建设景区、优化产业、提档升级到文旅融合发展的转型。

2020年10月，"大美淮海·缤纷文旅"淮海经济区文旅协同发展会议在徐州召开，10市代表讨论通过了《淮海经济区文旅协同发展纲要》，联合签署了"联演、联展、联游、联研、联宣"活动倡议书，全方位、宽领域、多层次开展文旅交流与合作，共同谱写淮海经济区区域文化旅游融合发展和区域合作新篇章。

3. 区域文旅品牌从城市形象建设到淮海文化旅游目的地共建

特色鲜明的区域性品牌和辨识度高的区域形象宣传口号，既能强化城市特色定位，又能提高文化旅游的竞争力。淮海经济区10城市非常注重城市形象建设，以品牌引领打造产品体系和文化主题。比如山东济宁市以"孔孟之乡、运河之都、文化济宁"为主题，设计特色体验性活动和特色精品旅游线路。开展"拜圣习儒、走进水浒、圣地研学、运河访古、湖上泛舟、

儒乡农耕"六大体验性活动，打造"文化圣地体验游、国学经典研学游、运河微山湖休闲游、儒乡民俗生态游"四大系列主题旅游线路。济宁曲阜市则进一步依托东文西武、南水北佛、中古运河的旅游资源禀赋，打造"圣地、文化、水乡"的旅游品牌。江苏宿迁市以发展全域旅游为战略统领，以"项王故里 中国酒都 水韵名城"三大城市旅游形象品牌建设为战略重点，加快推进项王故里、酒文化小镇、骆马湖及古黄河水上游等龙头型项目的优化提升建设，着力打造大运河文化带的重要节点，提升宿迁城市旅游的影响力。商丘市确立"游商丘古都城·读华夏文明史"文旅品牌，建设"殷商文化"和"商丘古都城文化"传承创新发展区，提炼文化精髓，打造精品景区，将文化旅游发展与地域性、多元性、民族性、艺术性等多方面因素融合，构筑华夏历史文明商丘传承创新区。

山东省的区域文旅品牌"儒风运河"就是一个典型案例。"儒风运河"旅游目的地品牌是以山东段645公里京杭大运河为文化空间载体，以具有齐鲁风貌和地域特色的运河文化为灵魂，以聊城市东昌古城、济宁市大运河国家考古遗址公园、德州市运河文化主题公园、济宁市微山湖旅游区、聊城临清市中洲运河古城等重点项目为龙头，以运河物质文化遗产观光、运河文化遗产体验、运河城镇街区休闲、运河科技宜智为主体功能，整合运河沿线德州、聊城、东平、济宁、枣庄等城市的旅游资源，城市联动，文旅一体，构建一体、协调、发展的儒风运河文化旅游目的地。通过全面对接济南城市经济圈、中原经济区，融合京津冀一体化，携手平安泰山，联动圣城曲阜，打造中国最大的文化旅游精品聚焦区和齐鲁文化旅游新高地。

2019年4月，淮海经济区文化旅游联盟成立大会在山东临沂举行。会议签署《淮海经济区文化旅游合作协议》，并通过《淮海经济区文化旅游联盟章程》，成立"淮海经济区文化旅游联盟"，成员包括苏鲁豫皖四省10地市的文化和旅游部门、旅游协会和重点旅游企业。联盟成立后，成员地市将围绕共同开发客源市场、共同打造旅游产品体系等工作重点展开合作。通过搭建文化旅游信息平台、组建区域数字图书联盟、开通"淮海文化旅游网"，发布联盟城市的旅游产品、节庆活动、文化服务、惠民政策、服务措施等信息。通过建立城市联盟文旅项目库，提供文旅招商政策，引导、介绍、组织淮海经济区内企业投融资开发文旅项目。以"文化淮海·运河中枢"为淮海文旅的整体品牌，推进淮海文化旅游目的地共建、共享（见表2）。

表2 淮海经济区城市定位与发展目标

城市	文化特质	形象定位或传播口号
徐州市	彭祖故国、刘邦故里、项羽故都,两汉文化的发源地	世界级汉文化传承和旅游目的地;国潮汉风;走遍五洲,难忘徐州
连云港	西游文化、镜花缘文化、山海文化、徐福文化等	西游东渡·山海连云;山海,神话,连云港
宿迁市	项王文化、酒文化、生态文化、运河文化等	项王故里 中国酒都 水韵名城
商丘市	商文化、宋国文化、火文化、老庄文化、孔祖文化、汉梁文化、木兰文化等	游商丘古都城·读华夏文明史
淮北市	隋唐运河文化、红色文化、工业文化等	中国碳谷·绿金淮北
宿州市	楚汉文化、淮河文化、孝贤文化的重要发源地	运河名城·云都宿州
济宁市	东夷文化、儒家文化、水浒文化、运河文化等	孔孟之乡、运河之都、文化济宁
菏泽市	牡丹文化、水浒文化、垌堆文明、黄河文明、非遗文化以及红色文化等	牡丹之都·魅力菏泽
临沂市	智圣故里、书圣文化、红色文化、物流文化、会展名城等	山水沂蒙·多彩临沂
枣庄市	墨子文化、鲁班文化、红色文化、运河文化、生态文化等	鲁风运河·生态枣庄

4. 区域文旅营销从城市个体营销到区域旅游联盟推广

传统的景区营销多是城市个体的营销和推广。淮海经济区上升到国家战略区域后，区域城市联盟和旅游联盟建立，推动区域城市或区域文旅营销及推广发展。比如淮海经济区两大中心城市济宁与徐州签订了《经济社会发展全面合作框架协议》，推进区域协同发展进入一个新的阶段。沿东陇海产业带和鲁南经济带在发展中相互促进，微山湖大堤改造、京杭运河湖西航道疏浚等重大基础设施在建设中相互合作，共建共享。再如，济宁与枣庄、临

沂和徐州建立了金融运行互认制度。共同推介"一山两汉三孔四孟"旅游线路。徐州和宿迁联合推出"楚风汉韵神山名人之旅"等世博线路。济宁机场、徐州机场、连云港机场逐步实现区域航空港共享。连云港加快建设国际化大通道和对外开放门户、东中西产业合作基地与要素共享平台、区域合作机制体制创新的示范窗口。

2019 年 3 月，淮海经济区首届文旅策划营销峰会暨文旅融媒体联盟成立活动在江苏省徐州市举行。淮海经济区文旅行业将利用融媒体平台进行宣传，通过开展考察采风、联合发稿、创意策划、交流学习、经验分享等活动，实现资源共享、优势互补、联动营销、合作共赢的目的，以服务淮海经济区文旅发展。淮海经济区城市定位与发展目标见表 3。

表 3　淮海经济区城市定位与发展目标

总体规划	城市定位	发展目标
《徐州市城市总体规划（2007～2020）》（2017年修订）	全国重要综合性交通枢纽、区域中心城市、国家历史文化名城及生态旅游城市	建设成为经济繁荣、社会安定、布局合理、设施完善、环境优美的现代化区域中心城市和融历史精华与现代文明为一体的山水园林城市
《连云港市城市总体规划（2015～2030）》	国际化海港中心城市。国际化港口枢纽城市、现代化港口工业城市、特色化海滨旅游城市、生态化休闲宜居城市	持续保持经济和社会的稳定、健康发展，成为发展开放创新、生活宜居现代、环境绿色低碳的国际化海港中心城市
《宿迁市城市总体规划（2015～2030）》	国家生态经济示范区，长三角生态休闲旅游目的地，幸福田园城市	坚持走"转型发展、绿色发展、创新发展"的新型城镇化道路，大力发展生态经济，推进生态经济示范区建设，着力构建"实力中心城市、活力美丽县城、魅力特色镇村"的城乡联动、协调发展格局
《商丘市城乡总体规划（2015～2035 年）》	国家历史文化名城，全国重要交通枢纽，豫鲁苏皖接合部区域性中心城市	把握国家战略重大机遇，牢固树立"创新、协调、绿色、开放、共享"的发展理念，强化商丘交通枢纽地位，力争把商丘建设成为中部崛起的重要引擎，河南省承接产业转移示范市，最具文化底蕴的历史文化名城

续表

总体规划	城市定位	发展目标
《淮北市城市总体规划（2016~2040年）》	国家重要能源基地，中部地区新材料产业基地，苏鲁豫皖交汇区域中心城市	抢抓国家"一带一路"倡议等多重叠加机遇，实施中国碳谷·绿金淮北战略，迈向苏鲁豫皖交汇区域中心城市，打造更具活力的开放创新之城、更富效能的转型样板之城、更可持续的绿色低碳之城、更显魅力的山水生态之城
《宿州市城市总体规划（2010~2030）》	京沪铁路沿线重要的加工业基地和商贸物流中心，安徽省新兴的煤电化产业基地，皖北地区的中心城市	创新发展模式，实现集约增长和效率增长，增强城市综合承载能力，全面提升城市整体竞争力，将宿州建设成为一个充满生机与活力，适宜创业与居住的区域中心城市
《菏泽市城市总体规划（2018~2035年）》	中国牡丹城，鲁苏豫皖四省交界的区域性中心城市，山东省现代特色产业基地，黄淮平原生态田园城市	建设成为中原地区经济繁荣、和谐幸福、文化彰显、生态绿色、富有活力的平原宜居大城市，打造中国牡丹城、山东省新旧动能转换示范城市、城乡统筹示范城市
《济宁市城市总体规划（2014~2030年）》	淮海经济区中心城市之一，历史文化名城，滨水生态旅游城市	现代化生态城市，完善城市结构、加强城市治理，将济宁建设成为一座生态宜居、活力创新、幸福人文、畅通便捷的现代化特大城市
《临沂市城市总体规划（2011~2020年）》	鲁东南地区的中心城市；全国性商贸中心之一；具有滨水特色的现代工贸城市	现代商城、生态水城、文化名城、交通枢纽、宜居城市
《枣庄市城市总体规划（2011~2020年）》	山东省重要的现代煤化工、能源、建材和机械制造基地，新兴科技创新基地，鲁南地区中心城市之一	保持经济和社会持续、健康、稳定发展，结合资源枯竭型城市的转型，构建科技创新型和生态宜居型新枣庄

三　推进淮海经济区文旅融合发展的战略导向

（一）融入国家战略，构建"两高一极"发展新格局

深度融入"大运河文化带"和"黄河文化生态带"等国家战略，构建

"两高一极""两轴两带""多节点"的发展新格局。

"两高一极"是指以徐州、济宁为文旅融合发展高地,以连云港为文旅融合发展特色增长极。徐州高地要依托教育、人才、科技、经济等多元优势,以楚汉文化、运河文化、军事文化为底蕴,以徐州汉文化景区、淮海战役纪念馆等景区为载体,以徐州软件园、回龙窝历史文化街区、淮海文博园等文化创意产业园区为龙头,以文化旅游、文博展销、文艺服务、数字文化、创意设计等文化产业为重点,通过"互联网+"模式深化文旅融合、推进文化展销会提档升级、加快文创产品研发,打造国际知名的汉文化、红色文化旅游目的地,建设成为区域性会展中心和文化创意高地,引领带动淮海经济区其他城市文旅产业高质量发展。济宁高地以曲阜尼山、三孔、邹城三孟、嘉祥曾庙等景点为载体,以尼山世界儒学中心、孔子研究院、孟子研究院等为平台,加快推进济宁文化产业园等项目,积极联手北京大学、清华大学、山东大学等儒学研究高校建立协同创新中心;积极促进孔府印阁等中小创意设计企业规模化发展,加快推进以"孔子"为IP文化衍生品的创意设计和开发,以文化旅游、动漫影视等文化产业为重点,以"三孔四孟"儒学文化为品牌,打造形成具有国际影响力的儒学研究交流中心和儒家文化旅游产业集聚高地。区域文旅融合发展特色增长极——连云港,以花果山、云台山、东海水晶文化旅游区等为载体,以杰瑞科技创意产业园、东海水晶文化创意产业园为龙头,积极举办"创意连云港"文创大赛,创办文创精品馆;定期开展西游音乐节、西游动漫节等活动,打造西游传统文化产业聚集区和示范区;以"互联网+"思维创新水晶产品营销模式,建设世界级水晶设计、加工、销售、鉴定、展示基地,打造东海水晶会客厅。最终,以文化旅游、文化服务、创意设计等文化产业为重点,借力亚欧大陆桥东桥头堡的开放优势,形成以海洋文化、西游文化、水晶文化为底蕴的区域文化旅游融合发展特色增长极和淮海经济区对外文化交流中心。

"两轴两带",其中"两轴"是指沿东陇海线现代创意与设计产业融合发展轴和京杭大运河文化旅游与创意设计产业融合发展轴。沿东陇海线现代创意与设计产业融合发展轴:以新型城镇化和经济结构调整为契机,以徐州、连云港为节点，以运河文化、西游记文化、汉文化旅游为底蕴，以徐工集团工业设计中心、连云港高新技术产业开发区等为载体，以连云港港口、陇海铁路、京沪铁路、连霍高速公路等综合交通体系为依托，遵循"跨区联合、创意创新"的原则，深化文化旅游与文化创意、设计服务等新型、高端服务业的融合，以"O2O"模式实现旅游工艺品营销双赢，加快打造苏北地区集休闲旅游、数字文化、工业设计于一体的新兴文化旅游产业密集带和文化对外开放先导区。京杭大运河文化旅游与创意设计产业融合发展轴：以徐州、济宁、枣庄、宿迁等为节点，以京杭大运河文化为底蕴，以徐州窑湾古镇、蔺家坝、济宁水运纪念馆、枣庄运河湿地景区等景点为载体，以大运河文化旅游融合发展论坛、大运河文化带建设研究院徐州分院与宿迁分院等为平台，加快生态保护、历史研究、文化保护步伐，加大文化旅游、非遗传承、文博演艺等领域的转型升级、创新投入与协同共享，因地制宜推出兼具人文色彩和商业价值的运河文化创意产品，打造大运河文化、生态、创意旅游目的地。

"两带"是指故黄河文化旅游与生态休闲产业带和隋唐古运河义化旅游与创意农业产业带。故黄河文化旅游与生态休闲产业带：以商丘、宿州、徐州、宿迁等为节点，以故黄河文化为底蕴，以保护生态、发展经济为原则，以安徽砀山、萧县黄河故道省级自然保护区、商丘黄河故道国家森林公园、丰县黄河故道大沙河湿地公园等旅游景观为载体，通过对故道精神等非物质文化遗产进行系统整合与时代精神挖掘，规划建设一批国家级故道博物馆、主题馆，打造带状文化、生态、旅游故道。隋唐古运河文化旅游与创意农业产业带：以商丘、淮北、宿州、宿迁等为节点，以隋唐古运河文化为底蕴，以隋唐大运河商丘码头遗址、淮北柳孜隋唐运河古镇、泗县隋唐大运河博物馆、宿迁金龙四大王庙等为依托，形成隋唐大运河文化带。以隋唐大运河学术交流会为平台，加快成立隋唐大运河文化研究院，发挥商丘大运河和"一带一路"融合交汇的区位优势，拓展对外合作新空间，打造以特色产业为主题的运河小镇和运河村庄、乡村风情田园综合体、乡村古镇古街、运河文化艺术村落等，推动运河沿线乡村振兴。

　　"多节点"是指多点式的城市文化旅游产业园。以商丘、宿州、淮北、宿迁、枣庄、临沂、菏泽等七个城市为节点，以西楚文化、沂蒙文化、牡丹文化、台儿庄古城文化、运河文化、红色文化和工业文化、现代农业等城市特色文化为底蕴，以"集群集聚、转型升级"为原则，以国家级文化产业园区——台儿庄古城文化产业园为龙头，以鸿儒国际文化创意产业园、菏泽天华新媒体广告产业园、宿迁软件与服务外包产业园、宿州市华纳创意产业园等省市级文化产业园区（基地）为重点，遵循集聚集群、特色发展等原则，通过开发规划、改造升级主题化文化产业园，加快形成文化科技融合发展集聚区、文化旅游产业集聚区、文化消费集聚区等，构建多点式文化产业园区格局。

（二）加强顶层设计，建立常态化协商协同推进机制

　　加强顶层设计，突出协同发展，建立常态化协同推进机制，实现"资源互享、机制互联、项目互动、发展互惠"，践行党的十九届四中全会决定提出的"完善文化和旅游融合发展体制机制"。

　　围绕淮海经济区"地缘相近、人缘相亲、文缘相通"的区域特性，让"同根同源"的历史文脉得到更加广泛的认知认同；打造"淮海经济区文旅融合发展共同体"；坚持让淮海文化"活起来""站起来"，讲好"淮海故事"。

　　深入开展淮海经济区文旅融合发展研究，制定淮海经济区文旅融合协同发展举措，构建"开放、融合、共享"的区域发展格局。重点围绕构建区域文旅融合协同机制、搭建区域文旅协同发展平台、建立区域文旅营销推介体系、创新智慧旅游服务体系、整合开发文旅产品和文旅线路、创办中国淮海文化旅游交易博览会、推进区域文旅发展一体化和加强文旅政策平衡对接等八个方面制定协同发展举措。加强区域协同，让区域内广大群众惠享淮海文化、乐游淮海景区。继续举办淮海经济区联盟理事会、开展区域营销联盟推介活动、举办淮海经济区文艺汇演、筹划成立淮海经济区文旅发展研究院等。

　　结合各市文化旅游品牌定位，全面整合城市品牌、全域旅游品牌、文化

旅游目的地品牌、重点景区及旅游核心载体品牌、乡村旅游品牌、红色旅游品牌、旅游商品品牌等多层次、全产业链的品牌体系，构建精品旅游品牌体系，建设淮海文化旅游目的地。

（三）打造重点项目，重组文旅融合发展的产品体系

当前提出的文旅融合是政府主导下的文旅融合。政府主导下的文旅融合具有三大目标：政治目标、社会目标和经济目标。政治目标即要不断满足人民群众对美好生活的向往；社会目标就是要构建文化目的地的旅游体系，使旅游成为增强文化自信的力量；经济目标就是指文化产业和旅游产业的效益不断增长。

文旅融合是文化和旅游的相互赋能过程。一方面，文化产业正通过发展文化创意等相关创新产业，打造营销IP及相关文创产品，吸引更多旅游者的关注，让更多人感知中国文化的深厚底蕴，坚定民族和地域文化自信。另一方面，文旅融合通过打造深度文化体验产品，赋能旅游行业，为游客提供更加高品质的深度旅游服务，促进旅游文化的消费升级。因此，打造重点文化旅游项目，打造重点文化旅游路线，研发传统文化创意衍生产品，重组文旅融合发展的产品体系是必然选择。文旅融合发展既包含了产业产品体系建设问题，也包含了空间重组问题。从旅游产业产品体系来看，文旅融合发展主要表现在旅游产业链的构建方面，围绕旅游新方式和旅游新类型构建新产业。从旅游空间来看，要改变以景区为主架构的旅游空间经济系统，要推动我国旅游空间从以景区为重心向以旅游目的地为核心转型，构建起以旅游城市、旅游基地、旅游功能小镇，旅游风景道、旅游绿道，旅游景区、旅游度假区、旅游休闲区、旅游露营地，旅游综合体、旅游购物区等不同旅游功能区为架构的旅游目的地空间系统。

淮海经济区是诸子先贤（孔子、孟子等）生活空间地，儒家文化圣地，楚汉文化（刘邦、项羽等）发源地，通过打造重点项目，重组区域文化融合产业体系，促进淮海经济区旅游产业与文创和服务设计的高度融合，推动区域文化产业和旅游业的全面转型升级；进一步推进淮海经济区的世界文化

遗产展示和国家记忆工程建设，全景展示、传承弘扬淮海经济区的中华民族文化标识，增强与彰显文化自信，全面服务国家战略。

注释

[1] 范周：《文旅融合的理论与实践》，《学术前沿》2019 年第 6 期。

[2] Liu, Yi-De："Cultural Events and Cultural Tourism Development: Lessons from the European Capitals of Culture", European Planning Studies, 2014, Vol. 22, No. 3, pp. 498 – 514.

[3] 于光远：《旅游与文化》，《瞭望周刊》1986 年第 3 期。

[4] 张朝枝：《文化与旅游何以融合：基于身份认同的视角》，《南京社会科学》2018 年第 12 期。

[5] 张朝枝、朱敏敏：《文化和旅游融合：多层次关系内涵、挑战与践行路径》，《文化创意产业》2020 年第 4 期。

[6] 陶丽萍、徐自立：《文化与旅游产业融合发展的模式和路径》，《武汉轻工大学学报》2019 年第 6 期。

[7] 张朝枝、乔云飞：《文化和旅游融合：到底怎么"融"？》，《中国文物报》2019 年 7 月 12 日。

[8] 刘治彦：《文旅融合发展：理论、实践与未来方向》，《学术前沿》2019 年第 9 期。

[9] 李先跃：《中国文化产业与旅游产业融合研究进展及趋势——基于 Citespace 计量分析》，《经济地理》2019 年第 12 期。

专题报告
Special Reports

B.2
2020年淮海经济区的建立与发展

顾云程　孙峻岭　李咏梅*

摘　要： 淮海经济区是国内最早成立的跨省域经济合作组织之一，经
历了20会员城市横向联合发展时期、8会员城市一体化建设时
期以及10会员城市协同发展时期。当前，淮海经济区正处于
全面深化协同发展时期，国家和区域政策导向明晰——努力
建设成为"加快区域转型发展与推进区域高质量发展"的实
践样本，区域协同发展持续深入、领域多元、空间广阔。

关键词： 横向联合　城市一体化　淮海经济区

"淮海"之名最早见于《尚书·禹贡》："海、岱及淮惟徐州"，作为九

---

* 顾云程，淮海经济区协调发展办公室主任；孙峻岭，徐州市政府研究室副主任；李咏梅，淮
海经济区协同发展办公室副主任。

淮海蓝皮书

州之一的古徐州包括东至黄海、泰山之南、淮河以北的地区。李巡注《尔雅》："淮海间其气宽舒，禀性安徐，故曰徐"。苏轼《和陶饮酒二十首》载"淮海虽故楚，无夫轻扬风"。1944年1月，日伪政府设置淮海省，辖21县。1945年8月淮海省被废置后，淮海地区的名称仍广泛使用。1948年11月6日至1949年1月10日，史称淮海战役的国共大决战，主要发生在以徐州为中心，东起海州（连云港）、西至商丘、北起临城（今枣庄市薛城）、南达淮河的广大地区。因此地理意义的淮海地区主要是指以徐州为中心的淮河以北及海州（今连云港市西南）一带的地区。2018年10月，国务院批复《淮河生态经济带发展规划》（国函〔2018〕126号）。该《规划》在"空间布局"部分，提出明确空间开发重点和方向，构建"一带、三区、四轴、多点"的总体格局。"三区"指东部海江河湖联动区、北部淮海经济区、中西部内陆崛起区。这是"淮海经济区"首次被列入国家发改委统筹的区域发展规划，也就是"淮海经济区"成为国家区域发展战略的重点区域之一。国家也首次明确了淮海经济区的范围：徐州、连云港、宿迁、宿州、淮北、商丘、枣庄、济宁、临沂、菏泽10座城市。

一　淮海经济区经济开发联合会的成立倡议

1980年7月，国务院发布《关于推动经济联合的暂行规定》文件，倡导"横向联合"的经济发展改革。1983年，邓小平指出"搞经济协作区，就像解放战争时期的两个野战军联合作战一样"，这个比喻虽然朴素，但是高度肯定了"区域联合协作"的发展战略。1984年，《中共中央关于经济体制改革的决定》指出："对外需要开放，国内各地之间更要互相开放，……大力促进横向经济联系"。1984年11月，胡耀邦同志视察徐州，召集苏豫皖三省领导，畅议"促进横向联合"，为淮海地区"区域联合协作"的发展开启全面指导。同年6月16～25日国务委员、中央书记处书记谷牧到徐州、连云港、临沂、石臼港（现日照港）视察工作时指出："徐州要充分发挥中心城市的辐射作用，带动苏鲁豫皖四省交界地区的经济发展。""连

024

云港要积极为内地做好服务工作，还要同徐州携手合作，更好地发挥城市辐射作用。""石臼港和兖石铁路的建成将对鲁南和全国经济发展起很大作用。"

1986年3月，"七五计划"提出："形成以省会城市和一批口岸城市与交通要道城市为中心的二级经济区网络，……形成范围不同、各具特色的经济区"。国家"五年计划"的引领有力地拉动了"区域联合协作组织"的兴起。

随着改革开放的推进，"横向联系体、区域协作区"成为政府的主旨。1984年7月，江苏、山东、河南和安徽四省接壤地区新闻工作者协作会成立"区域行业网络组织"，并于1985年2月联合创办《经济新闻报》，四省省长为该报题词或致电祝贺。山东省省长梁步庭题词："在革命战争年代，苏鲁豫皖接壤地区曾是一个战略区，情同手足，并肩战斗，在四化建设的新时期，我们更应继承和发扬革命传统，亲如一家，携手前进"。随后，四省接壤地区的经济、金融、物价、交通、物资、运输、食品等部门分别发起联合或合作协会，拉开了区域行业联合发展的大幕。

与此同时，四省接壤地区的地方政府积极参与和推动"区域经济的横向联合"，地方政府高层互访交流，商讨"如何打破封闭式的地方经济发展格局？""如何形成淮海地区的整体优势？"1985年1月28日，徐州市市长何赋硕、连云港副市长吴学志在新华社《经济参考》刊发《发起新的淮海战役》文章，倡议淮海地区地市建立经济协作网络。1985年7月，徐州市委书记孙家正、市长何赋硕邀请著名经济学家于光远莅临徐州考察。于光远考察后建议组建"淮海经济协作区"，并表示在适当时候在北京组织会议，邀请政府和专家学者对淮海地区的发展战略进行讨论。

1986年1月21日，"苏鲁豫皖接壤地区经济社会发展战略讨论会"在北京举行。徐州、连云港、盐城、淮阴、枣庄、济宁、临沂、菏泽、商丘、周口、淮北、蚌埠、阜阳、宿县14个地区或地市的主要领导，以及国务院经济发展研究中心、国务院有关部委负责同志和专家学者共300余人参会。于光远发表"淮海地区经济社会发展战略问题"主旨报告，国家部委领导

和专家学者论证成立"淮海经济区经济开发联合会"的可行性和必要性。会议形成的主要意见：淮海地区自然结构、地理条件和思想文化相同；经济社会联系密切；联合开发条件成熟，可组建"淮海经济区经济开发联合会"。其性质为：开放性、松散型的经济联合组织。大会建议在徐州市设立淮海经济区经济开发联合会联络处，由徐州市政府代管，联络处负责起草章程。1986年2月22日，《人民日报》发表《宏观"开窍"——淮海经济区发展战略讨论会侧记》文章。

1986年3月，在徐州市召开第一届淮海经济区市长（专员）会议，通过《淮海经济区经济开发联合会章程》，宣告"淮海经济区"成立。淮海经济区成为国内最早的区域性经济合作组织之一。会议由出席北京"苏鲁豫皖接壤地区经济社会发展战略讨论会"的14个地市参加，接收泰安市为新成员市，随后又同意开封市的申请，淮海经济区成员地市增加到16个。4月22日，《经济日报》刊登淮海经济区成立消息，并配发评论员文章《突破条块分割体制的加速器》。5月淮海经济区联络处设立。随着撤地区建市以及行政区划的调整，日照（1990年）、莱芜（1992年）、宿迁（1996年）、亳州（2000年）相继整合建立市，加入淮海经济区，这样淮海经济区共有20个成员市，即山东省的泰安、枣庄、济宁、临沂、菏泽、日照、莱芜7地市；江苏省的徐州、连云港、盐城、淮安、宿迁5地市；安徽省的淮北、蚌埠、阜阳、宿州、亳州5地市；河南省的商丘、周口、开封3地市，地域总面积达17.8万平方公里。

二 20会员城市横向联合发展时期
（1986~2010年）

从1986年第一届市长（专员）会议，到2000年淮海经济区第十五届市长（专员）会议，淮海经济区的成员城市也由14座城市，扩展到20座城市。从1986年到2010年，可以称为20会员城市横向联合发展阶段。这一时期，淮海经济区从促流通、推联盟、破壁垒，到建立横向联系。横向联合发展从经济领域向多层次、多领域渗透；淮海经济区这一区域品牌基本确立，社会各界对淮海经济区区域认同度也日益加深。这一时期，还可以进一步分为三个阶段：基础性经济联合协作发展阶段、实务性社会经济兼顾发展阶段、求实促联塑造区域整体形象发展阶段。

1986～1991年为基础性经济联合协作发展阶段。从物资流通、资金融通、交通互联三个方面起步（三通先行），到经济和社会的重点领域突破，区域联合广度和深度得以拓展。淮海经济区经济开发联合会成立以后，根据区情和当时工作实际状态，做出了"三通先行"的决策，在区域内地市联合的基础上开展了广领域、全方位、多层次的横向经济联合。1986年6月13日，《经济参考》发表报道淮海经济区工作的文章，题为《以流通领域为突破口，发展多方位的经济联合》。在商业、供销、粮食流通系统率先成立区域联合组织，随后多个行业网络协会、企业群体联合会相继成立。1989年1月10日，《经济改革文摘》第一期刊登段光明、王立民撰写的《淮海经济区行业联合组织的发展及其作用》，对这一阶段行业联合组织的发展进行总结。

1992～1998年为实务性社会经济兼顾发展阶段。从组织行业协会、物资交易大会转向寻找区域发展的"共同期待点"和"共举事项"，淮海经济区城市联合起来"办实事""增聚力"。1992年12月1日，新亚欧大陆桥首列集装箱列车从连云港发出，标志着新亚欧大陆桥正式开通并运营。1993年9月18日，在河南省商丘市召开第八届淮海经济区市长（专员）会议，通过《关于要求国家对淮海经济区给予扶持和优惠政策的报告》。费孝通副委员长出席会议并作重要讲话以及题词"发展区域合作，建设经济走廊"。1994年11月17日，费孝通副委员长致信江泽民总书记，提出发展区域联合构想和五点建议，提议以淮海、中原两个经济区为突破口，建设中部经济走廊。1995年7月，淮海经济区邀请中科院国家计委地理研究所（现中国科学院地理科学与资源研究所）承担《淮海经济区经济社会发展规划》课题的研究工作。这一阶段，经济区成员城市携手共进、联合发声，兴建京九和沂淮铁路、联合地方抗洪救灾、联合治理淮河流域水和环境污染、共建共享新亚欧大陆桥和桥头堡（一桥两堡）、共筑中部经济发展走廊、联合编制区域发展规划、共办《今日

淮海》图片展,提升淮海经济区的知名度和区域影响力。

1999～2009 年为求实促联塑造区域整体形象发展阶段。1999 年 10 月 21 日至 22 日,淮海经济区第十四届市长(专员)联席会议在安徽省宿州市召开。会议重点商讨"发展淮海大旅游"工作,确定跨世纪城市联合协作的思路:"以虚促实、以实促联、突出重点、共同发展"。2001 年 2 月 1 日,淮海经济区向国家工商行政总局注册"淮海"商标。2002 年 3 月,淮海经济区举办城市化推动共同发展策略研讨会,探讨 WTO 时期区域如何共同发展和组建"淮海区域城市圈"的构想。2004 年,淮海经济区和中国社会科学院、中国市场学会联合举办"淮海经济区发展论坛"。2004 年 11 月 9 日至 10 日,淮海经济区第十七届市长会议在江苏徐州市召开。会议主题:以科学发展观推进新一轮区域联合的深化发展,成员单位共同签署《共建淮海经济区发展平台的联合宣言》。2005 年 6 月 1 日至 3 日,淮海经济区第十七届顾问会议在安徽蚌埠市召开,围绕《关于在全国人大、政协"两会"上提交"整合区域资源、打造淮海品牌、扶持淮海经济区发展"重要意见的建议》和《关于进一步健全区域信息网络的意见》进行讨论。2006 年 3 月全国两会第四次会议上,淮海经济区的人大代表联名提交《关于将淮海经济区作为全国区域综合试点区,促进淮海经济区快速崛起的议案》。2006 年 12 月 7 日至 8 日,淮海经济区成立 20 周年庆典暨淮海经济区第十九届市长会议在安徽省阜阳市召开,提出携手共建区域大交通、淮海大旅游、自主创新、区域环保、经贸和文化这六大区域合作的新平台。这一阶段,淮海经济区各会员城市单位共同谋划,通过《淮海经济区地图》的编绘、《今日淮海》系列电视片的摄制、"迈向新世纪的淮海经济区"丛书的编纂、淮海经济区 WTO 培训班的举办、共同推进区域城镇化、注册"淮海"商标等工作,打造淮海经济区区域整体形象;举办大型经贸活动,实施大旅游合作策划、提交"促进淮海经济区快速崛起"议案、编制《淮海经济区经济社会发展规划》,"外塑形象、内促联合、凝心聚力、整合资源",推进区域优势转化,提高区域资本的吸引力和市场投资效率。1986～2013 年淮海经济区市长(专员)联席会议见表 1。

表1 淮海经济区市长（专员）联席会议（1986～2013年）

年份	地点	主题或议题
1986	江苏徐州	宣告淮海经济区经济开发联合会正式成立,通过《淮海经济区经济开发联合会章程》
1987	江苏连云港	巩固联合基础,扩大联合领域,提高联合成效
1988	河南开封	充分发挥区域功能,加强战略发展研究
1989	山东济宁	交流行业网络活动开展工作经验
1990	安徽淮北	通过《淮海经济区互惠互利办法》,修改联合会章程
1991	江苏淮阴	交流"七五"发展经验和"八五"发展思路
1992	山东枣庄	加快改革开放,加速经济发展,促进区域联合
1993	河南商丘	通过《关于要求国家对淮海经济区给予扶持和优惠政策的报告》
1994	安徽蚌埠	加快联合开发区域资源步伐,加大联合治理淮河污染力度
1995	江苏盐城	商讨淮海经济区成立10周年活动及编制区域规划等事宜
1996	山东泰安	确定今后工作方向,深化区域联合,再创淮海辉煌
1997	山东日照	深化联合举措,分步实施规划,拓宽协作领域
1998	河南周口	交流改革开放典型经验,探讨当前经济运行热点问题,分析再就业工程实施情况
1999	安徽宿州	交流改革开放和国企改革的成效经验,商讨发展淮海大旅游工作,确定跨世纪联合协作的思路
2000	山东临沂	交流发展民营经济的经验
2002	山东菏泽	交流加入WTO后各地工作思路和对策。决定编纂"迈进新世纪的淮海经济区"丛书
2004	江苏徐州	以科学发展观推进新一轮区域联合的深化发展,签署《共建淮海经济区发展平台的联合宣言》
2005	安徽亳州	讨论在全国人大、政协"两会"上提交的《关于促进淮海经济区快速崛起的建议方案》,举办区域经济发展论坛
2006	安徽阜阳	共建区域大交通、淮海大旅游、自主创新、区域环保、经贸和文化六大区域合作平台
2007	江苏宿迁	研讨区域规划前期准备工作,签署《区域旅游合作宣言》
2008	河南开封	积极推进区域规划研究工作,为编制《淮海经济区区域规划》进行前期调研。推动区域现代物流业协调配套发展
2009	安徽淮北	研讨淮海经济区区域发展规划
2010	山东济宁	合作推进淮海经济区区域交通发展
2012	江苏连云港	深化区域合作,共建共用示范区;共商推进淮海经济区一体化发展大计
2013	山东泰安	签署《淮海经济区旅游一体化框架协议》

20 会员城市横向联合发展阶段，淮海经济区区域联合发展"虚实结合、多向拓展"，"淮海经济区"成为国家发展格局中的一个"战略区"。虚实结合，"虚"主要是指组织编制区域地图，编制区域发展规划，出版系列丛书，拍摄电视系列片，出版区域城市年鉴和系列发展文集等；"实"主要是指每年定期举办淮海经济区市长（专员）联席会议和顾问联席会议，组织成员城市定期举办节庆和名优产品交易会、迎春产品展、绿色产品博览会、区域经贸洽谈会、台商外资经贸洽谈会等交易会，以及联合抗洪救灾、治淮污染、兴建地方铁路、共建桥头堡等。多向拓展，主要是指构建旅游一体化网络，举办交通一体化论坛、城市金融协作论坛、数字化淮海建设等活动；举办区域人才交流会，共同签署《关于建立鲁南苏北人才流动协作机制的协议》，联合向国家科技部成功申报国家淮海科学技术奖，以及定期召开区域警务协作会议，全面加强维护社会政治稳定协作，打造"平安淮海"大格局。

另外，区域经济横向联合发展阶段，区域经济协调组织纷纷成立，淮海经济区部分会员城市同时参加多个协调组织，谋求区域联合发展新路径。比如淮海经济区成员城市菏泽市，又是中原经济技术协调会（1985 年 9 月成立，常设机构联络处位于河北邯郸市，后更名为中原经济区）的成员城市。淮海经济区的菏泽、亳州、商丘、阜阳四市也是大京九经济带（1997 年成立，常设机构联络处位于山东菏泽）的会员单位。淮海经济区沿陇海线城市均是陇海兰新经济带研究促进会（1986 年成立，常设机构联络处位于陕西西安）的会员单位。

三　8会员城市一体化建设时期（2010～2018年）

2000 年 10 月，"第十个五年计划"，建议把"实施西部大开发、促进地区协调发展"作为一项战略任务，重塑我国区域经济新格局。2004 年 8 月，温家宝总理在长春市主持召开"振兴东北老工业基地"会议，提出"支持东北地区等老工业基地加快调整"。2005 年的中央经济工作的六项任务提出："实施西部大开发，振兴东北老工业基地，促进中部地区崛起，鼓励东部地区率先发展，实现相互促进、共同发展"。我国构建了"东部率先、中部崛起、西部开发、东北振兴"的国家区域发展格局，并进一步通过区域规划和新区设立来深化区域发展。

2008 年，《国务院关于进一步推进长江三角洲地区改革开放和经济社会发展的指导意见》颁布，淮海经济区的江苏部分地区正式被纳入长江三角洲地区版图。2009 年 6 月，国务院审议通过《江苏沿海地区发展规划》，连云港、盐城和南通构成的江苏沿海地区发展被纳入国家区域发展战略规划；2011 年 1 月，国务院批复《山东半岛蓝色经济区发展规划》；2011 年 10 月，国务院出台《关于支持河南省加快建设中原经济区的指导意见》，并于 2016 年 12 月批复《中原城市群发展规划》。

在淮海经济区四个省份的省域城镇体系规划中，各个省域都通过制定"城镇体系规划""都市圈规划"来推动区域的一体化和协同发展。

2002 年 2 月，国务院批复《江苏城镇体系规划（2001～2020）》，明确江苏省"三圈五轴"城镇空间布局，"三圈"即三大都市圈，是指苏锡常都市圈、南京都市圈和徐州都市圈，"五轴"即五大城镇聚合轴，是指南北向的沿海（连通）城镇聚合轴和沿运河（新宜）城镇聚合轴、东西向的沿东陇海（徐连）城镇聚合轴、沿沪宁线城镇聚合轴和宁通城镇聚合轴。其中徐州都市圈包括江苏省的徐州、宿迁和连云港三市，安徽省的淮北和宿州两市，山东省的枣庄市和济宁市的微山县以及河南省商丘永城市，分属四省 8 个地级市，为名副其实的跨省域都市圈。2015 年 7 月国务院批复《江苏省城镇体系规划（2015～2030）》，将江苏省城镇空间结构修订为"一带二轴，三圈一极"（沿江城市带、沿海城镇轴、沿东陇海城镇轴；南京都市圈、徐州都市圈、苏锡常都市圈和淮安增长极）。

在《安徽省城镇体系规划（2011～2030）》中，安徽省构建"一圈一带一群五区"的近期城镇空间结构。"一圈"为合肥经济圈，"一带"为沿江城市带，"一群"为沿淮城市群，"五区"为皖北片区、皖中片区、沿江片区、皖西片区和皖南片区。

在《河南省城镇体系规划（2007～2030）》中，将全省分成"一群、五区、两带、四轴"的空间结构。"一群"：中原城市群。以郑州为核心，以洛阳、新乡、开封、济源、焦作、平顶山、许昌等为辅助中心城市；"五区"：豫北城镇发展区、豫东城镇发展区、豫西城镇发展区、豫南城镇发展区和豫西南城镇发展区。"两带"：沿京广线、陇海线城镇发展带。"四轴"：南太行线（新乡－焦作－济源）、洛阳－平顶山－漯河线、宁西铁路二线（信阳－南阳）、大广高速线（濮阳－开封－周口－信阳）。

山东省针对本省城镇空间结构，先后提出"一圈一群一带"（济南都市圈，半岛城市群、鲁南城市带）、"两圈四区"（济南都市圈、青岛都市圈，烟威都市区、东滨都市区、临日都市区、济枣荷都市区）、"一体两翼"（一体是由半岛城市群和济南城市群经济圈组成，两翼即黄河三角洲和鲁南经济带）等总体战略布局。《山东省城镇体系规划（2011～2030年）》提出"双核、四带、六区"城镇空间布局，双核：济南、青岛两个核心城市；四带：济青聊城镇发展带、沿海城镇发展带、京沪通道城镇发展带和鲁南城镇发展带；六区：济南－泰安－淄博－德州－聊城城镇密集区、青潍城镇密集区、烟威城镇密集区、济菏城镇密集区、东滨城镇密集区、临沂－日照城镇密集区。

鉴于2000年以来区域一体化热潮兴起，国家通过区域规划和新区设立，省域通过都市圈（经济圈）、城市群（城市带）规划来推动区域开发，传统的横向经济联合这一区域组织模式发展效应不够明显；同时，由于苏鲁豫皖四省的总体战略布局重点不同，对淮海经济区各个城市的功能要求也不一致，部分城市参与了多个经济组织，区域发展目标和共同利益无法更好地实现。另外，淮海经济区20个会员城市地域面积广阔（17.8万平方千米），人口规模大（2010年总人口1.1亿），地域面积超过河南省（16.7万平方千米）、山东省（15.38万平方千米）、安徽省（13.97万平方千米）、江苏省（10.26万平方千米）的面积，行政壁垒依然存在，淮海经济区的发展遇到了瓶颈。2010～2018年淮海经济区核心区城市市长会议汇总见表2。

表2　淮海经济区核心区城市市长会议（2010～2018）

年份	召开地点	主题或议题
2010	江苏徐州	签署《关于加快淮海经济区核心区一体化建设的意见》，通过《淮海经济区核心区一体化建设重点工作方案(2010)》《淮海经济区核心区一体化建设合作与发展协调机制》
2011	安徽淮北	通过《淮海经济区核心区一体化建设重点工作方案(2011)》，签署《旅游合作协议》《关于共用连云港的合作协议》，徐州、宿州和淮北签署《关于建设城际快速通道的合作协议》
2012	河南商丘	通过《淮海经济区核心区一体化建设重点工作方案(2012)》，签署《关于新闻宣传合作协议》《关于承接产业转移合作协议》《关于环境保护合作协议》
2013	江苏宿迁	通过《淮海经济区核心区一体化建设重点工作方案(2013)》《淮海经济区核心区一体化建设合作与发展协调机制》，签署《人才资源交流与合作协议》
2014	山东枣庄	通过《淮海经济区核心区一体化建设重点工作方案(2014)》：推进淮海城市群建设、推进重点领域产业对接、完善区域性综合交通网络、加强科研协同创新、强化人力资源合作、促进商会间信息交流合作、建立核心区环境保护长效机制、加强警务合作、完善核心区协调机制
2015	安徽宿州	通过《淮海经济区核心区一体化建设重点工作方案(2015)》，签订《淮海城市群跨区域协调发展合作机制建设战略框架协议》《关于共同推动淮海城市群上升为国家发展战略的倡议书》
2017	江苏连云港	通过《淮海经济区核心区一体化建设重点工作方案(2016～2017)》，签署《加快区域融合发展合作协议》
2018	山东济宁	全面贯彻落实国家《淮河生态经济带发展规划》，全力推动核心区高质量协同发展，签署城市合作协议；发布2018年重点工作方案

2010年5月7日，在徐州市召开了第一届淮海经济区核心区城市市长会议，标志着核心区一体化建设工作的启动。核心区包括江苏的徐州、宿迁和连云港，河南的商丘，山东的济宁和枣庄，安徽的淮北和宿州等四省8个城市。2009年底，核心区城市总面积达6.8万平方千米，总人口近5000万人，国内生产总值接近万亿元。淮海经济区核心区的一体化建设，旨在促进区域资源要素优化配置、地区优势充分发挥，形成协调发展新格局，全面提升区域综合竞争力，力争早日将淮海经济区的区域发展规划列入国家区域战略之中。

2010~2018 年，8 城市共召开 8 次核心区市长会议，共同签署了十余项合作协议，涉及领域从推进旅游合作到环境保护合作，从新闻宣传合作、科研创新合作到人才资源交流与合作，从共用连云港的合作到承接产业转移合作；讨论并通过了《关于加快淮海经济区核心区一体化建设的意见》《淮海经济区核心区一体化建设合作与发展协调机制》《淮海经济区一体化建设重点工作方案（年度）》《关于共同推动淮海城市群上升为国家发展战略的倡议书》等重要文件。一体化建设的重点领域包括推进淮海城市群建设、推进重点领域产业对接、完善区域性综合交通网络、加强科研协同创新、强化人力资源合作、促进商会间信息交流合作、建立核心区环境保护长效机制、加强警务合作、完善核心区协调机制等。核心区城市之间的合作机制越来越完善，合作程度越来越紧密，合作范围日益扩大和内容越来越深化。

核心区各个城市积极落实合作协议，强化对接、整体推进、有序协调、联动发展。徐州市组织编制《淮海经济区区域交通中心规划》，徐州、淮北、宿州联合签署《关于建设城际快速通道的合作协议》。2012 年，徐州市提出建设淮海经济区产业、交通、商贸物流信息、教育、医疗、文化、金融、旅游"八大中心"，打造特大型区域性中心城市。与此同时济宁市提出建设"淮海经济区区域性中心城市"的战略决策，将"孔孟之乡、运河之都、水城风貌、生态宜居"作为其中心城市定位。

2015 年全国两会期间，李克强总理强调要高度重视革命老区淮海经济区的发展。2017 年 3 月 6 日，全国人大江苏代表团提案指出，要积极探索建立省际区域合作机制，在国家层面尽快启动淮海经济区发展规划的编制工作，促使淮海经济区的区域发展战略纳入国家战略统筹。3 月 17 日，中国城市规划设计研究院就《全国城镇体系规划（2016~2030）》的编制工作答记者问，指出淮（东陇）海城市群被列入规划，为"国际城市群－国家城市群－大区城市群－地方城市群"体系中的"地方城市群"。2017 年 6 月 16 日，国务院批复徐州城市总体规划，"徐州是国家历史文化名城，全国重要的综合性交通枢纽，淮海经济区中心城市"，要求"进一步加强与淮海经济区相关城市的联动，服务江苏省域整体发展"。这进一步明确了徐州淮海经济区中心城市的发展定位。

2017年8月22日，在连云港召开了第七届淮海经济区核心区城市市长会议。会议主旨为"加快区域融合发展"。坚持围绕服务国家战略，做好东西双向开放的大文章。谋划推进交通基础设施区域互联互通。推动国家层面启动淮海经济区发展规划编制工作，着眼重大生产力布局、重大交通基础设施建设，规划引领，错位发展。2017年12月13日，江苏省发改委发布《支持徐州建设淮海经济区中心城市意见重点任务分解方案》的通知，要求全面提升徐州的综合竞争力，落实中心城市建设的各项任务。

四　10会员城市协同发展时期（2018年至今）

"十三五"期间，国家在前期形成的东部率先、中部崛起、西部开发及东北振兴"四大板块"战略基础上，增加了"一带一路"倡议、"京津冀协同发展"、"粤港澳大湾区"世界级城市群建设、"长江经济带"发展战略规划、"大运河文化带建设"等，以及包括长江三角洲一体化、自由贸易试验区在内的区域规划。国家统筹"四大板块"区域布局和"三大经济带"的空间发展格局，推进区域空间结构重塑。

2018年11月，国务院发布《关于建立更加有效的区域协调发展新机制的意见》。要求坚持新发展理念，加快形成区域协调发展新机制。加强省际交界地区合作，探索建立合作新机制，建立健全跨省城市政府间联席会议制度，完善省际会商机制。

2018年11月，国家发展和改革委员会发布《淮河生态经济带发展规划》。淮海经济区作为这一国家战略规划中的北部重心区，被纳入国家战略规划统领。同时明确了淮海经济区10个地级市的范围。在核心区8个会员城市的基础上增加了山东省的菏泽市和临沂市。该《规划》强调："推动淮海经济区的协同发展"。

2018年12月9日，10个城市市长在徐州召开了第一届淮海经济区协同发展座谈会，讨论审议了"关于构建淮海经济区协同发展机制"和"推动

淮海经济区交通同城化建设"、"区域产业协同发展"、"区域生态环保联防联控"、"区域社会事业融合发展"等"1+4"工作方案。签署《淮海经济区协同发展战略合作框架协议》,发布《淮海经济区协同发展宣言》。这次会议是在党中央、国务院加快推进区域协调发展战略的新形势下召开的一次重要会议,标志着新的时代、新的发展理念下淮海经济区新一轮合作和区域协同发展帷幕正式开启。

2019年11月14日,10个城市市长在安徽省淮北市参加了第二届淮海经济区协同发展座谈会,签订《淮海经济区"十四五"规划对接暨产业协同发展合作协议》《淮海经济区国土空间生态修复和环保联动合作协议》《淮海经济区产业投资基金合作协议》。重点在于深化产业合作,构建完善分工合理、优势互补的产业协同发展新格局,支撑服务区域经济高质量发展,打造苏鲁豫皖接壤地区经济隆起带。

2020年11月17日,10个城市市长在山东省菏泽市参加了第三届淮海经济区协同发展座谈会,讨论《淮海经济区协同发展工作要点(2021)》。签署《淮海经济区交通一体化合作框架协议(2021)》《淮海经济区协同发展生态环境联防联控工作机制》《淮海经济区成员城市共建共享中国(江苏)自由贸易试验区连云港片区合作框架协议》《淮海经济区试点职业院校跨区域职业教育合作培养协议》《微山湖地区县域协同发展框架协议》,正式启动淮海经济区投资基金的运作(见表3)。

表3 2018～2020年淮海经济区协同发展座谈会

年份	地点	主题或议题
2018	江苏徐州	审议"关于构建淮海经济区协同发展机制"和"推动淮海经济区交通同城化建设"、"区域产业协同发展"、"区域生态环保联防联控"、"区域社会事业融合发展"等方案,签署《淮海经济区协同发展战略合作框架协议》,发布《淮海经济区协同发展宣言》
2019	安徽淮北	签订《淮海经济区"十四五"规划对接暨产业协同发展合作协议》《淮海经济区国土空间生态修复和环保联动合作协议》《淮海经济区产业投资基金合作协议》

年份	地点	主题或议题
2020	山东菏泽	通过《淮海经济区协同发展工作要点(2021)》。签署《淮海经济区交通一体化合作框架协议(2021)》《淮海经济区协同发展生态环境联防联控工作机制》《淮海经济区成员城市共建共享中国(江苏)自由贸易试验区连云港片区合作框架协议》《淮海经济区试点职业院校跨区域职业教育合作培养协议》《微山湖地区县域协同发展框架协议》。淮海经济区投资基金正式启动

10会员城市协同发展时期，多个国家区域发展战略规划在淮海经济区密集实施。围绕贯彻和落实国家《淮河生态经济带发展规划》和《关于建立更加有效的区域协调发展新机制的意见》部署要求，共建协同发展新机制，共商融合共赢新举措，共塑协同发展新格局。会员城市在各领域务实合作向纵深推进：区域性城市之间融通项目稳步实施，区域产业协同项目稳步落地；区域优势产业链稳步融合、区域平台载体稳步打造、区域创新体系稳步推进、区域大市场稳步扩展；淮海经济区产业投资基金、徐埇产业园和宿徐产业园等重要协同基地运作成功；生态环境治理跨区域联动机制不断健全，跨区域联合执法不断加强。公积金互认互贷、教育卫生文旅资源共享等不断推进。淮海经济区协同发展向更高水平、更高层面和更高质量迈进。

五　结语

淮海经济区作为国内最早提出的跨省域经济合作组织区，经历了20会员城市横向联合发展时期、8会员城市一体化建设时期以及10会员城市协同发展时期。淮海经济区作为典型的省际边缘型城市群，涵盖多个国家主体功能区域，涉及沿海经济带、中原城市群、沿淮城市群、鲁南城市带、徐州都市圈、长三角经济区等，地理空间上连接上海经济圈和环渤海经济圈，是东西两大生产力主轴沿海与沿东陇海线的交汇之地，也是"一带一路"交汇区域，是国家战略格局中的关键支点和东西融通、南北对接的交汇点和枢纽。

当前淮海经济区正处于全面深化协同发展时期，国家和区域政策导向明晰，努力建设成为"加快区域转型发展与推进区域高质量发展"的实践样本，区域协同发展持续深入，可更好衔接京津冀协同发展和长江经济带建设，深化与中西部地区的统筹合作，促进发展新格局的形成。

参考文献

王其林主编《淮海经济区志》，凤凰出版传媒集团，2010。

淮海经济区协同发展办公室主编《淮海经济区核心区一体化年报（2010~2018）》，2011~2019年。

叶荣强：《淮海经济区的建立和发展》，《档案建设》2012年第10期。

李化玲：《淮海经济区上升为国家发展战略的特殊意义和路径对策研究》，《淮海文汇》2019年第6期。

晓立专访：《淮海经济区协同发展办公室主任顾云程：创新思路，全力做好区域协同发展大文章》，《江苏经济报》2020年7月25日。

赵呈祥、吕瑞雪：《徐州：大格局建设淮海经济区中心城市》，《江苏经济报》2020年6月6日。

丁任重、孔祥杰：《我国区域经济合作：发展与组织转型》，《中国经济问题》2012年第5期。

B.3
2020年淮海经济区区域合作发展报告

车冰清　沈正平　吴建兴*

摘　要：　淮海经济区自1986年成立以来，区域合作发展经历了横向联合、纵深拓展、形象塑造、核心聚合和战略统筹五个阶段；合作领域从经济建设到社会发展和生态建设，合作的主体从政府部门、组织团体到企事业单位、区域市场，合作的层次从横向联系向纵深拓展，合作的效应从政府共识到民众认同。淮海经济区区域合作的研究，由定性描述研究转向定量揭示研究、由竞争研究转向合作研究、由差异研究转向互动研究、由大尺度宏观研究转向小尺度微观研究。新发展阶段，淮海经济区区域合作研究领域逐步转向区域空间整合、城市群一体化、区域协同发展和城乡融合发展。

关键词：　区域合作　协同发展　淮海经济区

一　淮海经济区概况

1986年3月，作为跨省横向联合的区域性经济合作组织，淮海经济区

---

* 车冰清，博士，副教授，南京体育学院体育发展与规划研究院副院长；沈正平，博士，教授，江苏师范大学淮海发展研究院院长；吴建兴，徐州市政府研究室主任，"一带一路"研究院常务副院长。

在徐州市正式成立，并设立日常办公机构联络处，由江苏、山东、河南和安徽四省 14 个地市组成。随着泰安市、开封市的加盟和之后行政区划的不断调整，日照（1990 年）、莱芜（1992 年）、宿迁（1996 年）、亳州（2000 年）相继组建地级市并加入，至 2017 年淮海经济区范围扩展至 20 个地级市，总面积达 17.9 万平方公里。

2018 年 11 月，《淮河生态经济带发展规划》划定淮海经济区范围，覆盖徐州、连云港、宿迁、宿州、淮北、商丘、枣庄、济宁、临沂、菏泽 10 个地级城市。区域总面积为 9.6 万平方公里，占全国总面积的 1%，2019 年户籍人口 7500 万人，占全国总人口的 5.36%，地区生产总值 33432 亿元，占全国生产总值的 3.37%。

1986 年淮海经济区地区生产总值不到 500 亿元（14 个地级市）；2019 年淮海经济区地区生产总值 33432 亿元（10 个地级市），经济实力的快速发展有一部分要归功于区域合作的开展。区域合作是实施区域协调发展战略的基本路径，对于典型的省际边缘区来说，具有重要的实践作用。迄今为止，淮海经济区合作发展大体经历了横向联合（1986～1991 年）、纵深拓展（1992～1998 年）、形象塑造（1999～2009 年）、核心聚合（2010～2017 年）和战略统筹（2018 年至今）等五个阶段。

二 淮海经济区区域合作研究进展

（一）研究进展

1. 区域发展战略研究

在 1986 年淮海经济区成立后，淮海地区发展成为地方研究的热点，形成了部分研究成果，主要是关于淮海经济区的形成条件、发展现状、主要问题、发展战略等方面的研究，典型代表为 1988 年徐州师范学院地理系《战略》课题组关于淮海经济区经济发展战略研究[1,2]，及 2010 年沈正平教授的相关研究成果[3]。

2. 区域发展差异研究

通过构建城市竞争力的评价指标体系来测度淮海经济区城市竞争力的差异，研究者发现大多数城市的竞争力得分值偏低，各城市之间的竞争力得分有较大差距[4]；发现省际差异影响大于省内、市内差异[5]，东西差异成为淮海经济区经济差异的主要表征[6]。

3. 区域经济联系研究

随着经济合作成为区域联合发展的重要措施，通过定量测度经济联系来评价区域合作进展的研究大量出现。研究发现，淮海经济区内尚未形成一个能辐射整个区域的增长极核，体现出"多中心"的格局，经济联系上则具有"多簇聚"的结构。淮海经济区的城市发展是组团式的城市群[7]。通过城市经济区，打破行政区划壁垒，推动跨省区区际协调，可增强区域的自我发展能力和竞争力[8]。

4. 区域协调发展研究

随着协调发展和可持续发展战略的实施，淮海经济区协调发展、可持续发展等相关研究增多。在协调发展方面，学者认为水平城市化是该区域城市化演进的主要模式，竞争与合作是该区域协调发展的重要途径，空间整合是其协调发展的基本策略[9]；鲁南和苏北处于淮海经济区经济发展前列，发展阶段相同；豫东比皖北略强。淮海经济区内，鲁南与苏北、豫东与皖北存在竞夺资源的发展态势。这四大板块间资源和生产要素的流动与集聚壁垒严重，影响协调发展[10]。

（二）研究趋势

1. 深化以"边缘效应"为基础的边缘区理论研究

边缘性区位和行政区划分割使得省际边缘区域的经济发展模式不同于一般区域。因此，需要深化边缘区域经济理论研究。从省际边缘区域的实际出发，因区制宜运用系统分析和样本分析方法，探讨省际边缘区域经济社会因素的"边缘效应"，以及"边缘效应"对省际边缘区域协调发展的影响机理和政策导向，为我国区域的协调发展提供案例借鉴和

理论支撑。

2. 深化以"乡村振兴"为目标的城乡融合研究

落实乡村振兴战略是切实解决城乡发展不平衡不充分问题的有效途径。淮海经济区作为典型的城乡发展差距较大区域，需要提供乡村振兴背景下的城乡融合发展的理论供给，以切实为城乡融合发展实践提供理论指导，包括城乡融合影响因素、动力机制、发展规律等方面的研究。

3. 深化以"美丽中国建设、生态文明"为内容的区域整合研究

区域资源整合是推动美丽中国建设、落实生态文明战略的客观需求。淮海经济区 20 个城市资源禀赋相关、地域相连、文化相近、产业关联，联合开发资源，提高资源利用效率，共同联合保护环境，扩大建设效应，是区域合作发展重要的内容，同时也是区域合作研究的热点内容。

4. 深化以"新型城镇化下的城市群和都市圈"为主题的区域联合研究

十八大提出了以人为本的新型城镇化发展道路，主要是针对快速城镇化阶段出现的一系列发展问题，城市群和都市圈是区域一体化发展的重要载体。在此背景下，淮海经济区区域合作研究可以重点关注以下问题：一是区域合作与新型城镇化的关系与协调机制研究；二是区域合作与新型城镇化的空间关系及优化研究；三是区域合作对新型城镇化发展的作用与效应研究。

三 区域合作发展的实践历程

（一）区域合作的发展阶段

我国区域合作的发展大致经历了横向联系、非均衡发展、区域协调发展三个时期。基于淮海经济区省际边界区域的特点以及东部欠发达区域的发展现实，笔者认为淮海经济区区域合作发展可以划分为 6 个典型阶段（见表1）。

表 1　淮海经济区区域经济合作的发展阶段

阶段	特征
成立之前(1949～1985年)	随机的、无合作组织的、无序的、不规范的,呈现碎片化
横向联合(1986～1991年)	广领域发展,有组织,政府和市场共同作用
纵深拓展(1992～1998年)	深度拓展,有组织,政府和市场共同作用
形象塑造(1999～2009年)	整体形象塑造,制度化发展,合作领域扩展、合作层次深化,有组织的政府指导、市场主导
核心聚合(2010～2017年)	核心城市极化发展提速,辐射能力提升
战略统筹(2018年至今)	提升城市高质量发展水平,推动区域高质量协同发展

1. 成立之前阶段（1949～1985年）

新中国成立后，国家通过淮北煤炭基地、徐州能源基地、兖滕煤炭基地建设，连云港和日照港建设，以及兖石铁路等重大项目，推动区域经济发展。计划经济体制下，淮海经济区各城市之间的关系主要是行政分割、经济联系少，城市合作基础薄弱，合作领域几乎没有。这个时期，淮海地区经济发展水平较低，二元化传统观念限制市场经济发展，农村以农业劳动力为主。主要存在的合作模式是对口支援或部门支持的模式，突出特点是：无合作组织的、随机的、无序的、不规范的，呈现点对点、碎片化、局域化的格局。

2. 横向联合阶段（1986～1991年）

这一阶段，伴随淮海经济区的成立，行业协会、行业网络、企业联合组织协会相继涌现。合作重点在物资协作、资金融通、交通互连等领域，以单一性行业合作为主。突出的特点是：省区内经济合作发展快速，行政区划壁垒和边界竞争明显，合作组织快速发展。在"地方保护"主义盛行的情况下，区域间合作受到区划的严重阻碍，生产要素的跨区域流动受到地方政府的强制或约束。

3. 纵深拓展阶段（1992～1998年）

随着市场经济体制的建立，区域合作开始进入新阶段。行政界线随之逐渐放开，基础设施逐步实现跨区域配套。淮海经济区区域经济合作从单一的

注重经济效益转向多重效益兼顾发展的深层次、多元化发展。市场机制作用明显，以企业为主体，政府职能部门推进下的区域经济合作格局逐步形成。这一阶段，区域合作共识初步形成、区域合作运行机制逐步完善。在联合开发旅游资源、治理淮河污染、农业开发合作、企业横向合作，以及编制区域发展规划等方面取得标志性成果。

4. 形象塑造阶段（1999～2009年）

1999年以来，淮海经济区的区域合作以都市圈合作和综合性行业合作为主。突出的特点是：合作组织大量涌现，区域统一市场日益形成，省际合作和边界区域合作增强，呈现多极化、多圈层的格局。

社会主义市场经济体制的确立，促进了企业的跨区域联合。"十四大"以后，围绕产权制度和市场体系，中央进一步调整和地方关系，地方政府经济工作的重心转移到引进外资上来，建设经济技术开发区，改善投资环境，城市和城市之间引资竞争加剧，区际经济差距呈现拉大的趋势。2003年，江苏省提出构筑建设"三大都市圈五条发展聚合轴"的省域城镇体系规划方案，把徐州都市圈的打造提到了建设日程。随着江苏省提出建设徐州都市圈战略构想，山东省也提出规划济宁都市圈，另外中原经济区、东陇海线产业带、鲁南产业带的建设为淮海经济区的发展注入新的活力。通过制定中长期规划，都市圈、产业带成为淮海经济区经济发展的重要框架与模式。"科学发展观"在党的十六届三中全会提出，市场机制在资源配置中的基础性地位得到强化，深化行政审批制度改革，政府管理职能转向服务市场主体和创造良好发展环境。随后，国家提出主体功能区建设，划分四类国土主体功能区，规范空间开发秩序，形成合理的空间结构，完善区域政策和绩效评价。合作发展成为各地政府的共识。

5. 核心聚合阶段（2010～2017年）

2010年5月，第一届淮海经济区核心区城市市长会议的举行，标志着淮海经济区的区域经济合作进入核心聚合阶段。2010～2018年8市共召开8次市长会议，签署《关于加快核心区一体化建设的意见》《核心区旅游合作协议》《关于共用连云港的合作协议》《关于新闻宣传合作协议》《关于承接产业转移合作协议》《关于环境保护合作协议》《人才资源交流与合作协议》《加快区域融合发展的城市合作协议》等一系列协议，讨论并通过了《淮海经济区核心区一体化建设合作与发展协调机制》和《淮海经济区一体化建设重点工作方案（年度）》，编制完成《淮海经济区区域交通中心规划》。核心区城市的合作越来越紧密，合作范围日益扩大和内容逐渐深化，一体化建设成效显著。2018年第八届淮海经济区核心区城市市长会议主题为"全面落实国家《淮河生态经济带发展规划》，着力推动淮海经济区高质量协同发展"，淮海经济区的区域合作又进入一个新发展阶段。

在区域中心城市建设方面：2012年，徐州市着力建设淮海经济区产业、交通、商贸物流信息、金融、医疗、教育、文化、旅游"八大中心"，形成"特大型区域性中心城市"。同期山东省济宁市也提出建设"区域性中心城市"的规划目标。2017年，国务院批复《徐州城市总体规划（2017～2020)》，明确了徐州作为淮海经济区中心城市的发展定位。这一阶段，淮海经济区中心城市极化和聚合效应不断扩大，核心城市的集聚功能和辐射功能得到提升。

6. 战略统筹阶段（2018年至今）

2018年10月，国务院批复《淮河生态经济带发展规划》，在"空间布局"部分，将北部淮海经济区列为重点规划建设的"三区"板块之一，明确淮海经济区包括四省10城市的地域空间，要求"提升徐州区域中心城市辐射带动能力，发挥连云港陆海交汇枢纽作用，推动淮海经济区协同发展"。

2018年12月9日，在江苏省徐州市举行第一届淮海经济区协同发展座谈会，讨论审议了关于构建淮海经济区协同发展机制和推动淮海经济区交通同城化建设、区域产业协同发展、区域生态环保联防联控、区域社会事业融合发展等"1＋4"工作方案。签署《淮海经济区协同发展战略合作框架协议》，发布《淮海经济区协同发展宣言》。这次会议是在党中央、国务院加快推进"区域协调发展战略"的新形势下召开的，标志着淮海经济区新一轮区域合作发展帷幕开启。

2019 年 11 月 14 日，在安徽省淮北市举行的第二届淮海经济区协同发展座谈会，签订《淮海经济区"十四五"规划对接暨产业协同发展合作协议（2020）》《淮海经济区国土空间生态修复和环保联动合作协议》《淮海经济区产业投资基金合作协议》等协议。深化产业合作，构建完善分工合理、优势互补的产业协同发展新格局。

这一阶段围绕贯彻落实国家《淮河生态经济带发展规划》和《关于建立更加有效的区域协调发展新机制的意见》部署要求，共商融合共赢新举措，共建协同发展新机制，推动淮海经济区协同发展向更高水平和更高质量迈进。面向新时代、站在新起点，区域合作进入开创区域协同发展新局面的阶段。

纵观淮海经济区的区域合作发展历程，无论是形式与内容还是方式与手段都是稳步发展的，呈现循序渐进、不断深化的态势。领域、层次、内容、成效都在稳步提升，基本形成"政府搭台引领，部门协调服务、行业对口合作、企业自主联合"的广领域、全方位、开放型的区域经济合作新局面。

（二）区域合作的空间格局

淮海经济区过去是"政策低谷区"，"诸侯经济"现象比较突出，在空间结构上表现出明显的板块经济现象。2018 年以来区域协调发展进入新时代，空间格局已渐清晰。

1. 淮海经济区多级中心组合

打造集聚辐射能力强和综合服务功能优的创新型区域发展增长极。徐州作为区域中心城市，在经济格局中处于淮海经济区城市体系中心环节，必须着力提升徐州作为区域中心城市的辐射和带动效应，逐步实现以徐州为中心城市，以济宁、临沂等为副中心城市，连云港为陆海交汇枢纽的区域城市空间格局，从而带动淮海经济区的四省 10 市统筹协调发展。

2. "一带一路"交汇点

构建融合东西和贯通南北的陆海统筹开放型经济带。淮海经济区总体上位于我国的东部，属于"一带一路"交汇点，也是"丝绸之路经济带"东部开放的前沿阵地。依托连云港、日照两大新亚欧大陆桥东桥头堡的作用，可放大双向开放优势，有效推进"一带一路"倡议实施，维系京津冀都市圈和长江经济带联动发展，补齐东中部发展短板，推动东中西部欠发达地区整体振兴崛起。

3. 淮河生态经济带

形成功能互补和融合融通的陆河协同生态型经济带。淮河生态经济带为国家战略统筹区域。其依托淮安、蚌埠、信阳三个核心城市打造中东部地区开放发展新的战略支点，从而推动淮海经济区的城市群联动发展。

4. 淮海经济区城市群

实现点动成线和线动成面的内外联动合作型经济带。在快速发展的城市化和城市区域化的推动下，城市群已成为促进生产要素有序自由流动、引领和带动区域经济发展的基本地域单元。淮海经济区初步形成以徐州为核心，徐州都市圈、济宁都市圈、豫东城市群、沿淮城市带为基础的城市功能联合体。建立合理的跨区域城市协调发展机制，有利于支撑国家城市化战略格局。

四 淮海经济区的区域合作模式

淮海经济区拥有亚欧大陆桥东部桥头堡，是全国经济东西融合和南北交流的枢纽地带，在我国东部加快发展、中部崛起、西部大开发战略、东北振兴等区域发展战略实施过程中起着举足轻重的作用，徐州是淮海经济区中心城市，在引领区域城市协调发展中具有示范作用。省际边界区域合作的"淮海模式"呈现以下特点。

（一）提升区域中心城市能级

夯实区域中心城市经济基础。徐州要聚焦打造淮海经济区经济、商贸物流、科教文化、金融服务"四个中心"，在装备与智能制造、新能源新材料、生物医药和大健康等新兴主导产业上提升中心城市的竞争力。

　　发展现代物流服务业。加快区域性消费中心、物流中心、供应链管理中心建设，拓展徐州商圈功能，提升中心城市的辐射力。实施创新驱动发展战略。推进徐州成为区域重大科技成果和战略性新兴产业的重要策源地。优化金融生态环境，构建区域性金融集聚区。优化营商环境，塑造城市形象。坚持枢纽经济发展理念，强化重大交通廊道支撑作用，把全国重要枢纽城市优势转化为发展优势。搭建区域中心城市开放创新平台。加快推进淮海经济区科技创新联盟建设，推进科技资源共享平台建设，探索创新"人才＋产业＋平台"联动机制。坚持绿色发展，打造城市生态宜居区。确立人文城市理念，推进世界级汉文化传承和旅游目的地建设。

（二）打造区域命运共同体

　　发挥战略叠加优势，破解区域合作难题。发挥"一带一路"倡议、淮河生态经济带、沿海率先发展、长江三角洲区域一体化等国家战略叠加优势，健全跨省城市政府间的协调机制，在更高层级推进淮海经济区一体化发展。

　　细化区域产业分工，打造现代产业集群。有效破解区域性连片资源型城市转型发展难题，推动淮海经济区各市通过产业链协同、专业化整合，打造世界级工程机械产业集群，提升新能源、新材料、医药化工、电子信息等产业集群。

　　强化区域交通联系，推进基础设施建设一体化。依托全国性综合交通枢纽，以同城化为目标，构建都市圈经济，形成"半小时生活圈""1小时经济圈""两小时产业圈"。推进区域共建共治，提升区域协调治理水平。落实《淮海经济区协同发展战略合作框架协议》，开展保护联席会议，建立跨流域的横向生态补偿机制，调动各地政府和各个主体参与区域绿色发展的积极性。面对区域气候和环境污染带来的压力，要健全全域跨界环境污染联合处置机制，提升区域环境治理质量和绩效[10]。健全多元主体共享的公共服务体系，推进淮海经济区生态环境资源数据中心建设。

五　结论

自淮海经济区成立以来，合作的规模不断扩大。其区域合作发展经历了横向联合（1986～1991年）、纵深拓展（1992～1998年）、形象塑造（1999～2009年）、核心聚合（2010～2017年）和战略统筹（2018年至今）等五个特色比较鲜明的发展时期。合作的领域从经济建设到社会发展，合作的主体从企业到产业、从组织团体到政府部门，合作的层次从横向联系转向纵深拓展，区域合作的效应不断扩大和增强。

淮海经济区区域合作的研究，由定性描述研究转向定量揭示研究、由竞争研究转向合作研究、由差异研究转向联系互动研究、由大尺度宏观研究转向小尺度微观研究。新发展阶段，淮海经济区区域合作研究领域逐步转向区域空间整合、城市群一体化、区域协同发展和城乡融合发展。

注释

［1］徐州师范学院地理系《战略》课题组：《淮海经济区经济发展战略研究》，《徐州师范学院学报（哲学社会科学版）》1988年第1期。

［2］蔡芳基：《淮海经济区及发展政策研究》，《中国矿业大学学报（哲学社会科学版）》2000年第4期。

［3］沈正平：《在国家战略中寻求淮海崛起的新坐标和新方略》，《唯实》2010年第6期。

［4］翟仁祥、沈正平、马晓冬：《淮海经济区城市竞争力定量评析》，《地域研究与开发》2004年第3期。

［5］孙姗姗、朱传耿、李志江：《淮海经济区经济发展差异演变》，《经济地理》2009年第4期。

［6］仇方道、佟连军、朱传耿等：《省际边缘区经济发展差异时空格局及驱动机制——以淮海经济区为例》，《地理研究》2009年第2期。

［7］唐娟、马晓冬、徐珣等：《淮海经济区内城市经济联系的空间组织分析》，《淮

海工学院学报（自然科学版）》2009 年第 3 期。

［8］车冰清、朱传耿、杜艳等：《淮海经济区城市空间影响范围与城市经济区划分》，《人文地理》2010 年第 5 期。

［9］蒋涛、刘海荣：《淮海经济区区域经济协调发展研究》，《城市》2010 年第 2 期。

［10］朱传耿、仇方道、孟召宜等主编《省际边界区域协调发展研究》，科学出版社，2012。

B.4
2020年淮海经济区文化产业发展报告

孟召宜　韩雨瞳　冯彪*

摘　要：　淮海经济区文化产业发展初具规模，呈现门类基本齐全、园区竞相发展、布局日趋完善的态势，积累了打造品牌提高质量、文旅融合壮大规模、互联网+推进重塑、招商引资提升动力、园区规划集群集约等发展经验。针对整体水平不高、区域差异明显，结构趋同明显、传统产业主导，发展协同不强、产品竞争力弱，资源利用不力、文旅融合脱节等不足，提出完善结构、壮大规模，优化布局、集群集聚的发展方向以及招商引资多元化、文化产业园集约化、平台联系常态化、品牌营销多样化等发展对策。

关键词：　淮海经济区　文化产业　高质量发展

一　淮海经济区文化产业发展主要成就

淮海经济区是中华民族的文化发祥地之一，地处中原文化、齐鲁文化、江淮文化交汇处，拥有儒家文化、楚汉文化、红色文化、大运河文化等资源，国家历史文化名城、全国重点文物保护单位数量众多，群众性文化活动丰富，为新时代弘扬中华优秀传统文化、推动文化事业和文化产业发展奠定

---

* 孟召宜，博士，教授，江苏师范大学地理测绘与城乡规划学院；韩雨瞳、冯彪，江苏师范大学人文地理学硕士研究生。

了良好基础。近年来，伴随着淮海经济区产业升级和人民对美好生活的需要，淮海经济区文化产业快速发展，成为淮海经济区产业升级和经济持续健康发展的重要引擎。

文化产业初具规模。据不完全统计，2019 年淮海经济区文化产业增加值近 1400 亿元，占 GDP 比重达到 4.1% 左右。其中，淮海经济区中心城市徐州文化产业增加值超 300 亿元；济宁、临沂、菏泽文化产业增加值超 200 亿元，枣庄、宿迁、连云港等市文化产业对 GDP 贡献显著。整体而言，淮海经济区文化产业发展势头良好，呈现以徐州、济宁等区域性大中城市为先导、其他中小城市协同并进的局面。

文化产业门类较为完善。淮海经济区文化产业涵盖新闻信息服务、内容创作生产、创意设计服务、文化传播、文化投资运营、文化娱乐休闲服务、文化辅助生产和中介服务、文化装备生产、文化消费终端等九大门类，文化产业体系较为完善。

从业态上看，传统文化产业主要有新闻信息服务，广播影视节目制作，创作表演服务，工艺美术品制造与销售，出版、印刷复制服务，文化娱乐休闲服务等。淮海经济区传统文化产业地方特色鲜明，马庄农民乐团、"古筝之乡"沛县、邳州农民画、大风乐器等依托地方优秀传统文化资源，形成了富有特色的创作表演服务、工艺美术品制造与销售、乐器制造等产业；连云港市依托独特的水晶文化、西游文化等逐步形成了水晶文化产业和文化旅游业；宿州市有奇石、书画等传统特色文化产业。这些特色文化产业形成文化浓郁、特色鲜明的文化产业园，如连云港市西游记文化产业园、萧县书画艺术城、曲阜新区文化产业园、嘉祥石雕文化产业园、临沭县柳编文化创意产业园区、鄄城中医药文化旅游示范基地等。同时，淮海经济区新兴文化产业比重日益提高、地位不断提升。新兴文化产业主要有文化创意设计、数字文化、动漫游戏数字内容服务、广告与设计等。各类新兴文化产业园区也在政府扶持以及社会资本的广泛参与下快速发展，典型的有徐州软件园、新沂互联网产业园、连云港酷哥动漫产业园、枣庄市天穹影视文化基地等。

从相关度看，淮海经济区核心文化产业为新闻信息服务、出版、广播影视节目制作、创作表演服务、动漫游戏数字内容服务、互联网游戏服务、创意设计服务，外围文化产业以文化娱乐休闲服务、工艺美术品制造为主，相关文化产业以印刷复制服务、会议展览及相关服务、文化装备生产、文化科研培训服务为主。

文化产业园区竞相发展。淮海经济区文化产业园区不断壮大，集聚辐射能力逐步增强。据不完全统计，截止到2019年，淮海经济区拥有文化产业园区、文化产业示范基地212个，其中国家级文化产业园5个，占2.36%；省级重点文化产业园43个，占20.28%；市级及以下级别文化产业园164个，占77.36%；从总体上来看，徐州、临沂、济宁、菏泽等文化产业园区数量较多（见表1、图1）。

淮海经济区文化产业园区类型多样、特色明显。从文化园区依托载体看，淮海经济区旧城镇、旧厂房、旧村庄、古建筑遗址数量众多，因而，淮海经济区文化产业发展充分利用老建筑、旧城镇、旧厂房等，形成一批文化创意产业园区和文化产业示范基地。原徐州针织总厂旧厂房被改造为徐州创意68文化产业园，成为淮海经济区首个文化创意产业园区；徐州市彭城壹号历史文化老城街区对原徐州市委机关北大院升级改造，形成徐州文化新地标；潘安湖湿地公园基于徐州煤炭塌陷地而建，使其焕发生机；宿迁"1897"历史街区依托晚清、民国时期的历史建筑群及文保单位"道生碱店"建成文化性商业街区；此外，临沂温和酒仪文化产业园、台儿庄古城文化产业园、枣庄凫城新梦生态文化产业园、鱼台润柳工艺品有限公司、宿州白居易文化园等文化产业园区均是在旧房旧址老村的基础上布局建设。商丘城乡一体化示范区的动漫文化科技产业园、济宁杨柳国际新城的文化创意产业园、连云港花果山科教创业园的广播影视文化产业城是其典型代表。从运营管理方面看，淮海经济区文化产业园区及示范基地有政府扶持、独资经营、校企合作、PPP等多种运营模式，如商丘艺术文化中心的BOT模式、淮海文化科技产业园的"校企合作、市场运营"模式、山东临沂新华印刷物流集团的国有控股经营模式等。

表1 淮海经济区国家级文化产业园（文化产业示范基地）

园区（基地）	批次	区位与载体	主要产业	发展定位
山东省曲阜新区文化产业园区	第二批	位于曲阜，依托孔子及儒家文化	文化旅游、会展博览、图书出版、文艺表演等	鲁文化集聚发展核心区，孔子文化旅游体验区，世界儒学文化交流体验基地
山东省嘉祥石雕文化产业园	第三批	位于济宁市嘉祥县，依托第二批国家级非遗嘉祥石雕	创意设计、工艺美术品制造、展示展销、文化旅游、文化体验	我国综合性雕刻艺术文化产业园区
台儿庄古城文化产业园	第四批	位于枣庄市台儿庄区，依托台儿庄古城及其运河文化、抗战文化、非遗文化	文化旅游、演艺娱乐、广告会展、影视动漫、艺术培训、健康休闲等	运河古镇文旅融合示范区、先导区，运河文化保护传承利用示范园
山东省儒源文化集团有限公司	第六批	位于东方圣城、孔子故里山东曲阜，依托儒家文化	文化旅游、研学旅行、特色教育	世界性儒家文化体验地，孔子文化研究高地、国际传播交流目的地
徐州大风乐器有限公司	第六批	位于徐州市沛县张庄镇，依托徐州汉文化	中西乐器研发、生产、销售	江苏省民营文化企业标杆、中国最大的中西乐器生产基地

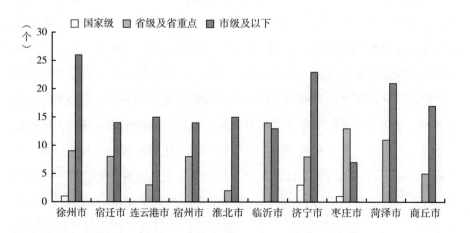

图1 2019年淮海经济区各相关市各级文化产业园数量

协同发展格局初具雏形。随着区域联动、协同发展理念的逐渐深化，淮海经济区文化产业形成了"两高一轴三带多点"的空间布局。（1）"两高"。一是徐州以楚汉文化、红色文化、运河文化等为底蕴，以汉文化景区、淮海战役烈士纪念塔园林、窑湾古镇等为载体，以淮海文博园、徐州音乐厅、艺术馆、奥体中心、徐州软件园等文化园区及功能性文化设施为平台，基本形成淮海经济区区域性文化服务与文化创意高地；二是济宁以儒家文化、始祖文化、佛教文化等为底蕴，以曲阜三孔、邹城四孟、汶上宝相寺等资源为依托，以孔子文化节、尼山世界文明论坛等为平台，以曲阜新区国家文化产业园等园区为龙头，逐步形成儒家文化交流与文创高地。（2）"一轴"。以连云港、徐州、商丘为节点，以枣庄、宿迁、宿州、济宁为两翼，以陇海铁路、连霍高速公路等现代化交通体系为基础，依托沿线现代农业、历史文化、现代制造业，沿线工业设计、广告设计、文化旅游、创意农业等文创产业集聚发展，形成东陇海现代文化创意产业集聚发展轴。（3）"三带"。一是以徐州、济宁、宿迁、枣庄为节点，以徐州蔺家坝、窑湾古镇、济宁南阳古镇、宿迁克拉嗨谷等为载体，形成京杭大运河现代创意与文化旅游带；二是以商丘、淮北、宿州、宿迁等为节点，以淮北柳孜隋唐运河古镇、泗县隋唐大运河博物馆等为依托形成隋唐大运河文化带；三是以徐州、宿州、宿迁、商丘等为节点，以徐州黄楼、黄河故道大堤、宿迁古黄河水景公园、商丘黄河故道国家森林公园等景点为载体形成故黄河文化带。此外，以徐州淮海文博园、济宁文化创意产业园、曲阜新区文化产业园、海州区杰瑞科技创意产业园、商丘古城文化产业园区、宿迁妈祖文化园等重点园区为依托形成多点竞相发展格局。

二 淮海经济区文化产业发展路径与主要经验

打造营销文化品牌，提高文化产业发展质量。淮海经济区立足其丰富的历史文化资源，深挖文化精髓，积极打造文化品牌，并以政府推动

为主导，以文化节庆为手段，扩大宣传，提高文化品牌影响力，提高文化产业发展质量。徐州依托深厚的汉文化，全面实施"汉之赋、汉之源、汉之韵"三大行动，创造一批文艺精品，并通过举办徐州文化旅游节、中国沛县刘邦节，全面打造"舞动汉风"文化品牌。济宁市依托儒家文化，定期举办曲阜孔子文化节、邹城中华母亲节、泗水赏花节等，塑造"东方胜地"文化品牌。东海县立足于水晶资源，打造"东海水晶"品牌，推进水晶特色小镇建设，并通过举办国际东海水晶节提高品牌影响力。

实施文旅融合联动，助推文化产业规模壮大。淮海经济区注重以文促旅、以旅彰文、文旅融合、联动发展，通过文化旅游建设、文化品牌塑造，获得更多的政策支持和融资渠道，提高品牌延伸性，进而通过旅游龙头带动和旅游＋战略拉动文化产业整体发展。2019 年，淮海经济区十市突破行政区域限制，成立淮海经济区文化旅游联盟；同时，淮海经济区各市也积极开展文化旅游相关工作。商丘依托商文化、运河文化、圣人文化，打造"游商丘古都城·读华夏文明史"文化旅游品牌。连云港市以西游文化为基础，打造"大圣故里，西游胜境"旅游品牌，加快推动西游文化与旅游深度融合。济宁市以孔孟文化圣地之旅、始祖文化寻根之旅、运河之都体验之旅、水浒文学故地之旅等文旅品牌，建成孝贤文化主题公园、孔府印阁篆刻电商基地、曲阜文化产业园创意中心等。

实施互联网＋战略，推进文化产业再造重构。淮海经济区通过大力扶持"互联网＋文化"项目，加强网络平台建设，兴起了一批淘宝县、镇、村，实施线上线下联动，扩大销售范围，提高了淮海经济区文化产品制造销售能级。连云港上线"乐村淘"，结合东海传统美食、服装、水晶、农特产品及乡村旅游等产业优势，整合特色商标品牌资源，实现互联网经济与行业品牌发展双赢，打造互联网时代的区域名片。菏泽安蔡楼镇积极融入"互联网＋"模式，大力发展影楼家具、服饰道具制造业。2017 年，全镇淘宝网店达4130 个，"中国淘宝村" 5 个，全镇电子商务营业额突破 20 亿元，被评为"中国淘宝镇"。曲阜鲁城街道林前社区从事楷雕、刻印、食品、布艺等旅游产品加工、销售生意，是山东省内著名的旅游工艺品加工专业村，国内最大的金石篆刻、楷雕加工和交易基地，拥有各类网店 500 余家，从业人员 1300 余人，其中淘宝店铺 120 余家，占全村户数的 1/3，形成了以文化旅游创意小商品为特色的"互联网 + 文化"产业集群。此外，济宁兴隆镇、宿迁新河镇、睢宁"沙集模式"等均是淮海经济区"互联网 + 文化"模式的典型代表。

注重招商引资引制，提升文化产业发展动力。淮海经济区各市以政府推动为主导，以文博会、推介会为媒介，积极开展文化产业项目招商引资工作。2019 年宿迁市在上海旅游招商推介会现场签约 16 个旅游项目，计划投资额超 60 亿元。徐州市在 2018 年、2019 年中国·徐州长三角（上海）文化产业招商推介会上分别签约 10 个文化产业项目，总金额高达 98.3 亿元；商丘市在第十五届中国（深圳）国际文化产业博览交易会上签约 4 个文化旅游产业招商项目，总投资近 10 亿元。同时，引制运营也是淮海经济区改善文化产业投资环境的重要举措。创意 68 文化创意产业园管理委员会涉及鼓楼区政府、徐州圣博宏康创意服务有限公司、区文化教育局、区招商局等多家单位，但日常运营和服务管理则主要由徐州圣博宏康创意服务有限公司负责，并成立了创意 68 办公中心。徐州圣博宏康创意服务有限公司开创了淮海经济区文化创意产业大型综合集聚区建设与运营的先河，也成为淮海经济区引制运营的典范。

规划建设文化园区，促进文化产业集群集约。淮海经济区注重以园区为载体促进文化产业集聚，推动文化产业规模化、集约化、专业化。淮海经济区中心城市徐州依托历史资源优势、高校资源优势，实现历史文化与现代文化、文化与科技、文化与生态等产业间融合集聚，建设了江苏师范大学文化创意产业科技园、徐州软件园以及徐州动漫产业基地等。此外，台儿庄古城文化产业园依托大战文化和运河文化的深厚底蕴，集文化创意、项目孵化、产业推广、人才培养、影视体验、传统教育、休闲娱乐等功能于一体，推动文化旅游、演艺娱乐、广告会展、艺术培训、健康休闲等文化产业集聚，容纳各类创业实体 600 余家。

三 淮海经济区文化产业发展中存在的问题

文化产业整体水平不高，区域内部差异较明显。淮海经济区文化产业发展整体水平不高，2017 年区域文化产业增加值占 GDP 比重平均值为3.85%，文化产业距离支柱性产业尚远。淮海经济区内部文化产业发展差异明显，2017 年徐州市、济宁市文化产业增加值高达 200 亿、209 亿元，连云港市文化产业增加值为 96.5 亿元，而宿州市、商丘市文化产业增加值仅为37.57 亿、46.77 亿元。此外，文化产业整体水平还受制于资金扶持力度，2013 年徐州市《关于支持重点文化产业发展的意见》提出每年安排 1000 万元设立市文化产业专项扶持资金的财税政策，而苏州自 2010 年起已不低于3000 万元，2016 年昆山市更是高达 2845 万元。

文化产业结构趋同明显，传统文化产业比例较大。由于淮海经济区各市文化同源、水平相近，文化产业同质化、同构化明显。文化旅游业缺乏地区吸引力和竞争力，尤其是汉文化景区、红色文化景点等重复建设现象明显，协同发展亟须加强。淮海经济区工艺品制作、印刷出版、文化旅游等传统文化产业占据主体地位，动漫影视、创意设计等新兴产业则比重较小，既无法满足新冠肺炎疫情下消费者对于线下文化消费的需求，也限制了以互联网为基础的新兴文化产业的发展。

文化产业发展协同不强，文化产品竞争力弱。淮海经济区文化产业发展不平衡，各市文化产业的发展层次、质量与速度差异较大，产业互补性和关联度较低。由于在投融资政策、市场政策实践中缺少统筹性区域规划和管理，城市间文化产业缺乏有效整合和衔接，未能实现合作共赢、协同发展。区域文化产业品牌效应较弱，市场上缺乏有特色、原创性、代表性强的文化品牌。现有文化企业宣传推广力度欠缺、文化产品缺乏时代性，无法形成比较稳定的盈利模式。例如汉纳国际演艺中心，作为江苏省民营文化企业 30强和徐州市首批文化产业示范基地之一，过于追求与国际接轨、节目内容缺乏新意、营销模式单一，所打造的汉文化企业品牌在全国知名度并不高。

文化资源利用效率不高，文旅融合程度不深。淮海经济区文化遗产魅力独具、类型多样，其中儒家文化是具有世界影响的文化，儒家文化遗存是世界级文旅吸引物；分布于济宁、淮北、宿州、徐州、枣庄、宿迁等城市的大运河文化，与长城文化、长征文化一起构成国家保护开发战略的三大文化样态；此外淮海大地红色文化、军事文化等遗存丰富、传奇众多。但淮海经济区文化资源开发利用尚处于初级阶段，未充分利用形成高度创意型文旅产品，与打造世界儒学研学旅游寻根中心、世界汉文化旅游目的地和全国具有重大影响的红色研学基地、红色文旅目的地尚有距离。

四　淮海经济区文化产业发展方向与对策建议

（一）淮海经济区文化产业发展方向

淮海经济区文化产业发展应注重两个方面：一是完善文化产业结构，壮大文化产业规模；二是优化文化产业布局，促进集群集聚发展。

完善文化产业结构，壮大文化产业规模。具体而言，第一，以"文旅融合＋"带动传统文化产业优质发展。充分挖掘特色文化和旅游资源，开发优质文旅产品，以文旅融合提高传统文化产业的市场化、品牌化、产品化水平。坚持"文旅融合＋"战略，推进文化旅游业与演艺娱乐业、工艺制造业的深度融合。着眼于旅游演艺经营主体壮大、演艺模式转型升级和演艺内容提质增效，依托运河之都、亲情沂蒙、楚汉文化、西游圣地等文化主题打造地方性演艺娱乐文化品牌。将文化符号融入玉器、水晶、奇石、油画、木制玩具等工艺品的设计开发中，提升文旅产品供给质量，实现小产品撬动大产业。突破传统发展模式，推进数字技术、互联网技术等高新科技在文化创作、生产、传播、消费等各环节的应用。以科技创新助推出版印刷、工艺美术、文化演艺等传统行业转型升级，以线上线下联动的方式实现汉文化、儒家文化等传统文化跨界融合与市场吸引力提升。第二，以文化＋科技、文化＋金融模式促进新兴文化产业快速发展。实施"文化＋科技"战略，以

淮海文化科技产业园、济宁文化创意园等为文化企业孵化器，借助5G、数字技术、互联网＋、云计算、大数据和AR、VR人工智能等拓展文化产业新领域，提升新兴文化产品的科技含量。培育文化科技旅游企业，增加孔孟儒家文化、运河文化、汉文化、红色文化等传统文化景区中的虚拟仿真技术、全息技术等科技、创意元素，塑造淮海文化科技新品牌。推动新兴文化产业与资本和实体经济结合。通过文化产品、业态和品牌创新与文化金融政策创新，引导撬动金融资本注入，助力文化产业发展和文化企业营商环境优化。

优化文化产业布局，促进集群集聚发展。具体而言，构建以徐州、济宁为文化创意产业高地，以连云港为特色增长极，以东陇海线为文化产业引领发展轴，以京杭大运河带、故黄河带和隋唐古运河带为串联，以淮海经济区其他7个城市为重要节点的"两高一极、一轴三带多点"文化产业布局，形成淮海经济区区域文化产业协同发展格局。

两大文化创意产业高地：徐州高地和济宁高地。徐州高地要依托教育、人才、科技、经济等多元优势，以楚汉文化、运河文化、军事文化为底蕴，以徐州汉文化景区、淮海战役纪念馆等景区为载体，以徐州软件园、创意68文化产业园、回龙窝历史文化街区、淮海文博园等文化创意产业园区为龙头，以文化旅游、文博展销、文艺服务、数字文化、创意设计等文化产业为重点，通过"互联网＋"模式深化文旅融合、推进文化展销会提档升级、加快文创产品研发，打造国际知名的汉文化、红色文化旅游目的地，建设成为区域性会展中心和文化创意高地，引领带动淮海经济区其他城市文化产业高质量发展。济宁高地以曲阜尼山、三孔、邹城三孟、嘉祥曾庙等景点为载体，以尼山世界儒学中心、孔子研究院、孟子研究院等为平台，加快推进济宁文化产业园等项目，积极联手北京大学、清华大学、山东大学等儒学研究高校建立协同创新中心；积极促进孔府印阁等中小创意设计企业规模化，加快推进以"孔子"为IP文化衍生品的创意设计和开发，以文化旅游、动漫影视等文化产业为重点，以"三孔四孟"儒学文化为品牌，打造形成具有国际影响力的儒学研究交流中心和儒家文化产业集聚高地。

区域文化产业特色增长极——连云港。以花果山、云台山、东海水晶文化旅游区等为载体,以杰瑞科技创意产业园、东海水晶文化创意产业园为龙头,积极举办"创意连云港"文创大赛,创办文创精品馆;定期开展西游音乐节、西游动漫节等活动,打造西游传统文化产业聚集区和示范区;以"互联网+"思维创新水晶产品营销模式,建设世界级水晶设计、加工、销售、鉴定、展示基地,打造东海水晶会客厅。最终,以文化旅游、文化服务、创意设计等文化产业为重点,借力亚欧大陆桥东桥头堡的开放优势,形成以海洋文化、西游文化、水晶文化为底蕴的区域文化产业特色增长极和淮海经济区对外文化交流中心。

沿东陇海线现代创意与设计产业发展轴。依据《江苏省沿东陇海线产业带建设总体规划》,以新型城镇化和经济结构调整为契机,以徐州、连云港为节点,以运河文化、西游记文化、汉文化旅游为底蕴,以徐工集团工业设计中心、连云港高新技术产业开发区等为载体,以连云港港口、陇海铁路、京沪铁路、连霍高速公路等综合交通体系为依托,遵循"跨区联合、创意创新"的原则,深化文化旅游与文化创意、设计服务等新型、高端服务业的融合,以"O2O"模式实现旅游工艺品营销双赢,加快打造苏北地区集休闲旅游、数字文化、工业设计于一体的新兴文化产业密集带和文化对外开放先导区。

三条文化创意与文化旅游产业带。依据《大运河文化保护传承利用规划纲要》,遵循"保护、传承、利用"的原则,建设三条文化创意与文化旅游产业带。一是京杭大运河文化旅游与创意设计产业带。以徐州、济宁、枣庄、宿迁等为节点,以京杭大运河文化为底蕴,以徐州窑湾古镇、蔺家坝、济宁水运纪念馆、枣庄运河湿地景区等景点为载体,以大运河文化旅游融合发展论坛、大运河文化带建设研究院徐州分院与宿迁分院等为平台,加快生态保护、历史研究、文化保护步伐,加大文化旅游、遗传承、文博演艺等领域的转型升级、创新投入与协同共享,因地制宜推出兼具人文色彩和商业价值的运河文化创意产品,打造大运河文化、生态、创意旅游目的地。二是故黄河文化旅游与生态休闲产业带。依据《关于将黄河故道纳入黄河流域生态保护和高质量发展规划的建议》，以商丘、宿州、徐州、宿迁等为节点，以故黄河文化为底蕴，以保护生态、发展经济为原则，以安徽砀山、萧县黄河故道省级自然保护区、商丘黄河故道国家森林公园、丰县黄河故道大沙河湿地公园等旅游景观为载体，通过对故道精神等非物质文化遗产进行系统整合与时代精神挖掘，规划建设一批国家级故道博物馆、主题馆，打造带状文化、生态、旅游故道。三是隋唐古运河文化旅游与创意农业产业带。以商丘、淮北、宿州、宿迁等为节点，以隋唐古运河文化为底蕴，以隋唐大运河商丘码头遗址、淮北柳孜隋唐运河古镇、泗县隋唐大运河博物馆、宿迁金龙四大王庙等为依托形成隋唐大运河文化带，以隋唐大运河学术交流会为平台，加快成立隋唐大运河文化研究院，发挥商丘大运河和"一带一路"融合交汇的区位优势，拓展对外合作新空间，打造以特色产业为主题的运河小镇和运河村庄、乡村风情田园综合体、乡村古镇古街、运河文化艺术村落等，推动运河沿线乡村振兴。

构筑多点式文化产业园空间格局。以商丘、宿州、淮北、宿迁、枣庄、临沂、菏泽等七个城市为节点，以西楚文化、沂蒙文化、牡丹文化、台儿庄古城文化、运河文化、红色文化和工业文化、现代农业等城市特色文化为底蕴，以"集群集聚、转型升级"为原则，以国家级文化产业园区台儿庄古城文化产业园为龙头，以鸿儒国际文化创意产业园、菏泽天华新媒体广告产业园、宿迁软件与服务外包产业园文化创意园、宿州市华纳创意产业园等省市级文化产业园区（基地）为重点，遵循集聚集群、特色发展等原则，通过开发规划、改造升级主题化文化产业园，加快形成文化科技融合发展集聚区、文化旅游产业集聚区、文化消费集聚区等，构建多点式文化产业园区发展格局。

（二）淮海经济区文化产业高质量发展建议

一是促进招商引资方式多元化。以（深圳）国际文化产业博览交易会、长三角（上海）文化产业招商推介会等为平台，引进创意性文化产业项目。做大做强淮海经济区文博会，打造集文化创意、文化博览、展示交易、招商引资于一体的文化盛会。建立组团招商、联合招商模式，共同筹划研究项目，共赴主题性招商会。依托淮海传媒科技产业园、淮海国际博览中心等重大项目吸引招商引资。出台文化产业招商引资优惠办法、扶持政策，设立专项引导资金提供保障。二是推进文化产业园发展集约化。遵循规模化、集约化、一体化发展模式，着力打造一批品牌价值高、主题特色突出的文化产业园区。结合地方经济，发挥资源优势，寻找文化企业发展的契合点。跨界整合文化产业资源、技术等要素，促进区域间文化要素的高效精准流动。建设一批如徐州创意68文化产业园、徐州软件园、淮海文化科技产业园等信息化、智慧型文化产业园区。打造文化产业示范园区，使文化产业园区以规模化的空间形态广泛地吸引人才、资本、技术等要素的流入，实现文化产业集群发展。三是加强文化产业平台联系常态化。各市联合成立"十市文化产业联系会"，定期举办区域性文化产业发展会议或论坛，探讨文化产业、文化事业的发展计划及进展。依托江苏师范大学、中国矿业大学等高校人才对文化产业发展现状进行调查研究、建言献策。以淮海经济区文旅融媒体联盟、淮海经济区文化旅游联盟、淮海经济区协同发展办公室等为平台加快文化资源共建共享。徐州、连云港联手发起设立"一带一路"文化金融产业合作联盟。创建文化金融"淮海模式"，构建文化与金融合作示范区、文创板等服务网络，为文化企业提供金融助力。四是加快文化产业品牌营销多样化。重点打造大运河文化、儒家文化、军事文化、汉文化等世界性文化品牌。以徐州文化博览会、济宁国际文化旅游博览会等为平台，构建全球化的传播网络，推动跨国、跨文化交流与传播。分别打造邳州玉器、东海水晶、亲情沂蒙、灵璧奇石、牡丹之都、殷商之源等地方特色品牌。建立多渠道、灵活化品牌营销渠道，以宣传片、专题纪录片、综艺节目、影视动漫等形式生动展现文化内涵。将运河文化、汉文化元素融入工艺品、纪念品等文创产品中，打响"千年运河""楚风汉韵"等文化品牌。

（资料来源：淮海经济区各市政府工作报告、各市人民政府网站、各市文旅局网站）

参考文献

张学勤:《"文化＋",融合创新推动文化产业高质量发展》,《出版广角》2019 年第
9 期。

柳邦坤、陈天驰:《"一带一路"背景下区域文化产业发展模式与对策研究——以沿
东陇海线为例》,《淮阴师范大学学报》2019 年第 1 期。

孟召宜、渠爱雪、仇方道:《江苏文化产业时空格局及其影响因素研究》,《地理科
学》2016 年第 12 期。

马茜:《徐州文化与旅游融合发展的对策研究》,《淮海文汇》2020 年第 1 期。

本报评论员:《区域协同　产业为本》,《徐州日报》2018 年 12 月 11 日。

吴泓、顾朝林:《基于共生理论的区域旅游竞合研究——以淮海经济区为例》,《经
济地理》2004 年第 1 期。

厉建梅:《文旅融合下文化遗产与旅游品牌建设研究》,山东大学博士学位论
文,2016。

B.5
2020年淮海经济区旅游产业发展报告[*]

史春云　姜　巧　沈士琨[**]

摘　要：　至2019年底，淮海经济区10城市共有3A级及以上景区388家，
旅游消费与国内外游客接待量逐年稳步增长。当前淮海经济
区旅游业存在产业发展水平整体偏低、国内旅游为主导但增
长缓慢、入境旅游发展迟滞不前、文旅产业融合刚刚起步等
问题。据此，本文提出淮海经济区旅游产业发展的方向与对
策：发展旅游是未来产业扶贫的重要路径，服务业的高速发
展为旅游业奠定基础，居民可支配收入增加是区内旅游发展
的契机，区内基础设施互通将加快旅游空间合作，文旅融合
是旅游业持续发展的核心动力。

关键词：　旅游产业　旅游消费　淮海经济区

世界旅游及旅行业理事会（WTTC）最新发布了《经济影响力报告》
（*Economic Impact Report*，EIR）[1]：2019年亚太地区旅游产业创造的GDP为
2.971万亿美元，占地区经济总量的9.8%，比上一年度增长5.5%，连续

＊ 本文获得国家自然科学基金面上项目"游憩功能在后生产主义乡村多元价值空间重构中的作
用机制研究"（42071168）和江苏省文化和旅游科研课题"文旅融合视角下徐州市研学旅行发展
对策"（20ZD04）联合资助。
＊＊ 史春云，博士，江苏师范大学地理测绘与城乡规划学院教授，硕士生导师；姜巧、沈士琨，
江苏师范大学人文地理学硕士研究生。

第五年超过地区总体经济增幅（4.2%）。此外，国际游客消费总额达到5480亿美元，占亚太地区出口总额的6.6%。过去五年的数据表明，亚太地区旅游业在提供就业方面居世界第一位，新提供了2100多万份工作，相当于全球新增就业岗位的56%。报告还显示，休闲旅游占旅游消费总额的81%、商务旅行占19%。国内旅游与国际旅游消费比例也呈现了类似的偏差：国内游客消费占总消费的74%，而国际消费占26%。2019年，中国在GDP和就业规模方面居亚太地区之首，中国的旅游业提供了更多的就业机会，超过了亚太地区的所有国家——近8000万个工作岗位，占就业总人数的10.3%。同一年中，中国旅游经济增长了9.3%，居世界第二位，占中国总体经济的11.3%。

淮海经济区10个地市地脉相接、人脉相近、文脉相通，区位上东临沿海经济带、西接中原经济区、南连长三角城市群、北面环渤海经济圈，具有较大的发展潜力，目前已经形成山水沂蒙·多彩临沂、牡丹之都·魅力菏泽、西游东渡·山海连云、游商丘古都城·读华夏文明史、孔孟之乡·运河之都·文化济宁等知名品牌，文化旅游资源特色鲜明[2]。

一　淮海经济区旅游产业发展概况

旅游消费额与接待国内外游客量逐年稳步增长。2018年淮海经济区10城市旅游消费总额4457.36亿元。其中，临沂市、济宁市和徐州市为前三名，宿州市、淮北市与商丘市垫底（见图1）。最高的临沂市与最低的商丘市旅游消费总额相差17.7倍。2019年淮海经济区10城市共接待国内外游客4.18亿人次，国内外游客总接待量稳步提高。2006～2019年，淮海经济区接待国内外游客数量呈现稳定增长。2009年国内外游客接待总量突破1亿人次，2013年突破2亿人次，2019年突破4亿人次（见图2）。

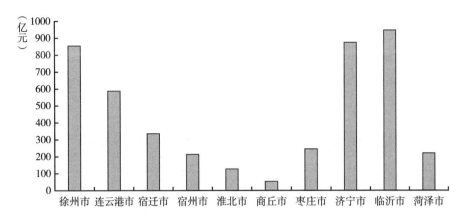

图1　2018年淮海经济区各城市旅游消费总额

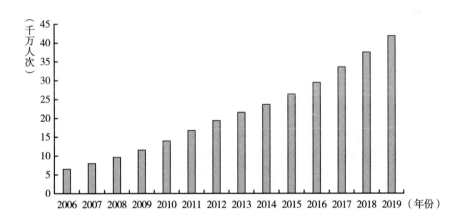

图2　2006～2019年淮海经济区国内外游客接待量

资料来源：各市各年统计年鉴、国民经济和社会发展统计公报，临沂市文化和旅游局2019年工作总结和徐州日报等。

二　淮海经济区旅游产业发展现状与问题

（一）旅游业发展水平整体偏低

各市旅游发展总体在各自省份处于中低水平。从2018年淮海经济区10

城市在各自省内的旅游发展水平排名可以清晰地看出，无论是国内旅游还是国际旅游，除了徐州和济宁旅游产业发展在本省处于中游水平外，其余各市基本处在各自省的落后地位，如宿迁、淮北、商丘和临沂等市旅游指标均在各自省内垫底（见表1）。

表1　2018 年淮海经济区 10 城市在各自省内旅游发展水平排名

城市	接待海外旅游者人数	旅游外汇收入	国内旅游接待人数	国内旅游收入
徐州	10/13	9/13	7/13	7/13
连云港	11/13	11/13	9/13	9/13
宿迁	13/13	13/13	13/13	13/13
商丘	17/17	13/17	14/18	14/18
宿州	—	—	14/16	15/16
淮北	—	—	16/16	16/16
济宁	7/17	7/17	—	—
菏泽	10/17	10/17	—	—
枣庄	14/17	14/17	—	—
临沂	16/17	17/17	—	—

注：—为年鉴中无数据。N/N，前者是位序，后者为省域地及城市数。
资料来源：江苏、山东、安徽、河南各省 2019 年统计年鉴。

2018 年河南省海外旅游者数据中许昌市空白，因此商丘市接待海外旅游者人数在河南省有数据的 17 市中居第 17 位。

各市国内外游客接待量差异显著。从淮海经济区各城市国内外游客接待量来看，两极分化较为突出，可以大致分为两个层次。其中，济宁和临沂两市增长较快，徐州和连云港紧随其后，增速稍缓，而其余各市增长极其缓慢，在低水平上徘徊（见图3）。

（二）国内旅游为主导但增长缓慢

淮海经济区的旅游市场以国内旅游为绝对主体。在国内外游客接待总人数中，淮海经济区各市的入境游客接待量占比普遍较低，2018 年，除济宁、

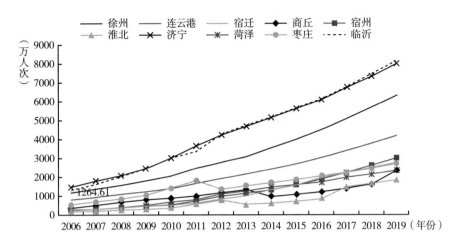

图3 2006～2019年淮海经济区各市国内外游客接待量

资料来源：江苏、山东、安徽、河南省相关市各年统计年鉴。

临沂、宿州、枣庄和淮北五市外，其余城市的入境游客接待量占比均小于千分之一（见图4）。2012年以前，淮海经济区各市入境游客数量平均约占游客总接待量的0.5%，2013年后，各市入境游客平均仅占0.2%左右。2019年，淮海经济区总户籍人口7500万人，占全国总人口的5.36%，同时，

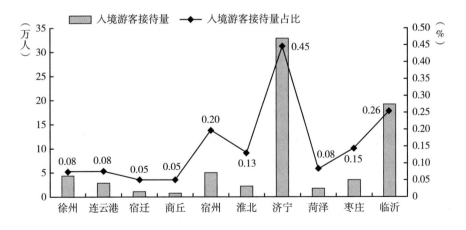

图4 2018年淮海经济区各市入境游客接待量及其占比

资料来源：江苏、山东、安徽、河南各省相关市各年统计年鉴。

淮海经济区的 GDP 仅占全国的 3.37%，财政收入仅占全国的 1.33%，因此，过去、现在及今后，国内旅游市场仍将是淮海经济区旅游市场的主体。

各市国内游客接待量空间差异在扩大。淮海经济区内各市的国内游客接待量仍是济宁和临沂两市遥遥领先，增长较快。其次是徐州和连云港两市，稳定增长但增速较缓，其余六市国内游客接待量不仅低而且增速缓慢（见图 5）。

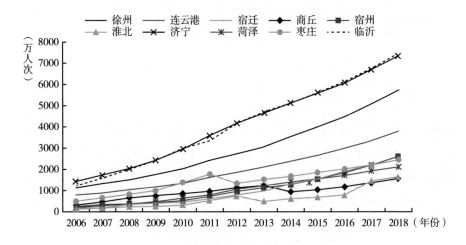

图 5　淮海经济区各市国内游客接待量

注：由于多个城市缺乏国内游客接待量数据，笔者用各市国内外游客接待量减去入境游客接待量计算得到。

国内旅游收入缓速增长且空间差异较大。从图 6 可以看出，2006～2018年，淮海经济区 10 城市国内旅游收入总体上呈现稳步增长态势，从 2006 年的 423 亿元增长到 2018 年的 3875 亿元，但 10 城市间增速差异较大，可以大致分为两个阵营。以临沂、徐州、济宁和连云港为第一阵营，由于旅游资源较为丰富、人口基数大且经济较为活跃，其旅游发展水平在淮海经济区内较高，与第二阵营之间的差距渐渐拉大。其余六市为第二阵营，它们的国内旅游收入集中在较低水平上（见图 7）。

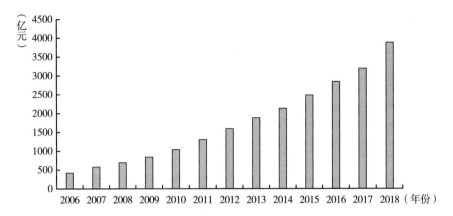

图6　2006～2018年淮海经济区国内旅游收入

资料来源：江苏、山东、安徽、河南省相关市各年统计年鉴或各市国民经济和社会发展统计公报。

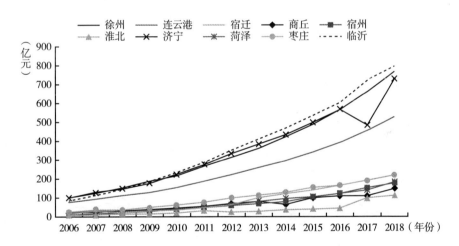

图7　2006～2018年淮海经济区各市国内旅游收入

资料来源：江苏、山东、安徽、河南省相关市各年统计年鉴或各市国民经济和社会发展统计公报。

（三）入境旅游发展迟滞不前

首先，入境游客接待量与旅游外汇收入偏低，增长乏力。自2013年起，入境旅游人次统计口径调整，国家旅游局要求入境游人次严格按照过夜入境游客人次统计,按此口径,淮海经济区各市入境游客量与旅游外汇收入整体锐减。从时间尺度的数量增长来看,即使是淮海经济区内入境游客接待量最高的济宁市和临沂市,过夜入境游客的接待量也长期停滞不前。其中,济宁市由于拥有世界文化遗产曲阜"三孔"旅游资源,入境游客接待量在淮海经济区各城市中遥遥领先,其入境游客占总接待量比例最高,也仅达0.45%;其次是临沂市,其他八市则在2013年以后接待境外游客数量极少。在2013年统计口径转变以后,徐州和连云港两市入境游客接待量跌入谷底(见图8)。与入境游客接待量的情况基本一致,淮海经济区旅游外汇收入同样在2013年后迟滞不前,但徐州市近年在旅游外汇收入增长上略有起色,而由于入境游客量增长有限,旅游外汇收入的增长仍然远低于济宁和临沂两市(见图9)。

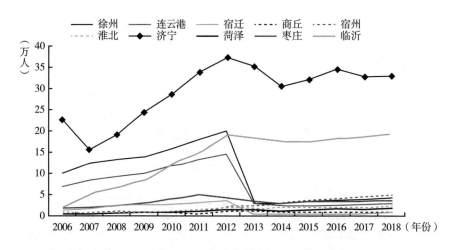

图8 2006~2018年淮海经济区各市入境游客接待量

资料来源:江苏、山东、安徽、河南省相关市各年统计年鉴或各市国民经济和社会发展统计公报。

第二,入境旅游市场结构与全国不同,以外国人占主体。由于缺少淮海经济区各市入境旅游市场的具体数据,以淮海经济区涉及的四省及徐州市2018年数据与全国对比,来分析入境旅游市场的构成。全国以港澳台同胞为入境旅游市场的绝对主体,比重高达78%。而江苏、山东、安徽与河南

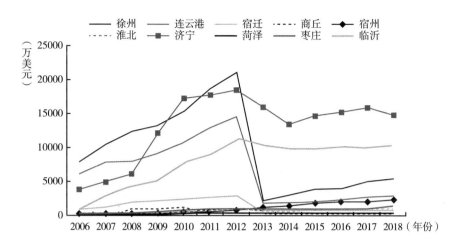

图9　2006～2018年淮海经济区各市旅游外汇收入

资料来源：江苏、山东、安徽、河南省相关市各年统计年鉴或各市国民经济和社会发展统计公报。

省的入境游客构成中均以外国人占绝对多数，其中，安徽省外国人占入境游客总数的58%，为最低，山东省外国人占入境游客总数比例最高，达到71%。

以淮海经济区中心城市徐州为例，在旅游业发展起步时期，1990年入境过夜游客中外国人占比仅为22%，初期经历了快速增长，到1995年外国人占比高达60%，而2005年以来，基本维持在70%以上，2018年的入境外国人占比为76%（见图10）。

（四）文旅产业融合刚刚起步

淮海地区历史文化的保护与其悠久的历史不匹配。文化挖掘与呈现不仅是旅游开发的核心，更是地方文化传承与城市建设的核心。只有精心挖掘、整理出地方的璀璨历史与特色文化，并经过系统规划与打造，才能为旅游者呈现出具有鲜活地方特色的文化旅游产品。截止到2019年底，全国各省市的国家级历史文化名城中，淮海经济区仅有四个城市，分别是徐州和商丘两个地级市，曲阜和邹城两个县级市。曲阜古为鲁国国都，旅游资源丰富，文

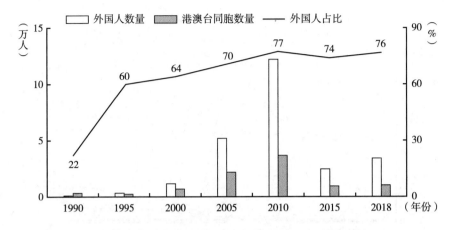

图10　1990～2018年徐州市入境过夜旅游者人数及占比

资料来源：徐州市2019年统计年鉴。

化底蕴厚重，是国务院首批公布的全国24个历史文化名城之一，拥有世界文化遗产孔庙、孔府、孔林"三孔"圣地。大汉之源的徐州历史上为华夏九州之一，不仅有"彭祖故国、刘邦故里、项羽故都"之称，而且古往今来一直是兵家必争之地。尽管淮海经济区中各市历史悠久，文化深厚，但总体上文化保护、传承与挖掘远远不够，旅游宣传与营销力度不足。

三　旅游产业发展方向与对策

（一）发展旅游是未来产业扶贫的重要路径

据《世界旅游发展报告2018——旅游促进减贫的全球进程与时代诉求》，当前，新兴市场和发展中国家占全球旅游市场的一半份额，旅游给这些国家和地区带来了经济增长的机会。世界旅游组织报告指出，发展旅游业是许多发展中国家和最不发达国家最可行和可持续的经济发展选择，是一些国家外汇收入的主要来源[3]。2017年，国务院扶贫办和国家旅游局的报告显示，2011年以来，中国通过乡村旅游已带动1000万以上贫困人口脱贫致富，占贫困人口的比重超过10%[3]。2018年淮海经济区区域内共有常住人口6156.78万人，尽管处于我国中东部，却是各省以及国家级贫困县集中的区域[4]。该区域一方面，人口众多，经济欠发达，四省交界；另一方面，历史悠久，文化底蕴深厚，是我国古代哲学思想的重要发源地，也是历史事件与历史人物荟萃之地。该区域发展旅游产业前景广阔。

（二）服务业的高速发展为旅游业奠定基础

旅游业依赖于服务业的发展，同时旅游业各部门也是服务业的重要组成部分，服务业是旅游业发展的重要保障，服务业的发展是旅游业发展的重要前提。从2006年与2019年淮海经济区十城市第三产业增加值占GDP比重变化可以看出，淮海经济区内各市国民经济产业结构发生了巨大变化，第三产业增加值占GDP的比重由2006年占1/3左右，迅速增长到2019年的50%左右，各市产业结构由工业主导转变为服务业主导（见图11）。

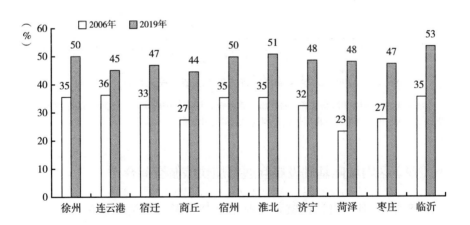

图11　2006年、2019年淮海经济区各市第三产业增加值在GDP中的占比变化

资料来源：江苏、山东、安徽、河南省相关市2006年和2019年统计年鉴。

（三）居民可支配收入增加是区内旅游发展的契机

城镇居民可支配收入直接决定游客对旅游产品的购买力，闵冬梅等的研究结果表明，城镇居民人均可支配收入提升能显著促进人均旅游消费支出的增加。[5]从2006~2019年淮海经济区各市城镇居民人均可支配收入来看，整体趋势是快速提高，虽然仍以临沂和济宁领先，但各市之间差距不大，说明淮海经济区内各市城镇居民收入稳步增长，如能在区内加强旅游宣传与营销，积极推动区内的互联互通，既能丰富区域内居民闲暇生活，也能促进淮海经济区的旅游产业发展（见图12）。

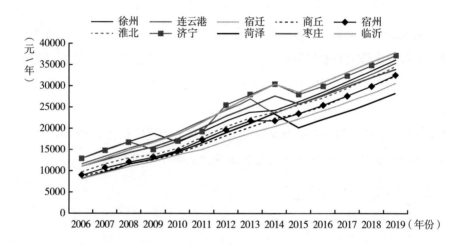

图12　2006~2019年淮海经济区各市城镇居民人均可支配收入

注：2006~2018年数据来源于各年份《徐州统计年鉴》中附录四"淮海经济区主要经济指标"，2019年数据来自各市国民经济和社会发展统计公报。

（四）区内城际基础设施互通将加快旅游空间合作

2018年11月7日，国家发展改革委公布了《淮河生态经济带发展规划》（发改地区〔2018〕1588号），首次在国家层面正式明确了淮海经济区的确切范围[6]，2018年12月，淮海经济区协同发展座谈会在江苏省徐州市召开，10个地市共同通过了《淮海经济区协同发展宣言》，签署了《淮海经济区协同发展战略合作框架协议》，从城市交通、产业协作、生态环保、社会事业等方面阐述了构建区域协同发展的新机制[7]，将有力促进淮海经济区城际基础设施的互通。史春云等研究揭示，淮海经济区是中远程旅游线路中目的地分布密度小、出现频率低的旅游发展相对较冷的区域，加强区域性旅游目的地的合作宣传与营销，既可以满足近短程客源市场游客的旅行需求，也可以大大缓解我国热点旅游区域的客流接待压力[8]。

因此，应加强基础设施的互通，积极推动区域内的旅游合作发展，鼓励互送客源。例如台儿庄古城早在 2017 年 3 月 1 日就已经推出枣庄、临沂、徐州三地居民同城化门票 40 元的优惠政策[9]，2020 年 8 月更进一步推出枣庄市、临沂市、济宁市、菏泽市、徐州市及下辖区县居民持本地本人户籍身份证购票 40 元的优惠政策。[10]

区域旅游合作发展，交通互动要先行。萧县至徐州的省际公交班线于 2019 年 3 月 8 日开通运行，徐萧城际公交是徐州市开行的首条跨省毗邻公交线路[11]。2019 年 11 月 30 日，宿州—徐州城际公交正式开通运营，日旅客运送量预计达 1500 余人次[12]。山东省自然资源厅批准中国铁路设计集团开展徐州至菏泽、徐州至济宁、徐州至枣庄城际项目可行性研究工作，未来将形成以徐州为中心的"米"字形高速铁路网，完善都市圈城际铁路网。在徐州的规划版图中，徐州将新建徐阜（到淮北）、徐蚌宁、泰（安）曲（阜）枣（庄）徐、徐菏（泽）4 条城际铁路。因此未来淮海经济区内各城市之间的旅游合作是重要趋势，通过建设以徐州为中心的便捷交通网络，施行同城化门票优惠，进一步扩大与提升彼此旅游景区的区域化影响力和知名度，就近吸引淮海经济区内游客。2020 年后区域性旅游目的地合作的重要性更凸显。

（五）文旅融合将是旅游业持续发展的核心动力

文旅融合是新时代中国特色社会主义建设过程中国家对文化和旅游改革发展的制度性安排。文化是旅游的灵魂。旅游的过程是旅游者经历文化、体验文化、欣赏文化的过程。

旅游有助于文化的传播。文化是人类在社会历史实践过程中所创造的物质财富和精神财富的总和[13]。文化是地方的名片，是旅游者认识当地的重要媒介。文化需要传播和传承才有生命力，文化需要深入浅出的解读才

有可能传播。景区是文化和旅游融合的载体。通过景区实现文旅融合，讲好地方故事，实现地方文化的传播和传承。同时，景区旅游开发为地方文化遗产保护提供资金，是最好的地方文化解读和传播的途径。具体步骤建议如下。

1. 突出城市历史文化主线与景区内涵相结合

城市是景区的文化腹地，城市也是最大的景区，讲好地方文化既是景区的责任，也是景区的核心吸引力之一。城市层面的文化主线不清，城市旅游不可能发展得好，景区也很难讲好文化。重视城市全域旅游开发，基于旅游者的视角，注重旅游者在城市和景区的文化旅游体验。景区应当汲取城市旅游总体规划中关于城市历史文化价值的总结归纳，在景区的规划建设中适当呈现。景区在城市文化的宣传与传承中具有举足轻重的作用，通过景区展示与解读是地方历史文化宣传和传承的最好方式。

2. 创新景区文旅产品开发与游客体验相结合

文旅产品开发要以游客体验为基础，静态展示的效果远不如游客参与互动体验。例如，宁夏水洞沟旅游景区是中国最早发掘的旧石器时代文化遗址，是全国重点文物保护单位、国家5A级旅游景区、国家地质公园，拥有中国唯一保存最完整的万里长城立体军事防御体系，是一个集旅游观光、科学考察、休闲娱乐和军事探险于一体的旅游区。景区占地面积大，不是枯燥的、冷冰冰的遗址展示，而是创新地将观光车、骑骆驼、吉普车、坐船、滑索、驴车等各种水陆空交通方式相结合，尤其是富有西北地方特色的文化，既延长了游客的停留时间，也丰富了游客的旅游体验，是景区文化展示的一种成功创新。

3. 注重地方文化遗产与文创产品开发相结合

旅游购物在国外是很重要的一环，却是国内景区开发中相对比较薄弱的一环，但贾汪马庄香包的走红就是非物质文化遗产与旅游产品结合的成功案例。各地都有自己的物质和非物质文化遗产，这本身就是地方文化特色。景区引入城市物质和非物质文化遗产，并且鼓励在旅游商品上创新，使景区物质载体和地方非物质文化很好地结合，是文化产业与旅游产业的双赢。例如徐州汉文化景区的标识取自出土文物玉龙，具有很好的辨识度和历史厚重感，可以在此基础上开发各种旅游购物商品。汉文化景区中的"汉代三绝"是汉文化的精品，而其现有旅游商品总体上比较单一，可以鼓励组织相关专业学生进行旅游商品的设计大赛，开发各种具有地方文化特色和生动、有趣、实用的多用途、多形式的旅游商品和旅游纪念品。例如徐州出土的汉代车马出行图非常精美，已成为当地地铁和对外交通路口的标识，可以开发更多旅游商品，如不同年龄段小朋友的平面或立体手工拼贴图，可能会更接地气。

4. 突出山水名胜与名人文化挖掘相结合

自古我国的山水名胜吸引了无数文人墨客而留下传世名篇，山水景观又因文学诗篇而闻名于世，所以有山水文化之说，如我国的泰山、黄山、峨眉山和武夷山等四大世界文化自然双遗产，庐山、西湖等世界文化景观遗产，都是自然山水胜景与名人文化的结合。因此，景区规划建设中要借助文人墨客及其文学作品的影响力挖掘景区文化。

5. 注重景区文化展示方式与游客解读能力结合

景区文化的展示解读方式应生动形象，应让游客能看得到、听得懂。无论是山水名胜，还是历史遗址遗迹，旅游产品标识与展示都应清晰明了、通俗易懂。例如，敦煌莫高窟组织游客在游览洞窟之前先观看数字电影，然后导游边讲解边领游客看实体洞窟，让游客的体验更加深刻。数字电影有助于游客对敦煌遗产文化及其保护的理解。徐州市5A级旅游景区——云龙湖东岸根据苏轼诗句"一色杏花三十里"而打造的"十里杏花"景点，已成为最美马拉松赛道之一，但流连忘返的游客未必了解该景点依托的文学背景，景区可以进行文字说明。

最新的旅游景区《设施与服务质量评分细则》重点突出了特色文化，要求景区凸显本土特色文化，重视文化建设，这集中体现在文化的主题性、丰富性和文化展示、文化体验等四方面，所以文旅融合是旅游景区发展的必然趋势，也是旅游景区可持续发展的必经途径。旅游业特别强调客源市场细分，可以依据不同的标准将游客划分为不同的群体，并研究不同游客细分市

场的需求，具有针对性地宣传与营销。而增强文化性同样有必要依据不同的游客细分市场，进行文旅产品的开发。

教育部等 11 部门印发《关于推进中小学生研学旅行的意见》，提出"开发一批育人效果突出的研学旅行活动课程"，中小学生研学旅行是由教育部门和学校有计划地组织安排的，通过集体旅行、集中食宿方式开展研究性学习和旅行体验相结合的校外教育活动。研学旅行中旅游人可以做些什么？在培养人才方面，景区应该好好思考如何在"激发学生对党、对国家、对人民的热爱之情；满足学生日益增长的旅游需求，从小培养学生文明旅游意识，养成文明旅游行为习惯"等方面有所作为。首先，传统文化和地方文化是研学旅行最核心的内容，景区应当成为文化的载体和文旅融合的前沿，应当在传承宣扬传统文化中担当重任。其次，通过旅游行为的有序组织，培养学生的文明旅游意识和文明旅游行为。

注释

［1］新旅界：世界旅游及旅行业理事会（WTTC）：《经济影响力报告》，2020。

［2］汪海艳、李龙、王力：《淮海经济区旅游经济空间格局与发展策略》，《江苏师范大学学报》（自然科学版）2019 年第 4 期。

［3］山西省旅游局：《世界旅游发展报告 2018——旅游促进减贫的全球进程与时代诉求》，2018 年 9 月 27 日。

［4］胡睿、马晓冬：《淮海经济区贫困县的分布格局及其影响因素》，《江苏师范大学学报》（自然科学版）2020 年第 1 期。

［5］闵冬梅、胡静、李钰雯：《城镇居民国内旅游消费影响因素——基于安徽省 1996～2018 年的实证分析》，《淮阴工学院学报》2020 年第 3 期。

［6］《关于印发〈淮河生态经济带发展规划〉的通知》。

［7］《淮海经济区 10 个城市在江苏徐州签署协同发展战略合作协议》，中国新闻网，2018 年 12 月 10 日。

［8］史春云、张宏磊、朱明：《国内旅游线路模式的空间格局与特征分析》，《经济地理》2011 年第 11 期。

［9］《台儿庄古城门票徐州人只要40元济南人要160元》，中新网，2019年9月3日。

［10］《台儿庄门票攻略10问》，台儿庄旅游网，2020年8月13日。

［11］《徐州首条跨省公交线路开通 开往安徽萧县》，我苏网，2019年3月9日。

［12］《宿州—徐州城际公交开通 日旅客运送量预计达1500余人次》，安徽网，2019年12月5日。

［13］《文化》，百度百科，搜索时间2020年9月20日。

B.6
2020年淮海经济区文旅融合
发展水平测度与趋势预测

胡庭浩　余慕溪*

摘　要：　本研究以淮海经济区10个地级市为研究对象，基于2011～2019
年文旅产业相关数据，分别使用赫芬达尔—赫希曼指数法和
GM（1，1）灰色预测模型对淮海经济区文旅融合发展现状和
未来发展趋势进行测度和预测。研究发现当前淮海经济区文
旅融合整体处于中高度融合（协同发展融合）水平，其中临
沂市和徐州市文旅融合水平最高，菏泽市、宿迁市和商丘市
则相对较低。"十四五"期间淮海经济区文旅融合水平将逐
年稳定提高并呈现良好的发展态势。

关键词：　文旅融合　赫芬达尔—赫希曼指数法　灰色预测模型　淮海
经济区

一　淮海经济区文旅融合发展背景

淮海经济区成立于 1986 年 3 月 15 日，由苏鲁豫皖四省接壤地区城市组
成，是新亚欧大陆桥东部桥头堡地区，也是中国最早的区域性经济合作组织
之一。淮海经济区历史文化底蕴丰厚，也是较为典型的跨界文化区和旅游区。

---

* 胡庭浩，博士，江苏师范大学地理测绘与城乡规划学院讲师；余慕溪，博士，徐州工程学院
管理工程学院讲师。

淮海经济区早期由四省20个地级市组成，2018年11月7日，国家发改委公布了《淮河生态经济带发展规划》（发改地区〔2018〕1588号），首次在国家层面明确了淮海经济区的范围，包括安徽的宿州、淮北，江苏的徐州、连云港、宿迁，河南的商丘，山东的枣庄、济宁、临沂、菏泽10个地级市。

淮海经济区10个地级市地脉相接，在空间上东连沿海经济带、西襟中原经济区、南接长三角城市群、北临环渤海经济圈，具有得天独厚的区位条件和良好的经济发展潜力。同时，该区人脉相近、文脉相通，历史文化底蕴丰厚，文化旅游资源特色鲜明。目前已形成：亲情沂蒙（临沂）、东方圣地（曲阜）、儒风运河（大运河山东段整体品牌）、牡丹之都（菏泽）、楚汉文化（徐州）、西游圣地（连云港）等知名地理标志品牌。2018年12月，淮海经济区首届协同发展座谈会在徐州市召开，10个城市通过《淮海经济区协同发展宣言》，签署《淮海经济区协同发展战略合作框架协议》，从城市交通、产业协作、生态环保、社会事业等方面构建区域协同发展的目标框架，也为淮海经济区文旅融合发展创造了契机。2019年4月15日，淮海经济区10城市文化旅游联盟大会在山东临沂召开，发布《淮海经济区文化旅游合作协议》和《淮海旅游经济区文化旅游联盟章程》，建设"淮海文化旅游网"和联盟文化旅游项目库，搭建文旅融合发展平台，促进区域文旅深度融合发展。

二　文旅融合水平的测度与预测方法

文旅融合水平是指在政府引导机制、动力机制、激励机制和保障机制的作用下，文化产业和旅游产业相关部门的资源和技术有机融合发展的程度。文旅产业的融合水平是动态发展的，及时客观地掌握二者间的融合水平、发展阶段和未来发展趋势对科学制定文化旅游产业发展规划至关重要；也有助于摸清相关产业发展规律，厘清文旅融合的协同权衡关系，促进文化产业和旅游产业的健康发展。因此，找到一种定量化，且能够科学、便捷地测评和预测文旅融合水平的方法将有助于正确把握淮海经济区文旅融合发展现状，发现问题、预测未来发展趋势，并制定发展策略。

研究选取赫芬达尔—赫希曼指数法和灰色预测模型分别对淮海经济区的文旅融合水平进行测度和预测。以淮海经济区 10 个地级市为研究对象，主要数据来源于 2012 ~ 2020 年（统计数据为 2011 ~ 2019 年）的江苏省、河南省、安徽省、山东省统计年鉴以及各省和对应城市的旅游政务网，对于个别属性数据缺失或极少部分统计数据中出现的异常值，本研究采用邻近年份差值或修正或补入。

（一）文旅融合水平测度方法的选取

文旅融合是产业融合的一种新类型，目前没有统一的融合度计算方法。实际上，产业之间发生的联系、互相的影响，就是一种融合的现象。因此，产业融合度的测算可以借鉴已有的对产业之间关联度测算的方法，如相关系数分析法、赫芬达尔—赫希曼指数法、熵值法、AHP 层次分析法等。相关系数分析法多用于测算产业的技术融合程度，熵值法对样本量和数据量要求较高，AHP 层次分析法的主观性相对较强。相比上述方法，赫芬达尔－赫希曼指数法（HHI 法）的优势是应用范围更广，数据更易获取，处理较便捷，便于测评产业融合发展过程中业务融合、产品融合、技术融合的程度，具有很强的可操作性和普适性。该方法最初由 Gambard 和 Torrisi 所创，最早用于电子信息产业的融合度测评，其计算公式为：

$$HHI = \sum \left(\frac{X_i}{X} \right)^2$$

其中，HHI 值代表融合系数；X 值与测评的对象有关，在本研究中，X 代表企业在旅游业第 i 个产业的投资总额、销售总额或总产值，X_i 表示企业在该产业中的投资额、销售额或产值。

（二）文旅融合水平预测方法的选取

目前关于产业融合水平预测的方法较多，较常见的有投入－产出法、耦合度分析法、熵值法、灰色预测模型等。灰色预测模型建模精度较高，能比较准确地反映实际情况，但其对信息的数量与分布要求不高，四个及以上样本即可进行建模预测，且样本不需要规律性分布。因此，研究使用 GM（1，1）

灰色预测模型，选取基于淮海经济区 2011～2019 年相关文旅数据计算得出的 HHI 进行预测。GM（1，1）灰色预测模型计算过程如下：

$$\hat{x}^{(1)}(k+1) = \left[x^{(1)}(1) - \frac{\hat{u}}{\hat{a}} \right] e^{-\hat{a}k} + \frac{\hat{u}}{\hat{a}}$$

式中，a 为发展系数；$\mu = \frac{dx^{(1)}}{dt} + ax^{(1)}$；k = 2，3，4…

三 淮海经济区文旅融合测度与预测结果

（一）淮海经济区文旅融合水平测算结果

选取 2011～2019 年淮海经济区 10 市游客花费构成中能体现旅游产业和文化产业融合度的住宿、餐饮、景点旅游、艺术文化、体育娱乐等五类指标来进行融合度测评工作。在赫芬达尔－赫希曼指数法（HHI）基础上，将其指数分布区间加以适当调整，保持五个分布区间，将指数分布区间修正为 0.01～0.20、0.21～0.40、0.41～0.60、0.61～0.80、0.81～1.00，区间值对应的融合度从高到低仍依次为：高度融合（高质量发展融合）、中高度融合（协同发展融合）、中度融合（持续发展融合）、中低度融合（特色发展融合）和低度融合（专项发展融合）。具体测评结果见表 1。

表 1 2011～2019 年淮海经济区文旅融合水平测度结果

年份	住宿	餐饮	景点旅游	艺术文化	体育娱乐	HHI 值
2011	0.3547	0.3823	0.1898	0.0256	0.0476	0.3109
2012	0.3551	0.4145	0.1535	0.0313	0.0456	0.3245
2013	0.3598	0.3920	0.1801	0.0327	0.0354	0.3179
2014	0.3562	0.3812	0.1963	0.0338	0.0325	0.3129
2015	0.3506	0.3741	0.2032	0.0354	0.0367	0.3068
2016	0.3571	0.3669	0.2079	0.0302	0.0379	0.3077
2017	0.3526	0.3825	0.2084	0.0217	0.0348	0.3157
2018	0.3543	0.3860	0.2067	0.0216	0.0314	0.3187
2019	0.3548	0.3857	0.2066	0.0228	0.0301	0.3188

由于 HHI 值是负向指标，HHI 值越大，说明文旅融合度越低，HHI 数值越小，说明文旅融合度越高。根据图 1 分析结果可知 2011～2019 年淮海经济区文旅融合度处于 0.21～0.40 范围内，整体上处于中高度融合的水平。2012 年的文旅融合度处于最低值，之后逐年上升并在 2015 年达到峰值。2015 年后，融合度略有降低并逐渐趋于缓和稳定水平。

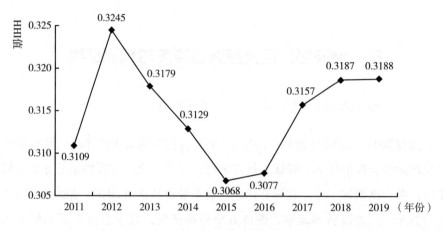

图 1　2011～2019 年淮海经济区文旅融合水平变化趋势分析

为了进一步了解淮海经济区成员城市文旅融合水平的内部差异，研究分别对区内 10 市 2019 年的文旅数据进行 HHI 测度，具体结果见图 2。总体来看，淮海经济区 10 市的 HHI 值分布于 0.21～0.40 区间内，属于中高度融合阶段。从单一城市来看，各市在文旅融合度上差异明显，其中：临沂市在融合度上处于绝对领先的位置，HHI 值为 0.2105，已接近高度融合水平；徐州市仅次于临沂市，HHI 值为 0.2696；淮北市和济宁市处于第三梯队，HHI 值分别为 0.3062 和 0.3081，两市文旅融合水平相当；宿州市、连云港市和枣庄市的 HHI 值分布于 0.32～0.34，在淮海经济区 10 市中处于中等水平；菏泽市、宿迁市和商丘市的分值最低，文旅融合水平有待提升。

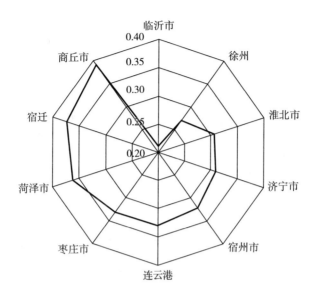

图2　2019年淮海经济区10市文旅融合水平雷达示意

（二）淮海经济区文旅融合水平预测结果

基于2011～2019年淮海经济区9个年份的HHI值，代入GM（1，1）灰色预测模型，对2020～2025年的淮海经济区文旅融合水平进行建模预测，得到如下模型：

$$\hat{x}^{(1)}(k+1) = -311.0,74845\ e^{-0.001018k} + 311.385745$$

经检验 a = 0.001018，｜a｜＜2；平均相对误差为1.5273%，小于2%，满足预测检验。

根据图3可知，2020～2025年六年间，淮海经济区文旅融合发展预测值分别为：0.3139、0.3136、0.3133、0.3130、0.3127和0.3123，HHI值呈现逐年缓和下降态势，即淮海经济区文旅融合水平逐年稳定提高。基于2011～2019年的发展状况，通过GM（1，1）灰色预测模型预测可知"十四五"时期，淮海经济区文旅融合发展依然处在中高度水平（协同发展融合期），总体上呈现良好健康的发展态势。

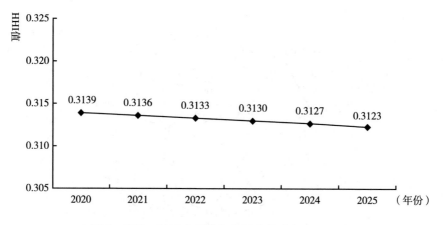

图3　2020～2025 年淮海经济区文旅融合水平预测

四　推动淮海经济区文旅融合发展建议

文旅融合发展依赖于地方政府、市场、产业及企业等部门之间的相互协调、共同努力。

一是要充分发挥地方政府的主导作用。从城市政府的宏观层面做好顶层设计，建立适宜性、标准化、引导性和约束性相结合的整体规划管理体制，因地制宜地选择合适的路径推进其深度融合。政府还要充分发挥其舆论引导、弘扬传播的功能，为文旅融合发展构建良好的社会舆论环境。

二是要提升市场的资源配置作用。通过项目投资与运营吸引客商，满足当地居民与外部游客的需要。发挥我国的体制优势，保障文化企业和旅游企业的自主权，尽可能地激发文化旅游企业的活力，构建创新型、友好型的市场营商环境，使文旅资源得到有效的配置和充分利用。

三是要加大文化和旅游产业科技创新力度。文旅产业本身具有创新性和创意性。信息化、智慧化以及互联网的兴起改变着文旅融合的形式和发展态势。数字化的文旅项目科技创新是区域文旅融合发展的重要保障。科技创新成为文化产业和旅游业融合发展的动力源，对文旅项目和产品产生极大的影响。

参考文献

《关于印发〈淮河生态经济带发展规划〉的通知》。

杨书娟：《山东省旅游产业与文化产业融合度分析》，《经济研究导刊》2020 年第 9 期。

汪海艳、李龙、王力：《淮海经济区旅游经济空间格局与发展策略》，《江苏师范大学学报》（自然科学版）2019 年第 4 期。

卢懿：《灰色预测模型的研究及其应用》，浙江理工大学硕士学位论文，2014。

Gambardella A. , Torrisi S. Does Technological Convergence Imply Convergence in Markets? Evidence from the Electronics Industry，*Research Policy*，Vol. 27，No. 5（1998）：pp. 445 – 463。

B.7

2020年淮海经济区旅游景区发展报告

王中华 王宇灿 黄庆香*

摘 要: 淮海经济区拥有5A级景区6家，4A级景区113家。不同城市旅游景区的数量、类型、等级的空间分布存在较大差异，整体呈现出苏鲁地区高于豫皖地区的分布特征。临沂市和济宁市的A级景区均超过百家。景区发展呈现从景区建设到全域旅游示范区创建、从城市个体营销到区域旅游联盟推广、从景区提档升级向文旅融合发展转型的趋势。

关键词: 旅游景区 景区类型 区域旅游联盟

一 淮海经济区景区数量分析

淮海经济区各城市地缘相近、文缘相通，区域内交通便捷。区内10座城市文化和自然资源丰富，根据《旅游景区质量等级的划分与评定》国家标准（GB/T17775-2003），旅游景区质量等级可分为五级。2019年末，淮海经济区2A级及以上旅游景区588处，其中5A级6家，4A级113家，3A级269家，2A级200家，区域内目前已经形成山水沂蒙·多彩临沂、东方圣地·文化济宁、牡丹之都·魅力菏泽、走遍五洲·难忘徐州、西游东渡·山海连云等知名品牌，文化旅游资源特色鲜明，产品互补，具有较强市场

---

* 王中华，徐州工程学院商学院副教授；王宇灿、黄庆香，江苏师范大学城乡规划学硕士研究生。

吸引力。淮海经济区人口超过 7000 万，具有较强的散客、自驾游、团队游客源优势。曲阜孔庙孔林孔府 1994 年被列入世界文化遗产名录，以丰厚的文化积淀、悠久的历史、规模宏大的建筑群落、系统的儒家思想体系、丰富的文物珍藏，以及科学艺术价值而名扬天下，对东亚文化区和世界文化旅游者具有非常大的国际吸引力。明故城（三孔）旅游区 2007 年经原国家旅游局批准为国家 5A 级旅游景区，成为淮海经济区文化龙头景区。大运河 2014 年被列入世界文化遗产名录，沿运城市规划建设了相当多的自然和文化景观旅游景区，其中枣庄市台儿庄古城景区 2014 年获批国家 5A 级旅游景区。

不同城市旅游景区的数量、类型、等级的空间分布存在较大差异，空间上呈现出苏鲁地区高于豫皖地区的分布特征。其中山东省临沂市以 174 家 A级以上景区位列榜首，济宁市和徐州市景区数量分别位列第 2 和第 3，而淮北市仅有 15 家 A 级以上景区。淮海经济区 6 家 5A 级景区中，山东省 3 家，江苏省 2 家，河南省 1 家，安徽省设有景区上榜。景区发展既有自身的规律，又受社会经济发展状况的制约，在推进淮海经济区协同发展的过程中，各城市应该在旅游景区的建设投资上错位发展，差异化建设，提高整个淮海经济区旅游景区空间互补性和主题互补性（见图 1、表 1）。

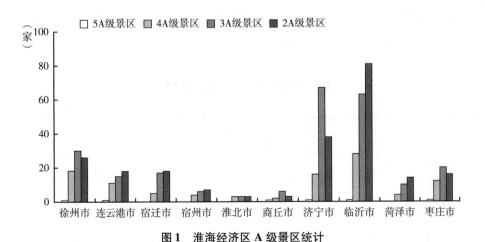

图 1　淮海经济区 A 级景区统计

表 1　淮海经济区 5A 级景区

景区名称	获批时间	景区其他荣誉
江苏徐州市云龙湖风景区	2016 年	国家级旅游服务业标准化试点景区、国家水利风景区等
江苏连云港市花果山景区	2016 年	国家重点风景名胜区、国家地质公园等
山东省济宁市曲阜明故城（三孔）旅游区	2007 年	世界文化遗产、国家风景名胜区,国家重点文物保护单位等
山东省枣庄市台儿庄古城景区	2014 年	"十大齐鲁文化新地标"之一、"中国最具潜力的十大古城"之一、"山东十佳旅游景区"之一等
山东省临沂市蒙山旅游区（龟蒙景区、云蒙景区）	2013 年	世界级天然氧吧、国家森林公园、中国森林氧吧、山东省自驾游示范点
河南省商丘市芒砀山旅游区	2017 年	国家级汉文化传承服务标准化试点单位、中国国际最具发展潜力的旅游景区

二　淮海经济区景区类型分析

按照旅游资源类型，将淮海经济区 A 级景区划分为八大类型，包括自然景观类、主题公园类、乡村古镇类、历史文化类、科技教育类、红色旅游类、休闲度假类、博物馆类。其中自然景观类、历史文化类、休闲度假类等 3 类景区总数达到 369 家，占比较高，占到全区景区数量的 63%，博物馆类景区占比较少，淮海经济区仅有 21 家，占到全区景区数量的 3.6%（见表 2）。

表 2　淮海经济区 A 级景区种类统计

单位：个

城市	自然景观	主题公园	乡村古镇	历史文化	科技教育	红色旅游	休闲度假	博物馆	其他	总计
徐州市	17	4	3	21	8	6	2	3	0	64
连云港市	24	2	0	2	0	5	2	1	3	39
宿迁市	13	6	0	6	3	9	2	6	0	45
宿州市	8	2	0	4	1	2	2	2	1	22
淮北市	5	0	3	1	1	6	2	1	0	19
商丘市	3	0	2	6	0	2	1	0	0	14

续表

城市	自然景观	主题公园	乡村古镇	历史文化	科技教育	红色旅游	休闲度假	博物馆	其他	总计
济宁市	39	14	11	34	6	4	16	2	2	128
临沂市	41	23	20	18	6	12	47	4	3	174
菏泽市	10	3	1	9	1	2	2	0	0	28
枣庄市	17	3	7	9	3	5	6	2	3	55
合　计	177	57	47	110	29	53	82	21	12	588

　　自然景观类景区，即进行游览欣赏并配备道路、建筑、服务设施的天然风景区。淮海经济区属温带大陆性季风气候，地形复杂多样，自然景观丰富，区域内共177处自然景观类景区，占全部景区的30%，其中以徐州市云龙湖风景区、连云港市花果山景区、临沂市沂蒙山云蒙景区三家5A级景区为典型代表。

　　主题公园类景区是根据一个共同或相似的或一系列的主题进行设计，结合地域景观、环境塑造、游乐设施、情景表演和展示展览等内容的综合性休闲娱乐场所。该类景区最近几年发展壮大，不断入选国家A级旅游景区，成为一种成熟旅游产品。目前淮海经济区主题公园景区57处，占景区总数的9.7%。以徐州市徐州乐园为代表的4A级景区，曾获得"江苏省科普教育基地""江苏省放心消费创建先进单位"等荣誉称号，并于2016年、2017年连续两年被列为江苏省重点旅游项目。

　　乡村古镇旅游自20世纪80年代兴起。随着国家对古村镇保护开发的日渐重视，全国各地开始进行旅游营销并取得了一定的成就。淮海经济区共有47处乡村古镇类旅游景区，有"天下第一庄"之称的5A级景区枣庄市台儿庄古城景区为该类型景区代表。台儿庄古城是中国国内规模最大的古城，被世界旅游组织称为"活着的古运河""京杭运河仅存的遗产村庄"，有"中国最美水乡"之誉。

　　淮海经济区历史文化底蕴丰厚，历史上涌现诸子百家，并在南北文化碰撞之下，产生了楚文化、汉文化和淮河文化。这种带有区域性特色的文化，形成诸多历史名胜和名人遗迹。淮海经济区现存历史文化类景区110处，占景区总数 18.7%，以济宁市曲阜明故城旅游区为代表景区。济宁曲阜是孔子的故乡，文化儒学圣地，而明故城旅游区为世界文化遗产，世界三大圣城之一，与北京故宫、河北承德避暑山庄并列为中国三大古建筑群，是中国古代优秀文化遗产标志，也是研究中国历史、文化、艺术的重要实物。

科技教育类景区，即以科学技术普及、教育为首要功能的设施，景区以激发科学探索兴趣、启迪科学发展观念为目的，主要通过常设短期展览，对公众进行科普教育；也可举办其他科技传播和科学文化交流活动。淮海经济区科技教育类景区共有 29 家，数量最多的城市为徐州市和济宁市，安徽省仅有 2 家，而河南省没有科技教育类景区进入 A 级景区名录。

红色旅游是中国旅游事业发展过程中的一项特色旅游，是中国共产党领导人民在革命和战争时期建立丰功伟绩所形成的纪念地、标志物。《2004~2010 年全国红色旅游发展规划纲要》提出"培育十二个重点红色旅游区"，包括以皖南、苏北、鲁西南为主的"鲁苏皖红色旅游区"，主题形象是"东进序曲，决战淮海"，其中苏北、鲁西南均位于淮海经济区，因此淮海经济区的红色旅游发展具有独特意义。淮海经济区红色旅游景区共有 53 家，占全部景区的 9%，数量最多的城市为临沂市、宿迁市、徐州市和淮北市与济宁市。在《全国红色旅游发展规划纲要》中，"济南—济宁—枣庄—临沂—连云港"线和"泰州—盐城—淮安—徐州"线同时入选全国 30 条"红色旅游精品线路"，临沂市红色旅游系列景区（点）（蒙阴县、沂南县沂蒙山孟良崮战役遗址，临沂市华东革命烈士陵园），徐州市淮海战役纪念馆，枣庄市、济宁市铁道游击队红色旅游系列景区（点），枣庄市台儿庄大战遗址等入选全国 100 个"红色旅游经典景区"。

休闲度假类景区是以优越的旅游资源、宜人的气候、完善的旅游设施、高质量的服务为主要特点的景区。随着生活水平提高，人们通过休假疗养等方式来消除疲劳以增进健康。淮海经济区 10 城市近年来全力打造生态宜居城市和国家级生态旅游度假区，积极探索新的生态旅游产业开发途径、模式。以山东省临沂市为代表，2009 年起，临沂经济技术开发区启动了皇山东夷文化公园的建设，成为打造"生态旅游之区"布局的一枚重要棋子，自此开启休闲度假类景区建设。目前，临沂市休闲度假类景区已经发展到47家，占淮海经济区82家的57%。

国家部委出台《关于全国博物馆、纪念馆免费开放的通知》《关于进一步加强文物工作的指导意见》《国家文物事业发展"十三五"规划》等政策，为博物馆旅游经济的发展提供了制度支持，带动了民间私人博物馆产业的兴起，同时促进非物质文化遗产在博物馆旅游经济中发挥最大的价值。目前淮海经济区博物馆有21家，种类包括最常见的历史博物馆、生态博物馆、植物博物馆、民俗博物馆。

表3 淮海经济区A级景区类型与典型代表景区

类型	数量(家)	比例(%)	代表景区
自然景观	177	30	江苏省徐州云龙湖风景区、江苏省连云港市花果山景区、蒙山旅游区、江苏省宿迁市湖滨公园景区、萧县皇藏峪国家森林公园、邹城市峄山风景旅游区、滕州微山湖湿地红荷景区、费县沂蒙云瀑洞天旅游区
主题公园	57	9.7	徐州乐园、沂水雪山彩虹谷旅游区、济宁曲阜市仙河花海生态乐园景区、邹城市康王谷花世界、罗庄盛能游乐园旅游区、郯城县美栗世界旅游区、临沂海洋世界主题公园旅游区
乡村古镇	47	8	江苏省徐州窑湾古镇景区、鲁南水城枣庄老街、兰陵中国知青村旅游区、滕州大宗村旅游区、承匡古城景区
历史文化	110	18.7	济宁市曲阜明故城(三孔)旅游区、江苏省徐州汉文化景区、江苏省连云港市二郎神文化遗迹公园、江苏省宿迁市项王故里景区、商丘古文化旅游区、曲阜市孔子六艺城、孙膑旅游城·亿城寺景区
科技教育	29	4.9	江苏省宿迁市民防体验园、济宁城市展示馆、嘉祥县富山国防教育基地、单县科技馆、滕州国防科技教育基地、临沂市科技馆旅游区
红色旅游	53	9	徐州淮海战役纪念塔、江苏省连云港市革命纪念馆、江苏省宿迁市雪枫公园、淮海战役陈官庄纪念区、羊山古镇军事旅游区、台儿庄大战纪念馆、莒南山东省政府和八路军115师司令部旧址旅游区
休闲度假	82	13.9	连云港连岛旅游度假区、济宁市万紫千红生态养生旅游区、沂南智圣汤泉旅游度假村、龙园休闲度假农庄、临沂市皇山东夷文化休闲旅游区、山东盈泰生态温泉度假村

续表

类型	数量（家）	比例（%）	代表景区
博物馆	21	3.6	徐州博物馆、中国粮食博物馆、水利遗址博物馆、灵璧钟馗酒文化博物馆、平邑天宇自然博物馆、临沂银雀山汉墓竹简博物馆
其他	12	2	江苏省连云港市东海水晶文化旅游区、沂南沂蒙红色影视基地、河东区国际影视城、临沂广播电视塔

三 淮海经济区景区发展趋势

（一）从景区建设到全域旅游示范区创建

2015年9月，国家旅游局启动开展"国家全域旅游示范区"创建工作，颁布《关于开展"国家全域旅游示范区"创建工作的通知》，这标志着我国旅游景区的发展从"封闭定点""圈景建设"走向"目的地全域统筹"的发展模式。

全域旅游主旨是以旅游业为主导，实现区域文化旅游和其他资源的有机整合、与其他产业的深度融合，通过全社会共同参与，实现文化和旅游业的全区域、全要素、全产业链发展的理念和模式。2016年2月国家旅游局公布了首批国家全域旅游示范区创建名录，共计262个，淮海经济区三家单位入选。2016年11月国家旅游局公布了第二批国家全域旅游示范区创建名录，共计238个，淮海经济区十二家单位入选。2019年9月，文化和旅游部官网公布首批国家全域旅游示范区名单，共71个区县市。其中，淮海经济区2家单位入选：济宁市曲阜市、徐州市贾汪区。2020年12月，文化和旅游部公布第二批国家全域旅游示范区名单，共97家单位。其中，淮海经济区1家单位入选：临沂市沂南县（见表4）。

表4　淮海经济区国家全域旅游示范区创建县区（市）和示范区（市）名录

时间	类型	名录
2016年2月	第一批创建名单	徐州市贾汪区、枣庄市台儿庄区、枣庄市滕州市
2016年11月	第二批创建名单	淮安市淮安区、淮安市清河区(现淮安市清江浦区)、淮安市洪泽县(现淮安市洪泽区)、淮安市盱眙县、连云港市连云区、连云港市东海县、宿迁市湖滨新区、淮北市烈山区、淮北市相山区、宿州市砀山县、枣庄市山亭区、济宁市曲阜市
2019年9月	首批国家全域旅游示范区	济宁曲阜市:以文化传承创新发展为引领,严格保护"老三孔"(孔庙、孔府和孔林)、积极培育"新三孔"(尼山圣境、孔子博物馆、孔子研究院),创新建设曲阜文化国际慢城。推出国家级非物质文化遗产孔府菜和以曲阜三宝为主的旅游商品。引进了香格里拉、万豪国际等国际知名品牌酒店和阙里宾舍等文化主题酒店。成功打造"政德、师德、青少年和儒商"四大文化研学基地; 徐州贾汪:探索出资源枯竭城市发展全域旅游的"贾汪模式",国内首创"五位一体"采煤塌陷地治理模式,将潘安湖采煤塌陷地打造成国家湿地公园、国家4A级景区、国家十佳湿地旅游示范基地。联通台儿庄旅游专线,打通省际旅游交通廊道,建设区内旅游专线,实现与乡村旅游区点点通,让"快进慢游"交通体系全域覆盖。设立苏北首家淮海乡村旅游学校、创立"学校+公司+合作社+农户"的经营模式。"马庄经验"写入省政府工作报告,马庄村被评为中国美丽休闲乡村、全国乡村振兴示范村。建成潘安湖、大洞山、督公湖、凤鸣海4个国家4A级景区,构建核心景区引领、次级景区配套、中心城镇支撑、村落廊道联结的全域旅游空间格局
2020年12月	第二批国家全域旅游示范区	临沂市沂南县:一代贤相出生成长地,沂蒙精神重要发源地,沂蒙红嫂精神诞生地。4A级景区5家,3A级景区8家。依托"红绿古泉"资源优势,建设沂蒙红嫂旅游景区、诸葛亮文化旅游景区、温泉旅游综合体等,形成竹泉村旅游度假区、朱家林创意社区、红石寨旅游区、马泉休闲园、彩蒙景区等乡村旅游组团,构建全域融合发展的旅游示范区

（二）从城市个体营销到区域旅游联盟推广

传统的景区营销多是城市个体的营销和推广。城市政府拟定主题口号出

钱策划活动，到客源地搞推介，花大价钱做广告。淮海经济区上升到国家战略区域后，区域旅游联盟和城市联盟、区域营销及推广成为一种趋势。

2018年10月，国务院批复《淮河生态经济带发展规划》，将淮海经济区列为重点规划的三大区域之一，首次在国家层面正式明确淮海经济区10个城市的区划范围，并要求"推动淮海经济区协同发展，打造省际协同合作示范样板"。

2019年3月，淮海经济区首届文旅策划营销峰会暨文旅融媒体联盟成立活动在江苏省徐州市举行，会议以"文化与旅游""智慧旅游与创新营销"为主题，探讨新媒体环境下如何更好地营销旅游产品以及全域旅游视角下目的地旅游营销创新，推动区域文旅业协同发展。淮海经济区文旅行业将利用融媒体平台进行传播，通过开展联合考察、协同发稿、共同策划、交流学习、经验分享等活动，实现资源共享、优势互补、联动营销、合作共赢的目的，服务淮海经济区文化和旅游产业的发展。徐州报业传媒集团成立文旅融媒体联盟报道指挥部，全媒体配合发布关于淮海经济区各城市文旅信息的报道，加强各城市文化旅游与读者的互动和景区的热度。

2019年4月，淮海经济区文化旅游联盟成立大会在山东临沂举行，会议召开前，临沂市文化和旅游局就起草《淮海经济区文化旅游合作协议》《淮海经济区旅游合作联盟章程》，制定《淮海经济区文化旅游营销工作方案》并广泛征求各个城市意见。会期签署《淮海经济区文化旅游合作协议》，通过《淮海经济区文化旅游联盟章程》，成立"淮海经济区文化旅游联盟"。"联盟"成员为四省10市的文化和旅游部门、旅游协会和重点旅游企业。联盟成立后，成员地市共建共享文化旅游信息平台、区域数字图书联盟和"淮海文化旅游网"，发布联盟城市旅游景区、节庆活动、惠民政策、服务信息等。通过联盟文化旅游项目库，提供文化旅游招商政策、投资引导，组织区域内企业投融资开发文化旅游项目。"联盟"促进乡村旅游交流，开展民宿设计大赛、特色精品民宿评比活动；加强文物、非遗交流合作，深化文化创意设计；加强红色文化交流，建设研学旅行基地，扩大研学旅行合作；加强旅游交通标识建设，构建区域城市通畅便捷的旅游标识系。

推进十市文化和旅游协同发展、广泛合作，打造淮海文化旅游品牌，建设淮海文化旅游目的地，实现共建、共享、共赢（见表5）。

表5　淮海经济区文化旅游联盟六方合作内容

共同开发客源市场	联合营销,打造区域旅游品牌,逐步实现资源共享、产品共享、市场共享
共同打造旅游产品体系	联合培育区域文化旅游精品和线路产品,合作开发旅游项目。推进文旅企业、科研院校创意合作,创新研发文化旅游产品
共同建设信息平台	建设"淮海文化旅游网",使其成为联盟文化旅游信息交流展示平台
共同推出惠民政策	扩大联盟景区"淮海旅游一卡通",逐步深化"一证行"居民优惠政策
共同推动文化旅游交流提升	鼓励联盟内部人才流动,开展文化交流活动,加强乡村旅游、红色旅游、文化创意合作

（三）从景区提档升级到文旅融合发展转型

党的十九大报告指出"中国特色社会主义进入新时代,我国社会主要矛盾已经转化为人民日益增长的美好生活需要和不平衡不充分的发展之间的矛盾。"人民群众对文化和旅游的需求已经从"有没有,缺不缺"到了"好不好,精不精"的发展阶段,即文化和旅游供给主要矛盾亦从数量追求转到质量和品质的提升。

2018年3月,文化和旅游部批准成立,标志着文旅融合进入新高度、新阶段,文旅部部长雒树刚提出了"宜融则融,能融尽融,以文促旅,以旅彰文"的工作思路,旅游从促进经济发展、增进就业的产业发展,到成为人民美好生活的重要组成部分,是人民生活水平提高的一个重要指标。文化是旅游的灵魂,旅游是文化的载体,通过文旅融合发展,旅游富有魅力、品质得到提升,文化富有活力、品牌得以传播,特色文化催生旅游业态创新,使市场主体进入转型升级发展阶段,即从建景区、优化产业、提档升级到文旅融合发展转型。

2020 年 10 月"大美淮海·缤纷文旅"——淮海经济区文旅协同发展圆桌会议在徐州召开,来自十个城市的与会代表,围绕《淮海经济区文旅协同发展纲要》和倡议书进行讨论发言。讨论通过了《淮海经济区文旅协同发展纲要》,联合签署了"五联"活动倡议书:全方位、宽领域、多层次开展文旅交流与合作,共同谱写淮海经济区区域文化旅游合作新篇章。经淮海经济区文旅协同发展圆桌会议协商,提出开展区域"联演、联展、联游、联研、联宣"活动倡议(见表 6)。

表 6　淮海经济区文旅协同五联倡议

联游	整合区域旅游资源,培育打造一批区域内 1 日游、2 日游和周末游等大众化路线产品,开通更多区域旅游公交专线、旅游巴士,逐步推进区域旅游一体化
联展	联合区域内的博物馆、纪念馆、书画院、非遗保护中心等有关部门,组织文物、非遗产品和书画作品在各地进行巡回展览展示
联演	旨在策划具有地域特色的戏剧、歌舞、曲艺等文艺产品,在区域内设立文艺演出"大篷车",定期组织巡回演出,扩大文化演艺影响力
联研	创新旅游领域产学研交流合作机制,重点打造两汉文化研学基地、儒家文化国际化研学基地、红色文化研学基地,面向国内外培育具有核心吸引力的研学旅游品牌
联宣	加强统一区域旅游目的地形象品牌的策划营销,每年各市遴选 1~2 个特色景区景点集中打包,联合各地主流媒体在全区域实施整体宣传推介,提升区域城市形象,扩大知名度

2020 年 9 月,淮海经济区文旅融媒体联盟首届交流研讨会在徐州举行,会议目的是提高淮海经济区文旅融媒体联盟城市知名度、美誉度,实现文旅事业共创、共享、共赢的新局面。同时也为旅游从业者搭建了一个对话、沟通、交流的平台,共同助力文旅融媒体联盟城市文旅事业,以更开阔的视野研判旅游传播趋势与走向,促进文旅学术交流、区域合作和营销创新。

2020 年 10 月,苏鲁豫皖 4 省 10 市博物馆共同发布了《淮海经济区博物馆联盟宣言》,指出要加强顶层设计,突出协同发展,建立常态化协商推进机制,实现"资源互享、机制互联、项目互动、发展互惠",打造"淮海经济区博物馆共同体";坚持让文物"活起来",深度挖掘馆藏资源,讲好"淮海故事";推进区域文化研究,围绕淮海经济区"地缘相近、人缘相亲、文缘相通"的区域特性,让"同根同源"的历史文脉得到更加广泛的认知认同;共同遵循党的路线方针政策和国家法律法规,促进联盟健康发展等。

参考文献

王旭科、刘文静、李华:《全域旅游发展水平评价指标体系构建与实证》,《统计与决策》2019年第24期。

王国华:《论全域旅游战略实施的路径与方法》,《北京联合大学学报(人文社会科学版)》2017年第3期。

唐书转:《我国旅游产业转型升级路径》,《改革与战略》2017年第7期。

杨振之:《全域旅游的内涵及其发展阶段》,《旅游学刊》2016年第12期。

王刚:《新常态下旅游业融合发展研究》,《学习与探索》2016年第11期。

张辉、岳燕祥:《全域旅游的理性思考》,《旅游学刊》2016年第9期。

雒树刚:《文化和旅游融合发展让文化更富活力旅游更富魅力》,《社会治理》2019年第4期。

戴斌:《一个更高质量、更可持续的旅游业终将从危机中复兴》,人民文旅网,2020年11月13日。

B.8
2020年淮海经济区
物质文化遗产发展报告

李银德　沈山　司然*

摘　要： 淮海经济区物质文化遗产丰富，拥有2项世界文化遗产、4座国家历史文化名城、7座省级历史文化名城，119处全国重点文物保护单位、634处省级文物保护单位，2个中国历史文化名村、29个中国传统村落。淮海经济区通过科学规划、颁布法规、部门联动、推进融合、主题活动等多种形式，全面加强对物质文化遗产的保护、传承和利用。

关键词： 物质文化遗产　文物保护单位　历史文化名城名镇名村　中国传统村落

一　淮海经济区物质文化遗产概况

淮海经济区是由江苏省的徐州、连云港、宿迁，山东省的菏泽、济宁、临沂、枣庄，安徽省的淮北、宿州和河南省的商丘共10座地级城市构成的区域经济共同体。淮海经济区位于亚欧大陆桥东部桥头堡区域，北接齐鲁、南连江淮、东濒黄海、西临中原，地处沿海中腹地带，是"一带

---

* 李银德，研究馆员，原徐州博物馆馆长，江苏省考古学会副会长，江苏省文物保护专家组成员，江苏师范大学硕士生导师；沈山，博士，教授，江苏师范大学人文社会科学研究院副院长；司然，江苏师范大学人文地理学研究生。

一路"交汇点。淮海经济区历史悠久，在新石器时代便有先民在区内活动。中国最早被划分为九州，而徐州便是古九州之一。商朝兴起于淮海经济区的河南省商丘市，曲阜、邹城是孔子、孟子的诞生地，是儒家学说的发源地，中华文化发祥地之一。徐州自春秋时期就已经是兵家必争之地，也是楚汉文化的发源地。悠久的历史孕育了深厚的文化，区内的商文化、儒家文化、两汉文化构成了整个中华民族的精神内核。一些古建筑、石窟寺及石刻是先民智慧的结晶，有些古遗址、古墓葬也保存至今，成为物质文化遗产。近代以来，淮海经济区发生过一些重大的历史事件，如宿北大战、淮海战役等均发生在淮海经济区内或与区内城市有着密切联系。区内有曲阜孔庙孔林孔府、京杭大运河 2 项世界文化遗产，徐州、商丘、曲阜、邹城 4 座国家历史文化名城，拥有 119 处全国重点文物保护单位，634处省级文物保护单位。

据 1972 年 11 月联合国教科文组织在巴黎召开的第 17 届全体会议上通过的《保护世界文化和自然遗产公约》，物质文化遗产主要包括历史文物、历史建筑（群）和人类文化遗址。曲阜孔府孔林孔庙于 1994 年 12 月被列入世界遗产名录，孔子被世界遗产委员会评价为公元前 6 世纪至公元前 5 世纪最伟大的哲学家、政治家和教育家。孔子的庙宇、墓地和府邸位于山东省济宁市的曲阜。孔庙是公元前 478 年为纪念孔子而兴建的，千百年来屡毁屡建，到今天已经发展成超过 100 座殿堂的建筑群。孔林是孔子和他的后裔的安葬地。初时的孔宅历代修缮，如今已经扩建成一个庞大显赫的府邸，其包括 152 座殿堂。2000 多年来中国历代帝王对孔子倍加推崇。曲阜的古建筑群具有独特的艺术和历史价值。2014 年 6 月大运河被列入世界遗产名录，世界遗产委员会评价其为"世界上最长的、最古老的人工水道，也是工业革命前规模最大、范围最广的工程项目"。大运河促进了中国南北物资的交流和领土的统一管辖，展示了中国人民高超的智慧和非凡勇气，以及东方文明古国在水利技术和管理能力方面的杰出成就。

各个国家对文物的称谓并不一致，据《文物保护法》规定，下列文物受国家保护：（一）具有历史、艺术、科学价值的古文化遗址、古墓葬、古

建筑、石窟寺和石刻、壁画；（二）与重大历史事件、革命运动或者著名人物有关的以及具有重要纪念意义、教育意义或者史料价值的近代现代重要史迹、实物、代表性建筑；（三）历史上各时代珍贵的艺术品、工艺美术品；（四）历史上各时代重要的文献资料以及具有历史、艺术、科学价值的手稿和图书资料等；（五）反映历史上各时代、各民族社会制度、社会生产、社会生活的代表性实物。

"文物保护单位"是指"在中国境内由各级政府列入名单、正式公布、明令保护的不可移动或不宜移动的一组群体文物，极个别为单体文物，一般由文物本体、附属物、历史风貌及人文、自然环境等要素有机组成，且相互印证、不可分割。古文化遗址、古墓葬、古建筑、石窟寺、石刻、壁画、近代现代重要史迹和代表性建筑等不可移动文物构成了文物保护单位，即'物质文化遗产'"。根据它们的历史、艺术、科学价值，可以分别确定为全国重点文物保护单位、省级文物保护单位和市县级文物保护单位。

（一）淮海经济区全国重点文物保护单位

从 1961 年 3 月 4 日公布第一批全国重点文物保护单位，到 2019 年 10 月 16 日公布第八批全国重点文物保护单位，我国共公布全国文物保护单位 5058 处。其中第一批 180 处（1961 年）、第二批 62 处（1982 年）、第三批 258 处（1988 年）、第四批 250 处（1996 年）、第五批 518 处（2001 年）、第六批 1080 处（2006 年）、第七批 1944 处（2013 年）、第八批 762 处（2019 年）。

淮海经济区内的各城市共拥有全国重点文物保护单位 120 处。从国家级文物保护单位数量分布来看，济宁市数量最多，达到了 41 处，占淮海经济区总量的 34%，商丘、临沂、菏泽、枣庄、连云港、徐州分别拥有国家级重点文物保护单位 15 处、12 处、11 处、11 处、10 处、8 处，而淮北、宿州、宿迁三市仅有 5 处、4 处、3 处，三市合占淮海经济区国家级文物保护单位总量的 10%（见表 1）。

表1　淮海经济区全国重点文物保护单位名录

城市	数量	名录
徐州	8	汉楚王墓群、户部山古建筑群、徐州墓群、大运河徐州段（210公里）、花厅遗址、大墩子遗址、梁王城古遗址、刘林遗址
宿迁	3	龙王庙、行宫御码头、京杭大运河
连云港	10	将军崖岩画、孔望山摩崖造像、大伊山石棺墓、藤花落遗址、海清寺塔、郁林观石刻群、东连岛东海琅琊郡、界域刻石、曲阳城遗址、尹湾汉墓
济宁	41	曲阜鲁国故城、王因遗址、贾柏遗址、邾国故城、野店遗址、青堌堆遗址、西夏侯遗址、西吴寺遗址、孔林、汉鲁王墓、萧王庄墓群、明鲁王墓、防山墓群、孟母林墓群、嘉祥武氏墓群石刻、曲阜孔庙及孔府、崇觉寺铁塔、孟庙孟府和孟林、颜庙、卞桥、济宁东大寺、尼山孔庙及书院、曾庙、金口坝、重兴塔、太子灵踪塔、兴隆塔、伏羲庙、光善寺塔（文峰塔）、周公庙、慈孝兼完坊、青山寺、京杭大运河、铁山、岗山摩崖石刻、葛山摩崖石刻、峄山摩崖石刻群、景灵宫碑、兖州天主教堂、卞国故城遗址、少昊陵及景灵宫遗址、凫山羲皇庙遗址、曲阜师范学校旧址
菏泽	11	安邱堌堆遗址、定陶王墓地（王陵）、昌邑故城遗址、永丰塔、巨野文庙、百寿坊及百狮坊、十里铺北堌堆遗址、梁堌堆遗址、金山汉墓群、卧化塔、观音寺塔
临沂	12	八路军115师司令部旧址、北寨墓群、齐长城遗址、洗砚池晋墓群、郯国故城、北沟头遗址、小谷城遗址、鄅国故城遗址、南武城故城遗址、费县故城遗址、河东区新四军军部（华东军区、华东野战军诞生地旧址）、平邑县皇圣卿阙、功曹阙
枣庄	11	中陈郝瓷窑遗址、逼阳故城、台儿庄大战旧址、京杭运河水工设施、薛城遗址、北辛遗址、龙泉塔、前掌大遗址、建新遗址、华德中兴公司、岗上遗址
淮北	5	石山孜遗址、临涣城址、柳孜运河码头遗址、古城汉墓、淮海战役总前委和华东野战军指挥部旧址
宿州	4	小山口遗址、古台寺遗址、金寨遗址、淮海战役总前委和华东野战军指挥部旧址
商丘	15	造律台遗址、王油坊遗址、孟庄遗址、宋国故城、芒砀山汉代礼制建筑基址、汉梁王墓群、柘城故城（含夏姬墓、邵园汉墓）、徐堌堆汉墓群、大运河商丘南关码头遗址、大运河夏邑济阳段、圣寿寺塔、崇法寺塔、归德府城墙、淮海战役总前委旧址

　　将淮海经济区内的文物保护单位划分成古遗址、古建筑、古墓葬、石窟寺及石刻、近现代重要史迹和代表性建筑五类，进行结构分析，数量最多的文保单位种类是古遗址，共47处，占区内总量的43%，其次是古建筑，共40处，占区内总量的34%，其余的如古墓葬、近现代重要史迹及代表性建

淮海蓝皮书

筑、石窟寺及石刻分别有 19 处、11 处、2 处，分别占区内总量的 16%、9% 和 2%（见图1、图2）。

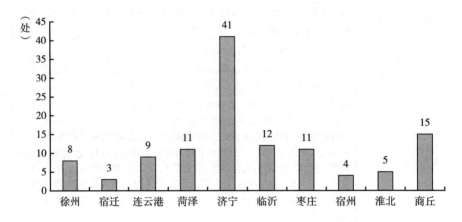

图1　淮海经济区各城市全国重点文物保护单位数量

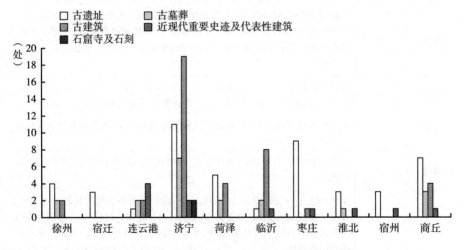

图2　淮海经济区各城市全国重点文物保护单位种类

（二）淮海经济区省级文物保护单位

淮海经济区内的各城市共拥有省级文物保护单位634处。从省级文物保护单位数量分布来看，数量最多的仍然是济宁市，达到了199处，占淮海经济区总量的31%。其次是临沂市、菏泽市,分别为137处、95处,分别占淮海经济区总量的22%和15%。商丘、枣庄、徐州、连云港四市分别拥有56处、36处、35处、32处省级文物保护单位,而宿州、淮北、宿迁三市合计拥有44处省级文保单位,合计占区内的7%。济宁市物质文化遗产资源在淮海经济区内一枝独秀,占据了总量近1/3。山东省的济宁、菏泽、临沂、枣庄四个城市占据了区内总量的大半部分,商丘、徐州、连云港的物质文化遗产相对丰富,而宿州、淮北、宿迁三市的物质文化遗产资源则比较贫瘠,三个城市只占总量的不足10%(见图3)。

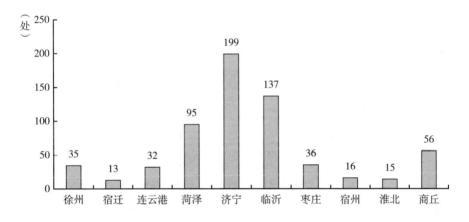

图3 淮海经济区各城市省级文物保护单位数量

淮海经济区内省级文物保护单位数量最多的是古遗址类,共253处,占区内总量的40%,其次是古建筑,共159处,占25%,其余的如近现代重要史迹及代表性建筑、古墓葬、石窟寺及石刻分别有116处、81处、25处,分别占区内总量的18%、13%和4%。

到2019年,我国共公布全国文物重点保护单位5058处,分布密度为5.27处/万平方公里;淮海经济区拥有119处,占总量的2.35%,分布密度为12.36处/万平方公里,分布密度是全国的2.35倍。综合淮海经济区内全国重点、省级文物保护单位的数量和种类,可以看出淮海经济区是中国物质文化遗产内涵较为丰富的地区。区内的济宁市是物质文化遗产资源最丰富的

城市，数量极多，种类齐全。同为山东城市的菏泽、临沂物质文化遗产资源也非常丰富，同样也拥有全部的文保单位种类。枣庄市虽然数量较多，但结构种类较为单一。商丘、徐州、连云港的文保单位种类较多，数量较多。宿迁、淮北、宿州三市的文保单位种类较多但是数量较少，国家级的物质文化遗产资源相对薄弱（见图4）。

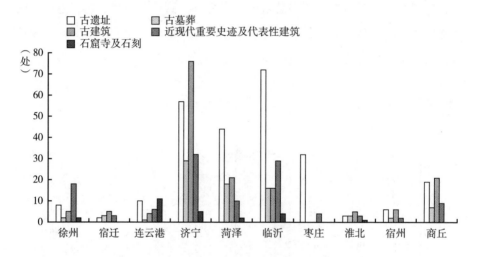

图4　淮海经济区各城市省级重点文保单位种类分布

（三）淮海经济区历史文化名城和历史文化街区

根据《文物保护法》的规定，历史文化名城由国务院核定公布，是指保存文物特别丰富并且具有重大历史价值或者革命纪念意义的城市。历史文化街区、村镇，由省、自治区、直辖市人民政府核定公布，国务院备案，是指保存文物特别丰富并且具有重大历史价值或者革命纪念意义的城镇、街道、村庄。

国务院于1982年、1986年和1994年公布了三批国家历史文化名城，共99座。此后，从2001年起不定期增补，到2018年5月2日，总计135座国家历史文化名城。淮海经济区共有4座国家历史文化名城，分别是曲阜（1982年）、徐州（1986年）、商丘（1986年）、邹城（1994年）等。省级历史文化名城有 7 座，分别是江苏省的连云港，山东省的济宁、临沂、枣庄、滕州，河南省的睢县、睢阳。

历史文化街区，由省、自治区、直辖市人民政府核定公布，是指保存文物特别丰富、历史建筑集中成片、能够较完整和真实地体现传统格局和历史风貌并具有一定规模的区域。历史文化街区的保护重在整体风貌，不但要保护构成历史风貌的文物古迹、历史建筑，还要保存构成整体风貌的所有要素，如道路、街巷、院墙、小桥、溪流、驳岸乃至古树等。历史文化街区是一个成片的地区，有大量居民在其间生活，是活态的文化遗产，有其特有的社区文化。2015 年 4 月 21 日，住房和城乡建设部、国家文物局对外公布第一批中国历史文化街区名录，共有 30 个街区入选，而淮海经济区没有街区入选。

省级历史文化街区。淮海经济区共有 9 个街区入选。2014 年 11 月 17 日山东省人民政府公布第一批 35 个省级历史文化街区，其中枣庄市台儿庄区台儿庄古城历史文化街区、滕州市书院街历史文化街区、济宁市任城区铁塔寺及太白楼历史文化街区、济宁市任城区竹竿巷历史文化街区、曲阜市明故城历史文化街区入选名录；2016 年 1 月 29 日江苏省人民政府批准命名了第一批江苏省历史文化街区 58 个，其中徐州户部山历史文化街区、状元府历史文化街区入选名录；2018 年河南省人民政府公布第一批 15 个省级历史文化街区（豫政〔2018〕25 号），其中商丘市北城历史文化街区、商丘市南城历史文化街区入选名录。

（四）淮海经济区历史文化村镇和中国传统村落

中国历史文化名镇名村，是由国家住房和城乡建设部与国家文物局从2003 年起共同组织评选的，是指保存文物特别丰富且具有重大历史价值或纪念意义的、能较完整地反映一些历史时期传统风貌和地方民族特色的镇和村。到 2019 年，先后公布了七批，共计 312 个名镇、487 个名村。淮海经济区山东省济宁邹城市石墙镇上九山村和菏泽市巨野县核桃园镇前王庄村入选 2019 年第七批国家历史文化名村名录。

省级历史文化名镇名村。淮海经济区省级历史文化名镇一共 26 个，以

山东省最多，共计 18 个，其中枣庄市 7 个、临沂市 6 个、济宁市 5 个。河南省商丘市有 6 个。淮海经济区省级历史文化名村一共 14 个，全部位于山东省，以济宁（7 个）、临沂（5 个）为主（见表 2）。

表 2　淮海经济区省级历史文化名镇和名村名录

单位：个

城市	名镇	名村	名镇名录	名村名录
济宁	5	7	微山县南阳镇、泗水县泉林镇、曲阜市尼山镇、邹城市看庄镇、邹城市香城镇	嘉祥县卧龙山街道双凤村、嘉祥县纸坊镇武翟山村、嘉祥县马村镇李楼村、梁山县水泊街道前集村、邹城市香城镇西徐桃园村、曲阜市南辛镇夫子洞村、曲阜市小雪街道东鳬村
菏泽	0	1		巨野县核桃园镇付庙村
临沂	6	5	蒙阴县垛庄镇、莒南县大店镇、费县薛庄镇、兰陵县兰陵镇、沂水县泉庄镇、沂水县院东头镇	沂南县马牧池乡长山古村、沂水县马站镇关顶村、沂水县夏蔚镇王庄村、沂水县院东头镇四门洞村、沂水县院东头镇桃棵子村
枣庄	7	1	薛城区邹坞镇、山亭区西集镇、山亭区北庄镇、山亭区冯卯镇、滕州市官桥镇、滕州市姜屯镇、滕州市大坞镇	山亭区冯卯镇水山村
徐州	1	0	新沂市窑湾镇	
宿迁	0	0		
连云港	0	0		
淮北	1	0	濉溪县临涣古镇	
宿州	0	0		
商丘	6	0	永城市邙山镇、永城市陈官庄乡、睢县后台乡、永城市李寨镇、永城市城关镇、永城市太丘镇	
合计	26	14		

　　中国传统村落，原名古村落，是指民国以前所建的村。2012 年 9 月，经传统村落保护和发展专家委员会第一次会议决定，将习惯称谓"古村落"

改为"传统村落"。传统村落一般是指拥有物质形态和非物质形态文化遗产且具有较高的历史、文化、科学、艺术、社会、经济价值的村落。传统村落承载着中华传统文化的精华，是农耕文明不可再生的文化遗产。传统村落凝聚着中华民族精神，是维系华夏子孙文化认同的纽带。传统村落保留着民族文化的多样性，是民族文化繁荣发展的根基。住房和城乡建设部、文化部、财政部于2012年组织开展了全国第一次传统村落摸底调查和评价推荐，当年12月公布了第一批共646个具有重要保护价值的中国传统村落。到2019年9月共公布五批共计6819个中国传统村落，其中淮海经济区列入名录的共计31个，仅占全国的0.45%。淮海经济区中又以山东省的传统村落最多，一共29个，占淮海经济区总数的94%，河南省2个，占淮海经济区总数的6%。在山东省29个传统村落名录中，临沂市列入14个，枣庄市列入9个，济宁市列入4个，菏泽市列入2个（见表3）。

表3　淮海经济区中国传统村落名录

单位：个

批次	时间	总数	淮海经济区	淮海经济区名录
第一批	2012年12月	646	1	枣庄市山亭区山城街道兴隆庄村
第二批	2013年8月	915	0	
第三批	2014年11月	994	7	枣庄市滕州市羊庄镇东辛庄村、济宁市邹城市城前镇越峰村、济宁市邹城市石墙镇上九山村、临沂市沂南县马牧池乡常山庄村、临沂市沂水县马站镇关顶村、临沂市平邑县柏林镇李家石屋村、临沂市平邑县地方镇九间棚村
第四批	2016年12月	1598	14	枣庄市山亭区北庄镇双山涧村、枣庄市山亭区冯卯镇独古城村、枣庄市山亭区冯卯镇冯卯村、枣庄市滕州市柴胡店镇胡套老村、临沂市沂南县铜井镇竹泉村、临沂市沂水县马站镇八大庄村、临沂市沂水县夏蔚镇王庄村、临沂市沂水县泉庄镇崮崖村、临沂市费县梁邱镇邵庄村、临沂市费县马庄镇西南峪村、临沂市临沭县曹庄镇朱村、临沂市蒙山旅游区柏林镇金三峪村、菏泽市巨野县核桃园镇付庙村、菏泽市巨野县核桃园镇前王庄村

续表

批次	时间	总数	淮海经济区	淮海经济区名录
第五批	2019 年 9 月	2666	9	商丘市梁园区谢集镇西街村老谢集村、商丘市睢阳区李口镇清河口村刘旬庄村、枣庄市薛城区陶庄镇前西仓村、枣庄市山亭区城头镇东岭村、枣庄市山亭区冯卯镇付庄村、济宁市邹城市香城镇石鼓墩村、济宁市邹城市石墙镇东深井村、临沂市沂水县夏蔚镇云头峪村、临沂市沂水县泉庄镇石棚村
总计		6819	31	

二 淮海经济区物质文化遗产的保护与发展

文化和旅游部建立以来，不断地推进文化和旅游业融合发展，文旅融合也为物质文化遗产的保护和发展提供了良好的机遇。2017 年 1 月，中共中央办公厅、国务院办公厅发布《关于实施中华优秀传统文化传承发展工程的意见》，在保护传承文化遗产部分，特别强调"做好文物保护工作""加强新型城镇化和新农村建设中的文物保护""加强历史文化名城名镇名村、历史文化街区、名人故居保护和城市特色风貌管理，实施中国传统村落保护工程，做好传统民居、历史建筑、革命文化纪念地、农业遗产、工业遗产保护工作"。"规划建设一批国家文化公园，成为中华文化重要标识"。2018 年 3 月 9 日，《国务院办公厅关于促进全域旅游发展的指导意见》（国办发〔2018〕15 号）指出要"推动旅游与科技、教育、文化、卫生、体育融合发展"，"科学利用传统村落、文物遗迹及博物馆、纪念馆、美术馆、艺术馆、世界文化遗产、非物质文化遗产展示馆等文化场所开展文化、文物旅游，推动剧场、演艺、游乐、动漫等产业与旅游业融合开展文化体验旅游"。2018 年 11 月 15 日，文化和旅游部等 17 部门印发的《关于促进乡村旅游可持续发展的指导意见》（文旅资源发〔2018〕98 号）提出："在保护的基础上，有效利用文物古迹、传统村落、民族村寨、传统建筑、农业遗迹、灌溉工程遗产、农业文化遗产、非物质文化遗产等，融入乡村旅游产品开发。"

（一）全面加强物质文化遗产的保护工作

淮海经济区的物质文化遗产保护水平进一步提升，在法律法规、多部门联动、从业人员培训、宣传教育、科学规划文化遗产所在地等方面取得了一定的工作进展。

2019年11月，国家文物局、应急管理部发布《关于进一步加强文物消防安全工作的指导意见》（文物督发〔2019〕19号），要求认真汲取巴西国家博物馆、法国巴黎圣母院、意大利皇家马厩与马术学院和日本首里城等世界重要文化遗产火灾事故教训，针对我国文物、博物馆单位防火形势，重点明确了要强化文物消防安全责任，健全消防组织，落实岗位职责；科学评估火灾风险、完善制度建设；大力检查整治文物火灾隐患，科学编制应急处置预案，提升处置火灾事故能力；加强消防设施建设，强化科技支撑，深入推进"文物平安工程"；大力开展宣传警示和教育培训，严格实施督察考评，实施文物消防安全责任制等。江苏省文旅厅、省文物局主办的"文物消防安全大讲堂"活动在连云港举行，文博系统内负责安全相关的90余人参加培训。徐州市文物局和徐州市公安局联合举办的徐州市文物安全培训班，分"文物安全形势分析及相关工作要求""文博单位安防建设基本要求和基本概念以及需要把握的重点""如何做好古建筑防火工作""严厉打击文物违法行为"四个专题培训。

2020年1月，徐州的"擅自拆除不可移动文物广化寺案"入选第三批全国文物行政执法指导性案例，国家文物局领导深入了解案件后续工作时，对徐州市文物行政执法与刑事司法衔接以及文物保护工作予以高度评价；8月，徐州与陕西省合作的石质文物保护国家文物局重点科研基地徐州工作站在徐州博物馆揭牌，为砖石质文物保护国家文物局重点科研基地——陕西省文物保护研究院在陕西省外挂牌成立的首家工作站。陕西省文物局表示，徐州工作站的设立有利于发挥国家文物局重点科研基地的技术辐射引领作用、

双方文物科研工作的交流与合作、文物保护科技水平的提升、文保专业技术人才队伍建设。2020 年 5 月，连云港市政府印发《连云港市地下文物保护办法》，要求加强地下文物的保护和管理。商丘城址相对集中，"城摞城"的古城底蕴深厚，集中反映了三千多年来甚至更久更长的历史变化，充满文化气息，体现了外观美和内在文化的和谐统一。商丘市加快推进二里头遗址发掘保护利用和夏文化研究工作，统筹抓好文化遗产保护、文化资源开发，注重把保护工作与城市环境改善、城市文化建设、文化旅游相结合，加快形成文化遗产保护与地方经济社会和谐发展、相互促进的良好局面。通过考古遗址、城市保护、展现历史，振奋市民精神，凝聚社会力量，增强人民群众对家乡的荣誉感。

临沂市坚持"保护为主、抢救第一、合理利用、传承发展"的理念，实施文物保护单位"天网工程"，强化对全市文物特别是革命文物的保护力度，开展文物普查和革命文物调查。加强传统村落保护，并成功建设一批"沂蒙故事"的载体和样板。2017 年起，启动《临沂市红色文化保护与传承条例》立法工作，力求用法规制度的形式推动沂蒙精神在新时代发扬光大，实现红色基因代代传承。

（二）重点推进文化和旅游融合发展

淮海经济区各个城市在做好物质文化遗产保护和利用的同时，重点推进文旅融合发展工作。徐州市多措并举，唱响文旅融合大风歌，举办持续一个月的"文旅盛筵"，让广大游客和市民穿汉服、赏汉乐、行汉礼、诵汉赋、书汉字、品汉宴。全面挖掘、开发汉文化资源，开发利用徐州境内的古遗址、古墓葬和古建筑，同时把红色资源利用好、红色基因传承好。开发淮海战役红色文化旅游线路、星火燎原主题游，串联近现代重要史迹及标志性建筑。商丘市强力推进以芒砀山景区为中心的汉文化旅游景区、以商丘古文化旅游区为中心的商丘古文化景区、以淮海战役陈官庄纪念馆为代表的红色旅游景区的建设。临沂市为了弘扬沂蒙精神，打造沂蒙红色文化旅游研学"高地"，加快创建红色沂蒙国家 5A 级旅游景区，优化推出红色旅游精品线路。借助歌剧《沂蒙山》在全国巡回演出的巨大影响力和临沂版成功落地的有利时机，推出重走沂蒙山、跟着歌声游沂蒙、沂蒙重大战役军事游等特色线路，串联起了众多文物保护单位，放大"一次沂蒙行、一生沂蒙情"红色文化研学游品牌影响力。

（三）举办主题活动弘扬优秀传统文化

淮海经济区内物质文化遗产资源丰富，区内城市充分利用物质文化遗产资源，通过举办系列主题活动，拓宽宣传渠道，扩大物质文化遗产影响力，弘扬优秀传统文化。让收藏在博物馆里的文物、陈列在广阔大地上的遗产、书写在古籍里的文字都活起来。

淮北市博物馆围绕"文化赋彩全面小康"的活动主题，拓宽宣传形式，积极开展多项文化遗产日活动，丰富市民精神文化生活，教育群众保护历史根脉，珍爱人类共同遗产，守护民族共同精神家园，弘扬中华优秀传统文化；举办"文苑撷珍——安徽省文物总店典藏文物展"，集中展示的珍藏文物上溯至新石器时期，下至明清时期，有玉器、瓷器、铜器。"曹操宗族墓群文字砖拓片展暨全国巡展"走进淮北系列活动展的一部分，集中展示了曹操宗族墓群出土的银缕玉衣、象牙尺、玉器、陶器、铜器等。其中清理出的近600块刻写文字的墓砖是不可多得的汉代实物资料。刻写于东汉桓帝、灵帝时期的文字，不仅能反映我国书法发展的脉络和艺术魅力，还对研究亳州及涡河流域经济文化以及秦汉书体的演变具有重要的意义。

宿迁市泗阳县博物馆与泗阳县双语实验学校联合举办"文物知识进校园"活动，以"新时代少年的历史使命与担当"为主题进行文物保护宣传，让文物走进校园，打破现有博物馆的场地限制，让文物"活"起来，对于弘扬优秀传统文化、加强青少年的历史文化教育有很大作用。

2020年3月，国家文物局在其官方微博"中国文博"发起"文物系荆楚 祝福颂祖国"活动，100余家国内外文博机构参与，在短短一个多月的时间内完成了300多次持续接力，累计推出400余幅精美的文物海报，吸引了微博用户2亿多人次观看。徐州博物馆在此次祝福接力活动中，分别甄选

龙形玉佩、透雕龙凤纹玉环、金带扣、豹形石镇、陶执兵俑和甲胄俑、赵姬沐盘等文物传递对湖北的问候，共制作 6 幅海报并发布于官方公众号。海报祝福语"龙腾万里、战疫情""楚风汉韵、同气连枝""苏鄂一心、其利断金"等，表达了对祖国的祝愿和战胜疫情的坚定决心。

临沂市博物馆利用馆藏文物资源，连续多年开展"带着家乡的历史上大学"研学活动，举办纪念抗战胜利七十周年临沂抗战纪念地展、纪念长征胜利八十周年"重拾长征精神"主题展、"跟着共产党走"临沂革命文物展等系列活动。"红色基因，薪火相承"沂蒙精神革命文物展入选国家文物局"弘扬优秀传统文化、培育社会主义核心价值观"主题展览推介项目。

三　淮海经济区物质文化遗产的保护和发展展望

淮海经济区的物质文化遗产非常丰富，区内城市多策并举，不断推进其保护和发展，但是有些文保单位的保护情况较差，特别是石窟寺及石刻类文保单位周围环境较差，无明显的标志，受到自然风化较为严重，保存状况堪忧。一些古代墓葬因为没有得到妥善的保护而被盗或消失，古建筑没有得到妥善保护而毁于火灾、自然灾害等。

全域旅游、文旅融合是当前的热点，加强物质文化遗产的保护利用以及与旅游业的融合，有利于发展区域经济，也可以推动物质文化遗产的维护和环境质量的提升。淮海经济区应在继续深入挖掘儒学文化、两汉文化、运河文化、红色文化、乡村文化、名人文化等特色文化内涵的基础上，在保护的前提下，有效利用文物古迹、传统建筑、农业文化遗产，将其融入乡村旅游产品开发。各市政府应积极采取措施，加大保护资金投入；进行专业人员培训，提高文化遗产保护人员的专业素养；借助更多的媒介，例如电视媒体、宣传短片、微博、微信和抖音等新媒体进行宣传等。

一是要建设世界儒学中心。济宁依托世界级文化遗产"三孔"，举行尼山世界文明论坛、建设尼山世界儒学中心。举办国际孔子文化节、世界儒学大会等重大活动，推进孔子学院总部体验基地、政德教育学院基地、儒学人才高地建设。

二是要建设世界级汉文化传承和旅游目的地。徐州市全力打造世界级汉文化传承和旅游目的地，系统开发汉文化资源，推出高水平的两汉文化旅游产品，让两汉文化走出徐州、走向全国、走向世界。

三是要做好大运河文化带标志工程建设工作。利用好大运河资源，运河沿线城市应该加强交流合作，打破壁垒，共同开发旅游产品，推出运河旅游路线，串联运河沿岸的物质文化遗产。

四是要做好区域内"城市名片"。连云港走好新时代的"西游记"，宿迁市全力打造中国酒都、项王故里等城市名片，发挥品牌效应。

五是要应策拓展区域旅游市场。在现有的淮海经济区文旅联盟的基础上，共同加强与国内百强旅行社合作，发挥联盟的实际作用，北进京津冀、南展苏浙沪、西拓中原腹地，在北京、上海、南京、郑州、杭州、成都等中心城市举办文旅推介会，发挥汉文化、儒家文化、大运河文化、红色文化的优势，拓展日韩、东南亚等海外市场。

参考文献

王运良：《中国"文物保护单位"制度研究》，复旦大学博士学位论文，2009。

刘德谦：《古镇保护与旅游利用的良性互动》，《旅游学刊》2005年第2期。

单霁翔：《大型考古遗址公园的探索与实践》，《中国文物科学研究》2010年第1期。

陈蔚：《我国建筑遗产保护理论和方法研究》，重庆大学博士学位论文，2006。

刘红梅：《红色旅游与红色文化传承研究》，湘潭大学博士学位论文，2012。

张倩：《历史文化遗产资源周边建筑环境的保护与规划设计研究》，西安建筑科技大学博士学位论文，2011。

B.9
2020年淮海经济区
非物质文化遗产发展报告

张仲谋　沈山　司然*

摘　要：　淮海经济区拥有1项人类非物质文化遗产代表作、83项国家级和403项省级非物质文化遗产。本研究提出通过"国家规划引领，发展非遗项目和传人""参办主题活动，提升非物质文化遗产影响力""法规制度保障，推进保护传承和创新"来保障非物质文化遗产的保护和发展。保护利用传承好非物质文化遗产，对中华民族和人类可持续发展具有重要意义。推进非物质文化遗产与其他产业融合发展是未来一定时期非遗创新发展的基本路径。

关键词：　非物质文化遗产　大运河文化带　非遗传人

一　淮海经济区非物质文化遗产概况

联合国教科文组织 2003 年通过《保护非物质文化遗产公约》，旨在保护以传统、口头表述、节庆礼仪、手工技能、音乐、舞蹈等为代表的非物质文化遗产。其对"非物质文化遗产"的定义：被各群体、团体或个人视为

---

* 张仲谋，博士，教授，中华文学史料学学会理事，江苏师范大学文学院中国古代文学专业、中国古典文献学专业研究生导师；沈山，博士，教授，江苏师范大学人文社会科学研究院副院长；司然，江苏师范大学人文地理学研究生。

其文化遗产的各种实践、表演、表现形式、知识体系和技能及其有关的工具、实物、工艺品和文化场所。2003 年联合国教科文组织开始提名、编辑更新人类非物质文化遗产代表作名录、急需保护的非物质文化遗产名录，保护非物质文化遗产的计划、项目和活动（优秀实践名册）。

2011 年 6 月开始实施的《中华人民共和国非物质文化遗产法》，给非物质文化遗产的定义：中华民族世代相传并视为文化遗产的各种传统文化表现形式，以及与传统文化表现形式相关的实物和场所。非物质文化遗产分为十个类型：传统口头文学（民间文学）、传统美术、传统音乐、传统舞蹈、传统戏剧、传统曲艺、传统体育游艺和杂技、传统技艺（书法、礼仪和历法等）、传统医学、民俗节庆等。国务院先后于 2006 年、2008 年、2011 年和 2014 年公布了四批国家级非物质文化遗产项目名录，共计 3145 个项目。

淮海经济区历史文化底蕴丰厚，是中华民族的发祥地之一，拥有徐州、商丘、曲阜、邹城 4 座国家历史文化名城，孔子、孟子、刘邦、项羽等众多历史名人都诞生于此，京杭大运河贯境而过，非物质文化遗产极为丰富。淮海经济区非物质文化遗产种类齐全，10 个门类全部具有，共有国家级非物质文化遗产 83 项、省级 403 项。

（一）淮海经济区人类非物质文化遗产代表作

自 2001 年我国昆曲被联合国教科文组织"保护非物质文化遗产政府间委员会"提名列入"人类非物质文化遗产代表作名录"后，到 2019 年，我国共有 33 项人类非物质文化遗产代表作、7 项急需保护的非物质文化遗产和 1 项保护非物质文化遗产的计划（优秀实践名册）（见表 1）。

淮海经济区菏泽市定陶皮影戏被遗产委员会以"中国皮影戏"列入"人类非物质文化遗产代表作"名录，徐州剪纸被遗产委员会以"中国剪纸"列入"人类非物质文化遗产代表作"名录，但是其他列入名录的代表书法、篆刻、传统木结构营造技艺、珠算、中医针灸等项目在淮海经济区也得到了普遍的保护和传承。虽然中国剪纸被列入名录保护的有山东省烟台剪纸、滨州剪纸、高密剪纸、莒县过门笺等，但是淮海经济区徐州剪纸集南北之长，作

品中既融入北方剪纸的豪放和浑厚，又糅合了南方剪纸的细腻和清丽，剪纸艺术独具特色。

表1 中国"人类非物质文化遗产"名录

入选年份	人类非物质文化遗产代表作名录	
	名称	分布区域
2001	昆曲	江苏苏州
2003	古琴艺术	主要有金陵琴派、虞山琴派、梅庵琴派、广陵琴派、浙江琴派、诸城琴派、岭南琴派等
2005	新疆维吾尔木卡姆艺术；蒙古族长调民歌	新疆维吾尔族聚居区；内蒙古自治区北部
2009	中国蚕桑丝织技艺；书法；篆刻；剪纸；雕版印刷；传统木结构营造技艺；端午节	中国普遍分布，但是区域之间存在差异和流派等区分
2009	福建南音；南京云锦；安徽宣纸；贵州侗族大歌；广东粤剧；藏族《格萨尔》；浙江龙泉青瓷；青海热贡艺术；藏戏；新疆《玛纳斯》；蒙古族呼麦；甘肃花儿；西安鼓乐；朝鲜族农乐舞；妈祖信俗；中国剪纸	对应区域为福建泉州；江苏南京；安徽宣城、贵州黔东南；广东全省广西南部；西部高原藏族牧区；浙江龙泉；青海同仁；西藏青海；新疆克孜勒苏柯尔克孜自治州；内蒙古阿尔泰；甘肃临夏；陕西西安；辽宁铁岭；福建湄洲；河北蔚县，江苏徐州，广东佛山等
2010	京剧、中医针灸	以北京为中心遍及全国各地；中国普遍分布
2011	皮影戏	以北京为中心遍及全国各地，包括济南皮影戏、泰安皮影戏、定陶皮影戏等
2013	珠算	中国徽州为代表普遍分布
2016	二十四节气	中国
2018	藏医药浴法	西藏山南
急需保护的非物质文化遗产名录		
2009	羌年；黎族传统纺染织绣技艺；中国木拱桥传统营造技艺	四川羌族聚居区；海南黎族聚居区；浙江庆元泰顺以及福建寿宁屏南
2010	新疆的麦西热甫；福建的中国水密隔舱福船制造技艺；中国活字印刷术	新疆维吾尔族聚居区；福建沿海；江苏南京、苏州、无锡等地
2011	赫哲族伊玛堪说唱	黑龙江省赫哲族聚居区
非物质文化遗产优秀实践名册		
2012	福建木偶戏传承人培养计划	以福建泉州为核心遍及全省

（二）淮海经济区国家级非物质文化遗产

淮海经济区国家级非物质文化遗产83项，占全国3145项的2.64%，分布密度是8.65项/万平方公里，是全国平均分布密度3.27项/万平方公里的2.65倍。分布主要集中在菏泽、济宁、徐州、宿州等城市，其中菏泽市31项，其国家级非遗项目居全国地级市第三位。济宁市拥有17项，徐州、宿州分别拥有9项国家级非物质文化遗产（见图1）。

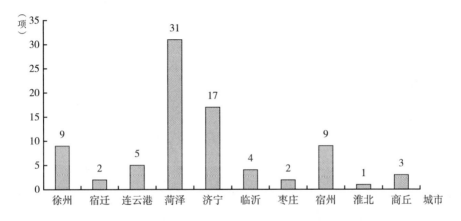

图1 淮海经济区国家级非物质文化遗产数量分布

淮海经济区内的83项国家级非物质文化遗产，按种类来看，传统戏剧类数量最多，有24项，约占总量的29%，其次是传统口头文学（民间文学），有13项，约占总量的16%。其余的传统音乐、传统美术、传统曲艺，分别有12项、11项、9项，而传统体育、游艺与杂技，传统医药和民俗节庆类分别只有2项、1项、1项，合计占总量5%（见表2）。

淮海经济区内各城市国家级非物质文化遗产种类分布上，济宁和菏泽拥有8种国家级非物质文化遗产，是种类最多的两个城市，其他城市都拥有2~5种国家级非物质文化遗产，淮北市只有1种国家级非物质文化遗产（见表3）。

表2　淮海经济区国家级非物质文化遗产种类分布

单位：项

城市	传统口头文学（民间文学）	传统音乐	传统舞蹈	传统戏剧	传统曲艺	传统体育、游艺与杂技	传统美术	传统技艺（书法礼仪历法）	传统医药	民俗节庆
徐州		1	1	2	1		4			
宿迁			1	1						
连云港	2	1						1		
济宁	4	2		2	2		2	3	1	1
菏泽	5	5	1	9	5	1	4	1		
临沂		1	1				1			
枣庄	1			1						
淮北				1						
宿州		2		5	1	1				
商丘	1			1	1					

表3　淮海经济区国家级非物质文化遗产名录

单位：项

城市	数量	具体名单
徐州	9	剪纸（徐州剪纸）、香包（徐州香包）、彩扎（邳州纸塑狮子头）、糖塑（丰县糖人贡）、竹马（邳州跑竹马）、柳琴戏（江苏柳琴戏）、徐州梆子、徐州琴书、2唢呐艺术（徐州鼓吹乐）
宿迁	2	泗州戏（扩展）、洪泽湖渔鼓
连云港	5	海州五大宫调、淮海戏、徐福传说（扩展）、东海孝妇传说、制盐技艺扩展（淮盐制作技艺）
济宁	17	梁祝传说、鲁西南鼓吹乐、祭孔大典、麒麟传说、鲁班传说、木雕（曲阜楷木雕刻）、石雕（嘉祥石雕）、唢呐艺术（邹城平派鼓吹乐）、山东梆子、四平调、鲁锦织造技艺、孔府菜烹饪技艺、端鼓腔、孟母教子传说、山东落子、琉璃烧制技艺、中医传统制剂方法（二仙膏制作技艺）
菏泽	31	山东琴书（发源于清曹州府）、莺歌柳书、山东落子、山东琴书（起源于郓城）、山东花鼓、曹州面人、鄄城砖塑、曹县柳编、曹县江米人、山东梆子、枣梆、大弦戏、两夹弦、大平调（牡丹区）、大平调（东明县）、四平调、大平调（成武县）、定陶皮影、佛汉、麒麟传说、陶朱公传说、牡丹传说、尧的传说、庄子传说、商羊舞、山东古筝乐、鲁西南鼓吹乐、菏泽弦索乐、鲁西南鼓吹乐、鲁西南鼓吹乐、鲁西南织锦技艺
临沂	4	龙灯扛阁、鲁南五大调、木旋玩具、柳琴戏
枣庄	2	柳琴戏、鲁班传说

城市	数量	具体名单
淮北	1	淮北梆子戏
宿州	9	泗州戏(市直)、坠子戏(市直)、淮北花鼓戏(埇桥)、埇桥马戏、淮北梆子戏(市直)、砀山唢呐、萧县渔鼓道情、砀山四平调、灵璧菠林喇叭
商丘	3	四平调、木兰传说、睢县麒麟舞

（三）淮海经济区省级非物质文化遗产

淮海经济区内省级非物质文化遗产共403项，囊括了所有类别非物质文化遗产。菏泽、徐州、济宁、临沂和连云港是拥有省级非物质文化遗产较多的城市，其中菏泽市93项，徐州68项，济宁市61项，临沂市42项，连云港39项，宿州32项，枣庄31项，宿迁27项（见图2）。

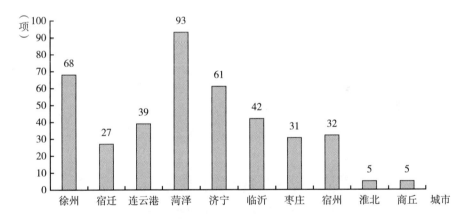

图2　淮海经济区省级非物质文化遗产数量分布

在403项省级非物质文化遗产中，有传统技艺（书法礼仪、历法）87项，传统美术53项，传统口头文学（民间文学）47项，传统戏剧45项，传统曲艺44项，传统舞蹈38项，传统音乐31项，入围省级非物质文化遗产种类较少的同样也是传统体育、游艺与杂技，传统医药和民俗节庆。淮海经济区内的国家级、省级非物质文化遗产数量较多和较少的种类基本吻合，数量较多的

主要是传统音乐、传统戏剧、传统曲艺、传统美术和传统口头文学（民间文学），而传统体育、游艺与杂技，传统医药和民俗节庆则比较稀缺（见表4）。

表4　淮海经济区省级非物质文化遗产种类分布

单位：项

城市	传统口头文学（民间文学）	传统音乐	传统舞蹈	传统戏剧	传统曲艺	传统体育、游艺与杂技	传统美术	传统技艺（书法礼仪、历法）	传统医药	民俗节庆
徐州	5	2	10	4	5	4	17	14	1	6
宿迁	3	1	4	7	7		1	3		1
连云港	7	2	2	4	3	2	3	8	4	4
济宁	11	5	4	4	7	5	5	16	2	2
菏泽	9	10	9	13	12	14	8	14	2	2
临沂	5	5	3	4	1	1	6	14	2	1
枣庄	4	3	5	2	2		5	9	1	
淮北				1			2	2		
宿州	2	3		4	7		6	6	2	2
商丘	1		1	2				1		

从省级非物质文化遗产种类来看，徐州、连云港、济宁、菏泽和临沂拥有全部的10种省级非物质文化遗产，枣庄、宿州、宿迁拥有8种省级非物质文化遗产，淮北市则只拥有3种省级非物质文化遗产。

结合国家级、省级非物质文化遗产的种类和数量来看，淮海经济区内的非物质文化遗产分布呈现不均衡。淮海经济区内菏泽、济宁、徐州、宿州是非物质文化遗产资源较为丰富的城市，淮北和商丘的非物质文化遗产资源列入名录的则相对较少。

文化遗产是人类社会对环境进行组织、利用和加工的结果。徐州是古九州之一，春秋时期已成为宋国商业都会和军事重镇，曲阜更为孔孟文化儒家学说的发源之地。从春秋战国到北宋时期，淮海经济区内人类活动丰富，农业、手工业、商业甚为发达，丰富的物产和历史、文化、艺术积淀为非物质文化遗产的诞生创造了良好的条件，经过几千年的演化和传承，最终呈现出现在的丰富的非物质文化遗产。

非物质文化遗产的地域分布与地方自然地理要素关系密切。丰富的地形地貌或促进或阻碍人口聚集,文化交流的方式对文化演变产生影响,最终影响着"非遗"的地域分布情况。一个地区地势平坦,河流贯穿,人口往来便利,文化交流和碰撞的强度也就越大,"非遗"则更易形成集聚,也更易被人们发展。

淮海经济区交通便利,运河畅通、漕运发达,各个朝代的漕运都在现在的淮海经济区境内周转,许多地方成为物资集散地,出现百舸争流、商贾云集的繁荣发达景象。淮海经济区地形以平原为主,方便人的交流和迁移,以及文化的交流与传播。同时,河流沿岸往往是人类生活的早期集居地,也是文明的最早诞生地,所以产生的"非遗"也最为丰富。淮海经济区内的城市与黄河的关系都十分密切,大运河的客船运行、北方人口沿运河南迁更是推进了非物质文化遗产的传承和发展。

二　淮海经济区非物质文化遗产的保护和发展

2017年1月,中共中央办公厅、国务院办公厅发布《关于实施中华优秀传统文化传承发展工程的意见》,要求"实施非物质文化遗产传承发展工程,进一步完善非物质文化遗产保护制度"、"实施传统工艺振兴计划"。2018年3月9日,《国务院办公厅关于促进全域旅游发展的指导意见》(国办发〔2018〕15号),指出要"提升旅游产品品质,深入挖掘历史文化、地域特色文化、民族民俗文化、传统农耕文化等,实施中国传统工艺振兴计划,提升传统工艺产品品质和旅游产品文化含量"。近年来,区域非物质文化遗产保护与国家战略发展重大项目实施的衔接程度越来越高,作用越来越重要。

(一)国家规划引领,发展非遗项目和传人

2014年6月,中国大运河申遗成功为淮海经济区大运河文化遗产的保护和传承利用提供了最大的战略机遇。围绕大运河文化遗产的保护与开发,

大运河文化带的建设，显著加快了大运河以及沿岸非物质文化遗产的发展。

2017 年 6 月，习近平总书记对建设大运河文化带做出重要指示：大运河是祖先留给我们的宝贵遗产，是流动的文化，要统筹保护好、传承好、利用好。2019 年 2 月中共中央办公厅、国务院办公厅印发《大运河文化保护传承利用规划纲要》，实施期为 2018~2035 年，展望到 2050 年，明确了大运河文化带建设的方向、目标和任务。要求各地区各部门结合实际认真贯彻落实。《大运河文化保护传承利用规划纲要》分为规划背景、总体要求、深入挖掘和丰富文化内涵、强化文化遗产保护传承、推进河道水系治理管护、加强生态环境保护修复、推动文化和旅游融合发展、促进城乡区域统筹协调、创新保护传承利用机制、组织实施等十个章节。一方面，中央和地方整体规划，文化带建设有序推进；另一方面，运河文化研究机构如大运河文化带建设研究院徐州分院、宿迁分院等也相继成立。

淮海经济区处于规划范围内，区内济宁、枣庄、徐州、宿迁、商丘、淮北、宿州等 7 座城市是大运河文化带上的重要节点城市，拥有丰富的运河文化遗产。2019 年 6 月 6 日，"第二届中国大运河文化带城市非遗展暨 2019 年'文化和自然遗产日'江苏省主场活动"在江苏淮安市开幕，包括淮海经济区非物质文化遗产项目在内的 160 余个省级以上非物质文化遗产项目集中亮相。活动期间，杂技专场展演、运河奇珍展示展销、匠心传承互动体验、名师竞技工艺竞赛、美食盛宴美食展销等活动，进一步凸显非物质文化遗产与人、物、艺、境的密切关系，观众切身感受了运河文化的魅力与风采；2020 年济宁市调整设立运河文化经济带指挥部，启动了全市运河文化保护传承利用规划和大运河国家文化主题公园实施方案编制工作，策划包装了一批运河文化旅游项目，筛选了六个重点项目纳入指挥部体系加快推进，相继开展大运河美食节活动、开发运河水上旅游线路等项目。

2019 年 7 月，中央全面深化改革委员会会议，审议通过了《长城、大运河、长征国家文化公园建设方案》，在国家战略的引领下，非遗项目发展和传人培植计划受到高度重视。枣庄市台儿庄着力于打造大运河城市超级 IP 项目，其内容包括打造大运河 IP 和产业开发。台儿庄大运河城市超级 IP

以台儿庄大运河文化为核心，通过打造产业链条更长、带动能力更强的IP全产业链，在带动文化旅游资源不断开发的同时，推动大运河文化实现创造性转化、创新性发展。台儿庄国有资产经营有限公司、福建笨笨投资有限公司与功夫动漫股份有限公司就大运河超级IP动漫投资合作进行了签约，制作、发行第一季52集动画片，每集13分钟，将在国内80%主流媒体播出并发行到泰国、缅甸等共建"一带一路"国家，扩散至欧美国家，助推运河非遗和运河故事走向世界。

非物质文化遗产传承的核心是人的传承，因而重视传承人的培养，加强对传承人的保护是保护与开发非物质文化遗产的关键。为了解决传承人老化、传统手工技艺面临失传这一难题，徐州市采取以下措施：一是实施政校合作战略，将一部分优秀的非遗项目纳入高校课程，激发大学生对优秀传统文化的热爱，培养一批优秀的非遗青年传承人；二是制定政策扶持非遗项目相关产业，给予优秀传承人丰厚的资金福利等，激励更多非遗项目从业者。徐州还建立了徐州市香包传习基地、徐州市剪纸传习基地以加强非物质文化遗产的传承。淮北市围绕"非遗保护利用与旅游融合发展"课题与中科大研究团队进行交流合作，调研濉溪县临涣镇、隋唐运河古镇、安徽口子酒业股份有限公司等地，考察临涣茶饮习俗、淮北大鼓（临涣茶馆）、口子窖酒酿造技艺（酒文化博览园）等非遗技艺与旅游项目，并与其非遗传承人进行了访谈交流。非遗传承是"见人见物见生活"，需要不断融入人们智慧、才艺和创造力的生动实践。正如文化和旅游部原部长雒树刚就文化遗产保护问题所言：保护传承实践、传承能力和传承环境，尊重传承人群的主体地位，尊重其创造性表达权利，增强传承人积极参与和主动实践，才能使非遗具有生命力，才有人类文化不断增长的多样性。

（二）参办主题活动，提升非物质文化遗产影响力

全面贯彻"见人见物见生活"精神，举办文化主题活动，让非遗文化走进寻常百姓家。

菏泽市非遗资源丰富，现有人类非遗代表作1项，国家级、省级、市

级、县级非遗项目 31 项、93 项、293 项、893 项，国家级、省级、市级、县级非遗传承人 22 位、73 位、362 位、982 位。国家级非遗项目数量位居全国第三。国家级、省级非遗项目和代表性传承人数量连续多年位居全省和淮海经济区第一。菏泽是"一都四乡"——中国牡丹之都、戏曲之乡、武术之乡、书画之乡、民间艺术之乡，举办的节庆活动主要包括巨野县第六届鲁西南鼓吹乐比赛、海昏侯刘贺墓出土文物精品展、菏泽花朝节、山东·菏泽（单县）文化旅游节暨单县羊肉汤节、仿山传统古庙会等。2019 年菏泽更是组团参加文化和旅游部、联合国教科文组织、中国联合国教科文组织全国委员会主办的第七届中国成都国际非物质文化遗产节，鲁锦、东明粮画、黄泥古陶等亮相成都国际非遗博览园。菏泽创排《七品包拯》《俺们村的年轻人》《厚土》等剧目，加工提升《草根大师》《干娘》等特色剧目，创作演出山东梆子小戏曲《肉包子素包子》，举办"戏曲百戏（昆山）盛典"汇报演出，打造"曹州古韵"非遗实景演出。

济宁市围绕"非遗保护·中国实践"这一主题，结合"文旅融合助推非遗保护""见人见物见生活""在生活中弘扬，在实践中创新""传承文化根脉，共筑民族未来""非遗保护，你我同行"等不同宣传专题，组织丰富多彩的文博和非遗主题活动 40 余场，为非遗传承体验基地单位授牌，对年度非遗保护十大亮点工作和非遗保护十大传承人进行表彰。在"我们的中国梦"文化进万家 2020 年济宁市非物质文化遗产月系列活动中，弘扬中华优秀传统文化，保护、传承、弘扬黄河文化，促进济宁非遗旅游的深度融合。在"传承多彩非遗、创享美好生活"活动中，龙狮舞、枣梆、传统舞蹈、河南坠子、梁山武术、豫剧、莲花落、山东琴书等非遗项目登台，传统手工技艺和非遗产品插花、剪纸、陶艺、面塑等近 20 余项集中展示。

临沂市以"文物赋彩 全面小康"为主题，以"传播文物价值 展现沂蒙风采"等为宣传口号，动员全社会共同参与，关注和保护文化遗产，增强市民的文化遗产保护意识。淮北市淮北泥塑、宋氏剪纸、焦派根雕、葛氏木雕、淮北香包、商派面塑在遗产日得到全面展示。商丘市民权县举办 2020

年"非遗过大年 文化进万家"黄河曲艺大书场展演活动；商丘市梁园区四平调艺术研究中心创排的四平调《哑女告状》在清华大学蒙民伟音乐厅精彩上演，成为"中国非遗戏曲进校园——2019清华大学校园戏曲节"的一部分。

徐州举办丝路汉风中国·徐州最美汉服国际推广大赛"非物质文化遗产——徐州泥塑进校园"公益活动走进双沟中心小学等。2020年8月，"拉魂腔·运河情"淮海经济区青少年柳琴戏邀请赛在窑湾古镇成功举办。苏鲁豫皖及大运河沿线城市参赛作品近百个，进一步提升了非物质文化遗产柳琴戏的影响力。2020年9月3日至7日，第二届大运河文化旅游博览会在江苏举行，以"融合·创新·共享"为主题，推出7大板块15项重点活动，大运河沿线8省（市）30多个城市参展参会。徐州在文博会上展示了富有汉文化和大运河文化特色的城市形象和文旅精品，传播"走遍五洲 难忘徐州 品两汉文化 赏山水美景"的徐州品牌，体现了历史文化魅力、运河城市风光、红色文化基因。徐州的文创产品和非遗产品颇受欢迎，尤其是地处大运河要津窑湾古镇的三宝甜油、绿豆烧、云片糕、风景剪纸等。

连云港市积极推进"图书馆＋非遗"，通过举办非遗讲座、手工讲堂、展示展览，推介非遗图书，制作非遗漫画，开展进基层进校园等活动，让更多市民认识非遗、爱上非遗。

（三）法规制度保障，推进非遗保护传承和创新

根据《国家级非物质文化遗产代表性传承人认定与管理办法》，调整认定管理申报认定程序及认定管理对象应承担的义务；明确了每五年开展一次认定的基本工作周期；确定了认定管理对象"应当立足于完善三非物质文化遗产传承体系，增强非物质文化遗产的存续力，尊重传承人的主体地位和权利，注重社区和群体的认同感"的目标等，非物质文化遗产的重点工作从"重申报、轻保护"向"重申报、重保护"转变。《江苏省非物质文化遗产代表性传承人认定与管理办法》要求，每年根据年度省本级非物质文化遗产保护专项资金安排情况，确定省级非遗代表性传承人发展资金，补助省

级非遗代表性传承人开展传习、传播等工作。对无经济收入来源、生活确有困难并长期坚持开展公益活动的省级非遗代表性传承人，其所在地文化和旅游行政主管部门应当组织协调有关部门创造条件，鼓励社会组织和个人提供相关资助，保障非遗传人的基本生活需求。

2019 年"文化和自然遗产日"活动，淮海经济区各城市为传承人提供场地，组织传习和举办讲座及授课活动。济宁市为非遗传承体验基地单位进行了授牌；枣庄市非物质文化遗产保护中心邀请中国艺术研究院非物质文化遗产保护中心任丽娜博士做非遗专题讲座；徐州市举办文化踩街、非遗项目展演、梆子戏专场、曲艺专场等展示活动和非遗项目传习体验等互动活动。菏泽市以非遗中覆盖面广、带动就业强的传统工艺类项目为重点，联合高校等组织研修、研习和培训，推动传承人提高文化艺术素养、审美能力、创新能力，秉承传统，不失其本地提高传统工艺的创意设计、制作及衍生品开发水平，通过传统工艺和现代生活融合发展，振兴传统工艺。宿州市拥有国家级非遗 9 项、省级非遗 32 项、市级非遗 90 项，现有国家级非遗传承人 7 人、省级传承人 39 人、市级传承人 78 人。本着"保护为主、抢救第一、合理利用、传承发展"的原则，宿州市砀山县成立"砀山县非物质文化遗产保护中心""砀山县非物质文化遗产传承人工作领导小组"等领导机构，制定《砀山县非物质文化遗产保护实施方案》和《砀山县非物质文化遗产普查方案》等规章，为非遗保护工作提供组织保障和制度保障。全面开展非遗普查工作，运用文字、录音、录像、图片等多种方式，对非遗资源进行真实、全面、系统的记录，建立完整翔实的档案和数据库；以各级文化馆（站）为载体，建立非遗文化保护传承展演基地 8 个，通过举办优秀成果展演展示、开办辅导培训班、拜师授课等方式，培养传统文化接班人，加强对民间文化传承人的培养。

连云港市举办"文旅相融，非遗新生——非遗传承与创新"主题沙龙，从非遗＋旅游、非遗＋教育、非遗＋展览、非遗＋文创等方面开展研讨，探讨交流非遗当代价值、非遗传承推广渠道、非遗转化利用等课题，通过新融合、新媒体、新手段来推动非遗传承发展。研讨文旅融合背景下非遗的机遇与挑战；开展非遗创意基地建设工作，搭建有利于非遗传承保护综合平台，通过加强对非遗项目内涵挖掘和创意研发、非遗衍生品设计生产和展销推广，强化提升质量意识、精品意识、品牌意识、市场意识；集聚培养非遗保护研发和传播推广人才，提高非遗衍生品生产质量层次，促进传统与现代、作坊与市场、大师与百姓、市内与市外的有效对接，在更大范围内、更深层次上推动非遗项目"活起来强起来"、非遗传承人"伙起来壮起来"、非遗产品"火起来用起来"。

三 淮海经济区非物质文化遗产发展展望

淮海经济区非物质文化遗产无论是历史意义、人文价值、经济价值还是社会影响都非常巨大，目前整体向好发展。但是受现代经济大潮的冲击，一些非遗项目的发展陷于停滞，面临着道具陈旧、传承人老化、后继乏人、文化失传等危险，古老的非遗项目正不断走向衰落，亟待保护传承；同样的，现代多元文化社会，人们的审美观念发生变化，导致曲艺、传统舞蹈、传统音乐等项目观众减少，演出市场萎缩，传承人生存艰难，转而改行；而民间文学类非遗项目受现代传媒方式的影响面临消亡的危险，如电视、网络和各种新式媒体受到年轻大众的青睐，而主要靠口传心授方式传承的许多古老传说便失去了流传的主要载体。现代应用技术的普及也使一些非遗项目出现了机械化生产问题，真正具有传统风格的作品寥寥无几，剪纸、雕刻等项目面临传承危机，有必要制订规划加以保护。

（一）保护利用传承好非遗，对人类持续发展具有重要意义

2017年12月12日，习近平总书记视察淮海经济区中心城市徐州，在马庄村调研时，他称赞并购买了国家级非物质文化遗产代表性项目、徐州市级代表性传承人制作的徐州香包。他指出："实施乡村振兴战略不能光看农民口袋里票子有多少，更要看农民精神风貌怎么样。"

我国已将继承和弘扬中华优秀传统文化作为坚持和完善中国特色社会主

义制度、推进国家治理体系和治理水平现代化的重要基础和具体实践。非物质文化遗产作为中华优秀传统文化重要组成部分，蕴涵着中华民族人与自然、人与社会和自我和谐发展的高超智慧，孕育着中华民族高尚的道德情操，积累着中华民族独有的知识与经验，彰显着中华民族非凡的生产生活实践能力。保护好、利用好、传承好非物质文化遗产，对中华民族和人类可持续发展具有重要意义。传承和弘扬中华优秀传统文化，是爱国主义情感培育和发展的重要条件。引导人们全面了解中华民族的悠久历史和灿烂文化，从历史中汲取营养和智慧，延续文化基因，形成文化自觉，增强民族自尊心、自信心和自豪感。坚持古为今用、辩证取舍、推陈出新，全面实施中华优秀传统文化传承发展工程，推动中华文化创造性转化、创新性发展。坚守正道、弘扬大道，反对文化虚无主义，引导人们树立和坚持正确的历史观、国家观、民族观和文化观，不断地增强中华民族的归属感、认同感、尊严感和荣誉感。

（二）推进非物质文化遗产与其他产业融合是新时代发展路径

文化产业的迅猛发展、文化消费的不断升级，使文化与三次产业融合成为未来一定时期的一大特征。非物质文化遗产是文化产业的重要组成部分，建设非遗文化村和非遗生态保护区，与三次产业融合发展是新时代推进非物质文化遗产保护、传承和利用的基本路径。非物质文化遗产与第一产业融合发展，可以提升第一产业产品的市场价值，促进乡村振兴；与第二产业融合，使用文化符号进行包装，可以增加工业品附加值；与第三产业融合，丰富人们的日常生活。非遗与乡村旅游相结合，为贫困人口提供就业机会，促进当地文化经济发展，也为淮海经济区的经济发展提供了新模式、拓展了新渠道、探索了新路径。

比如，连云港市非遗传承保护工作秉承"以文促旅"、聚焦"活态传承"，推动非遗与旅游融合发展，以市级以上非遗代表性项目名录为基础，依托历史文化街区、旅游景区（景点）、旅游集散中心、各级图书馆、文化馆、乡镇综合文化站等，开展非遗项目旅游体验活动。围绕"活态传承"

和非遗项目特质，开发设计互动性强、体验感好的旅游体验产品，促进非遗产业与其他产业深度融合。

济宁市为保持文化多样性、文化生态空间完整性、文化资源丰富性，积极实施非物质文化遗产整体性保护工作。各类非遗生态保护区的建设，在规划、环保、民俗等方面均取得支持。非遗民俗类、饮食类项目，对吸引游客、体验地域特有文化内涵起着重要的导向作用。

淮北市以"文旅融合点亮相城"为主题，通过夜间旅游观光、文化演艺、展览展销、餐饮购物、非遗展演等形式，进一步发挥文旅和夜经济在助力复工复产复市、促进消费扩容提质、深化文旅资源融合、优化群众需求供给等方面的重要作用，助力"中国碳谷·绿金淮北"建设。隋唐运河古镇·隋唐草市获得安徽"十佳夜游街区"授牌。

临沂市通过"非遗购物节""非遗助力夜经济"，传承弘扬优秀传统文化。王氏熟梨、琅琊剪纸、面塑、糖画、沂蒙布艺、中国结、密氏膏药等非遗项目现场展演展示，吹打乐《农家乐》、弦子戏《黄莺》、渔鼓《绿色食品——大菜园》、传统柳琴戏《喝面叶》等精彩上演，满足市民个性化特色的消费需求。沂蒙山区腹地的沂南县，以构建优秀传统文化传承体系为目标，促进"非遗＋文化""非遗＋旅游"等融合发展，推动各地非遗项目在AAAA旅游景区设立"非遗工坊""非遗传承基地"，培育融合性强、文化特色明显，可以体验互动的情景式非遗项目活态传播场所。红嫂家乡旅游区所在的常山庄村是有着600多年历史的古村，其重点打造的古村民俗体验区于2013年获评"中国文化旅游新地标"、山东省人民政府第四批重点文物保护单位，2014年被列入"第三批中国传统村落"，2015年成为"CCTV中国十大最美乡村"之一。同时将十多个院落改造成非遗区，分别入驻了打铁、纺线、塑面人、烙煎饼、粉皮制作、豆腐制作、葫芦烙画、金丝制品、木版年画印制等非遗和民俗工艺项目，丰富了景区业态。沂蒙红色文化产业研究院由红嫂家乡旅游区和青岛职业技术学院文化产业工作室共同创建，招才引智、校企携手，合力弘扬红色文化、民俗与传统文化、地域特色文化，传承红色基因，助力乡村振兴。该院融红色文化

"产、学、研、培"于一体，设有实训工作坊、编结艺术坊、扎染艺术坊、蜡染艺术坊、手工制作坊等工作室，双方共同打造沂蒙红色文化。"传承鲁绣，创新鲁绣，发展鲁绣"主题培训和产业融合发展，也成为助力脱贫攻坚、帮助老区群众致富的"利器"。

商丘宁陵县刘腾龙笔庄第六代传人刘应璋将省级非物质文化遗产"中国毛笔"带进中南海，赴中国台湾地区、韩国和德国。国务院曾专门发函赞誉其对中国文化的传播。

保护好、利用好、传承好非物质文化遗产，对民族、国家和地方的可持续发展具有重要意义。推进非物质文化遗产与其他产业融合发展是未来一定时期非物质文化遗产创新发展的基本路径。

参考文献

吴清、李细归、张明：《中国不同类型非物质文化遗产的空间分布与成因》，《经济地理》2015 年第 6 期。

吉琳玄、马知遥、刘益曦：《新媒体时代非物质文化遗产的传播与传承》，《民族艺术研究》2020 年第 4 期。

王健：《江苏非物质文化遗产传承与保护》，《唯实》2020 年第 8 期。

王云庆：《山东非物质文化遗产项目及传承人立档保护研究》，《档案学通讯》2018 年第 2 期。

刘玉龙：《试论安徽地方戏曲非物质文化遗产的传承与保护》，《湖北科技学院学报》2015 年第 1 期。

王珊珊：《我国非物质文化遗产保护问题研究》，齐鲁工业大学硕士学位论文，2014。

B.10
2020年淮海经济区文化事件发展报告

王仲智　马　跃*

摘　要：　本文梳理了2018～2020年淮海经济区十个城市发生的重大
文化事件，并对其类型和组织形式进行了阐释，包括重大
节庆活动、区域性文化遗产展示活动、体育赛事活动和区
域性合作联盟等，概览了影响淮海经济区文旅融合发展的
八大热点文化事件。

关键词：　文化事件　文旅融合　淮海经济区

一　文化事件的内涵与功能

党的十九大报告指出"没有高度的文化自信，没有文化的繁荣昌盛，就没有中华民族的伟大复兴"，将文化的地位和作用提到一个崭新的高度。美国城市理论家路易斯·芒福德将城市比喻为"文明的容器"，阐释了地域文化与城市和区域的关系。历史经验表明，文化不仅是历史文明发展过程中的产物，也可作为具有价值的资源，转化为资本，实现经济和社会的产出，从而为城市发展服务，使城市得以昌盛或复兴。新发展阶段，文化需要承担起更大的责任和使命，要传承好优秀的"区域文化"，在实践创造中进行文化创造，在彰显历史文化进程中实现文化进步。推进优秀区域文化传播的路

---

* 王仲智，博士，江苏师范大学地理测绘与城乡规划学院教授；马跃，江苏师范大学城乡规划学硕士研究生。

径之一就是"策划区域性的城市事件"。所谓"城市事件",是指在一个城市组织开展的、具有广泛影响和巨大新闻价值的重大事件,如奥运会、世博会、APEC 会议、国际电影节、区域服装节、地方狂欢节等。其稀缺性和号召力可以将大量人流有效地吸引到目的城市来,并在短时期内促进城市经济的增长和社会性聚集,推进城市文化产业和旅游产业发展。

文化事件是指被社会舆论及新闻媒体关注的具有文化色彩的、对城市形象有巨大影响的事件,以文化活动或与文化相关的人、事为主要内容,透露出政府及大众对于文化的价值取向,影响文化事业的发展[1]。文化事件的实践在世界范围内拥有悠久的历史,同济大学吴志强教授认为城市重大事件具有全局性、稀缺性、主动性、活动性和长远性的特点,可为城市提供外部突发性和强大的发展动力,从而推进城市景观和总体实力跨越式提升。这种跨越式提升不仅指城市的空间的跨越发展、环境的持续优化,还包括城市品牌的强化塑造、城市竞争力的全面提升、经济结构的转变、社会生态的转向,特别是对文化产业和旅游产业的带动具有表象性。本报告主要考察2018 年至 2020 年 8 月底淮海经济区文化事件发展情况,在此基础上总结其类型与特征,并就对该地区文旅融合发展有巨大表征作用的热点文化事件进行概述。

二 文化事件类型与主要形式

淮海经济区历史悠久,文化资源丰富。诸如大运河文化、徐州汉文化、济宁孔孟文化、商丘商文化、宿迁楚文化、沂蒙红色文化,皆如颗颗璀璨的明珠闪耀在华夏大地上。依托这些文化禀赋所举办、发生的文化事件与活动也层出不穷、多姿多彩。

通过浏览淮海文旅网、各相关市政府网站、各相关市文化旅游网站,笔者梳理出近 3 年(2018 年 1 月起)淮海经济区文化事件 1000 余条,通过去噪、降重、筛选,剔除无关数据,得到文化事件共 847 条,涵盖了近三年淮海经济区发生过的文化大事件,可分为四大类型(见表 1)。

表1　淮海经济区文化事件类型与活动形式

类别	定义	活动形式
重大节庆活动	影响一个地区/城市的发展和城市形象传播的重大节庆活动	文化旅游节、区域联欢会、城市文化节、企业封藏大典、嘉年华等
区域性文化遗产展示活动	地区较为有影响力的物质文化遗产或非物质文化遗产宣传展示活动	大运河博览会、区域书画展、文化博览会、单项非遗展（剪纸等）、戏曲展演等
体育赛事活动	规模较大并吸引本地居民和周边游客参加的大型体育赛事活动	城市马拉松、节日万人跑、登山健身、环湖骑行、区域越野赛等
区域性合作联盟	淮海经济区城市间文化旅游合作或联盟	组建文化旅游合作联盟、文化旅游联合推介

三　热点文化大事件概览

通过对近三年淮海经济区文化事件相关报道文本进行汇总、整理，结合各条信息的访客点击量，笔者分析概括出影响淮海经济区文旅融合发展的八大热点文化事件，即淮海经济区文化旅游联盟成立、淮海经济区春节联欢晚会在徐州上演、"缤纷文旅激情淮海"夏韵季活动、中国（曲阜）国际孔子文化节、"欢乐淮海行"文旅四城推介会、苏酒集团举办封藏大典、徐州国际马拉松赛、淮海经济区景区宣传营销联盟成立。

（一）淮海经济区文化旅游联盟成立

2019年4月15日，由山东临沂市发起、淮海经济区10个城市共同参与的淮海经济区文化旅游联盟大会在山东临沂召开。会议签署《淮海经济区文化旅游合作协议》、通过《淮海旅游经济区文化旅游联盟章程》，决定10个城市旅游文化部门成立文化旅游联盟。"联盟"成员包括淮海经济区各个城市的文化和旅游部门、旅游协会和重点旅游企业。共建共享文化旅游信息平台、区域数字图书联盟、"淮海文化旅游网"，发布联盟城市旅游景区信息、旅游产品新发展、节庆活动、惠民政策、文化信息和社会服务等。建立

联盟文化旅游项目库，为政府和企业提供文化旅游招商指南，引导和组织企业投融资开发文化旅游项目。联盟关注重点：开展民宿设计大赛，推动乡村旅游交流；特色精品民宿展示和评比活动；推进文化创意产品设计，加强物质和非物质文化遗产交流合作；加强红色文化交流，扩大研学旅行合作，建设研学旅行基地，组建联盟研学旅游队伍；加强区域旅游交通标识建设，构建城市之间通畅便捷的旅游标识系统[3]。

淮海经济区户籍人口超过 7000 万，各市地缘相近、人缘相亲、文缘相通，往来密切，地理位置优越，文化和自然资源丰富，旅游景区 500 多个，具有较强的市场吸引力。淮海经济区文化旅游联盟成立的重大意义在于：联盟成立后，各市将积极打造淮海经济区文化旅游品牌，主要围绕共同开发客源市场、共同打造旅游产品体系、共同建设信息平台、共同推出惠民政策、共同推动文化旅游交流、共同建立区域旅游市场监管互动机制等六个方面开展合作，共同推动淮海经济区文旅融合区域联动发展。

（二）淮海经济区春节联欢晚会在徐州上演

2018 年 2 月 6 日至 7 日，淮海经济区核心区城市联合打造的"大美淮海万象新——2018 淮海经济区春节联欢晚会"在徐州汉纳国际演艺中心举行，这是淮海经济区有史以来最盛大的集结演出。在加强淮海经济区相关城市联动的大背景下，晚会由连云港、宿迁、宿州、商丘、济宁、枣庄、徐州和淮北等 8 大核心城市的演艺力量共同打造，围绕"淮海经济区""狗年春晚""2017 的记忆""一家团圆"四个关键词进行节目编排，汇集来自 8 个城市的祝福和最具地方特色的优秀节目。

2019 年 2 月 3 日，徐州广电联合淮海经济区 10 家城市电台共同举行了《万家筑梦新淮海——2019 淮海经济区春节联欢晚会》。万家筑梦新淮海，载歌载舞贺新年，淮海经济区春节联欢晚会成为淮海经济区文旅融合发展的年度"标杆工程"。

两届春节联欢晚会有利于提高淮海经济区各市群众集体认知与归属感，增强城市互信，提升淮海经济区凝聚力，推动淮海经济区文旅融合发展。

（三）"缤纷文旅激情淮海"夏韵季活动

2019 年 5 月 30 日，徐州市文广旅局发布启动"缤纷文旅激情淮海"夏韵季活动[4]。活动邀请了淮海经济区十市参与，周边城市精心推出的 38 项文旅活动各具特色：连云港海滨风情夏日狂欢节、宿迁三台山奇幻灯光节、济宁曲阜孔子研学旅游节、临沂沂蒙山小调音乐节、枣庄台儿庄古城盛夏音乐季、淮北运河古镇纳凉啤酒节、菏泽花海世界消夏观赏季、商丘市"快乐老家·来芒砀山一起嗨"等活动，为市民出游提供更多选择。

活动有三大亮点：十城联动，集中推出淮海夏韵季文旅特色活动集锦；推出"月光文旅"晚间主题活动，满足市民晚间消暑、纳凉需求，进一步丰富市民、游客的夜间精神文化生活；新增研学旅游产品，成为青少年暑期出游的热门之选。该项活动推动多项文旅创新，助力淮海经济区文旅融合协同发展。

（四）中国（曲阜）国际孔子文化节

2018 年 9 月 26 日，以"用儒家文化讲好中国故事"为主题的中国（曲阜）国际孔子文化节在曲阜市开幕[5]。这是深入贯彻落实习近平总书记2013 年视察济宁、曲阜时，对弘扬中华优秀传统文化、加强儒学研究与传播做出的重要指示精神要求的体现，发挥曲阜作为孔子的家乡、中国儒家文化发源地的独特优势，搭建孔子文化节国际文化交流的平台，加强同世界各国的文化交流和文明互鉴，更好地推动中华优秀传统文化"走出去"，展示中华优秀传统文化的独特魅力。孔子文化节除开幕式和孔子教育奖颁奖典礼、祭孔大典等常规活动外，还相继推出了"孔孟之道与中华民族精神"国际学术会议暨中秋儒学会讲、联合国教科文组织教育国际研讨会、中国研学旅游国际营销大会、儒商大会嘉宾东方圣城行等活动，涉及文化、教育、旅游、经贸等多个领域。

2019 年 9 月 6 日，中国（曲阜）国际孔子文化节暨第十四届联合国教科文组织孔子教育奖颁奖典礼在济宁曲阜市开幕，包括己亥年祭孔大典、孔

子博物馆开馆仪式、《国家文物局与山东省人民政府合作实施"齐鲁文化遗产保护利用计划"框架协议》签约仪式、教育国际研讨会、2019 济宁文化旅游国际推广大会、2019 山东（济宁）投资合作洽谈会、中华礼乐与东亚文明高端儒学会讲、全国青少年弘扬中华优秀传统文化交流展示活动，以及2019 儒医论坛等一系列活动。2019 年第十四届孔子教育奖，奖励三个项目：哥伦比亚卡马科·安提奥奎亚的"学校工程"项目、印度尼西亚巴萨巴厘组织的"巴萨巴厘维基"项目、意大利新诺贝尔残疾人委员会的"告诉我"项目。祭孔大典分为回望千年、追梦时代、向往未来等篇章，系统阐述孔子思想"从历史走向未来"的价值。

中国（曲阜）国际孔子文化节始于 1984 年的"孔子诞辰故里游"。1989 年，经山东省委、省政府和国家有关部门批准，其被正式命名为"中国（曲阜）国际孔子文化节"。2014 年 8 月，经全国清理和规范庆典研讨会论坛活动工作领导小组审议，国务院审批，中国（曲阜）国际孔子文化节成为山东省的两大节庆活动之一。历经 34 年的传承创新，孔子文化节在海内外文化传播中形成巨大效应，成为"中国文化大事件"，被国家旅游局确定为"中国旅游节庆精选活动"，被国际节庆协会评为"中国最具国际影响力的十大节庆活动"之一。

（五）"欢乐淮海行"徐州文旅四城推介会

2019 年 8 月 11 日至 14 日，"欢乐淮海行"徐州文旅宣传推介会分别走进江苏连云港和宿迁、山东临沂和枣庄四座城市。活动旨在巩固徐州市周边旅游客源市场，强化区域旅游合作，提升徐州旅游在淮海经济区的知名度与美誉度[6]。推介会用"青、黛、赤、紫、金"5 种颜色对徐州的文化旅游资源进行了概括，还对 8 家徐州知名景区及文旅企业进行了重点旅游推介，30 余家徐州景区和文化企业为四城的旅游同行提供了优惠的门票折扣和套票礼包。

（六）苏酒集团举办封藏大典

苏酒集团已成长为全球烈酒品牌价值第三、中国白酒产量第一的旗帜战舰。2020年4月19日，苏酒集团（洋河股份）在酒都宿迁举办主题为"梦圆酒都·寻味绵柔"的封藏大典。特殊时期，苏酒集团首次开启"云封藏"，采用"实景＋直播＋线上"的全新模式，邀请网友线上共观、共享和共同参与这场文化盛会。新华社、凤凰新闻、新浪新闻、网易新闻、搜狐新闻、荔直播、云酒、头条以及微酒等多家新媒体同步直播，在线观看人数超过775万。从2014年开启至今，苏酒集团封藏大典已连续举办7年。无论是用户参与规模，还是"云在场"的跨屏互动体验，一场别开生面的"云封藏"取得了线上线下的双赢效应。封藏大典让市民尽情享受大美湿地的春天味道，品味匠心酿造的绵柔好酒，有力地宣传了宿迁市的"心宿宿、情迁迁"的白酒之都。

（七）徐州国际马拉松赛

2019年3月24日，徐州国际马拉松赛暨全国马拉松锦标赛（徐州站）·多哈世界田径锦标赛马拉松选拔赛在徐州举行。设立全程马拉松、半程马拉松和欢乐跑3个组别，总计2.2万跑友［包括全国马拉松锦标赛（徐州站）和多哈世界田径锦标赛马拉松选拔赛选手］参赛，20多个国家和地区的100多名高水平国际选手和来自全国各省、区市46名高水平运动员参赛。

2017年、2018年两届徐州国际马拉松赛，曾以一流的赛事组织、一流的环境氛围、一流的服务保障、优异的赛事成绩，为来自世界各地的体育健儿打造了超越自我、放飞梦想的舞台，也让徐州"一城青山半城湖"的崭新城市形象充分展示在世人面前。"千古龙飞地，跑者梦中城"的赛事形象传播深入人心。该届徐州国际马拉松赛继续三赛开跑，众多精英选手来到徐州，与广大跑友一起，共享"体育的盛会、人民的节日"。徐州市将最美的风景、最美的赛道呈现给大家，让大家在风景如画的山水间跑得更加畅快、更有激情。

（八）淮海经济区景区宣传营销联盟成立

2020年8月23日，淮海经济区景区宣传营销联盟成立。联盟由徐州汉文化景区、徐州大龙湖旅游度假区、徐州乐园、济宁尼山圣境、临沂竹泉村景区、枣庄台儿庄古城、宿州皇藏峪景区、商丘芒砀山景区、连云港海上云台山景区和连岛景区、宿迁洪泽湖湿地、亳州曹操地下运兵道景区、菏泽孙膑旅游城等景区组成，秉持"开放共享、品牌共建、合作共赢"的宗旨，通过区域景区合作，积极推动旅游产品资源、中外游客资源、景区信息资源、城市营销资源互动共享，共同打造淮海经济区文化旅游产品宣传营销的新平台。坚持合作共赢，发挥各自优势，整合旅游资源，规范旅游市场，塑造淮海经济区旅游整体形象，并开展联盟景区旅游协作，共同建构"无障碍"景区。

注释

［1］方丹青、陈可石、陈楠：《以文化大事件为触媒的城市再生模式初探——"欧洲文化之都"的实践和启示》，《国际城市规划》2017 年第 2 期。

［2］于涛、张京祥、罗小龙：《城市大事件营销的空间效应：研究进展及思考》，《城市发展研究》2011 年第 2 期。

［3］《淮海经济区文化旅游联盟正式成立》，中国江苏网，2019 年 4 月 17 日。

［4］《2019 年徐州文化旅游活动之夏韵季》，《徐州日报》2019 年 5 月 31 日。

［5］《2018 中国（曲阜）国际孔子文化节 9 月 26 日开幕成立》，齐鲁网，2018 年 9 月 7 日。

［6］《"欢乐淮海行"徐州文旅四城推介会在枣庄收官》，《徐州日报》2019 年 8 月 15 日。

B.11
2020年淮海经济区美丽乡村
与特色小镇发展报告

仇方道　高庆帅　魏中胤*

摘　要：　淮海经济区聚焦产业发展，推进"一村一品"专业示范村镇
　　　　　建设，109个村镇被列入全国"一村一品"专业示范村镇名
　　　　　录；聚力环境整治，加快推进"中国美丽休闲乡村"建设，20
　　　　　个乡村获得中国美丽休闲乡村推介；着力促进特色小镇培
　　　　　育，8个镇入选国家特色小镇名录。基于此，本文提出规划引
　　　　　领、产业支撑，规范建设美丽乡村，产业引领、集群集聚，
　　　　　品牌营销特色小镇等建议。

关键词：　专业示范村镇　一村一品　美丽休闲乡村　特色小镇

一　美丽乡村与特色小镇的由来

党的十八大报告提出"要努力建设美丽中国，实现中华民族永续发展"。
首提"美丽中国"概念，强调必须"树立尊重自然、顺应自然、保护自然的
生态文明理念"，开启包括生态文明建设在内的"五位一体"社会主义建设总
布局的新征程。乡村发展直接影响未来中国的发展。实现"美丽中国"的建
设目标，必须首先实施"美丽乡村"建设。

---

* 仇方道，博士，江苏师范大学地理测绘与城乡规划学院教授；高庆帅，魏中胤，江苏师范大
学人文地理学硕士研究生。

2005 年，党的"十六届五中全会"提出建设社会主义新农村的具体要求："生产发展、生活宽裕、乡风文明、村容整洁、管理民主"；2017 年，党的十九大提出"实施乡村振兴战略"，坚持农业农村优先发展，按照"产业兴旺、生态宜居、乡风文明、治理有效、生活富裕"总要求，建立健全城乡融合发展机制和政策体系，加快推进农业农村现代化。

2013 年，农业部就启动"美丽乡村"创建活动，发布美丽乡村建设十大模式。2014 年，农业部组织开展中国最美休闲乡村和中国美丽田园推介活动，将最美休闲乡村分为特色民居村、特色民俗村、现代新村、历史古村等类型，并联合中国农业大学、中国建筑设计院举办美丽乡村环境保护与治理研讨会，成立"美丽乡村建设技术创新联盟"。2015 年，国家质检总局、国家标准委发布《美丽乡村建设指南》国家标准，由农业部美丽乡村创建办公室联合四川农业博览会组委会、四川省农村工作委员会以及中国美丽乡村研究中心等共同举办首届中国美丽乡村论坛，研讨"面向 2020 年的美丽乡村建设"。

2018 年，《中共中央 国务院关于实施乡村振兴战略的意见》第一次提出要建设"美丽乡村"的奋斗目标："把乡村建设成为幸福美丽新家园""推进宜居宜业的美丽乡村建设"。美丽乡村的概念也逐步明晰：美丽乡村是指经济、政治、文化、社会和生态文明协调发展，符合科学规划布局美、村容整洁环境美、创业增收生活美、乡风文明身心美且宜居、宜业、宜游的可持续发展的建制村[1]。美丽乡村建设也就是以美丽乡村战略为指导，涵盖村庄规划、村庄建设、环境整治、产业发展、公共服务配置以及乡风文明建设等内容。

2016 年，国家住建部、发改委、财政部联合发布《关于开展特色小镇培育工作的通知》（以下简称《通知》），到 2020 年将在全国范围内培育建设 1000 个左右"特色鲜明、产业发展、绿色生态、美丽宜居"的特色小镇，引领全国小城镇的建设与发展。根据该《通知》提出的特色小镇培育要求，特色小镇建设以聚焦优势资源、打造特色产业为核心，促进产业、城镇、居民、文化的全面发展。特色小镇可以划分为现代农业、现代制造、传统工艺、商贸物流、休闲游娱、文史民俗、生态康学 7 类。现代农业型特色小镇以特色种养业为基础，现代制造和传统工艺型特色小镇以制造业为主导，商贸物流型特色小镇承担区域商品的集中、疏散与流通功能，文史民俗型特色小镇具有浓厚的文化特性，休闲游娱和生态康学类特色小镇以文化体育、康养度假、娱乐游学等为主。特色小镇"非镇非区"，不是行政区划单元上的一个镇，也不是产业园区的一个区，而是按创新、协调、绿色、开放、共享发展理念，结合自身特质，找准产业定位，编制科学规划，挖掘产业特色、人文底蕴和生态禀赋，有明确发展定位、文化内涵、旅游特色和一定社区功能，形成"产、城、人、文"四位一体有机结合的重要功能平台。住房和城乡建设部先后于2016年和2017年，认定了两批共403个特色小镇，拉开了各地建设特色小镇的帷幕。

二 淮海经济区美丽乡村建设现状

美丽乡村建设内容广泛，但是产业发展、生态环境优化是其核心要义。

（一）聚焦产业发展，推进"一村一品"专业示范村镇建设

2011年，为贯彻落实《中共中央国务院关于加大统筹城乡发展力度进一步夯实农业农村发展基础的若干意见》，农业部开展全国"一村一品"专业示范村镇建设，打造区域特色农业品牌，培育新农村建设优势特色产业和新兴业态，推动农业供给侧结构性改革。从2011年到2019年，全国共发布9批全国"一村一品"专业示范村镇，淮海经济区10个城市共有109个专业示范村镇被列入名录（见表1），山东菏泽、临沂、济宁和江苏徐州4市列入名录数量较多，分别为17个、17个、15个和14个，此4市专业示范村镇占淮海经济区总量的比重高达57.8%。全国"一村一品"专业示范村镇是以果品和蔬菜菌类的产销为主导产业，以水果生产为主业的示范村镇占总数的33.9%，以蔬菜菌类生产为主业的示范村镇占26.6%。此外，还有以茶品与工艺、中药干果、花卉苗木等为主业的示范村镇类型，贾汪区潘安湖街道马庄村以非物质文化遗产香包生产为主，为传统工艺制造型村庄（见表2）。

表1 淮海经济区全国"一村一品"专业示范村镇名录

单位：个

城市	示范村镇（主导产品与入选批次）	数量
徐州	邳州市港上镇前湖村（草莓1）、沛县朱寨镇（生态肉鸭1）、丰县大沙河镇（白酥梨2）、云龙区大龙湖办事处段山村（观赏鱼2）、铜山区三堡镇徐村（食用菌3）、贾汪区紫庄镇（蔬菜4）、新沂市瓦窑镇街集村（芹菜5）、贾汪区茱萸山街道（休闲农业6）、邳州市铁富镇（银杏6）、沛县张寨镇陈油坊村（葡萄7）、贾汪区耿集街道办事处（草莓7）、贾汪区潘安湖街道马庄村（香包8）、丰县宋楼镇（苹果8）、邳州市八路镇（花卉9）	14
宿迁	沭阳县庙头镇聚贤村（花卉1）、沭阳县新河镇（花木2）、泗洪县临淮镇（河蟹3）、泗阳县八集乡（小花生4）、沭阳县颜集镇（花卉苗木5）、沭阳县庙头镇（花卉苗木7）、宿城区罗圩乡（蔬果9）	7
连云港	东海县黄川镇（草莓1）、赣榆县厉庄镇谢湖村（大樱桃2）、灌南县新安镇（金针菇2）、灌云县南岗乡许相村（芦蒿3）、云台街道后关村（云雾茶4）、东海县桃林镇北芹村（西葫芦6）、赣榆区黑林镇河西村（蓝莓7）、东海县石梁河镇（葡萄7）、灌南县新集镇周庄村（果蔬8）、灌南县张店镇张店社区（葡萄9）	10
枣庄	山亭区水泉镇（火樱桃1）、山亭区店子镇（红枣2）、滕州市界河镇（马铃薯3）、山亭区徐庄镇（板栗4）、峄城区榴园镇（石榴5）、山亭区冯卯镇（油桃6）、山亭区山城街道（花椒7）、薛城区周营镇（果蔬8）、市中区齐村镇前良村（樱桃9）	9
济宁	金乡县卜集乡杨庄村（大蒜1）、梁山县馆驿镇西张庄村（食用菌1）、邹城市看庄镇（土豆2）、鱼台县张黄镇于梅村（毛木耳3）、微山县两城镇（大蒜4）、兖州区颜店镇史家村（肉鸭4）、曲阜市石门山镇（草莓5）、汶上县白石镇（核桃6）、嘉祥县满硐镇（辣椒6）、微山县高楼乡（河蟹6）、邹城市中心店镇（草莓7）、微山县南阳镇（休闲农业8）、嘉祥县梁宝寺镇（大豆种、小麦种9）、曲阜市吴村镇（葡萄9）、金乡县化雨镇（金针菇9）	15
临沂	平邑县郑城镇（金银花1）、沂水县许家湖镇（生姜1）、莒南县洙边镇（绿茶2）、沂南县辛集镇（黄瓜2）、蒙阴县岱崮镇（蜜桃3）、沂南县双堠镇埠口村（油桃3）、河东区汤河镇（海棠4）、沂南县铜井镇（休闲农业4）、蒙阴县旧寨乡（蜜桃5）、兰陵县庄坞镇（牛蒡5）、费县胡阳镇（西红柿6）、沂水县诸葛镇（苹果7）、平邑县地方镇（山楂7）、沂南县蒲汪镇茶坡村（芹菜8）、沂南县蒲汪镇大王庄村（花生9）、临港经济开发区坪上镇（大樱桃9）、沂水县泉庄镇（桃9）	17
菏泽	曹县青堌集镇（芦笋1）、成武县白浮图镇（芸豆2）、巨野县大义镇吴集村（大棚蔬菜3）、成武县大田集镇（大蒜3）、定陶县陈集镇（山药4）、定陶县陈集镇七一村（山药5）、郓城县李集镇梁楼村（芦笋6）、东明县陆圈镇马军营村（蔬菜6）、巨野县陶庙镇（大蒜6）、定陶县南王店镇（西瓜7）、成武县张楼镇乔庄行政村（黄瓜7）、定陶区南王店镇王楼村（西瓜8）、巨野县万丰镇阚店村（苦瓜8）、单县李新庄镇（香瓜8）、定陶区黄店镇朱庄村（玫瑰9）、巨野县麒麟镇南曹村（种鸭9）、郓城县南赵楼镇甄庄（平菇9）	17

续表

城市	示范村镇（主导产品与入选批次）	数量
淮北	杜集区段园镇大庄村（太平猴魁1）、烈山区烈山镇榴园村（石榴9）	2
宿州	埇桥区西寺坡镇谷家村（苔干1）、埇桥区西二铺乡沟西村（大青茄2）、砀山县官庄坝镇岳庄坝村（砀山梨3）、砀山县良梨镇杨集村（砀山酥梨4）、埇桥区西二铺乡沈家村（中药材5）、萧县酒店镇西赵楼村（蔬菜6）、灵璧县渔沟镇纸房村（黄瓜8）、砀山县城庄镇坡里王屯村（西瓜9）	8
商丘	宁陵县石桥镇（酥梨1）、虞城县张集镇林堂村（苹果2）、虞城县店集乡惠楼村（山药3）、虞城县郑集乡褚庄村（蔬菜4）、夏邑县车站镇（双孢菇5）、永城市芒山镇柿元村（桃5）、睢阳区五里杨村（西瓜6）、永城市城厢乡冯寨村（肉牛6）、夏邑县北岭镇（西瓜8）、柘城县慈圣镇陈阳村（辣椒9）	10

表2　淮海经济区全国"一村一品"专业示范村镇主导产业

单位：%

产业	示范村镇主导产品	相关村庄占比
水果	草莓、酥梨、葡萄、苹果、樱桃、石榴、油桃、蓝莓、西瓜、蜜桃	33.9
蔬菜菌类	芹菜、芦蒿、西葫芦、土豆、西红柿、芦笋、芸豆、黄瓜、苦瓜、苔干、青茄、牛蒡、食用菌、毛木耳、金针菇、平菇、双孢菇	26.6
调味品	生姜、大蒜、花椒、辣椒	7.3
花卉苗木	花卉、苗木、银杏、海棠、玫瑰	6.4
中药干果	金银花、山楂、山药、中药材、红枣、板栗、核桃	8.3
粮作种子	马铃薯、小花生、花生、大豆种、小麦种	4.6
茶品与工艺	云雾茶、绿茶、太平猴魁；香包	3.7
养殖	观赏鱼、生态肉鸭、种鸭、河蟹；肉牛	6.4
休闲农业	休闲农业	2.7

　　2019年，根据中央一号文件和《国务院关于促进乡村产业振兴的指导意见》要求，加快发展"一村一品"专业示范建设，促进乡村产业振兴，在第九批专业示范村镇申报中明确了新的标准：主导产业突出、实现绿色发展、联农带农效果好、组织化程度高、农产品产地环境符合生产质量安全，与龙头企业建立产业化联合体等，同时对贫困地区适度放宽限制。

　　与此同时，各省份也组织开展"一村一品"专业示范村镇的评选工作。淮海经济区全国"一村一品"专业示范村镇数量见图1。

淮海蓝皮书

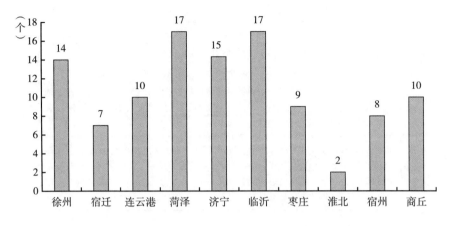

图1 淮海经济区全国"一村一品"专业示范村镇数量分布

江苏省2018年印发《全省"一村一品一店"示范村创建方案》的通知，全省"一村一品一店"示范村共376个，其中徐州、连云港、宿迁分别有39个、33个、38个村庄入选。徐州市完善顶层设计、加强体系建设，持续推进农业供给侧结构性改革，出台《关于大力实施乡村振兴战略，加快推进农业农村现代化的意见》《关于加快建设国家农业可持续发展试验示范区，推进农业绿色发展的意见》《徐州市农业品牌建设三年（2018~2020）计划》等文件。坚持维维豆奶、丰县大沙河果品、黎明食品等中国驰名商标以及丰县牛蒡、沛县大米、邳州白蒜、邳州银杏、新沂水蜜桃等近20个农业品牌引领。重点建设粮食、蔬菜、林果、畜牧四大主导产业和19个产业集群，依托大蒜、食用菌、花卉、银杏、板材、奶牛、山羊、观赏鱼八大特色产业，推进农产品加工、休闲农业、互联网农业三大产业跨界融合发展。维维食品、黎明食品、忠意食品3家企业跻身江苏省农产品加工业20强，维维集团为全国农业产业化龙头企业20强之一。2019年，创建省级现代农业产业示范园2家和省级"味稻小镇"7个，助推丰县果业振兴，新增徐州（上海）蔬菜外延基地7家、总数达到27家。连云港市完善农业产业与非农产业布局，夯实乡村振兴重要基础，通过"五大体系"（特色现代农业产业体系、优质高效的现代农业生产体系、服务三农的现代农业经营体

148

系、新型农业社会化服务体系和农村一二三产业融合发展体系）建设，推进农业产业化、品牌化、科技化、优质化、外向化、现代化。启动农产品品牌统筹战略，不断提升"连天下"品牌知名度和美誉度。2019年，认定市级"一村一品"示范村镇45家。宿迁市以产业集聚和融合发展为重点，健全现代农业产业体系，形成优质稻米、标准化果蔬、园艺型花木、农牧循环型生猪、精深加工型肉禽、生态河蟹六大百亿级特色产业体系，拥有两个国家级农业产业园，加快传统种养向现代生产转型，形成优势特色的产业空间格局；建设以龙头企业为骨干的现代农业组织架构，德康、光明等国家级龙头企业成功落户，构建以"宿有千香"品牌为核心的农产品营销网络，深入实施"一村一品一店"提档升级工程。截至2019年，234个村庄被评选为市级"一村一品专业村"。

山东省实施农业产业化"五十百千万"工程，培育新型经营主体，壮大优势主导产业和特色产业，创新农业经营机制，2013年开始组织评选省级"一村一品"示范村镇。2016年，山东省农业厅组织开展前三批省级"一村一品"示范村镇监测和第四批省级"一村一品"示范村镇评选认定工作，其中淮海经济区城市部分省级"一村一品"专业示范村镇见表3。其中济宁市34个、临沂市33个、菏泽市31个、枣庄市20个村镇被评选为山东省"一村一品"专业示范村镇。济宁市着力引导适合于农村的产业向乡村布局，与农户建立紧密利益联结机制，打造串点成线、以点带面"五大振兴"融为一体的乡村振兴示范样板，引领全市乡村振兴。探索形成"村支部＋合作社＋农户＋基地（产业园）＋旅游＋企业＋电商""1＋6"的产业发展新格局，创新集体化经营土地和农户入股分红的方式。全市加强对农业的政策引导，推动龙头企业向集中集聚、创新驱动、质量提升、联合经营、综合竞争转变，大力培育壮大农业产业化联合体。2019年，新认定国家级农业龙头企业2家，新增省级农业产业园3家。"济宁礼飨"等3个品牌入选国家农业品牌目录。临沂市实施"5＋2"农业体系：以推进设施农业、生态农业、休闲农业、品牌农业、智慧农业"五个农业"建设为重点，以改革、创新为动能，全面提升农业农村现代化水平。深化"产自临沂"品牌提升，推动农产品品牌、企业品牌和区域公用品牌"三牌同创"，"三品一标"认证总数居全省前列；实施"四个一百"示范工程，培育农村新型经营主体，2019 年，培训新型职业农民 2.4 万人，新增市以上农业产业化重点龙头企业 107 家、新增农民专业合作社示范社 172 家、新增家庭农场

表3　山东省"一村一品"专业示范村镇名单（淮海经济区城市部分）

城市	示范村镇（主导产品）
济宁 (34)	两城镇（大蒜）、高楼乡（河蟹）、石门山镇（草莓）、化雨镇（食用菌）、香城镇（长红枣）、满硐乡（辣椒）、南阳镇（乡村休闲）、金屯镇（甜瓜）、吴村镇（葡萄）、白石镇（核桃）、中心店镇（草莓）、李营街道办事处（法桐）、留庄镇（浅水藕）、梁宝寺镇（种业）、郭里镇（核桃）、小秦村（中药）、卜桥村（辣椒）、灵显庙村（白梨瓜）、东村（乡村休闲）、张飞垓村（梨）、八土庄村（紫薯）、西官村（乡村旅游）、程李庄村（小米）、于梅村（毛木耳）、暗楼村（葡萄）、上磨石岭村（柿子）、史家村（肉鸭）、李集村（毛木耳）、东音义村（西瓜）、马家海村（肉鸭）、前小秦村（黄瓜）、陈堂村（稻米）、小山前村（桃）、王苏白村（乡村休闲）
临沂 (33)	岱崮镇（蜜桃）、神山镇（大蒜）、重坊镇（银杏）、胡阳镇（西红柿）、铜井镇（休闲农业）、地方镇（山楂）、旧寨乡（蜜桃）、汤河镇（苗木花卉）、高都街道（果蔬）、庄坞镇（牛蒡）、青云镇（杞柳）、道口镇（草莓）、诸葛镇（苹果）、归昌乡（稻米）、野店镇（苹果、蜜桃）、磨山镇（大蒜）、武台镇（黄桃）、湖镇（脱水蔬菜）、大店镇（草莓）、大兴镇（蓝莓）、高都镇（水果）、方城镇（蔬菜）、马庄镇（核桃）、东头镇（生姜）、夏蔚镇（大樱桃）、石莲子镇（草莓）、坪上镇（大樱桃）、五彩村（大樱桃）、向阳村（草莓）、下村乡（花椒）、埠口村（油桃）、茶坡村（芹菜）、王疃村（草莓）
菏泽 (31)	吴集村（棚菜）、大田集镇（大蒜）、北常集村（山药）、潘刘村（甜瓜）、陈集镇（山药）、朱庄村（玫瑰）、七一村（蔬菜）、四街村（油桃、毛桃）、佃户屯办事处（蔬菜）、菜李村（蔬菜）、陆湾村（黄瓜、辣椒）、乔庄村（黄瓜）、马军营村（蔬菜）、党集镇（辣椒）、陶庙镇（大蒜）、周垓村（铁棍山药）、双庙社区（蔬菜）、梁楼村（芦笋）、阚店村（蔬菜）、南王店镇（西瓜、白菜）、李新庄镇（洋香瓜）、东明集镇（西瓜）、王楼村（西瓜）、单六村（蔬菜）、宋三堂村（蔬菜）、姚庄村（蔬菜）、甄庄村（洋葱、秋葵）、前牟村（鸡养殖）、八里湾村（蔬菜）、南曹村（种鸭养殖）、程寨村（木瓜）
枣庄 (20)	界河镇（马铃薯）、徐庄镇（板栗）、泥沟镇（食用菌）、龙阳镇（马铃薯）、坛山街道（蔬菜）、榴园镇（石榴）、大坞镇（毛芋头）、姜屯镇（马铃薯）、冯卯镇（春雪桃）、阴平镇（长红枣）、马兰屯镇（乡村休闲）、周营镇（果菜）、凫城镇（核桃）、山城街道（花椒）、古邵镇（马铃薯）、前良村（樱桃）、斜屋村（长红枣）、铁佛村（蔬菜）、西花沟村（西红柿）、杜庄村（水蜜桃）

示范场 107 家，省农业标准化生产基地达到 165 个。实施现代农业产业振兴"10＋3"行动计划，重点推动"粮、油、果、蔬、菌、药、茶、牧、渔、加（工）"十大产业提质增效和"新技术、新产品、新业态""三新"农业发展，建设"三区三园一体"农业新业态试点示范平台，优化农村产业结构，促进三次产业深度融合，推进全市农业农村现代化进程。菏泽市以特色农业为基础、经营主体为主导、农民就业增收为目标，把新机制、新技术、新业态、新模式引入现代农业，构建特色现代农业与第二、第三产业融合发展的现代产业新体系。实施"互联网＋现代农业"行动，推进现代信息技术应用，对农田种植、畜禽养殖等进行物联网改造。培育现代农业产业园区和农业产业集群，提高农业品牌意识，2019 年，20 个现代农业产业园累计投入 230.4 亿元，成武、鄄城现代农业园区获批创建省级现代农业园区，牡丹区和鄄城分别被认定为国家和省级农村产业融合发展示范园，形成食品加工、纺织服装、林木加工三个千亿级产业集群发展的良好格局，新增"三品一标"产品 103 个、省级知名农产品品牌 8 个、区域公用品牌 1 个，18 个"两新"融合试点顺利推进，完成投资 25.2 亿元，创新"镇域城市＋新型农村社区＋特色村"发展模式，推介学习定陶区马集镇"梁堂模式"，推进农业增效、农民增收、精准脱贫、产村融合和农村繁荣。枣庄市印发《关于加快发展农业"新六产"的实施意见》《枣庄市农业"新六产"发展规划》等文件，推动一二三产业融合发展；出台《关于加快推进农产品品牌建设的实施意见》，引导新型经营主体以品牌建设为引领，开展"三品一标"认证，打造"厚道枣庄人、放心农产品"整体品牌形象，"三品一标"产品总数达到 360 个；出台《关于加快构建政策体系大力培育新型农业经营主体的实施意见》，推动新型农业经营主体健康有序发展。2019 年，市级以上农业龙头企业达 357 家、农民专业合作社示范社达 498 家、家庭农场示范场达 130 家，农业精品园区达 110 家，美丽生态养殖场达 51 个。

安徽省 2007 年首次组织评选省级"一村一品"专业示范村；2013 年，在组织评选专业示范村的基础上同时开展示范村督查工作。截至 2019 年，安徽省农业农村厅共组织开展 12 批次省级"一村一品"示范村

镇评选工作，其中，淮北市17个、宿州市37个村镇被评选为安徽省"一村一品"专业示范村镇（见表4）。淮北市鼓励创新农村经营模式，提高农业产业化水平，按照做大总量、培育品牌、集群发展的原则，推进农产品加工业向精细加工转型升级；培育壮大居全国、全省前列的农产品加工骨干龙头企业，构建现代农业产业化联合体，推进百善农业产业化示范区和省级农业现代示范园区建设，凤凰山农村产业融合发展示范园入选首批国家示范园区，推动农产品加工业集聚发展，打造全国重要的农产品深加工基地；加大政策扶持，积极培育壮大职业农民、家庭农场、专业经营大户、农民合作社等新型农业经营主体；提升农产品品牌影响力，2019年，认定"淮优"农产品公共品牌134个，实施"互联网+"农产品出村进城工程，全年农村电子商务交易额超20亿元；开展休闲农业和乡村旅游精品工程，培育规模经营主体150多家，推进农业产业链和价值链建设，提高农业附加值。宿州市是国家现代农业示范区和全国农村改革试验区，坚持基础为先，培育家庭农场、农民合作社、市级以上龙头企业三大新型农业经营主体，以点带面提升联合体发展水平，印发《现代农业产业化联合体认定管理暂行办法》，形成"农业企业为龙头、家庭农场为基础、农民合作社为纽带"的一体化现代农业经营组织形式，高水平建设农产品精深加工产业园，招大扶强农业产业化龙头企业，现代农业产业联合体建设取得初步成效。2019年，现代农业产业化联合体发展到295家，新增市级以上示范家庭农场、农民专业合作社示范社各50家，实现全市规模以上农产品加工产值占全省总产值9%以上。全市加快向"农业强市"迈进，推进农业供给侧结构性改革，构建新型农业经营体系，因地制宜创新"适度规模家庭农场+社会化服务组织"模式、"小规模农户+农民专业合作社"模式、"适度规模养殖户+农业龙头企业"模式，用好"两区一园"三个国家级平台，推进"互联网+"在农业领域应用，发展"三品一标"农产品，增加优质绿色农产品供给，发展乡村旅游和休闲农业，推进农业、林业、水利与旅游、文化、体育、康养等产业深度融合。

表4　安徽省"一村一品"专业示范村镇名单（淮海经济区城市部分）

城市	示范村镇（主导产品）
淮北 （17）	和村（苹果）、郭王村（食用菌）、张庄村（双孢菇）、大庄村（葡萄）、道口村（西瓜）、欧集村（食用菌）、榴园村（石榴）、袁庄村（葡萄）、洪庄村（蔬菜）、颜道口村（西瓜）、油坊村（蔬菜）、龙桥村（黄瓜）、湖南村（番茄）、新庄村（黑糯玉米）、蒙村（中药材）、五铺村（蔬菜）、芦沟村（茶叶）
宿州 （37）	八张村（棉花加工）、黄河新村（黄桃）、孙圩乡（胡萝卜）、邵阳村（大葱）、礼河集村（酥梨）、幸福村（蔬菜）、虞姬村（蛋鸡）、卢村（白山羊）、梨花村（日韩梨）、花庄村（甜瓜）、后朱村（肉牛）、郑腰庄村（桃）、大路口乡（脱毒山芋种植）、程庙村（杂粮）、沟西村（西瓜）、王楼村（蔬菜）、纸房村（黄瓜）、八张村（蔬菜）、杨集村（酥梨）、姬村（石榴）、朱桥村（生猪）、沈家村（蔬菜）、古黄新村（酥梨）、马庄村（苗木花卉）、通海村（油桃、梨）、崔庄中心村（酥梨）、赵楼村（西瓜）、市力集村（酥梨）、郝新庄然村（芦笋）、关湖村（甜叶菊）、西赵楼村（西甜瓜）、胜利村（葡萄）、包庄村（萝卜）、镇东村（葡萄）、坡里王屯村（西瓜）、朱解庄村（中药材）、毛雷庄村（桃）

河南省商丘市被誉为"豫东粮仓"，作为国家重要粮食主产区和百亿斤产粮大市，充分发挥粮食生产产业优势，以品牌建设为重点，实施农业供给侧结构性改革工程，培育发展农业产业化集群39个（其中：省政府认定公布的集群12个、市政府认定公布的集群15个），农业产业化市级以上龙头企业252家（国家级3家、省级53家、市级196家）。2019年，新增国家级农业产业化龙头企业2家，宁陵国家级农业科技园区通过验收，引进雨润、安踏、五得利面粉、乔治白服饰等国内500强企业进入农产品加工行列，培育壮大科迪集团、通宝食品、贵友食品等农业企业典范。围绕"粮头食尾、农头工尾"，推行"龙头企业＋合作社＋基地＋农户"产供销加一体化发展模式，着力壮大粮食产业经济，实施富硒系列农产品开发战略，强化农业科技支撑，加快构建现代农业高质量发展新体系。依托特色产业优势，推动智慧农业与品牌农业等融合发展，第十七届中国国际农产品交易会发布中国农业品牌目录，商丘柘城辣椒、永城富硒小麦粉2个农业品牌入选，累计认证"三品一标"农产品达389个。

（二）聚力环境整治，加快"中国美丽休闲乡村"建设

中国美丽休闲乡村以建设美丽宜居乡村为目标，以推进生态文明、实现

人与自然和谐发展为核心，传承农耕文明、展示乡风民俗、保护传统民居、建设美丽田园、发展休闲农业。

2014 年，农业部开展首批中国最美休闲乡村和中国美丽田园推介活动，将最美休闲乡村分为特色民居村、特色民俗村、现代新村、历史古村四类。通过推介美丽休闲乡村，促进新型城镇化和城乡一体化发展，建设创新引领产业美、生态宜居环境美、乡土特色风貌美、人文和谐风尚美、业新民富生活美的宜居宜业宜游休闲乡村，推进社会主义新农村和美丽中国建设。2017 年，农业部按照"政府指导、农民主体、多方参与、共建共享"的思路，推介特色民居村 41 个、特色民俗村 35 个、现代新村 48 个、历史古村 26 个，共计 150 个中国美丽休闲乡村；2018 年，实施休闲农业和乡村旅游精品工程，推介 150 个村为中国美丽休闲乡村；2019 年，推介 260 个村为中国美丽休闲乡村；2020 年，推介 246 个村为中国美丽休闲乡村。从 2014 年到 2020 年，淮海经济区共有徐州、连云港、枣庄、济宁、临沂、菏泽、商丘等 7 个城市的 20 个乡村获得中国美丽休闲乡村推介（见表 5）。

表 5　淮海经济区中国美丽休闲乡村名单

单位：个

地区	美丽休闲乡村与类型及推介年份	数量
徐州	新沂市三桥村(历史古村)(2015 年)、贾汪区马庄村(2018 年)、铜山区汉王镇汉王村(2019 年)	3
连云港	赣榆区谢湖村(特色民居村)(2017 年)、灌云县同兴镇伊芦村(2020 年)	2
枣庄	山亭区洪门村(特色民居村)(2015 年)、滕州市洪绪镇龙庄村(2019 年)、山亭区徐庄镇葫芦套村(2020 年)	3
济宁	曲阜市周庄村(特色民俗村)(2015 年)、曲阜市郑庄(2018 年)、梁山县大路口乡贾堌堆村(2019 年)	3
临沂	兰陵县代村(现代新村)(2015 年)、蒙山旅游区李家石屋村(特色民居村)(2016 年)、蒙阴县旧寨乡杏山子村(2019 年)、沂水县诸葛镇耿家王峪村(2020 年)	4
菏泽	郓城县后彭庄村(历史古村)(2017 年)、东明县武胜桥镇玉皇庙村(2020 年)	2
商丘	夏邑县太平西村(现代新村)(2015 年)、夏邑县青铜寺村(历史古村)(2016 年)、虞城县李老家乡刘庄村(2020 年)	3

住房和城乡建设部从 2017 年开始开展改善农村人居环境示范村创建活动，公布改善农村人居环境示范村名单，分三种类型，如保障基本示范村（99 个）、环境整治示范村（97 个）、美丽乡村示范村（99 个）。淮海经济区一共 7 个村庄被列入名录，分别是山东省济宁市兖州区小孟镇苏户村（美丽乡村示范村）、临沂市沂水县院东头镇四门洞村（环境整治示范村）、菏泽市郓城县张营镇彭庄村（环境整治示范村）、枣庄市峄城区阴平镇斜屋村（环境整治示范村）、徐州市睢宁县姚集镇高党村（美丽乡村示范村）、连云港市连云区高公岛街道黄窝村（美丽乡村示范村）和宿迁市泗阳县李口镇八堡村（环境整治示范村）。

　　遵循国家政策，各省各地市也加快美丽休闲乡村建设。江苏省特色田园乡村是美丽江苏建设的重要内容，置于战略全局，与苏北农房改善、美丽乡村建设、传统村落保护、农村环境整治等重点工作结合，把自然景观、特色产业、历史文化和镇村资源整合，高质量推进特色田园乡村建设。2017 年，江苏省出台《江苏省特色田园乡村建设行动计划》《江苏省特色田园乡村建设试点方案》，遴选 45 个村庄作为试点，打造特色产业、特色生态、特色文化，塑造田园风光、田园建筑、田园生活，建设美丽乡村、宜居乡村、活力乡村，展现"生态优、村庄美、产业特、农民富、集体强、乡风好"的江苏特色田园乡村实践样板。制定《江苏省特色田园乡村评价命名标准（试行)》，包括特色产业、生态环境、特色风貌、乡村治理、工作机制共 5 大类 41 项考核项目。2019 年，在特色田园乡村建设现场推进会上公布了江苏省第一批特色田园乡村名单，45 个试点中 19 个验收合格得以正式命名，包括徐州市铜山区伊庄镇倪园村倪园、宿迁市泗阳县新袁镇灯笼湖村堆上组。2020 年，江苏省委十三届八次全会提出，要以美丽宜居城市和美丽田园乡村建设为抓手，高起点推进美丽江苏建设，努力打造美丽中国的现实样板，推动乡村更宜居更有活力，部署建设特色田园乡村和改善苏北地区农民群众住房条件等重要工作。苏北地区农民群众住房条件改善暨特色田园乡村面上创建工作现场推进会在徐州召开，将新型农村社区、特色田园乡村试点村庄、面上创建村庄命名为江苏省第三批次特色田园乡村（见表6）。徐州市突出抓好乡村公共空间治理、农民群众住房条件改善和农村人居环境整治三项工作，深化推广邳州经验与马庄经验。统筹编制村庄建设规划，打造沛县采煤塌陷地搬迁、睢宁扶贫搬迁、铜山旧村改造等典型；丰县大沙河镇、沛县龙固镇、睢宁县魏集镇叶场新型农村社区、新沂市棋盘镇杨庄新型农村社区入选第一批省级农房改善示范项目创建名单；农村人居环境整治全面展开，制订《徐州市农村人居环境整治村庄清洁行动实施方案》。铜山区伊庄镇倪园村倪园以点带面、联动发展，围绕黄河故道开发带、微山湖生态农业产业带、京杭大运河风光带等，打造特色田园乡村。宿迁市持续实施农房改善三年行动计划和农村人居环境整治三年行动。连云港市全面推进农村垃圾、生活污水、厕所粪污、农业生产污染、村庄绿化、配套设施建设六项整治，持续改善乡村人居环境。

表6　2020年江苏省特色田园乡村名单（淮海经济区城市部分）

城市	特色田园乡村	新型农村社区
徐州	贾汪区：潘安湖街道马庄村马庄；邳州市：铁富镇姚庄村姚庄，港上镇北西村北西；沛县：张寨镇陈油坊村陈油坊	新沂市：瓦窑镇富驰家园、马陵山镇三合、棋盘镇杨庄、阿湖镇桃岭、时集镇桃花源；沛县：鹿楼镇千秋集；丰县：师寨镇小韩
宿迁	泗阳县：卢集镇薛嘴村薛嘴村	宿豫区：新庄镇振友、仰化镇涧河、陆集镇利民新村、保安乡丰庄；宿城区：龙河镇董王村、耿车镇刘圩村；泗阳县：穿城镇小史集村
连云港	灌云县：伊山镇川星村周庄；杨集镇小乔圩村刘庄	

山东省积极开展省级美丽乡村示范村创建工作，对标浙江"千万工程"经验，坚持省市县"三级联创、梯次推进，示范引领、以点带面，连片打造、全域推进"的思路，规划创建省级美丽乡村示范村。此外，有条件的地区可以开展"美丽乡村示范县和示范镇"创建工作，以美丽乡村示范村、中心村、特色村为支点，片区式、组团式进行规划和建设，打造主题鲜明、优势互补、功能多样的美丽乡村示范县、示范镇，推动"美丽乡村"高质量发展。2019年底，山东省对省级美丽乡村示范村创建进行评估验收工作，按照国家"产业兴旺、生态宜居、乡风文明、治理有效、生活富裕"的总

要求，参照《省委办公厅、省政府办公厅印发〈关于推进美丽乡村标准化建设的意见〉的通知》《省级美丽乡村示范村建设项目管理办法》《省级美丽乡村示范村建设奖补资金管理办法》《山东省省级美丽乡村示范村建设和评估标准》《美丽乡村建设规范山东省地方标准》等文件，对2017年、2018年省级美丽乡村示范村建设情况进行验收。2020年1月，正式对外公布第一、第二批省级美丽乡村示范村拟认定名单。其中枣庄市30个、济宁市87个、临沂市92个、菏泽市82个村庄被评选为山东省美丽乡村示范村（见表7）。济宁市坚持示范创建彰显特色，其3个片区被评选为省乡村振兴齐鲁样板示范片区，邹城市获评全国农村创新创业典型县、全省乡村振兴示范县，上九山村、贾埠堆村入选全国乡村旅游重点村，并在全省率先开展"乡村振兴合伙人"招募试点。人居环境宜居宜业，创建省级美丽乡村示范村130个，市级美丽乡村示范村111个，美丽乡村覆盖率达到30%，获评省级"美丽村居"试点11个；任城区唐口街道大流店村建成全市首家村级污水处理站，全村全部完成"气代煤"改造；高标准规划建设圣水峪田园综合体项目。临沂市按照市委、市政府关于美丽乡村"十百千"的创建要求，贯彻全市"1516100"乡村振兴战略体系，落实乡村振兴十二大项目平台培育部署，实现"在打造乡村振兴齐鲁样板中走在前列"的目标，坚持示范引领、以点带面的思路，推动美丽乡村建设与农村人居环境整治融合发展，打造生产美产业强、生态美环境优、生活美家园好的"三生三美"示范样板村。共创建省级美丽乡村示范村134个，市级美丽乡村示范村计划创建200个，美在农家示范户达到8.9万户。菏泽市坚持用标准化理念加快推进美丽乡村建设，提高美丽乡村建设科学化水平，引导工商资本、金融机构、企事业单位、社会团体、大专院校等力量参与美丽乡村标准化建设，开展美丽乡村示范创建活动，鼓励自然资源丰富、生态环境优美的古村落和新农村发展休闲旅游，推进县域乡村建设规划编制工作，推动建筑设计下乡、技能培训下乡，开展田园建筑示范；以"三农"工作为总抓手，推进乡村基础设施建设，实施"四好农村路"三年集中攻坚专项行动，改善农村环境，集中开展农村环境综合整治"七大专项行动"。枣庄市实施全域美丽乡

村建设三年行动计划（2020～2022），着力开展省、市、区（市）三级示范村梯次创建，创建省、市级乡村振兴齐鲁样板示范区 11 个、省首批乡村振兴示范村 36 个；推进农村人居环境整治，2019 年，新创建省、市、县示范村 262 个，其中省级 14 个，市级 100 个，打造美丽乡村片区 33 个。

表7　山东省美丽乡村示范村认定名单（淮海经济区城市部分）

城市	示范村
济宁	第一批：任城区长沟镇康庙村、张山北村，李营街道前双村，唐口街道大流店村；兖州区新兖镇于家村，大安镇西垛村，小孟镇李家堂村，新驿镇东一村，颜店镇颜家村；曲阜市石门山镇石门山庄村，吴村镇簸箕掌村，姚村镇姚村村，陵城镇玄帝庙村，尼山镇颜母庄村，邹城市田黄镇栗子园村，中心店镇尚寨村，张庄镇辛寺村，香城镇泉山沟村，峄山镇东庄村，石墙镇上九山村；微山县微山岛镇杨村、驩城镇下辛庄村、二龙岗村，西平镇庞庄村；鱼台县谷亭街道周堂村，罗镇镇刘庄村；金乡县鱼山街道崔口村，羊山镇葛山村；嘉祥县纸坊镇青山村、隋店村，卧龙山街道段庄村，金屯镇后卢楼村，满硐镇南武山中村；汶上县次丘镇朱庄村，郭楼镇古城村，义桥镇曹村；泗水县星村镇姜家村，泗张镇宋家沟村；梁山县梁山街道夏庄村、庄楼村，大路口乡贾堌堆村、孙老包村；高新区王因街道后岗村；太白湖新区石桥镇吴家湾村；济宁经开区疃里镇陈庄村 第二批：任城区喻屯镇大李庄村，唐口街道寺下郝村、孟楼村，长沟镇蔡北村；兖州区新驿镇杨营村，颜店镇马海村，漕河镇管家口村；曲阜市石门山镇黄沟村，吴村镇高楼村，姚村镇庙东村，陵城镇李家杭村，尼山镇宫家楼村；泗水县济河街道石佛村，圣水峪镇东仲都村，泗张镇尚家庄村；邹城市大束镇灰城子村，香城镇张桃园村，峄山镇上山村，田黄镇颜庄村，张庄镇虎窝村，石墙镇前楼村；微山县微山岛镇吕蒙村，西平镇西平村，昭阳街道爱湖村，韩庄镇郗山一村；鱼台县谷亭街道东段村，罗屯镇大闫村，鱼城镇杨邵村；金乡县高河街道韩庄村、高河村，羊山镇南杨楼村；嘉祥县纸坊镇西焦村，卧龙山街道雷山村，孟姑集镇四和庄村，梁宝寺镇双庙村；汶上县白石镇庞楼村、夏村，郭楼镇陈楼村；梁山县大路口乡双庙村、拳铺镇拳西村、梁山街道邓楼村；高新区接庄街道丁庄村
临沂	第一批：兰山区半程镇范家村，方城镇华城村，汪沟镇中杨庄村，罗庄区褚墩镇廖屋村、风渡口村，黄山镇东蔡村；河东区汤河镇小程子河村，郑旺镇宋庄村，八湖镇树沂庄村；沂南县马牧池乡拔麻村，双堠镇上碾村，铜井镇香山村，大庄镇朱家井子村；郯城县李庄镇蔡村，泉源乡纪庄村，郯城街道陵坡村，归昌乡幸福村；沂水县沂城街道南松峰村，黄山铺镇东河北村，崔家峪镇南垛铺村，四十里堡镇北张家官庄村；兰陵县卞庄街道向阳社区、珈河东社区，向城镇卞家楼村、庄张村；费县费城街道邢家村，胡阳镇玉米庄村，探沂镇西墹村，新庄镇祥和村；平邑县保太镇堤后村，临涧镇东庄村，温水镇方兴村，郑城镇四合社区；莒南县文疃镇宋家庄村，板泉镇东高榆村，岭泉镇马棚官庄村，相沟镇殷家沟村；蒙阴县高都镇蔡庄社区，野店镇烟庄村，坦埠镇东西崖村，旧寨乡马河社区；临沭县临沭街道苍前社区、西盘村，郑山街道南古新街、新村

续表

城市	示范村
临沂	第二批:兰山区白沙埠镇玉平社区,李官镇沂蒙湾社区,汪沟镇张家寨村;罗庄区傅庄街道西三冲村,高都街道西潘墩村,沂堂镇寨子村;河东区八湖镇窦岭村,汤河镇东岭村,郑旺镇林家湾沟南村;沂南县马牧池乡马牧池北村,岸堤镇兴旺庄村,铜井镇保泉村,孙祖镇崖子村;郯城县郯城街道红石村,重坊镇宋园村,庙山镇乐泉村,胜利镇贾湾村;沂水县院东头镇桃棵子村,黄山铺镇圣水坊村,夏蔚镇连崮峪村,沙沟镇前朱雀二村;兰陵县尚岩镇枣庄村,向城镇王宅子村,兴明前街村,徐皇路村;费县费城街道城北村,朱田镇新河村,新庄镇永盛村,薛庄镇马头崖村,上冶镇东岭村;平邑县武台镇清河村、卧龙村,卞桥镇东荆埠村,温水镇永西村;莒南县大店镇宣文岭村,板泉镇渊子崖村,筵宾镇金沟官庄村,道口镇宏伟村;蒙阴县野店镇毛坪社区、樱桃峪村、岱崮镇马子石社区,桃墟镇前城村、安康村;临沭县青云镇华山社区,石门镇陈官庄村、西石门社区、小岱村
菏泽	第一批:牡丹区李村镇高李村,小留镇后袁庄,皇镇乡王庄,王浩屯镇西前刘村,高庄镇孙楼村;定陶区南王店镇晁楼村社区,杜堂镇戚姬寺村,陈集镇曹庙村,马集镇梁堂村社区;曹县青岗集镇徐庄村,孙老家镇蔡庄村,砖庙镇李庙村;单县蔡堂镇李寨村,张集镇丰源社区,浮岗镇大坝林庄村,终兴镇井庄村,朱集镇花园村;成武县白浮图镇陈庄村,党集镇刘海村,南鲁集镇张帮楼村,汶上集镇洪楼村;巨野县龙堌镇大文楼村,麒麟镇前冯桥村,章缝镇后仓集村,万丰镇许楼村,陶庙镇秦楼村;郓城县黄安镇马驿店村,开发区后营村,双桥镇坡里何庄村,随官屯镇文昌苑社区,杨庄集镇温庄村;鄄城县古泉街道常庄村,旧城镇葵堌堆村,董口镇军屯村;东明县渔沃街道后渔沃村,沙窝镇柳里村,大屯镇薛庄村,武胜桥镇乔庄村,陆圈镇于屯村;高新区吕陵镇联新村;开发区佃户屯街道张堂社区 第二批:牡丹区安兴镇姚庄村,小刘镇邢楼村,胡集镇陈楼村,都司镇朱屯村;定陶区南王店镇宋庄村、中心社区,马集镇袁堂村、张圈社区,张湾镇老河张村;曹县常乐集镇刘尚玉村,阎店楼镇赵白堂村,普连集镇三官庙村,青岗集镇江海村;单县莱河镇刘棚村、徐海村,谢集镇王桥史楼村,浮岗镇小王庄村;成武县九女镇伊岗村、贾楼村、刘吕庄村,党集镇张石店村;巨野县龙堌镇许庄村、耿庄村,田桥镇王土墩村、朱烟墩村、段庄村;郓城县南赵楼镇魏庄村、甄庄村、袁庄村、富李集村、南赵楼村;鄄城县古泉办事处陈庄村,董口镇宋楼村,富春乡范庄村;东明县陆圈镇陆圈村、纪庄村、宋庄村、王官屯村,武胜桥镇崔寨村;开发区岳程办事处郝庄社区;高新区吕陵镇朱海村
枣庄	第一批:市中区税郭镇三屯村;薛城区邹坞镇姚庄村;峄城区峨山镇西马寨村;台儿庄区马兰屯镇黄口村;山亭区店子镇富川村、安岭村,冯卯镇万庄村,城头镇房庄村,山城街道三山前村,徐庄镇藤花峪村,凫城镇千佛崖村;滕州市东郭镇下户主村,姜屯镇沙东村,西岗镇魏庄村,龙阳镇焦庄村,鲍沟镇圈里村,南沙河镇前辛章村 第二批:市中区西王庄镇丁庄村;薛城区常庄镇西黄村,邹坞镇庄头村;峄城区榴园镇曹马村;台儿庄区马兰屯镇抗埠村,张山子镇丁庄村;山亭区冯卯镇望母山村、朱山村;滕州市洪绪镇杜康村,姜屯镇西滕城村,级索镇郝屯村、后泉村、后杨岗村

淮海蓝皮书

安徽省根据省委农村工作领导小组办公室《关于推进农村人居环境整治示范村创建的指导意见（试行）》（皖农工办〔2019〕9 号）和《关于印发安徽省美丽乡村示范村和重点示范村认定办法的通知》（皖农工办〔2019〕18 号）等文件精神，2019 年，认定 145 个行政村为美丽乡村重点示范村、454 个行政村为美丽乡村示范村；2020 年，认定 104 个行政村为美丽乡村重点示范村、374 个行政村为美丽乡村示范村，其中淮海经济区城市淮北市 9 个、宿州市 7 个村庄被评选为安徽省美丽乡村重点示范村，淮北市 21 个、宿州市 53 个村庄被评选为安徽省美丽乡村示范村（见表 8）。淮北市全面推进农村"三变"改革，开展农村人居环境整治，加快"四好农村路"建设，开展灾后水毁修复和水利薄弱设施建设，杜集区入选全国农村人居环境整治示范区。从 2013 年开始，淮北市开展美丽乡村示范村建设，截至 2019 年底，建设美丽乡村 202 个，其中省级美丽乡村 82 个、市级 117 个、县级 3 个。2012 年宿州市选取 36 个村作为示范中心村重点打造，美丽乡村建设正式起步；2013 年，安徽省组织开展全省美丽乡村建设考核验收工作，萧县和埇桥区跻身皖北地区先进行列，完成"皖北保先进，全省超平均"的预期目标。2019 年，坚持科学谋划、精心组织、强力调度的工作方法，高标准落实规划方案，夯实建设基础，围绕中心村布点、村庄建设、公共服务、产业发展等内容，编制年度中心村建设规划，以"三清四拆"为抓手，实施农村水系沟通、河道清淤整治及改厕工程，着眼于公共空间治理、乡村环境优化、公共设施完善，推进农村人居环境整治，引领美丽乡村建设工作。2019 年，新建村污水处理设施 200 个，乡镇污水处理设施实现全覆盖，新增"美丽宜居村庄"176 个。

河南省为深入推进改善农村人居环境工作，2018 年印发《关于开展"四美乡村"建设的指导意见》《关于开展"五美庭院"建设的指导意见》《关于开展"美丽小镇"建设的指导意见》，在全省开展"四美乡村""五美庭院""美丽小镇"创建活动，学习借鉴浙江"千村示范、万村整治"经验。"四美乡村"是改善农村人居环境的有力抓手，是农村人居环境整治的

表8 安徽省美丽乡村重点示范村与示范村名单（淮海经济区城市部分）

城市	美丽乡村重点示范村	美丽乡村示范村
淮北	2019年:濉溪县濉溪镇蒙村,相山区渠沟镇钟楼村、杜集区高岳街道双楼村、朔里镇葛塘村、烈山区烈山镇榴园村 2020年:濉溪县刘桥镇王堰村、韩村镇淮海村、百善镇黄新庄村、杜集区高岳街道任庄村	2019年:濉溪县双堆集镇芦沟村、五沟镇庙前村、南坪镇任集村、刘桥镇火神庙村,相山区渠沟镇徐集村、渠沟镇张楼村,杜集区矿山集街道南山村,烈山区宋疃镇和村、古饶镇赵集村 2020年:濉溪县韩村镇祁集村、五沟镇界沟村、孙疃镇刘圩村、百善镇道口村、四铺镇颜道口村,相山区渠沟镇瓦房村、鲁楼村,杜集区高岳街道李洼村、石台镇梧桐村、段园镇大庄村,烈山区烈山镇南庄村、宋疃镇黄营村
宿州	2019年:萧县白土镇费村,砀山县李庄镇李园新村,灵璧县大庙乡王沈村,泗县大路口乡龙湖村、大庄镇曙光村 2020年:埇桥区永镇乡关湖村,泗县屏山镇老山村	2019年:萧县龙城镇房庄村、龙城镇李台社区,砀山县良梨镇良梨村、周寨镇周楼村、赵屯镇蒋庄村、官庄坝镇岳庄坝村、关帝庙镇邵楼行政村,灵璧县渔沟镇卞庄村、冯庙镇张汪村、禅堂乡双李村、渔沟镇中菜村,泗县瓦坊乡岳场村、大庄镇新刘村 2020年:砀山县唐寨镇侯口村、良梨镇马庄村、曹庄镇梨园村、官庄坝镇吴集村、朱楼镇朱楼村,萧县新庄镇张庄村、丁里镇胜利村、黄口镇杨阁村、马井镇吴瓦房村、孙圩子程蒋山村、张庄寨镇海青村、赵庄镇大孙庄村、龙城镇庙街村、圣泉乡北城集村,埇桥区灰古镇付湖村、西二铺乡沟西村、大营镇韩圩村、夹沟镇五柳村、西二铺乡二铺村、桃沟乡桃沟村、桃园镇钱营社区、北杨寨行管区池湖村、时村镇林口村、蕲县镇徐桥村、符离镇褚庄村,灵璧县禅堂乡凤河村、冯庙镇沟涯村、冯庙镇大陈村、大路乡陈场村、大庙乡齐张村、渔沟镇郑楼村、渔沟镇申场村,泗县泗城镇胡陈村、黑塔镇马厂村、草沟镇秦桥村、草庙镇通海村、丁湖镇春韩村、墩集镇界牌张村、长沟镇汴河村、屏山镇屏山村

深化和提升,家庭是乡村文明的基础,"小镇"是乡村建设的示范和引领,"五美庭院""美丽小镇"是"四美乡村"建设的拓展和延伸。商丘市共创建84个省级"四美乡村"示范村;以"四好农村路"建设为载体,加快完善各个县域乡村公路网络,健全乡村客运货运场站服务体系。按照"科学的城镇规划、完善的基础设施、健全的公共服务、丰富的文体活动、便捷的政务服务、长效的管理机制"的"六有"标准,着力推

进乡镇政府所在地和聚集作用明显的中心村建设，加快乡村全面振兴和农村人居环境全面改善，发挥特色"美丽小镇"示范引领作用，评选民权县人和镇、柘城县牛城乡、城乡一体化示范区贾寨镇为全省第一批"美丽小镇"。

三 淮海经济区特色小镇发展现状

2016 年，根据《住房城乡建设部 国家发展改革委 财政部关于开展特色小镇培育工作的通知》（建村〔2016〕147 号），我国认定 127 个镇为第一批中国特色小镇；2017 年，按照《住房城乡建设部关于保持和彰显特色小镇特色若干问题的通知》（建村〔2017〕144 号）和《住房城乡建设部办公厅关于做好第二批全国特色小镇推荐工作的通知》（建办村函〔2017〕357 号）要求，认定 276 个镇为第二批全国特色小镇。两批共 403 个国家级特色小镇中，淮海经济区共有 8 个特色小镇入选名录，即山东省济宁曲阜市尼山镇、临沂市费县探沂镇、临沂市蒙阴县岱崮镇、菏泽市郓城县张营镇、枣庄滕州市西岗镇；江苏省徐州邳州市碾庄镇、徐州邳州市铁富镇；河南省商丘永城市芒山镇。

山东省济宁市尼山镇依托尼山孔庙、尼山书院等国家重点文物保护单位和四基山观音庙等十余处省级重点文物保护单位，树立尼山世界文明等国际文化品牌，以尼山圣境为引领，建成集文化体验、修学启智、生态旅游、休闲度假于一体的复合性文化度假产业综合体。临沂市费县探沂镇是国家级高端木业制造基地，抓住临费一体化发展重要节点和临沂都市圈生态宜居型新城镇建设的契机，突出国家林产工业科技示范园区的核心作用，2020 年，探沂镇位列山东省特色小城镇第一位。蒙阴县岱崮镇作为齐鲁名镇，享有"天下第一崮乡"的美誉，2019 年联合国授予沂蒙山岱崮园区世界地质公园称号。菏泽市郓城县张营镇注重历史文化底蕴，传承淳朴民风，依托资源禀赋发展煤炭开采、木材加工、畜禽养殖等主导产业，推进基础设施和现代化信息传输设备完善，城镇工业园实现"七通一平"，100 余家国内外企业落户。枣庄市滕州市西岗镇坚持高点定位，集聚产业集聚效应和规模化发展，加快煤化工产业转型，建设电商孵化基地、公铁水联运港口、港航物流园区，形成集研发、生产、物流、商贸于一体的产业体系，推动一二三产业的融合发展；积极打造"数字城市"，实现城镇管理的智能化、精细化；体制机制管理综合改革，实现"规划、城管、村建、市政"四所合一，打造规范、高效的服务环境。

江苏省徐州邳州市碾庄镇是江苏省首批扩权强镇试点镇之一，构建权责明确、行为规范、公正透明、廉洁高效的行政管理体制和运行机制，设置"两办四局一中心"的职能机构，创新社会管理，严格落实安全生产和环境保护责任网格机制，坚持排查、化解、稳控、处置、问责"五位一体"机制。邳州市铁富镇拥有国内最大的年产银杏黄酮25吨生产线和银杏综合博物馆，依托国家银杏生产基地、农业部高效农业示范基地、江苏省粮食丰产示范基地打造全国重点城镇，入选"2019年度全国综合实力千强镇"。

河南省商丘市芒山镇是永城市的副中心城市，以芒砀山汉文化旅游景区（国家5A级景区）为引领，打造特色旅游小镇和全国重点镇。芒砀山是汉高祖刘邦斩蛇起义之地，被誉为"汉兴之地"。芒山镇境内有汉梁王墓群、刘邦斩蛇处、大汉雄风、芒砀山地质公园、陈胜墓、夫子崖等景点及传承千年的芒砀山古庙会；芒山镇现在是国家级汉文化传承服务标准化试点单位和河南省文化产业集聚区之一。

在党中央、国务院关于推进特色小镇建设工作的部署下，淮海经济区各个省份也组织开展省级特色小镇创建工作。

2017年，江苏省根据《关于培育创建江苏特色小镇的指导意见》（苏政发〔2016〕176号），公布了首批25个省级特色小镇创建名单；2018年，公布了第二批31个省级特色小镇创建名单，并出台《关于规范推进特色小镇和特色小城镇建设的若干意见》，要求准确把握特色小镇的内涵要义，保持小镇宜居尺度，打造小镇特色空间形态。

2017年3月，山东省人民政府办公厅公布《山东省创建特色小镇实

施方案》，评选首批 60 个特色小镇；同年 10 月，又公布了第二批 49 个特色小镇。

2017 年，《安徽省人民政府关于加快推进特色小镇建设的意见》出台，要求培育建设一批产业特色鲜明、生态环境优美、体制机制灵活、人文气息浓厚、宜业宜居宜游的特色小镇，省住房城乡建设厅、省发展改革委、省财政厅确定 21 个镇为安徽省首批省级特色小镇；2019 年 3 月，省特色小镇建设领导小组办公室印发《关于公布第二批省级特色小镇创建名单的通知》，确定 25 个镇为安徽省第二批省级特色小镇。

四　关于推进淮海经济区美丽乡村和特色小镇发展的建议

（一）规划引领、产业支撑，规范建设美丽乡村

规划引领，突出风貌。2020 年中央一号文件强调"乡村规划引领，加强规划管理作为乡村振兴的基础工作，按照先规划后建设的原则，考虑土地利用、产业发展、居民点建设、人居环境整治"。充分认识"美丽乡村建设"和"乡村振兴战略"的协同发展关系，明确美丽乡村建设的战略目标，将村庄空间布局和功能体系优化作为村庄规划的重要任务；充分考虑自然条件、资源禀赋、经济发展水平、民俗文化差异，从可持续发展的角度，构建科学量化目标体系，全面调整规划布局，突出乡村风貌和人居环境，用标准化理念统筹推进美丽乡村建设，建立类型、特点、模式等各不相同和可持续发展的美丽乡村，形成特色优势、实用实际、类型多样的"美丽乡村"建设格局。

产业支撑，持续发展。围绕农民共同富裕的关键目标，结合各地区经济发展基础条件、优势资源禀赋、现有产业布局与组织体系，因地制宜选择产业类型，发展特色产业、主导产业，延长产业链，促进乡村产业可持续发展；持续推进农业绿色发展，鼓励农村高标准推进农田建设，提升农产品品

质与安全，发展有机农业、循环农业、生态农业，建设现代农业园区和绿色产品基地，发展休闲农场和农家乐等特色产业，开创生态、休闲、观光的农业发展道路。发挥"一村一品"专业示范村带动效应，创新推出"一村一景""一村一业"特色产品，增强品牌效应，拓宽营销渠道。

聚焦标准，规范建设。围绕各地区规划在战略定位、产业特色、乡村风貌、民俗文化、民主管理等方面开展研究，规范乡村建设主体内容、产业发展布局要求、服务及评价等核心问题，关注国家相关政策要求，推出地方规划标准，形成生态环境、农村产业、公共事业、事务治理、乡风文明的美丽乡村建设标准体系；在具体规范建设时，推行国家、地方相关执行标准来制定具有特色又易于实施的村级标准，结合村庄建设和管理的实际需求编制村庄发展实用性规划方案。

加强协调，系统推进。美丽乡村建设是在乡村建设管理过程中推行规范化与标准化管理，是一项系统化的综合工程，必须建立完整有效的管理机制，充分发挥县、镇、村各级政府部门在美丽乡村建设中的统领功能，强化资源整合，形成县与镇政府牵头统筹规划、乡村为实施主体、职能部门制定行业扶持政策的工作体制，明确分工、上下配合，有序开展各项工作，提高美丽乡村的建设质量、管理效率和工作效能。

（二）产业引领、集群集聚，品牌营销特色小镇

坚持产业引领、特色发展。特色产业是引领特色小镇的核心，根据住房和城乡建设部公布的《专家组对第二批全国特色小镇的评审意见》，特色小镇的产业发展集中在农业、制造业、商业、旅游业四大产业，行业两极分化严重，小镇特色产业存在发展不足的问题。特色小镇的建设与发展切勿"拿来主义"，而是依托当地资源禀赋来选择符合当地特色的产业来发展，创新产业经营模式，深挖地区历史文化底蕴，通过产业错位、地区错位、市场错位、产业融合等方式避免同类产业或产品的恶性竞争。

坚持市场主体、集群集聚。初期的特色小镇主要是由政府主导、政策扶

持而创建、资源集聚、建设迅速，获得地区支持等优势，而特色小镇本身作为某种产业的集聚体，随着城镇建设发展趋于成熟，市场能动性的发挥至关重要，遵循市场规律，突破政府主导效能，将政府主导、市场运作的模式逐渐转变为市场主导、政府引导、企业为主的建设模式，将产业产品相近或互补的小城镇打破区域界线，进行产业间的组合，组建区域性产业集群集聚，扩大市场范围。

坚持区位优先、品牌营销。特色小镇的发展与区域经济推动、地区人口拉动、文化旅游驱动以及交通通达程度有着密切关系，促使特色小镇的创建必须依托经济、人口、交通等禀赋支撑。由于特色小镇具有极强的区位指向，在经济欠发达的地区应重视邻近大城市而建立，进而充分利用大城市广阔的市场资源；以文旅融合发展为主的特色小镇加强交通、生态、文化等方面的建设，积极融入当地全域旅游中；特色产业突出、科技水平较高、交通方便快捷的小镇以商贸和制造业为主，依托已有产业基础辐射全国市场。特色小镇的营销渠道最为关键，其中蕴含着某个地区的产业特色，深入挖掘地区特色产业、主导产业的文化特色，依托新媒体、自媒体、主流媒体等平台，加强特色小镇产业品牌和地区品牌的建设，结合区域产业集群的特点，打造区域性印象品牌，例如宿迁电商筑梦小镇，充分发挥宿迁电商产业园国家电子商务示范基地的优势，坚持围绕"京东"做产业、围绕产业创特色、围绕特色立品牌的理念统筹，聚焦发展以"新零售"为内核的电商产业，构筑电商产业链及生态圈。

参考文献

浙江省质量技术监督局：《美丽乡村建设规范》，DB33/T 912 – 2014。
刘家露：《绿色发展新理念下美丽乡村建设研究》，贵州大学硕士学位论文，2019。
骆红：《标准化支撑美丽乡村建设发展对策研究》，《中国标准化》2020 年第 7 期。
农业农村部：《关于公布第九批"一村一品"示范村镇名单的通知》，2019 年 9 月 24 日。

《农业农村部办公厅关于开展中国美丽休闲乡村推介活动的通知》，2020 年 8 月 28 日。

魏中胤：《我国特色小镇的类型、布局及影响因素》，《江苏师范大学学报（自然科学版）》2020 年第 1 期。

住房和城乡建设部：《关于公布第二批全国特色小镇名单的通知》，2017 年 8 月 22 日。

B.12
2020年淮海经济区
"一体两园"发展报告

崔永伟　沈　山　魏芃坤*

摘　要：　本文阐释田园综合体、现代农业产业园、农村产业融合发展
示范园的由来与概念，重点分析淮海经济区这三种国家级园
区的命名和基本情况、主导产业发展及建设目标，指出要突
出文化的传承性、环境的地域性，彰显特色推进田园综合体
建设；要立足培植主导产业、塑造农业品牌、搭建科研平
台、形成产业联合体推进现代农业产业园建设；要注重全产
业链建设与多功能聚合、构建与完善利益联结机制，加强监
测评价与示范效应，推进农村产业融合发展示范园建设。

关键词：　田园综合体　现代农业产业园　农村产业融合发展示范园

　　自田园综合体、现代农业产业园、农村产业融合发展示范园（以下简
称"一体两园"）提出和创建以来，淮海经济区各地基于区域资源优势和发
展基础，积极推进"一体两园"建设并取得良好进展，对于带动乡村产业
兴旺、推进农村产业融合发展、带动农民收入增长起到了重要作用。

---

　　* 崔永伟，博士，高级经济师，农业农村部规划设计研究院农业工程信息研究所副总工程师；
沈山，博士，教授，江苏师范大学人文社会科学研究院副院长；魏芃坤，江苏师范大学城乡
规划学硕士研究生。

一 "一体两园"由来与概念

"一体两园"的概念，来源于 2017 年中央一号文件《关于深入推进农业供给侧结构性改革加快培育农业农村发展新动能的若干意见》。其中第 16 条"培育宜居宜业特色村镇"指出："支持有条件的乡村建设以农民合作社为主要载体、让农民充分参与和受益，集循环农业、创意农业、农事体验于一体的田园综合体，通过农业综合开发、农村综合改革转移支付等渠道开展试点示范"。"深入实施农村产业融合发展试点示范工程，支持建设一批农村产业融合发展示范园"。第 7 条"建设现代农业产业园"提出以规模化种养基地为基础，依托农业产业化龙头企业带动，聚集现代生产要素，建设"生产＋加工＋科技"的现代农业产业园，发挥产业融合、技术集成、创业平台、核心辐射等功能。该意见共提出了支持建设"田园综合体""现代农业产业园""农村产业融合发展示范园"三种类型的园区，合称为"一体两园"。

田园综合体"集循环农业、创意农业、农事体验于一体"，可以说是集现代农业、休闲旅游、田园社区为一体的乡村综合发展模式，目的是通过乡村旅游助力农业发展、促进三产融合，是乡村产业与乡村旅游融合发展的基本模式。

现代农业产业园以农业技术创新为重点，以高科技、高转化为核心特征，融现代工程设施体系、高新技术体系和经营管理体系于一体，是能够代表当前农业发展水平的农业科技示范基地。农业农村部要求坚持"姓农、务农、为农、兴农"的建园宗旨，建设"产业特色鲜明、要素高度集聚、设施装备先进、生产方式绿色、经济效益显著"的现代农业产业园，示范带动区域乡村产业发展，促进农民增收。

国家农村产业融合发展示范园是指经国家认定批准创建的在一定地域范围内，农村一二三"产业集聚发展、利益联结紧密、融合特色鲜明、融合模式清晰、配套服务完善、组织管理高效"，具有较强示范功能，发展经验具备可复制可推广价值的农村产业园区。要求农村产业融合发展示范园能够

"挖掘农业的生态、文化、旅游等多方面功能，探索农村多产业融合发展新模式，创新农村产业链利益联结机制"，成为"有效带动农民增收，本地区农村产业发展示范和样板"。

二 淮海经济区"一体两园"发展概况

（一）田园综合体的发展

2017年6月1日，财政部下发了《关于开展田园综合体建设试点工作的通知》，确定在河北、内蒙古、山西、山东、江苏、浙江、福建、河南、江西、湖南、广东、广西、海南、云南、重庆、四川、陕西、甘肃18个省、区、市开展田园综合体建设试点。中央财政从农村综合改革转移支付资金、现代农业生产发展资金、农业综合开发补助资金中统筹安排资金扶持，每个试点省（区、市）遴选1~2个试点项目。田园综合体建设开始进入实践领域，淮海经济区的江苏、山东和河南都有项目入选建设试点。

2017年中央一号文件提出"田园综合体"概念后，国家和省级财政部门农开办专门设立了田园综合体发展专项，扶持国家级与省级田园综合体项目。但是在地方的具体实践过程中，在乡村振兴"样板化"的发展理念下，诸多地产商快速进入，定位出现偏差，出现建设主体"错位化"、发展取向"非农化"等现象，田园综合体发展一定程度上偏离了"集循环农业、创意农业、农事体验于一体"根本特征。主要表现在：田园综合体项目布局和业态发展未能与农业有机融合，未能以农业产业为主导；违规在乡村进行房地产开发和私人庄园会所建设；一些地方的乡政府、村委会举债筹资搞建设；部分田园综合体的投资主体成为旅游开发公司，建设目标直接定位于创建"国家A级景区"。这样，试点一年之后，2018年中央一号文件《中共中央国务院关于实施乡村振兴战略的意见》要求"推进特色农产品优势区创建，建设现代农业产业园、农业科技园"，没有进一步明确"田园综合体"建设工作，而在"构建农村一二三产业融合发展体系"中，强调"实施休闲农业和乡村旅游精品工程,建设一批设施完备、功能多样的休闲观光园区、森林人家、康养基地、乡村民宿、特色小镇"。加之随着国家机构改革,财政部农开办被划归农业农村部,推动"农村产业融合发展示范园"建设。

淮海经济区的地市由于分属苏鲁豫皖四省,各省对"田园综合体"的试点推进政策不一,授牌名称或建设重点也不同。

淮海经济区入选国家级田园综合体建设试点的是山东省沂南县朱家林田园综合体。规划总面积28.7平方公里(其中耕地10.7平方公里),核心区约3.33平方公里,辖10个行政村,23个村民大组,人口共16000人。空间布局为"二带、二园和三区",包括珍珠油杏经济产业带、有机小米经济产业带、创意农业园、农事体验园、田园社区、创意孵化培训区、农村电商和加工仓储物流区等功能区。其中农事体验园由多个独立的主题体验园和休闲园组成,如朴门创意农场、"沂蒙大妮"品牌农业、朱家林葡萄酒、田间地头有机农业、金利和"十六园"、白云山沂蒙茶圣园、大峪庄乡村书院等。

山东省农业农村厅2017年启动田园综合体建设试点工作,2017年和2018年立项18个省级试点项目建设,淮海经济区的临沂、菏泽、济宁和枣庄各有一个入选。2019年确定28个省级田园综合体创建试点,枣庄市台儿庄区涛沟河田园综合体、济宁市梁山县贾堌堆田园综合体、济宁市金乡县鱼山田园综合体、临沂市兰陵县压油沟田园综合体、临沂市平邑县大殿汪·水浥田园综合体、临沂市费县东蒙乐华田园综合体、菏泽市鄄城县乡村振兴田园综合体、菏泽市开发区七彩金硕田园综合体、菏泽市定陶区农圣田园综合体等9家入选(见表1)。

表1 淮海经济区省级田园综合体乡村名录

城市	名录	基本内容或建设目标
临沂市田园综合体	沂水县尹家峪	以4A级景区天上王城和东汉崮为依托,以生态休闲度假为主题,七彩药花谷生态主题的农旅景区依托型田园综合体
	兰陵县压油沟	集湖光山色、农事体验、特色美食、手工作坊、红色教育、传统民宿、休闲养生等于一体的"文农旅"融合发展的旅游景区

续表

城市	名录	基本内容或建设目标
临沂市田园综合体	平邑县大殿汪·水浥	以大殿汪核心区建设为引擎,弘扬沂蒙乡村文化和深度发掘舜帝文化,新农村田园康养社区、高新农业、农事体验、观光农业、电商物流、农业加工、乡村文旅创客开发等多组团发展
	费县东蒙乐华	由北部蒙山雅园康养小镇、中部旅游区、南部现代农业区三大板块组成,推进农业与文化、旅游、健康、养老等产业深度融合
济宁市田园综合体	泗水县圣水峪	核心区包括综合服务区、亲子农耕区、花卉产业融合区、紫薯产业融合区、鹿鸣乡居民宿区、东仲都研学游一体化区;3 个示范基地包括特色紫薯种植示范基地、珍稀油杏种植示范基地、特色林果种植示范基地等
	梁山县贾堌堆	黄河与京杭大运河交汇地,按照"龙山古寨、花海田园"的定位,建设陶艺体验馆、民俗街、农家民宿区、花海、农耕博物馆等主题景观
	金乡县鱼山	蒜都特色小镇,建设蒜都博物馆、大蒜大数据中心、科技研发中心、产品检测中心、国际大蒜商贸城、鱼山堌堆遗址公园等
菏泽市田园综合体	东明县水韵玉皇	重点建设富硒和粮食生长的繁殖场,果蔬加工基地,物流电子商务平台公园,水生态文明示范项目,宜居牧区体验社区和农村农业旅游系统等
	鄄城县乡村振兴	以"农业 + 旅游 + 清洁能源"为主题构建新业态:循环农业 + 现代科技农业 + 现代养殖 + 多彩苗木 + 理想农场 MALL + 文化旅游 + 清洁能源产业的乡村振兴田园综合体
	菏泽市开发区七彩金硕	以种植苹果、葡萄、桃、梨、高档绿化苗木及粮食作物为主,建设果蔬"扶贫大棚",葡萄长廊,特色林果、苗木花卉、绿色粮食作物基地
	菏泽市定陶区农圣	以食用菌、航天农业为基础,以农圣文化为特色,包括研学旅游服务中心、农圣文化骑行绿道、欢乐田园研学区、农圣慢村休闲区
枣庄市田园综合体	滕州市鲁班小镇	以发展现代农业和传播鲁班文化为主线,建设鲁班文化区、民俗体验区、特色种植区、健康养生区、休闲娱乐区、农事体验区、蔬果采摘区、设施农业区、智慧农业区和生态养殖区等特色街区
	台儿庄区涛沟河	打造"全景、全季、全家、全程"为特色的田园综合体,包括乡村旅游项目集群、农业产业项目集群、传统小作坊产业集群、田园主题乐园、湿地主题公园、康养社区

续表

城市	名录	基本内容或建设目标
徐州市特色田园乡村	邳州市铁富镇姚庄村、官湖镇授贤村、港上镇北西村	三个村组成一个田园乡村试点"团"。姚庄村是国家级农业旅游示范点,拥有时光隧道＋银杏博览园;授贤村是省级传统村落,一棵树的风景(银杏)＋一座湖的资源(银杏湖),沂河水韵、银杏林海、古村文化、特色产业。北西村以银杏树和银杏果、银杏叶深加工为主,集农耕文化、红色文化、乡风民俗和传统技艺于一村
	铜山区伊庄镇倪园村	倪园三十六坊,包括雨生百谷、梧桐小院、素宅、水西轩等
	沛县张寨镇陈油坊村	全国文明村镇,国家森林乡村,万亩葡萄生态产业园
连云港市特色田园乡村	赣榆区黑林镇芦山村小芦山	以"果香田园,朴芳山居"为主题,以丘陵农耕文化元素为特色,强化乡村建筑风貌整治,打造了以观景赏花、果品采摘、休闲垂钓、农家餐饮为特色的环形绿色农业观光线路
	赣榆区班庄镇前集村	原生的田园风光、原真的乡村风貌、原味的历史质感。有毛主席亲笔题词"红领巾水库"等资源
	灌云县伊山镇川星村周庄	毗邻"苏北第一神山"大伊山风景区,灌云县唯一优质果品生产基地
	灌云县杨集镇小乔圩村刘庄	发展特色种植、畜禽养殖、劳务输出、客货运输四大产业,农民专业合作社和家庭农场
	灌南县李集乡新民村	国家森林乡村,全国乡村治理示范乡镇:建有"稻、渔、果"复合种养基地,拥有有机稻米、虾蟹、优质水果等特色农业以及果品采摘、民俗体验、传统手工技艺等项目
宿迁市特色田园乡村	泗阳县试点	李口镇八堡村八堡、新袁镇灯笼湖村堆上组、新袁镇三岔村三岔、卢集镇薛嘴村薛嘴、卢集镇郝桥村时杨组
	宿豫区新庄镇振友村	特色花卉、草坪基地、水产基地、荷花基地;围绕打造"中国藕庄"的目标,发展主导产业莲藕套养小龙虾
商丘市田园综合体	永城市天成牧业	位于永城市城厢乡冯寨村,集现代农业、生态观光农业和畜牧水产养殖业于一体,发展无公害水果、蔬菜种植、水产养殖和观光农业
	宁陵县石桥镇酥梨园区	重点建设"一中心三园",即科技创新创业服务中心、优质酥梨产业园、果品加工物流园、休闲观光科普园

2017年,江苏省出台《江苏省特色田园乡村建设行动计划》《江苏省特色田园乡村建设试点方案》,在全省遴选3个县(市、区),每个县(市、

区）遴选 5 个左右特色田园乡村试点，侧重于县域的建设试点工作推进和机制创新；在全省遴选 5 个县（市、区），每个县（市、区）开展相对集聚的 3 个左右特色田园乡村试点，侧重于试点建设的关联性和互动性探索；在全省遴选 10 个左右村庄，通过田园、产业、文化、环境等的联动塑造，培育创建"特色田园乡村建设范例村庄"。共遴选 45 个村庄作为试点，构建特色产业、特色生态、特色文化，塑造田园风光、田园建筑、田园生活，建设美丽乡村、宜居乡村、活力乡村，展现"生态优、村庄美、产业特、农民富、集体强、乡风好"的江苏特色田园乡村实践样板。淮海经济区的宿迁市泗阳县入选试点县，包括李口镇八堡村八堡、新袁镇灯笼湖村堆上组和三岔村三岔、卢集镇薛嘴村薛嘴和郝桥村时杨组共同创建特色田园乡村。徐州市邳州市入选试点"团"，铁富镇姚庄村、官湖镇授贤村、港上镇北西村组成试点团，创建特色田园乡村。制定《江苏省特色田园乡村评价命名标准（试行）》，包括特色产业、生态环境、特色风貌、乡村治理、工作机制共 5 大类 41 项考核项目。2019 年，在特色田园乡村建设现场推进会上公布了江苏省第一批特色田园乡村名单，45 个试点中 19 个验收合格得以正式命名，包括徐州市铜山区伊庄镇倪园村倪园、宿迁市泗阳县新袁镇灯笼湖村堆上组。

2017 年，河南省田园综合体建设试点立项 6 个，淮海经济区的商丘永城市天成牧业项目列入其中；2019 年田园综合体建设试点立项 11 个，商丘市宁陵县石桥镇酥梨园区项目列入其中。

（二）现代农业产业园的发展

2017 年 4 月，农业部和财政部联合启动了国家现代农业产业园申请创建和遴选评审工作，并于 2017 年 6 月、9 月和 2018 年 6 月，分别公示了第一批 11 个、第二批 30 个、第三批 21 个国家现代农业产业园创建名单。淮海经济区的山东省济宁市金乡县现代农业产业园和安徽省宿州市埇桥区现代农业产业园分别被列入第一批和第二批创建名单。按照创建要求，两个园区立足县域资源禀赋，突出优势特色主导产业，集中连片建设生产基地，推进

"生产＋加工＋科技＋品牌"一体化发展，引导农产品加工产能向产业园集中集聚，推动农产品就地就近转化增值；同时"提升种养规模化、加工集群化、科技集成化、营销品牌化"的全产业链开发水平，形成"一二三产业融合、产业链条完整"的现代农业产业园，使农民分享第二产业和第三产业增值的收益。

2018年12月29日，农业农村部、财政部公布首批20个国家现代农业产业园认定名单，淮海经济区的山东省金乡县现代农业产业园和江苏省泗阳县现代农业产业园入选。2019年12月10日，国家现代农业产业园建设工作领导小组办公室公示了第二批29个国家现代农业产业园拟认定名单。淮海经济区的安徽省宿州市埇桥区现代农业产业园入选。农业农村部要求"国家现代农业产业园示范带动省、市、县梯次建设现代农业产业园，形成以产业园为主要抓手推进乡村产业振兴的工作格局"。

2019年6月，农业农村部、财政部公布2019年45个国家现代农业产业园创建名单和7个纳入国家现代农业产业园创建管理体系的省级现代农业产业园名单。淮海经济区的邳州市和沭阳县现代农业产业园被纳入国家现代农业产业园创建管理体系的省级现代农业产业园名单。

2020年4月，农业农村部、财政部公布2020年31个国家现代农业产业园创建名单和8个纳入国家现代农业产业园创建管理体系的省级现代农业产业园名单。淮海经济区没有园区入选名单。

自2017年现代农业产业园创建工作全面启动以来，到2020年底全国共批准创建了138个、认定了49个国家级产业园，有13个省级现代农业产业园被纳入国家现代农业产业园创建管理体系，带动各地创建省级产业园1800余个、市县级产业园3800余个。淮海经济区10城市共有3家国家级现代农业产业园区，2家被纳入国家现代农业产业园创建管理体系的省级园区（见表2），同时立项建设20多家省级现代农业产业园区（见表3）。

表2　淮海经济区国家级现代农业产业园和纳入国家创建管理体系的省级园区

城市	名录	基本内容或建设目标
济宁市	金乡县	构建以大蒜"生产+加工+科技+营销"一体化的全产业链经营模式为主线,推动生产、加工、旅游、服务等产业族群发展,形成了以二产带强一产、三产带活一产,主体融合、三产联动的格局
徐州市	邳州市	围绕"一头蒜的保健",高质量发展大蒜特色产业,实现大一二三产业融合发展,大蒜及加工产品连续9年位列全省农产品出口县(市)第一
宿州市	埇桥区	分为农业科技研发区、现代物流与信息化服务区、农业双创试验区、标准化农业生产区、种养一体化示范区、农副产品加工区、农业休闲观光区七大功能区
宿迁市	泗阳县	以食品加工、食用菌、设施园艺、休闲观光等为主导产业,打造台资农业资本集聚高地、台湾农业技术集成高地和台湾农业模式创新高地
	沭阳县	推进"苗木向鲜花、种植向园艺、绿色向彩色、卖产品向卖风景"转型升级,产业园的花卉苗木主导产业逐渐形成规模庞大、结构合理、产品多元的产业体系

表3　淮海经济区省级现代农业产业园区名录

城市	名称	主导产业
济宁市	鱼台县	特色农产品种植业:鱼台大米、鱼台毛木耳
临沂市	费县	农产品种植:番茄、果蔬等;拥有无公害、绿色、有机"三品一标"认证农产品13个,其中国家农产品地理标志(西红柿)1个
菏泽市	郓城县	以休闲体验、乡村旅游、农村电商等产业为主
	定陶区	以国家地理标志保护产品——陈集山药为主导产业
枣庄市	薛城区	规模化、标准化、品牌化绿色果蔬生产基地
徐州市	沛县	三大主导产业:优质稻麦、生态肉鸭、特色蔬菜。三大新兴产业:农产品精深加工、农产品物流、休旅农业。三大特色产业:现代种苗、优质果品、生态肉狗
	睢宁	蔬菜、花卉、名特水产种子种苗;新畜禽、水产养殖;生物农药、生物饲料、生物肥料等支农产品的研制开发和加工
连云港市	灌南县	工厂化食用菌、中高档盆花和休闲旅游农业三大主导产业
	赣榆区	代渔业、海洋食品加工业、海鲜电商业
宿迁市	宿城区	以蔬菜瓜果产业为主导产业,突出规模种养、加工转化、品牌营销和技术创新
商丘市	柘城县	辣椒种植业,中国三樱椒之乡
	永城市	药材、山药、莲藕、苗圃、果蔬种植及养殖、休闲观光等
	夏邑县	食用菌产业和乡村旅游农业休闲产业

续表

城市	名称	主导产业
宿州市	埇桥灰古	以生态农业、农业文化创意、农业休闲产业为主
	灵璧三河	以粮食和畜牧产业为主导产业
	泗县大路口	以山芋产业为特色,中国山芋之乡的产业品牌
	泗县刘圩	奇趣多肉、缤纷园艺的定位,培育多肉植物
	砀山黄河故道	水果种植产业,以自摘果园为主体的观光农业
淮北市	濉溪百善	小麦种植业,食品加工业
	杜集高岳	设施蔬菜、花卉苗木、休闲观光、保鲜储藏加工
	烈山榴园	石榴种植业
	相山凤凰山	以林果业为主导,畜牧业、水产业和加工业
	萧县杜楼	农产品种植业,主要种植小麦和玉米

(三)农村产业融合发展示范园

2017年8月,国家发展改革委、工信部、财政部、国土资源部、农业部、商务部和国家旅游局等部委局联合发布《关于印发国家农村产业融合发展示范园创建工作方案的通知》。要求各地按照"当年创建、次年认定、分年度推进"的思路,建设农村产业融合发展示范园,实现"多模式融合、多类型示范",通过示范、复制并推广先进经验,加快"延伸农业产业链、提升农业价值链、拓展农业功能项、培育农村新产业新业态"。

2018年1月,国家发展改革委等七部门下发通知,公布首批148个国家农村产业融合发展示范园创建名单,淮海经济区共有5个园区入选,包括江苏省徐州市铜山区,宿迁市泗阳县,安徽省淮北市相山区凤凰山,菏泽市牡丹区和山东省临沂市沂水县马莲河农村产业融合发展示范区。2019年2月,首批100家国家农村产业融合发展示范园名单公布,淮海经济区共有4个园区入选,包括徐州市铜山区、宿迁市泗阳县、安徽淮北市相山区凤凰山和山东菏泽市牡丹区。

2019年7月,国家发改委等七部门发布第二批国家农村产业融合发展示范园创建名单,共有110个单位列入其中。淮海经济区有邳州市农村产业融合发展示范园入选名录。2020年8月,第二批100家国家农村产业融合

发展示范园名单公布，淮海经济区邳州市被成功认定为国家农村产业融合发展示范园（见表4）。

表4　淮海经济区国家农村产业融合发展示范园

城市	名录	基本内容或建设目标
徐州市	铜山区	围绕优质蚕桑和高效蔬菜（瓜果）两大主导产业的提质增效，推动一产"接二连三"，建设优质果蔬新品种新技术新模式示范基地、现代（创新）农业科技与农（文）旅融合展示馆、铜山区农业"双创"综合服务中心、设施农业"机器换人"试验示范培训基地、省级"菜篮子"工程基地等
	邳州市	国家农村创新创业园区，围绕"一头蒜的保健"，高质量发展大蒜特色产业，实现大一二三产业融合发展
宿迁市	泗阳县	以工厂化食用菌、精品桃果、特色水产进行全产业链建设。推进中谷香菇、崇本白玉菇、卜湖流水鱼、满嘴香食品、华骏生物饲料、和正生物科技等重大项目实施
淮北市	相山区凤凰山	围绕水果、蔬菜、养殖和农产品加工四大主导产业，实行"龙头企业＋合作社＋农户"保底价订单模式、"企业＋基地＋农民"和"企业＋基地＋旅游"发展模式，建设芳香植物基地，集芳香作物种植、精油深加工、观光农业为一体，三次产业融合发展的芳香小镇
菏泽市	牡丹区	利用牡丹特色产品资源，依托淘宝特色中国·菏泽馆、田田圈等电商平台，综合运用展销、直销、网销等多种形式，通过集中仓储、统一管理、质量追溯和规范服务，实现线上线下深度融合，先后培育出以牡丹为主体的苗木、家纺、食品、陶瓷等电商企业，打造菏泽牡丹特优产品品牌和商标

三　淮海经济区"一体两园"发展导向

（一）田园综合体发展导向

田园综合体建设，是为乡村的发展方向提供可实施的全新发展思路，在具体的实践中，多由文旅投资集团主导，并向"旅游景区"的发展方向迈进，发展取向"非农化"，一定程度上失去了"推进农业发展"的根本价值，但是在"乡村"建设中，发展特色农业，依然值得探索。田园综合体在发展导向上，除了发展特色农业，还要注重文化的传承性、环境的地域性，彰显地方特色。

文化的传承性：切实考虑到乡村自身特色文化的合理利用，让乡村中存在的具有传承价值的文化不被时代淘汰，让人们在进行参观及旅游的过程中感受到纯正的乡土文化。

环境的地域性：乡村田园综合体建设针对未达到脱贫状态的乡村，是一种全新的经济转型建设，通过乡村基础设施建设以及乡村环境改善，对乡村实行商业性的环境开发与自然地理空间的融合，实现乡村发展区域环境的改善。

彰显地方特色：不同区域的乡村所具有的开发特色是不同的，根据不同区域乡村所具有的不同特点进行合理的开发与改造，注重地方特色的发掘和彰显。

（二）现代农业产业园发展导向

现代农业产业园建设要立足培植主导产业、塑造农业品牌、搭建科研平台、形成产业联合体。

培植主导产业：优选特色产业，综合施策，促进生产要素在地理空间和产业集聚上的优化配置，强化产业链延伸、价值链拓展和集约开发，打造产业集群。

塑造农业品牌：以绿色认证、有机认证、地理标志保护、生态、原产地产品保护认证为基础，以地理区域公用品牌为支撑，以企业品牌、产品品牌为补充，共创省级驰名商标、著名商标，加快形成地域特色鲜明的淮海经济区农业品牌体系。

搭建科研平台：积极与名校大院开展紧密合作，共建政产学研合作基地，开展农业新品种、新技术、新装备的研发、示范、推广，打造农业科技创新高地和现代农业技术与装备集成区。

形成产业联合体：通过加速土地流转、实施土地入股、培育务工就业等

形式，推动发展"龙头企业＋合作社＋基地＋农户＋电商"的合作制、股份制、订单农业等多种形式利益联结方式，探索构建"大园区＋小庭园""大平台＋小特色""大产业＋小业主"等产业化联合体，促进农户与市场、农业公司与市场的衔接。

（三）农村产业融合发展示范园发展导向

农村产业融合发展示范园发展导向要强调全产业链建设与多功能聚合、构建与完善利益联结机制，加强监测评价与示范效应。

全产业链建设与多功能聚合：围绕农业育种、生产、加工、仓储、流通等环节，发展电商，做实"互联网＋"农业。实施数字农业工程，全面完善农业产业链条、拓展农业价值链；实施农业生态景观工程，合理开发农业文化遗产，推进农业与文化、旅游、教育、康养等产业深度融合；推进观光农业、休闲农业与乡村旅游发展由单一观光休闲向深度参与与体验转变。打破农业生产、工业加工、商业营销的传统模式，实现一二三产业的系统协调、融合发展。

构建与完善利益联结机制：探索建立园区和农民利益紧密联结机制，让农民分享更多的产业链增值收益。创新利益联结模式，试行"托管保底"（企业、合作社、农户互相委托种植养殖）、"合资兜底"（财政补助，企业、合作社、农户共同出资建设，企业保底收购）、"保底收益＋按股分红"（资本、土地、劳务入股，租金＋分红＋劳务收入、折股联营、反租倒包、双线代销）等多种利益联结模式，将企业与农民的利益关系从单项和单向的产品购销、劳务聘用、土地流转转变为更为紧密的合作共享关系。

加强监测评价与示范功能的发挥：健全农村产业融合发展示范园建设评价指标体系，引入第三方评估机构，实施第三方动态监测和评估，跟踪掌握示范园建设成效。完善"目标考核、动态管理"的示范园管理机制，确保农村产业融合发展示范园持续健康融合发展以及示范、样板功能的发挥。

参考文献

杨丽本：《我的田园我的美丽乡村——如何以农民合作社为主体发展"田园综合体"》，《中国合作经济》2017 年第 5 期。

黄利亭、侯庆丰：《乡村田园综合体的实现策略探讨》，《中国集体经济》2020 年第 15 期。

李飞：《坚持姓农务农为农兴农建园宗旨高质量推进现代农业产业园建设》，《农民日报》2019 年 4 月 20 日。

任璐：《国家现代农业产业园建设扎实推进》，《农民日报》2017 年 12 月 20 日。

常力强：《乡村产业兴旺的示范样板》，《农民日报》2019 年 1 月 18 日。

张来武主编《六次产业理论与创新驱动发展》，人民出版社，2018。

韩俊主编《实施乡村振兴战略五十题》，人民出版社，2018。

吴佩：《建设现代农业产业园引领乡村产业振兴》，《农民日报》2019 年 7 月 26 日。

吴圣、吴永常、陈学渊：《我国农业科技园区发展：阶段演变、面临问题和路径探讨》，《中国农业科技导报》2019 年 8 月 6 日。

肖琴、罗其友：《国家现代农业产业园建设现状、问题与对策》，《中国农业资源与规划》2019 年第 11 期。

城市报告

Urban Reports

B.13
2020年徐州市文旅融合发展报告

赵会勇　沈　山　王宇灿*

摘　要：　徐州市文旅融合发展呈现良好态势：加大产品供给、激发文旅融合新活力，利用文旅+宣传推介全面展示文化遗产，不断推进精品创作、建设智慧旅游平台，持续优化服务环境、推进全域旅游创建，注重文化传承、保障文旅融合健康发展。同时，也不能忽视徐州市文旅融合发展不充分等问题，基于此本文提出推进项目重组、构建文旅融合发展的产品体系，实施"文旅+"工程、构建文旅融合发展的新机制，建设融合发展平台、打造淮海文旅融合发展高地，坚持区域协同发展、构建开放融合共享的区域发展格局等策略。

---

* 赵会勇，徐州市文化广电和旅游局资源开发处副处长；沈山，博士，教授，江苏师范大学人文社会科学研究院副院长；王宇灿，江苏师范大学地理测绘与城乡规划学院硕士研究生。江苏省文化和旅游科研课题"文旅融合视角下徐州市研学旅行发展对策"（20ZD04）阶段性研究成果。

关键词： 文旅融合 汉文化传承 徐州市

一 徐州市概况

徐州，位于江苏省西北部，古称彭城，历史上为华夏九州之一，拥有5000多年的文明史和2600多年的建城史，是两汉文化的发源地，有"彭祖故国、刘邦故里、项羽故都"之称，文脉深长，人杰地灵，为首批国家历史文化名城之一。2019年，全市总面积11258平方公里，户籍人口1041万，国民生产总值7151.40亿元，下辖2市（新沂、邳州）、3县（丰县、沛县、睢宁县）、5区（云龙、鼓楼、泉山、铜山、贾汪）和金山桥国家级经济技术开发区、铜山国家高新技术产业开发区。徐州是全国重要的综合性交通枢纽、淮海经济区中心城市和"一带一路"重要节点城市。徐州曾获中国优秀旅游城市、国家环保模范城市、国家卫生城市、全国双拥模范城、全国文明城市、国家生态园林城市、国家创新型城市、联合国人居奖等称号和荣誉。

2019年，全市市级以上文物保护单位307处，其中全国重点文物保护单位9处，省级34处；拥有国家级非物质文化遗产项目9项、省级68项、市级159项，其中徐州剪纸入选世界人类文化遗产名录；徐州拥有国家A级旅游景区64家，星级酒店37家，旅行社212家，乡村旅游示范区41家。吕梁山旅游度假区、沛县微山湖千岛湿地旅游度假区、徐州大龙湖旅游度假区获批省级旅游度假区。徐州市贾汪区潘安湖街道马庄村是全国乡村旅游重点村。

二 徐州市文旅融合发展现状

2019年，徐州坚持"树立大视野、深化大改革、采取大动作、推进大融合、构建大格局"，以"缤纷文旅·共享生活"文旅惠民系列活

动开启文旅融合发展之路。以文促旅、以旅彰文，淮海经济区文化旅游中心城市地位日益凸显。徐州获评"2019 年度中国国家旅游最佳文化旅游目的地"，并全力打造世界级汉文化传承和旅游目的地。2019 年，徐州共接待国内外游客 6356.46 万人次，较上年增长 10.0%；旅游总收入 854.16 亿元，较上年增长 10.2%。接待入境过夜旅游者 19.32 万人次，较上年增长 5.4%，其中，外国人 15.65 万人次，增长 9.1%；旅游外汇收入 5711.97 万美元，较上年增长 5.2%。接待国内游客 6337.14 万人次，较上年增长 10.0%。楚汉文化游、山水休闲游、红色经典游、彭祖养生游、宗教祈福游等系列产品深受欢迎。一个产品多样、业态多元、全域联动、协调发展的文化旅游融合发展的新的产业体系初步形成。

（一）加大产品供给　激发文旅融合发展新活力

拓宽政银政企合作空间，培育产业发展的新动能。开展政银全面合作，开设江苏银行"惠享无限——惠文旅专栏"，启动徐州文旅惠民电子卡上线项目；在第十五届深圳文博会上现场签约共享物联网智能终端、汉兴花海小镇等 10 个项目；开展政企全面合作，与徐州万科达成共同探索文旅商业创新发展之路。积极开展文旅商品研究与开发，组织徐州汉砖、建盏、丝巾、徐州香包、徐州剪纸、丰县瑶盛精品茶具、徐州老八样、徐州烙馍卷徽子等"徐州有礼"特色商品以及文创类产品，参加 2019 徐州市文化旅游产业交易会、2019 西安丝绸之路国际旅游博览会、第二届江苏（南京）版权贸易博览会、深圳文博会、江苏省首届大运河文化旅游博览会。

打造"国潮汉风"品牌，不断推进文旅项目建设。积极推进项目建设，提升旅游服务功能，打造旅游精品。2019 年在建文旅项目 48 个，投资 123.11 亿元。徐州潘安湖恒大童乐园、徐州古黄河房湾湿地旅游度假区综合开发、徐州方特乐园、徐州龟山云创文旅小镇科普馆、徐州月亮湖生态梦幻园等 5 个项目被列为 2019 年省级重点旅游项目（见表 1）。

表1　2019年江苏省徐州市重点旅游项目建设和投资计划

项目名称	投资规模及内容	投资主体	建设年限	计划投资
徐州古黄河房湾湿地旅游度假区综合开发	项目规划面积53400亩,建设房湾湿地、童画村、古黄河湿地风光带、万亩百香果园区、黄河古镇景区、智慧农业示范区、美丽乡村示范区等相关基础及服务配套设施	江苏汉新清生态旅游开发有限公司	2018~2021	28亿元
徐州龟山云创文旅小镇科普馆	龟山民博文化园对面,建设海洋科普馆、鲸豚骋养繁殖基地、海浪乐园项目、海洋主题酒店及相关配套服务设施	过海旅游有限公司	2020	6.8亿元
徐州潘安湖恒大童乐园	建筑面积20万平方米,建设秘境城堡、绿影王国、失落帝国、龙之谷、小人国、水领域等六大游乐区以及会议中心、游客服务中心、假日酒店等配套设施	恒大集团	2019~2022	20亿元
徐州月亮湖生态梦幻园	占地4500亩,建筑面积30万平方米,建设集文化体验、生态观光、休闲娱乐和养生度假于一体的文旅项目,包含酒店、特色民宿、剧场、商业街、博物馆等	安徽豪泽集团	2019~2021	30亿元
徐州方特乐园	计划用地约1000亩,打造新型文化主题园区,包括欢乐世界、梦幻王国、东方神话等经典系列主题公园	华强方特文化科技集团股份有限公司	2019~2021	40亿元

与清华大学签署"国潮汉风"品牌战略合作协议,成功打造"国潮汉风"品牌,并在首届博鳌文创论坛暨文创博览会上发布。策划开展了"国潮汉风 徐博之夜""国潮汉风——2019中国徐州(户部山)汉服嘉年华"等系列活动(见表2);打造了国潮汉风清华徐州工作营、国潮汉风戏曲体验馆等场所。

表2 "国潮汉风·夜彭城"活动八大业态主题

类型	业态内容
夜学活动	打造24小时城市书房、24小时自习室;鼓励全市文化馆、文化站等在晚间开设音乐、美术、舞蹈等培训;推出"阅读之夜""徐博之夜"等系列夜学活动或打卡地
夜赏活动	鼓励全市国有文艺院团、民营演艺企业和艺术专业剧场等引进明星演唱会、话剧、音乐剧、歌舞剧、演奏会等夜间剧场;鼓励各类美术馆、展览馆和艺术画廊在夜间举办书画、非遗、奇石、根雕等特展。推出"汉风之夜""汉乐之夜""汉纳之夜""音乐之夜""艺术之夜"等系列夜赏活动或打卡地
夜娱活动	举办汉文化旅游节、汉服超模大赛、"炸舞阵线"国际街舞大赛、"夜彭城"摄影大赛等活动;规范发展KTV、24小时影院、电竞娱乐等娱乐服务场所。推出"汉服之夜""欢乐之夜""时尚之夜"等系列夜娱活动或打卡地
夜游活动	策划举办灯光节、音乐节、露营节等一批夜间特色旅游产品;实施惠民便民举措,面向徐州户籍居民和长期在徐人员发行"徐州人游徐州"文旅惠民卡,提高市民和游客夜间旅游的参与度和逗留时间。推出"云龙湖之夜""户部山之夜""回龙窝之夜""汉王之夜""窑湾之夜"等系列夜游活动或打卡地
夜食活动	举办各类美食大赛、特色派对和小吃节、烧烤节、啤酒节,打造一批"深夜食堂"和风味小吃一条街,做大餐饮市场夜间消费规模。推出"美食之夜""啤酒之夜""烧烤之夜""花语之夜"等系列夜食活动或打卡地
夜购活动	开展千家文旅企业打折惠民、"文旅惠民"抢红包、"国潮汉风·夜彭城"中大奖等活动,研发汉风锦鲤优惠卡、汉风锦鲤红包、汉风锦鲤幸运卡,做到"天天有折扣、周周有红包、月月有大奖"。定期开展"带货直播"。推出"苏宁之夜""环球之夜""范茂之夜"等系列夜购活动或打卡地
夜体活动	鼓励公共体育场馆、健身培训机构延长夜间服务时间,增加夜间体育培训、健身运动产品供给;利用公园、广场等载体,开展夜跑、夜行、夜跳(广场舞)等夜间群众体育活动。推出"奥体之夜""健身之夜"系列夜体活动或打卡地
夜宿活动	打造一批特色精品民宿,融合徐州民风民俗,丰富民宿夜间业态,让游客在徐州有宾至如归的游玩体验;鼓励星级酒店举办各种啤酒烧烤美食节,引入非遗体验、文艺表演,提升游客居住体验;鼓励酒店与旅行社、景区景点等建立良性互动机制,提升酒店文化内涵和服务质量,提高游客留宿率,推出"民宿之夜""开元之夜"等系列夜宿活动或打卡地

（二）全面展示文化遗产 利用"文旅+"宣传推介

全面展示文化遗产传承实践成果,增强社会文化遗产保护意识。打造"中国汉画艺术进高校"品牌（走进同济大学、江苏师范大学）,以及文创商品进清华大学展示活动；组织 560 余件徐州汉代文物精品在国家博物馆、首都博物馆、同济大学博物馆等进行展出；全年举办"汉画大观园""汉画研学游"等各类汉画研学活动近 100 场。首次引进境外文物展览，举办"穿越时空的文明对话——古埃及文物特展"；举办"文化和自然遗产日"宣传展演活动；组织 12 个项目参与江苏省首届大运河博览会；组织徐州琴书曲目《以鸭还鸭》参加全国曲艺周（济南）展演；组织徐州特色小吃参加澳门、省运博会美食展；开展国家级非遗代表性传承人魏云彩的抢救性记录工程，并通过省文化厅验收。全年举办送戏下乡、传统戏曲进校园、非遗进社区等活动 1800 余场次。

强化徐州旅游产品线路推介，拓展客源市场。围绕"徐州号"高铁品牌列车冠名项目开展组合式营销推广，覆盖北京、上海、南京及淮海经济区十多个城市；与同程开展北京市场合作，开展"汉风徐来 show 北京"、"寻汉记快闪秀"、汉文化讲座、汉服品牌发布等系列活动；开展 2019 徐州（上海）文化旅游推广活动，拓展京津冀、长三角等高铁沿线客源市场；举办淮海经济区文旅交易会，组织旅游企业开展"欢乐淮海行"旅游宣传促销活动；借助江苏旅游（日本、韩国、新加坡）推广中心，挂牌徐州文旅（日本、韩国、新加坡）推广中心，强化境外徐州旅游产品线路推介；发布 10 条徐州红色文化旅游线路（见表 3），其中"行走中的红色课堂"入选江苏省研学旅游线路。

表 3 徐州红色文化旅游线路

重走总书记视察徐州之路	潘安湖国家湿地公园—马庄村—淮海战役烈士纪念（塔）馆—王杰烈士纪念馆—徐工集团
红色徐州·星火燎原主题游	徐州马克思学说研究小组成立旧址—徐州社会主义青年团诞生地旧址—中共丰县县委成立地旧址—中共沛县第一个党支部成立旧址—中共邳睢县县委成立旧址
英雄徐州·淮海战役红色文化旅游线路	淮海战役烈士纪念塔（馆）—贾汪起义纪念馆—淮海战役碾庄圩战斗纪念馆—黄百韬兵团指挥所旧址—淮海战役碾庄圩战斗华野前沿指挥所（土山古镇）—淮海战役窑湾战斗纪念馆（窑湾古镇）—"十人桥"烈士陵园—吕梁狼山阻击战烈士陵园—淮海战役焦山阻击战烈士陵园

英雄徐州·抗日战争红色文化旅游线路	运河支队抗日纪念馆—徐州会战纪念馆—禹王山抗日阻击战遗址纪念园—沛县革命烈士陵园（纪念张堤口战斗牺牲的八路军指战员）
英雄徐州·红色之子红色文化旅游线路	吴亚鲁革命活动旧址—李超时纪念馆—小萝卜头纪念馆—宋绮云烈士故居—王杰烈士纪念馆
区域联动·解放全中国主题游	辽沈战役纪念馆—淮海战役纪念馆—平津战役纪念馆—渡江战役胜利纪念馆
区域联动·决战淮海主战场主题游	江苏徐州碾庄圩战斗纪念馆—安徽淮北双堆集歼灭战纪念馆—河南永城陈官庄战斗纪念馆
区域联动·雄师渡江主题游	徐州渡江战役总前委旧址—合肥渡江战役纪念馆—南京渡江胜利纪念馆
区域联动·抗战英烈主题游	运河支队抗日纪念馆—徐州会战纪念馆—禹王山抗日阻击战遗址纪念园—济宁微山县铁道游击队纪念园—台儿庄大战纪念馆—盐城新四军纪念馆—宿迁泗水烈士陵园—淮北抗日民主根据地纪念园
区域联动·寻找小萝卜头主题游	邳州小萝卜头纪念馆—贵州息烽集中营—重庆渣滓洞—重庆白公馆

（三）推动精品创作　建设智慧旅游平台

释放本土文化，彰显艺术魅力。围绕弘扬大汉文化、运河文化、乡村文化、红色文化、彭祖文化和徐州改革发展成就等重点题材，实施专业艺术和群众艺术精品创作工程。现代戏《刘建国上城楼》入选 2019 年中国文联青年文艺创作扶持计划资助项目；音乐剧《淮海儿女》于 2019 年 7 月 27 日在北京长安大戏院演出；徐州梆子戏《母亲》剧本入选文化和旅游部 2019 年度剧本孵化计划、2019 年国家艺术基金资助项目名额（徐州首例），获得第二届江苏省优秀版权作品一等奖、2019 紫金文化艺术节优秀剧目奖；《母亲》获第四届江苏省文华大奖，《矿湖情缘》《小推车之歌》获第四届江苏省文华奖，《母亲》《矿湖情缘》获江苏省第十一届精神文明建设"五个一"工程奖；创作推出汉韵情景剧《汉风飞扬》并于第十三届中国（徐州）汉文化旅游节开幕式首演，再现大汉风云史卷和治世风华，受到社会各界关注及好评，并将以驻场演出形式长期服务市民及游客。非遗现代戏曲《相见欢》入选省"2019 重点新剧征选"作品，编印出版图书《2018 徐州戏剧》。

建设智慧旅游平台，助力文旅精品传播。完善徐州微信公众号功能，推进文化旅游服务线上平台、管理监测展示平台和旅游大数据中心建设，深化智慧旅游应用服务。开通徐州文旅、淮海文旅微博、微信、抖音、火山小视频、今日头条等新媒体平台并进行官方认证；组织县（市）区文化体育（广电）和旅游局与各旅游景区开通百度政务百家号，增加文旅宣传新渠道。

（四）优化服务环境　推进全域旅游创建

积极推进公共文化基础设施建设，不断优化文化服务环境。鼓楼区图书馆、云龙区图书馆、泉山区图书馆、文化馆新馆均按省定标准建成，并投入使用。全市"三馆一站"覆盖率由2018年的108%上升到2019年的121%。徐州博物馆完成5个展厅及公共空间总面积约3000平方米的提升改造工程，汉画像石馆新增加汉画体验区，图书馆开辟新书借阅室和自修阅览室。开展系列文化惠民服务项目。购买徐州音乐厅47场高雅艺术演出服务，徐州艺术馆完成公益性免费艺术展览30场、"创客沙龙"和群众艺术鉴赏等活动47场，徐州演艺集团共完成进校园演出401场，惠民演出和精品推广演出72场，《大风歌》和《汉乐华章》驻场演出113场。成功举办第十三届徐州歌手大赛暨"中国梦我的梦·我和我的祖国"江苏省歌唱大赛徐州赛区复赛、"歌唱祖国·舞动彭城"徐州市广场舞大赛、"倡导移风易俗 弘扬时代新风"群众文艺巡演、"城乡文化对对碰"文艺交流演出等多个群众性文化活动。推进乡村文化旅游发展，带动乡村振兴，乡村文化建设"马庄经验"在全省推广。贾汪区马庄村被国家文化和旅游部确定为"文化和旅游改革发展调研联系点建设单位"并被评为全国乡村旅游重点村。睢宁县姚集镇高党村、铜山区汉王村成功创建江苏省乡村旅游重点村。

编制《徐州市全域旅游发展规划》，有序推进省级全域旅游示范区的建设工作。贾汪区成功入选首批国家全域旅游示范区。结合对全市A级景区暗访复核检查、乡村旅游区复核检查情况，指导督促大运河沿线窑湾古镇、潘安水镇、邳州港上银杏博览园等旅游景区、乡村旅游区对标整改；大力推进新三年旅游厕所革命，编排2019年全市旅游厕所建设计划，2015～2017年文化和旅游部旅游厕所库项目信息更新工作完成，已完成46个旅游厕所的建设。

（五）注重文化传承　保障文旅融合健康发展

合理保护利用文物资源，推进优秀传统文化的传承。完成《徐州汉文化传承发展专项规划》立项申请；《花厅遗址保护规划》《狮子山楚王陵保护规划》已通过国家文物局审批，《北洞山汉楚王墓保护规划》已编制完成并上报国家文物局审批。窑湾古建筑群修缮、徐州港双楼作业区、蔺家坝船闸文化标识、文庙历史文化街区等 65 个项目入选省大运河文化保护传承利用总体规划。睢宁、下邳古城遗址被列入第八批国保单位，徐州妇女学道院旧址等 6 处文物保护单位新增为省级文保单位。全年核准上报渡江战役总前委旧址保护修缮工程、狮子山汉墓兵马俑二号坑防渗工程等省级以上各类文保项目 12 项，论证审批文庙大成殿（大成门）修缮工程等市县级（含未定级）文保工程 4 项。拟定《关于加强经济技术开发区不可移动文物保护工作的意见》《关于做好市级文物保护单位荆山桥保护工作的意见》。

全面加强文旅市场监管，保障文旅融合健康发展。制定《徐州市文广旅局推进信用联合奖惩工作实施细则（试行）》《徐州市文化市场信用分级分类管理办法（试行）》《徐州市文化市场分类监督管理制度》《徐州市文化广电和旅游行业"黑名单"管理办法（试行）》等各类规章制度，建立旅游市场综合监管平台。2019 年徐州文旅融合发展"十个一"工作亮点见表 4。

表 4　2019 年徐州文旅融合发展"十个一"工作亮点

"一项工程"——"党建＋文旅"工程	把抓好党建作为最大政绩，大力实施"党建＋文旅"工程，出台《关于强化党建引领 实施"党建＋文旅"工程 推动文旅融合发展工作意见》，以党建引领文旅发展方向，以党建丰富文旅发展内涵，以党建提升文旅发展质量，实现党建工作与文旅工作"两促进、双提升"
"一张名片"——中国国家旅游最佳文化旅游目的地	在 2019 文旅融合的开局之年，徐州市以创新、融合、引领为理念，用崭新的面貌传播徐州文化，推广优秀文化旅游资源。作为两汉文化的发源地，徐州被评为 2019 年度中国国家旅游最佳文化旅游目的地，为打造世界级汉文化传承和旅游目的地续写了新辉煌

续表

"一个课题"——淮海经济区文旅协同发展课题	深入开展淮海经济区文旅融合发展研究,重点围绕构建区域文旅融合协同机制、搭建区域文旅协同发展平台、建立区域文旅营销推介体系、创新智慧旅游服务体系、整合开发文旅产品和文旅线路、创办中国淮海文化旅游交易博览会、推进区域文旅发展一体化和加强文旅政策平衡对接等八个方面制定协同发展举措
"一项创建"——全域旅游示范区创建	以创建国家全域旅游示范区为抓手,以贾汪成功通过首批国家全域旅游示范区创建验收为引领,坚持统筹推进、县区为主、改革创新,加快旅游业全区域、全要素、全产业发展,构建全域共建、全域共融、全域共享的新型旅游发展格局
"一句城市推介语"——品两汉文化、赏山水美景,走遍五洲、难忘徐州	全力塑造"品两汉文化、赏山水美景,走遍五洲、难忘徐州"城市形象,充分发挥历史、区位、交通、文化等优势,向"一带一路"重要节点城市、京沪线沿线城市和淮海经济区成员城市全方位宣传推介徐州。同时,到徐州航班通达城市和国内外友好城市开展文化交流、展览展示和旅游推介,形成"一圈一竖一横两发散"的战略格局。通过讲好徐州故事、传播徐州文化激活徐州旅游
"一块品牌"——"缤纷文旅·共享生活"	为了让城市更精彩、让生活更多彩,市文化广电和旅游局以"缤纷文旅·共享生活"为主题,按照"政府引导、市场运作、市县联动、社会参与、群众受益"的原则,推出春明、夏韵、秋实和冬趣四季文旅惠民活动,主要包括群众文化、专业演出、文化传承、展览展示、惠民消费、休闲娱乐等。截至目前,已举办活动230场
"一个节"——2019中国(徐州)汉文化旅游节	文旅融合后首次举办的汉文化旅游节,活动精彩纷呈。在这场持续一个月的"文旅盛筵"上,接连推出汉韵情景剧《汉风飞扬》、汉服嘉年华等13项活动,让广大游客和市民一同穿汉服、赏汉乐、行汉礼、诵汉赋、书汉字、品汉宴,共享汉文化之美,共赴汉文化之旅
"一件衣裳"——汉服	围绕市委、市政府提出的建设"世界级汉文化传承和旅游目的地"目标,深入挖掘汉文化元素,以汉服为切入点,先后举办汉服推广大赛、汉服设计大赛和汉服嘉年华等活动,有机融合汉舞、汉乐、汉礼、汉赋等汉文化元素,使汉服成为徐州汉文化的鲜明符号
"一部剧"——汉韵情景剧《汉风飞扬》	大力实施月光文旅工程,精心打造汉韵情景剧《汉风飞扬》,该剧以原创大型音舞诗画《汉风华章》和大型现代音乐史诗《汉乐华章》为基础创作,全剧融合汉乐、汉舞、汉礼、汉赋、汉服等内容,精彩再现大汉风华。一经亮相,惊艳全场。剧照频频登上各大专版和头条,网络观看人次破百万
"一首歌"——《难忘徐州》	由徐州人创作、徐州人演唱的歌曲《难忘徐州》于6月14日在徐州音乐厅正式发布,截至目前全网播放点击破亿。6月29日,策划举办"跟党走·歌唱祖国·一首歌一座城"大型健走活动,2000多名市民用歌声、舞蹈和整齐的步伐表达对新中国成立70周年的深情祝福,伴随着"徐州徐州我的徐州,品两汉文化,赏山水美景,走遍五洲,难忘徐州……"的优美旋律,大美徐州随歌声名扬海内外

三 徐州市文旅产业深度融合发展的方向

徐州正以"全面挖掘、开发汉文化资源，打造世界级汉文化传承和旅游目的地"为目标，建设淮海经济区文化旅游中心，推动淮海经济区城市之间文旅资源共享、市场共享、信息共享，产品对接、线路对接、政策对接，构筑公共文化旅游服务和文旅产业融合发展新高地。

（一）推进项目重组，构建文旅融合发展的产品体系

汉文化旅游项目。编制《汉文化传承发展规划》，培树"国潮汉风"文旅品牌，分批筹建"国潮汉风"体验馆，研发汉韵、汉赋等具有汉文化符号的系列文创产品。继续打磨汉韵情景剧《汉风飞扬》《汉风华章》《汉乐华章》等剧目。举办汉文化旅游节、汉服设计大赛、汉画进校园等活动，打造一批汉舞、汉乐、汉服文旅品牌，让徐州成为国内外驰名的汉文化传承和旅游城市。

乡村文化旅游项目。以美丽乡村建设为载体，推广"马庄经验"，实施乡村文化振兴"七大文化建设工程"，将农耕技艺、乡约民俗、餐饮服饰、传统民居等融入乡村旅游各个环节，构建集景区、度假区、休闲区、旅游街区、旅游小镇等为一体的乡村旅游体系。

大运河文化旅游项目。依托窑湾古镇等重点运河文化遗产，推出"微山湖鱼乡风情游、运河梦华游、中运河风情游、新沂'一山一湖一古镇'游"等大运河文旅产品。推动运河古今、京杭水港、泗水秦洪、田园荆山和清水溯源等运河公园建设，在大运河沿线形成"一带两岸融山水，一水五园润彭城"的运河文化带格局。

红色文化旅游项目。编制《淮海战役历史遗址遗存保护利用规划》，推出以弘扬淮海战役精神为重点，与淮海经济区红色旅游资源相融合的红色文化研学游线路。推动红色旅游与自然生态游、历史文化游等有机融合。把徐州打造成全国著名的红色研学游目的地。

名人文化旅游项目。将彭祖文化独特魅力与市场潜力有机结合起来，用新时代理念诠释彭祖文化内涵，重点在开发美食文化和康养文化上做文章。打好徐州"美食牌"，举办彭祖文化美食节，打造世界美食之都；打好徐州"养生牌"，丰富和推广康养游项目，让彭祖文化迸发出新的生机和活力。定期举办彭祖文化、汉文化、徐文化、苏轼文化、战争文化、书画文化、戏曲文化、武术文化等研讨和学术交流活动。

山水文化旅游项目。宣传"南秀北雄"的山水美景，持续推介云龙山景区的北魏石佛文化、唐宋摩崖石刻文化、自然风光和人文景观，凤凰山景区的红色文化、九里山景区的战争文化，户部山景区的民俗文化，泰山、子房山、大洞山、蟠桃山、艾山、岠山景区的庙会文化，龟山、狮子山景区的墓葬文化，泉山、珠山、琵琶山、新沂"第一江山"马陵山景区的自然和人文景观等；在推广云龙湖5A级景区游的基础上，不断开发和提升运河文化游、大龙湖、督公湖风情游、大沙河、丁万河、黄河故道生态游，微山湖、骆马湖、潘安湖湿地游等项目。

（二）实施"文旅+"工程，构建文旅融合发展的新机制

按照能融则融、能合则合、能加则加的思路，形成文旅融合发展的新格局，通过与各领域的深度融合，促进文旅产业蓬勃发展。

实施"文旅+金融"工程。构筑银企对接平台，加大对中小文旅企业的授信额度，真正实现"惠民、惠企、惠文旅、惠金融"。

实施"文旅+农业"工程。大力发展休闲观光农业和乡村特色民宿、房车露营体验、乡村研学游等乡村旅游产品业态。

实施"文旅+工业"工程。发挥新型工业化优势，选择装备制造、新型能源、食品加工、人工智能等优势工业企业，配置旅游要素，实现工业+旅游的良性发展。

实施"文旅+教育"工程。联合高等院校、科研院所与博物馆、景区景点联合打造"研学游示范基地"，策划研学游精品线路，将研学旅行、劳动体验、夏令营、冬令营等作为青少年爱国主义和革命传统教育、国情教育

的重要载体。

实施"文旅＋体育"工程。提升徐州奥体中心等体育场馆服务功能，利用徐州马拉松赛、新沂环骆马湖自行车赛等品牌赛事，开发体育旅游线路，发展健康旅游，促进康养旅游业发展。

实施"文旅＋名企"工程。与万科、中青旅、东方国际等知名企业进行合作，打造文旅产业投资运营平台，吸引更多知名企业和社会资本来徐州投资。

（三）建设融合发展平台，打造淮海文旅融合发展高地

加快旅游业全区域、全要素、全产业发展，构建全域共建、全域共融、全域共享的新型全域旅游发展格局。通过实施"五全工程"（全域统筹工程、全业融合工程、全员营销工程、全面提升工程、全民共享工程），推进旅游发展全域化、旅游产品品质化、旅游服务优质化、旅游治理规范化、旅游效益最大化。建设六大融合发展平台，打造淮海文旅融合发展高地。

产业发展平台。建立淮海经济区文旅博览、交流、交易平台，加强招商引资。依托行业协会、商会等社会力量，筹备成立淮海经济区文创产品交易所，搭建政企、商企沟通桥梁，定期举办招商引资洽谈会，展示资源、交流信息，促进项目落地，发展壮大徐州文创产业、汉服产业、香包产业和夜游经济产业等。

资源共享平台。推动区域内各城市文化旅游资源共享、市场共享、信息共享、服务共享。

政策互惠平台。加强淮海经济区文旅融合发展研究，打破城市间文化和旅游领域相关壁垒，出台相关文旅产业政策、优惠政策，实现政策对接、产品对接、线路对接、信用对接。

融资服务平台。深化政银合作，重点培育扶持特色园区、重点项目、骨干企业和新兴文旅业态，促进文旅产业发展壮大。

旅游服务线上平台。建设管理监测展示平台和旅游大数据中心，形成集城市气象、区域交通、景区资源、客流信息等为一体的综合信息服务平台。深化智慧旅游应用服务，开发游客行前、行中、行后各类导览、导游、导购

和分享评价等一站式手机客户端智能旅游服务。

人才培养平台。重视文化旅游产业人才队伍建设，培养引进一批善创造、会管理、懂技术的专门人才。

（四）坚持区域协同发展，构建开放融合共享的区域发展格局

深入开展淮海经济区文旅融合发展研究，制定淮海经济区文旅融合协同发展举措，构建"开放、融合、共享"的区域发展格局。重点围绕构建区域文旅融合协同机制、搭建区域文旅协同发展平台、建立区域文旅营销推介体系、创新智慧旅游服务体系、整合开发文旅产品和文旅线路、创办中国淮海文化旅游交易博览会、推进区域文旅发展一体化和加强文旅政策平衡对接等八个方面制定协同发展举措。

加强区域协同，让区域内广大群众惠享徐州文化、乐游徐州景区。继续举办淮海经济区联盟理事会、开展区域营销联盟推介活动、举办淮海经济区文艺汇演、筹划成立淮海经济区文旅发展研究院等。

（资料来源：徐州市文化广电和旅游局官网及该局相关工作报告，在此致谢！）

参考文献

马茜：《徐州文化与旅游融合发展的对策研究》，《淮海文汇》2020 年第 1 期。

孟召宜：《徐州特色文化资源开发与文化产业发展研究》，《淮海文汇》2018 年第 3 期。

张琼：《徐州两汉文化对外开放的路径概述》，《辽宁工业大学学报》（社会科学版）2016 年第 1 期。

张莹、吕倩：《"一带一路"视野下徐州城市旅游品牌新探索》，《品牌》2015 年第 10 期。

沈山、吴婧、胡瑞山：《楚汉文化品牌与徐州城市文化创新发展》，《江苏师范大学学报》（哲学社会科学版）2007 年第 1 期。

B.14
2020年连云港市文旅融合发展报告

许 梅　王宇灿*

摘　要：　连云港市通过一系列举措促进文旅融合发展，如通过项目推进构
建文化旅游发展新格局，通过事件策划塑造文化旅游节庆大品
牌，通过精品创作传承弘扬地方优秀传统文化，通过制度建设加
强文化遗产保护和传承，通过巩固阵地完善公共文化服务体系。但
连云港文旅融合发展还有较大提升空间，可以从以下方向着手改
进：科学规划，推动文化和旅游深度融合；提升理念，不断创新特
色旅游产品项目；开拓空间，加大旅游资源深度开发；精准定位，
加强旅游品牌宣传；加大宣传，强化城市形象推广等。

关键词：　文旅融合　连云港市　淮海经济区

一　连云港概况

连云港，位于中国沿海中部，江苏省东北端，古称"海州"。因其面向连
岛、背倚云台山，又是海港，故得名连云港，是新亚欧大陆桥经济走廊东方
桥头堡、海上丝绸之路的重要节点。其旅游文化资源极为丰富，孕育了古典
浪漫主义文学名著《西游记》和《镜花缘》，留下孔子登山望海、秦始皇东
巡、徐福东渡等脍炙人口的传说，神奇的花果山、浪漫的连岛、碧蓝的大海，

---

* 许梅，连云港师范高等专科学校副教授，主要从事区域旅游开发与管理研究；王宇灿，江苏
师范大学城乡规划学硕士研究生。

共同构成了连云港山海旅游的优势。2019 年，全市总面积 7615 平方公里，户籍人口 534.4 万人。国民生产总值 3139.29 亿元，下辖三县（灌南县、东海县、灌云县）三区（海州区、连云区、赣榆区）和连云港国家级经济技术开发区、海州国家级高新区。先后获批中国优秀旅游城市、国家园林城市等。

2019 年，全市各级文物保护单位共 170 处，其中全国重点文物保护单位 9 处，省级 28 处；拥有国家级非物质文化遗产项目 5 项、省级 34 项、市级 165 项；共有国家 A 级旅游景区 39 家；星级饭店 14 家，旅行社 116 家，省工业旅游示范区 5 家，省自驾游基地 3 家。连云港海滨旅游度假区、大伊山旅游度假区获批省级旅游度假区。连岛海滨风情小镇、宿城山海云雾风情小镇分别被省政府认定为省旅游风情小镇创建单位。

二 连云港市文旅融合发展现状

连云港旅游业围绕实现"高质发展、后发先至"的主题，按照"宜融则融，能融尽融，以文促旅，以旅彰文"的工作要求，充分满足人民群众精神文化和旅游生活新期待，推进文化和旅游工作高质量发展、高水平融合。2019 年，全年实现旅游业总收入 587.93 亿元，较上年增长 10.6%；其中国内旅游收入 582.05 亿元，较上年增长 10.6%；旅游外汇收入 3241.94 万美元，较上年增长 9.9%。国内外旅游人数 4202.74 万人次，其中国内旅游人数 4199.36 万人次，较上年增长 10.4%；入境旅游人数 3.38 万人次，较上年增长 16.8%。

（一）事件策划　塑造文化旅游节庆大品牌

以地方文化作为内核，通过对文化内涵底蕴的挖掘，策划组织节庆"文化事件"。连云港之夏旅游节、连云港西游记文化节是连云港市两个重要的文化和旅游节庆品牌，对宣传连云港文化和旅游资源，展示连云港旅游城市形象，促进连云港文化和旅游产业发展具有重要作用。2019 连云港之夏旅游节以"乐享西游文化　畅游山海港城"为主题，内容包括文艺演出、文化旅游推介、摄影图片展、媒体及旅行商采风活动等，其间举办国际公开水域游泳

挑战赛、连岛铁人三项亚洲杯赛、文创非遗市集、连岛沙滩音乐狂欢节、花果山西游美食节等30项丰富多彩的文化旅游系列活动，2019连云港西游记文化节于10月举办，开展全媒体宣传，以促进全市文化旅游产业健康快速发展。"丝路之约"连云港丝路音乐节、第四届农民艺术节等独具特色的活动分别在北京、上海、天津、沈阳、郑州、西安、青岛、济南、杭州、伊犁等地举行，开展文化旅游推广，先后赴荷兰、澳大利亚、埃及、新加坡，以及韩国、日本等国家和港澳地区开展文化交流，国务院新闻办以及人民网、新华网等多家媒体予以报道。

（二）精品创作　传承弘扬地方优秀传统文化

弘扬优秀传统文化，推动精品创作生产。创排江苏省首部旅游演艺与民族器乐剧《梦西游》、民族管弦乐音乐会《逐梦起航》、京剧《德耀中华》、吕剧《英雄之铭》、折子戏《岳母刺字》、大型淮海戏《永远记住你》和舞蹈《崴萨啰》等一批艺术作品，《孤岛夫妻哨》《就恋这把土》《情韵海州》《英雄之铭》等4部作品获第四届省文华奖；组织"丝路和鸣"民乐专场音乐会赴天津、广州、西宁等十多个城市巡演，"丝路和鸣"音乐会获批国家重点文化出口项目，书法《梁启超少年中国说》、民乐《忆江南》获2019年国家艺术基金资助；组织《廉锦枫》《孤岛夫妻哨》等优秀剧目进社区、进农村、进高校、进课堂，完成送戏下乡千余场次。

（三）制度建设　加强文化遗产保护和传承

重视文化遗产保护和传承，加强文化遗产发掘保护的制度建设。组织编制11处国（省）保单位的保护规划，完成市文物安全实验区平台和将军崖岩画、孔望山摩崖造像、东连岛东海琅琊郡界域刻石等3处全国重点文保单位"安防"工程建设，完成所有文保单位两线划定和图纸测绘。实施云台山抗日石刻群、延福观等6处文保单位修缮工程，改造升级市博物馆"千古之谜"凌惠平展厅。推进历史文化名城申报，组织编制《连云港历史文化保护规划》及历史文化名城申报文本，完成11项申名研究课题，建设徐新路、秀逸苏杭路段申名主题墙绘。推进海上丝绸之路保护和联合申报世界文化遗产工作，倡议发起成立环黄渤海区域（五市）联合开展海丝申遗研究机制，完成《海上丝绸之路·连云港史迹》申报文本编制工作，推进孔望山摩崖石刻群入选海丝申遗预备名单。推荐"东海水晶雕刻""花果山传说"申报第五批国家级非遗名录，1人获批国家级非遗项目淮海戏代表性传承人，新增市级非遗项目23个，市级项目代表性传承人43名。

（四）巩固阵地　完善公共文化服务体系

积极推进基层文化阵地建设。推进县（区）文化馆、图书馆总分馆制建设，建成近1700个村（社区）综合性文化服务中心；评比表彰20家优秀综合性文化服务中心，命名4个特色文化之乡、10个特色文化广场（见表1）。提升改造市少儿图书馆和市文化馆、建成市级应急广播平台、市非物质文化遗产博物馆和60家非遗展厅（传承基地）（见表2）。市图书馆新馆已完成内装施工图审图和智慧化图书馆方案。承办全省公共文化机构法人治理结构改革试点工作交流会，完成市图书馆"法人治理结构改革试点"和"服务标准化试点项目"等2项国家级试点工作。深入推进旅游厕所革命，新改（扩）建旅游厕所91座、旅游停车场17个。开展文化惠民，举办"倡导移风易俗、弘扬时代新风"主题性群众文艺活动，"我和我的祖国"广场文化系列活动等各类展演展映近两万场次。

表1　2019年"特色文化之乡""特色文化广场"名录

"特色文化之乡"	东海县安峰镇——"淮海锣鼓之乡"、赣榆区石桥镇——"民乐之乡"、连云区宿城街道——"云雾茶之乡"、开发区朝阳街道——"孝文化之乡"
"特色文化广场"	东海县青湖镇芝樱文化广场、东海县曲阳乡费岭村文化广场、灌云县图河镇文化广场、灌南县张店镇市民文化广场、赣榆区宋庄镇乡贤文化广场、赣榆区塔山镇店子村文化广场、海州区新海街道富强社区文化广场、连云区海州湾街道棠梨文化广场、连云区连云街道连云港老街七一广场、连云区板桥街道台南社区淮盐文化广场

表2 非遗展厅（传承基地）名录

市直	连云港市非遗资料中心(海州五大言调展示厅)、连云港拓片展示馆、连云港淮盐文化展览馆、江苏海洋大学扎染技艺传承基地、江苏财会职业学院非遗传承陈列馆、连云港中医药博物馆
海州区	连云港市《镜花缘传说》传承基地、连云港海州双龙井非遗园、连云港市汪恕有醋文化展示馆、连云港周存玉(锻铜技艺)艺术馆、连云港市新海小学非遗展示馆、连云港市建国路小学布贴画传承基地、连云港传统戏曲传承基地
连云区	连云港紫菜制作技艺展示馆、连云港传统武术(刘氏自然学,太极拳、少林学、铁砂掌)传承基地、连云区非物质文化遗产展示馆、连云老街民俗陈列展示馆、傲莱仙境水晶文化艺术馆
赣榆区	赣榆区非物质文化遗产展示馆、徐福纪念馆、徐福文化陈列馆、连云港刻纸艺术展示馆、连云港贝雕传承基地、连云港石雕工艺传承基地、赣榆渔民俗传承展示馆、赣榆区潜园非遗展示馆、传统木器制作技艺展示馆、柳编技艺传承基地、连云港市葫芦国传承基地、石磨煎饼虾酱制作技艺传承基地、甜闷瓜制作技艺传承基地、徐福茶制作技艺展示馆
高新区	连云港云雾茶制作技艺传承基地、连云港樱桃酒酿造技艺传承基地
开发区	连云港汉东海李妇传说传承展示馆、连云港海州辣黄酒制作技艺传承基地、淮盐文化传承基地
东海县	东海县非物质文化遗产展示馆、中国东海水晶博物馆、东海非物质文化遗产水晶雕刻展览馆、东海至善坊水晶雕刻技艺传承基地、东海海龙水晶雕刻技艺传承基地、东海晶工坊水晶雕刻技艺传承基地、东海县少儿版画传承馆、东海吕剧传承基地、东海桃林酒酿造技艺传承基地、东海老淮猪文化展示馆、东海县桃林民俗展示馆
灌云县	灌云县非物质文化遗产陈列馆、灌云县博物馆非遗展厅、连云港武医推拿疗法传承基地、灌云县潮河湾扑克牌展示馆
灌南县	灌南县非物质文化遗产展示馆、曹氏中药热敷接骨疗法传承基地、朱中学中医针灸展示厅、孙洪香西游记剪纸作品展示馆、汤沟酒酿造技艺展示厅、海州湾白酒酿造技艺传承基地、汪氏魔术传承基地、张店锣鼓展示厅

三 连云港市文旅融合发展的方向

（一）科学规划，推动文化和旅游深度融合

科学规划文化和旅游的融合，推动旅游产业发展。连云港历史悠久，文

化底蕴深厚，拥有"西游文化、镜花缘文化、山海文化、徐福文化"等众多旅游文化。近年来，连云港市的文化和旅游在发展过程中有了较大的融合，但仍显不足，包括旅游项目开发深度不够、文化没有深度挖掘利用等。连云港在未来将进一步推动文化和旅游的融合，推动文旅产业一体化发展。一是通过在景区举办大型文化活动、戏曲大赛等文化体验项目，增加景区的文化内涵和吸引力。二是通过举办连云港之夏旅游节、西游记文化节、"一带一路"音乐节、文化旅游博览会等文化和旅游相融合的会展和节庆，不断总结文旅融合的发展经验，宣传推广连云港文化和旅游品牌。三是因地制宜、科学规划，打造特色风情小镇，目前，连云港市重点打造的"连云港西游记小镇"项目已经进入项目设计方案优化阶段。

（二）提升理念，不断创新特色旅游产品项目

优化旅游产业布局，推出特色旅游产品。一是整合旅游资源和各类要素。目前，赣榆区、连云区正在全市旅游规划的统领下，因地制宜，制定特色旅游项目规划，加快推进主要旅游景区、旅游度假区、滨海旅游、乡村旅游、旅游交通体系的建设。连云港海滨旅游度假区、连岛风情小镇、蓝色海湾基础工程等一批旅游项目建设正在按进度推进，秦山岛景区基础建设已经完成，并通过国家3A级景区评定，后期将逐步对游客开放。二是加大资金扶持，创新发展模式。争取国家和省级旅游专项引导资金，集中力量建设规模化、精品化、特色化的旅游项目，鼓励具有投资潜力的企业参与精品旅游项目开发，加强海上旅游开发，不断将海洋旅游由海滨延伸到海上。三是创新发展模式。"旅游＋"是促进旅游产业转型升级的重要途径，旅游业与体育、工业、农业、健康产业相融合是旅游产业发展的大趋势，近年来，"铁人三项赛"、自行车骑行大赛的成功举办也充分体现了"旅游＋"的优势。

（三）开拓空间，加大旅游资源深度开发

精心包装特色文旅项目，加大文旅项目招商，吸引外来资金介入全市

文旅项目开发。重点打造花果山西游文化旅游。整合渔湾、东磊、孔雀沟等景区以推进山南片区开发，增加西游主题演艺、游乐、购物等体验性产品，打造西游文化产业集聚区。加快发展海洋旅游。整合近岸海域、海岛及渔村，保护性开发秦山岛、竹岛、开山岛、前三岛，形成沿海观光休闲带，加快建设海洋极地馆、主题度假酒店、游艇俱乐部和海上运动等项目，推进连岛创建国家 5A 级景区和国际海岛旅游目的地。全面提升东海休闲旅游。整合东海西双湖景区、水晶产业园和水晶博物馆等资源，大力推进 5A 级景区创建。提升东海温泉开发建设水平，打造温泉旅游风情小镇，创建国家级旅游度假区，形成独具特色的水晶购物、温泉养生旅游目的地。开发旅游商品和文创产品，依托西游、山海资源，打造包括云雾茶、葛粉、紫菜、黑陶、水晶等具有地方特色的旅游产品及文创产品。按照全域旅游标准，推动"厕所革命"从旅游景区走向城市和乡村，全面推进城市主干道、交通枢纽、旅游交通沿线、高速公路服务区、城市公园等区域旅游厕所建设，大力推广"第三卫生间"，为市民和游客提供更多的便利和更好的体验。深入推进停车场、精品酒店等建设，提升旅游体验。在秋冬季策划举办特色旅游节庆活动，以节庆活动的举办集聚人气，带旺传统淡季旅游市场。加大温泉旅游、滑雪旅游、采摘体验等冬季旅游产品开发力度，拉长旅游产业链。

（四）精准定位，加强旅游品牌宣传

宣传旅游城市形象，不断扩大城市知名度。一是整合资源，细化分类。在重点巩固苏鲁沪皖豫、"一带一路"沿线等旅游市场的同时，积极开拓珠三角、环渤海、东三省等旅游市场，强化重点客源城市的旅游宣传。改变传统推介方式，通过文艺演出、文旅互动等新颖的宣传方式，突出蕴藏西游文化、徐福文化等特色文化内涵的连云港旅游。二是搭建平台，加强旅游行业单位间的合作。积极参加国家文化和旅游部、省文化和旅游厅组织的"一带一路"旅游宣传活动，借助国家、省级平台提升连云港旅游品牌知名度。另外，进一步加强与省内区域旅游联合体、淮海经济区旅游联盟和新丝绸之路经济带旅游合作发展联盟单位的联系，共同策划举办以西游文化为主题的旅游宣传推广活动；同时充分发挥连云港全域旅游推广营销联盟、连云港旅游微信联盟、全域旅游首席信息员等机制的作用，鼓励引导旅行社精心策划设计旅游线路，注重整合区域内的旅游资源，形成特色鲜明、主题清晰、内容丰富的旅游线路，并利用旅行社在线路开发、市场推广等方面的优势，建立旅游推销网络，扩大连云港旅游影响力。三是举办特色旅游推介会。通过举办"5·19"中国旅游日惠民宣传活动、连云港旅游文化节、"一带一路"全球经济论坛以及端午、中秋等传统节日的节庆活动，增强游客的体验度，展示连云港旅游"亮点"。四是多措并举，充分利用好传统媒体、OTA网络宣传系统、户外媒体、自媒体等宣传平台，全面拓展推广宣传的深度和广度。

（五）加大宣传，强化城市形象推广

巩固客源市场，依靠品牌力量打造城市形象。深度开发上海、山东、江苏、河南、安徽等旅游客源市场，加大长江三角洲、珠江三角洲、海峡西岸及高铁沿线、邮轮目的地和航班直达地等地区的旅游宣传推广。加强区域文化旅游合作，联合江苏旅游新干线等联盟单位开展联合宣传。发挥江苏女子民族乐团的品牌影响力，持续扩大"苏韵流芬"和"丝路和鸣"两大文化产品出口和国际交流。广泛运用推广"孙大圣"城市宣传LOGO，持续打造节庆活动品牌。围绕花果山、连岛、东海温泉等推出特色鲜明、内容丰富的文化旅游线路，布设文化旅游公益宣传栏。持续做好"连云港号"西游文化城市宣传，推进"连云港·花果山号"高铁冠名，通过央视、网媒、铁路、航空、邮轮以及日韩媒体等开展高位、立体的城市形象推广，全力打造文旅"网红之城"。

（资料来源：连云港市文化广电和旅游局官网及该局相关工作报告，在此致谢！）

参考文献

张英聘:《连云港城市特色与文化意象——以〈连云港市志（1984～2005）〉为视角》,《江苏地方志》2020 第 4 期。

黄梦娜、刘晓春、徐习军:《"一带一路"战略背景下连云港市旅游文化资源的开发与利用》,《淮海工学院学报》（人文社会科学版）2017 年第 6 期。

郭云、张兴龙:《连云港市西游记文化产业化的现状、问题与建议》,《淮海工学院学报》（人文社会科学版）2016 年第 11 期。

王志蔚、穆厚琴、叶川:《连云港旅游业与西游记文化产业融合现状与思考》,《决策咨询》2016 年第 1 期。

许梅、周晓茵、陈磊:《基于慢城理念的连云港市旅游开发的研究》,《旅游纵览》2014 年第 1 期。

许梅:《连云港市环城游憩的初步研究》,《淮海工学院学报》（人文社会科学版）2011 年第 21 期。

B.15
2020年宿迁市文旅融合发展报告

侍非 司然 黄庆香*

摘　要： 宿迁市文旅融合发展态势向好，如打造文旅品牌、建设龙头项目，完善服务设施、拉长产业链条，举办主题活动、推介精品线路，开拓夜间旅游、打造夜经济带，丰富宣传形式、学习先进经验。但是宿迁市文旅融合发展存在规模小等问题，基于此，本文提出如下建议：持续擦亮城市名片、增加城市知名度和美誉度，深耕地方传统文化、聚焦非遗传统体系建设，规范旅游市场秩序、提升公共服务水平等。

关键词： 文旅融合　夜经济带　宿迁市

一　宿迁市概况

宿迁市是1996年7月经国务院批准设立的地级市，辖沭阳县、泗阳县、泗洪县、宿豫区、宿城区、宿迁经济开发区、苏州宿迁工业园区、洋河新区和湖滨新区。位于长三角北翼，北接徐州市，南邻淮安市，东与连云港市接壤，是东陇海经济带上的节点城市、区域中心城市之一、沿海经济带和沿路经济带的重要战略支点之一，面积8555平方公里，人口592.36万。宿迁获得中国人居环境奖城市、中国优秀旅游城市、国家园林城市等称号。宿迁曾

---

* 侍非，宿迁学院建筑工程学院副教授；司然，江苏师范大学人文地理学研究生；黄庆香，江苏师范大学城乡规划学研究生。

是泗水国、钟吾国领域，有着5000多年的文明史和2100多年的建城史，被盛赞为"第一江山春好处"。

2019年底，宿迁共有等级旅游景区49个，其中4A级景区10个。辖区内拥有1处世界级文化遗产（大运河宿迁段），3处国家级文保单位，2个国家级非物质文化遗产，1处国家级自然保护区，4个全国工农业旅游示范点，6个省级工业旅游示范点，9个省四星级乡村旅游区，6个省级自驾游基地，4个省级旅游度假区。

二 宿迁市文旅融合发展态势

宿迁市坚持文旅融合发展，成功获批国家生态园林城市、全国水生态文明城市，湖滨新区入选省级全域旅游示范区、洋河新区入选省级全域旅游示范区建设单位。2019年，接待国内外游客2787万人次，实现旅游总收入336亿元，其中旅游外汇收入1330.33万美元。4A级景区接待游客982.26万人次，旅行社数量达到89家。项王故里、中国酒都、水韵名城等"三张城市名片"彰显魅力。泗阳县、泗洪县获批省生态园林城市，花木、果蔬产业产值突破百亿元。宿迁市成为淮海经济区乃至全国唯一拥有两个国家级现代农业产业园的地级市。骆马湖旅游度假区获得国家旅游度假区创建资格，洋河旅游度假区在全省考核中排名进位显著，洪泽湖湿地公园和三台山国家森林公园5A级旅游景区创建工作持续推进。旅游商品创意开发、地方美食名吃开发、宾馆饭店和文化娱乐场所、旅游集散中心等要素建设和设施配套不断加强。衲田花海音乐季、"心宿情迁"四季游等活动的知名度和影响力显著增加。坚持"文化＋产业""文化＋生态"，统筹文化遗产利用、新兴产业注入，做大做强文旅产业。

（一）打造文旅品牌，建设龙头项目

宿迁市以发展全域旅游为战略统领，以"项王故里 中国酒都 水韵名城"三大城市旅游形象品牌建设为战略重点，加快推进项王故里、酒文化

小镇、骆马湖及古黄河水上游等龙头型项目的优化提升建设,着力打造大运河文化带的重要节点,提升宿迁城市旅游的影响力。

一是"项王故里"品牌打造。梦回西楚,感悟古风情韵,意无穷。以《梦回西楚王朝——千年之恋》为窗口,进一步擦亮"项王故里"名片,以文化为魂,以游、食、娱、憩、文为主题,以多种形式展现西楚人文历史,讲好项王故里文化故事,深度挖掘英雄情怀,把英雄元素充分融入夜经济,聚力项王故里景区文化提升,将其打造成文化基础设施完善、文化拳头产品丰富、文化品牌效应显著、文旅融合发展高质量的苏北文化新高地和江苏省夜间文旅消费集聚区。不断推进文化旅游业态创新,坚持市场化、特色化、品牌化、多元化发展理念,以项王故里景区为依托,以打造夜间特色新项目为着力点,在娱乐休闲、餐饮美食、地摊经济等方面探索夜间经济融合发展模式。融入宿迁当地美食、手工艺品、特色文创等元素,将西楚大街打造成为特色美食休闲街区,展现美丽、精致、从容、拼搏、多元、兼容、生态的现代美食街,展现"下相不夜城欢乐购"的品牌形象。

二是"中国酒都"品牌打造。以开发酒文化旅游产品为抓手,致力打造传承酒之风骨的活力酒都,瞄准千亿级酒产业目标,大力实施酒业倍增工程,全力打造深度融合、协同发展的现代产业体系,推动宿迁文化旅游业高质量发展。洋河新区积极开展省级、国家级全域旅游示范区创建工作;启动洋河酒文化省级特色小镇创建工作;推进洋河酒厂文化旅游区提档升级和创建国家5A级景区工作。加快推进酒镇客厅、中国白酒活态博物馆群、南大街特色街区、御酒庄园、世外酒村和汉匠坊酒庄等项目建设;着力酒文化旅游园区建设,推动白酒酿造、食品加工、医药科技、创意设计等生产类企业向游客开放;丰富酒文化旅游产品体系,围绕白酒文化,打造更多的白酒健康衍生产品,发展养生度假游、研学游,扩大洋河酒文化旅游影响力。丰富"酒厂、酒镇、酒村、酒街、酒庄"的组织形态;形成融名酒古镇、酿酒基地、酒庄酒街、技艺展演、文化传承、康养旅游于一体的"中国酒都"文旅发展格局,成为"飘着酒香、沐着酒韵"的酒都名城。

三是"水韵名城"品牌打造。宿迁是全国唯一拥有两大著名淡水湖——

洪泽湖、骆马湖以及两大著名河流——京杭大运河、古黄河的设区市,是名副其实的水韵名城。宿迁市以水韵为魂,以购、食、逛、娱为主题,举办夜市购物、水上大型激光秀、啤酒广场、音乐会、滨水广场花园微文艺展演等主题活动,参展"水韵江苏·相约澳门"江苏文化嘉年华,向澳门市民展示源远流长的楚文化和水韵名城的生态之美。沭阳县围绕"花木之乡、花园城市"品牌,推动城市精致建设;泗阳县围绕"平原林海、最美县城",提升城市品质内涵;泗洪县围绕"湿地之都、水韵城市"品牌,打造魅力水城。

(二)完善服务设施,拉长产业链条

旅游配套设施关乎游客的旅游体验。宿迁市不断完善文旅配套设施,提升服务品质和能级。出台《宿迁市中心城市景区(点)道路交通指引标志布局规划》,改造和提升旅游交通标识,引导重点景区和乡村旅游点实现WI-FI全覆盖。推进"旅游厕所革命",新建、改建旅游厕所300多座,增设母婴休息室、ATM取款机等便民便客服务设施。推动智慧旅游建设,构建旅游公共信息平台,与携程网、同程网、途牛网、飞猪网、马蜂窝联手打造"宿迁旅游网上旗舰店"。积极开展酒文化创意产品、商品研发,打造产品丰富、特色明显的旅游购物体验店。扎实推进各类文博场馆、旅游景区(点)功能优化提升,分别增加文化惠民、旅游功能等服务类别,打造主客共享空间。指导各类景区(点)、文博场馆智慧旅游建设,探索推出VR/AR线上产品,提升游客游览的舒适度和便捷度。

按照《宿迁市旅游商品提升行动方案》,高标准规划建设省级旅游度假区游客集散中心,完成洋河旅游度假区全域旅游发展规划修编工作。洋河酒厂文化旅游区完成酒道馆、大师园、产品体验店、生态停车场、新游客中心等项目建设。洪泽湖湿地游步道、休息设施、车船设备、观景等配套设施全面提升。三台山国家森林公园按5A级景区创建方案持续提升,完成景区东西两个3A级厕所的改造、游客中心标识提升、智慧票务系统升级、停车场方案制订及天和塔区域道路改造等工作。培育特色酒店、地方餐饮名店、美

食特色街区等，开发"项府家宴""三台山鲜花宴"等特色餐饮品牌，研发"江山一统瓶""麻雀也能喝三两"特色酒具、最美宿迁、下相味道、骆马湖大白刺、湖畔鲜礼等特色旅游商品。将恒力大酒店、宿迁国际饭店等十余家酒店纳入现代服务业登高计划予以重点扶持。梧桐印象建成三星级旅游餐馆，泗洪维也纳酒店和洋河贵宾馆建成三星级旅游饭店。指导星辰国际酒店和宿迁国际饭店创建绿色旅游饭店。宿迁文旅融合发展新兴业态见表1。

表1　宿迁文旅融合发展新兴业态

新兴业态	业态内容
文旅 + 运动	骆马湖水上运动基地、平原林海自驾游运动基地、洪泽湖国际垂钓运动基地
文旅 + 工业	洋河酒、双沟酒、骆马湖大闸蟹、临淮渔家风情美食
文旅 + 农业	玫瑰博览园、洋河农业嘉年华园、海棠苗木基地、宿城区利华农业生态园、梨园湾
文旅 + 经贸	与京东、淘宝、百度、网易、当当、途牛等知名电商合作;建成 2 个国家级"电商县",8 个省级电商示范基地,97 个省级以上农村电商示范点
文旅 + 康养	三台山颐养园、洪泽湖湿地温泉度假村、泗洪温泉度假村、沭阳古栗林旅游度假区

推进"文旅 + 产业"的融合，拉长产业链条。开拓运动、休闲等新业态，加快三台山国家森林公园户外运动基地、骆马湖水上运动基地、平原林海自驾游运动基地、洪泽湖国际垂钓运动基地等项目建设，打造一批体育、旅游和生态充分融合的时尚体育运动基地。推进三台山颐养园、洪泽湖湿地温泉度假村等载体建设，打造集"医、养、游"功能于一体的健康医疗旅游示范基地。启动洋河酒厂文化旅游区国家工业遗产旅游基地创建工作，丰富酒文化旅游产品体系，开发白酒健康衍生产品，发展养生度假游、研学游，初步形成"滨湖休闲、森林度假、运河文化、半岛田园"等一系列休闲度假产品。做足做透"酒 + N"文章，成功推出"东哥家乡礼""洋河微分子·微客宿迁""印象宿城"等旅游特色商品品牌。洋河新区以规模以上企业培育为重点，打造"酒 + 产业"新高地;以发展文旅融合为方向，打造"酒 + 旅游"目的地;以新生活方式为引领，打造"酒 + 生活"示范区;

以文化载体建设为支撑，打造"酒 + 文化"特色区。

强化"农旅融合"，鼓励休闲观光农业主体争创品牌，推动休闲观光农业成长为乡村发展新引擎。政策引领，出台《宿迁市生态高效农业倍增计划》《关于加速新一轮结构调整发展生态高效农业的意见》《关于加快推进全市休闲观光农业发展的指导意见》，增强休闲观光农业发展推动力。宿豫区和沭阳县分别获得全国休闲农业与乡村旅游示范县（区）称号，宿豫区杉荷园等 7 家企业获得全国休闲农业与乡村旅游星级企业荣誉称号，沭阳县新河镇双荡村等 15 个村（居）成功创建省休闲观光农业精品村。

（三）举办主题活动，推介精品线路

坚持主题引领、节庆筑台、加快文旅融合发展。坚持举办中国酒都（宿迁）文化旅游节、骆马湖沙雕节等年度特色节庆活动，参加国际运河城市文化旅游精品展、大运河非遗展、大运河美食嘉年华等会展，举办运河沿线骑行活动、房车巡游、美术家采风写生、剧目创作采风、三台山国家摄影基地采风、百万游客游宿迁暨衲田花海音乐季等文旅活动。印发《宿迁市旅游商品引导资金管理办法（试行）》，设立旅游商品引导资金，用作引导全市旅游商品研发和营销的专项资金。发展文创产业，举办 2019 年创意旅游商品评选活动，征集 200 余件参评作品。加大地方特色餐饮推介，网评 10 道"游客最喜好的特色菜肴"和 10 家"游客最喜爱的特色餐饮店"。项府家宴迎宾宴被省餐饮协会评为"大运河美食名宴"，骆马湖鱼头饺子、黄狗猪头肉获评"大运河地标美食"。

中国酒都（宿迁）文化旅游节，以"春暖酒都，梦圆宿迁"为主题，把美酒、文化、旅游融合在一起，开展文化交流和经贸洽谈。"金秋百万游客游宿迁"暨三台山"衲田花海音乐季"活动，围绕"欢乐休闲游、民俗文化游、丰收美食游、亲子研学游"四大主题，推出特色旅游活动、旅游惠民政策和精品旅游线路。三台山"衲田花海音乐季"包括 11 场音乐会，分为国际级视听交响、中华民族传统乐曲、地方非遗文化节目、少儿团体协奏四大篇章；"运河名城，醉美宿迁"宿迁市艺术家专题采风活动包括戏剧、曲艺、

歌舞、书画、摄影等7个艺术门类。地方性的"花卉 + 文化"系列活动包括中国宿豫梨花节、沭阳刘集海棠节、泗阳县桃花节等。"旅游 + 体育"系列活动有全国平原林海自行车公路赛、向阳湖休闲垂钓竞技赛等。

围绕城市旅游名片，推介旅游精品线路。依托三台山国家森林公园、项王故里等核心景区，围绕酒文化、西楚文化、运河文化、生态休闲等主题策划推介精品旅游线路产品。制作宿迁旅游精品线路手绘地图，推出 10 条旅游精品线路，包括文化品鉴之旅二日游、亲子研学之旅二日游、休闲度假之旅二日游、"醉美宿迁"酒都风情一日游、"水韵宿迁"亲子休闲二日游、"魅力宿迁"西楚文化三日游、"不忘初心"红色之旅二日游和运河风情之旅三日游等，推动"一日游"向"多日游"、"度假游"转变。在"心宿情迁"四季游产品发布活动中，每季度发布旅游精品线路，为游客出行提供更多优质旅游项目。按照江苏省"千年运河，水韵江苏"旅游产品开发工作要求，以运河文化为核心，提升项王故里、洋河酒厂文化旅游区、皂河龙王古镇等重点项目，打造大运河重要旅游目的地城市。"苏北红色记忆·运河文化之旅——宿迁、徐州 3 日游"线路产品，成功入选十条大运河文化旅游精品线路。

表 2　宿迁市特色文旅精品线路

类型	内容
酒文化旅游线	洋河古镇、洋河酒厂文化旅游区、双沟酒厂文化旅游区
西楚文旅旅游线	项王故里、沭阳县虞姬公园
运河文化旅游线	龙王庙行宫、皂河古镇
生态休闲旅游线	湖滨公园、洪泽湖湿地国家级自然保护区、三台山国家森林公园、泗洪洪泽湖生态旅游区
红色文化旅游线	宿北大战纪念馆、朱瑞红色文化旅游区、沭阳淮海抗日根据地纪念馆、程道口战役纪念馆、朱家岗烈士陵园、新四军第四师师部旧址

（四）开拓夜间旅游，打造夜经济带

出台《"酒都不打烊"夜经济工作实施方案》。宿迁的"夜经济"，就

211

是以"酒都不打烊"为主品牌，创建"惠购两天半""下相不夜城""月美古黄河"等特色品牌，涵盖美食、购物、旅游、文体等多个领域，以酒为题，以酒欢聚，通过"夜经济"，让酒都亮起来。通过打造"3＋N——一水一城一都多节点"夜间经济带，深化文旅融合，促进旅游经济增长。

《宿迁市"十三五"旅游业发展规划纲要》提出培育发展夜间旅游产品，重点依托骆马湖、古黄河、大运河等水体及岸线资源，发展"月光经济"，开通夜游观光公交车、夜游船，形成水陆两条夜游线路，延长游憩时间，增加游客有效消费，带动宿迁旅游产业发展。《宿迁市中心城市旅游发展规划》提出夜间旅游着重依托中心城区休闲生活环境进行发展，重点打造一条滨水夜景岸线、一场主题灯光表演、一条特色夜生活街区，形成夜生活综合服务区。

开发古黄河夜游线路和产品。编制古《黄河水上旅游项目规划》，以项王故里为夜间地标景点，开放古黄河夜游线路，市政府至项王故里之间河段建设滨河夜生活时尚和城区夜晚新中心。筹备夜间文化演艺活动，支持和引导印象黄河、水景公园、项王故里等景区景点推出夜间文化演艺活动。通过结合本地特色的传统艺术表演，如柳琴戏、淮海戏、泗州戏、洪泽湖渔鼓等艺术表演形式，推出一批夜间旅游演艺项目，吸引游客。依托城市水域、地标建筑、重点景区，逐步发展骆马湖水上实景演出、古黄河沿线非遗文化表演等，打造"霸王别姬"音乐灯光秀，提高项王故里夜间旅游服务水平。围绕打造宝龙24街等夜生活活跃区，组织开展街头微文艺展演活动，进一步提升夜间经济业态。探索音乐会、啤酒节、城市露营、夜跑等大众喜爱的活动，引导夜间生活，提高游客参与度。

（五）丰富宣传形式，学习先进经验

制定旅游市场营销政策及城市形象宣传方案，加大市场营销力度。组织重点旅游景区和文创企业参加澳门第七届国际旅游博览会、台湾高雄夏季旅游展、苏州国际旅游展、亚洲文化旅游展等境内外各类旅游展会。冠名"项王故里 酒都宿迁"北京至上海高铁列车，通过车身外彩贴、枕巾、小桌板、车厢海报、品牌天幕、语音播报等方式展现宿迁特色，深度覆盖华东、华北重点旅游客源市场。与CCTV发现之旅频道《发现中国美》栏目组合作策划拍摄文化旅游形象宣传片。在抖音平台开展"宿有千香"系列产品直播推广活动；打造微博微信新媒体阵地，与速新闻、今日头条、宿迁手机台等知名手机App媒体合作，与新华网、网易、宿迁之声、宿迁论坛等主流网站、微信、微博资源合作，针对重要节赛活动开展宣传营销。

政府考察团赴四川省泸州市考察酒都产业发展，吸收泸州在白酒产业发展、文旅融合、城市建设和酒文化传承等方面的经验和做法；赴徐州博物馆交流学习，签署资源共享协议，定期开展文物合作展览；邀请扬州知名曲艺人士到宿迁演出，促进运河文化带沿线城市间的历史传承和文化沟通。

三 推进宿迁市文旅融合发展的几点建议

宿迁市的文化旅游经济总体规模较小，多依靠历史遗迹、自然风光、人造景观、乡村休闲，文化附加值较低。文旅融合处于起步阶段，骆马湖国际沙雕节、衲田花海音乐季、"心宿情迁"四季游等活动文化融入度不足；体验式农庄、旅游特色村、各类花卉蔬果展会为载体的农旅融合规模不足；旅游产业与文化产业融合较好的如宿迁泗阳县中国杨树博物馆、宿迁市宿北大战纪念馆、宿迁市中国粮食博物馆等，属于公益性质载体，经济效益无法体现；骆马湖及古黄河水上游、项王故里等龙头型项目建设还有待完善；围绕旅游六要素"食宿行游购娱"等相关配套设施建设有待进一步加强；市内各个景点互动交流不足，文化旅游精品路线的体验性和吸引力不足，文创产品开发的产业化规模和市场化效应不足。总之，距离文旅一体、产业文化的文旅融合高级阶段还有一定的距离。宿迁市的旅游市场及影响力局限于长江三角洲地区，本土文化的彰显力还不足，项羽故里、洋河酒都的传播效应不足，迫切需要进一步强化"城市名片"宣传，聚焦产业产品，提升公共服务水平。

（一）持续擦亮城市名片，增加城市知名度和美誉度

持续擦亮中国酒都、项王故里、水韵名城三张城市名片。坚持以文旅融合、全域统筹视角谋划旅游业发展，着力建设新型旅游目的地城市。充分发挥千古酒乡的品牌优势，推动酒文化与城市设计融合。加快建设一批独具酒韵的城市建筑、城市小品，把洋河新区打造成酒文化的核心区。推动酒文化与旅游产业融合，开发适合游客体验、消费的酒文化项目。深入挖掘酒文化内涵，命名一批城市标识，开展一批文艺创作，举办一批时尚活动，建设酒文化博物馆，开发酒文化旅游精品路线，全面打响宿迁酒都品牌、加快酒文化与旅游融合。

深入推进洪泽湖湿地公园、三台山国家森林公园 5A 级景区创建。将历史文化、大运河文化等各种文化元素融入旅游发展。发挥大运河和古黄河"两河贯城"资源禀赋，实施大运河文化带景观、古黄河风光带景观提升工程，打造"两河"城市标识。策划一批精品线路，从产品碎片化向产业系统化转变。连接项王故里、洪泽湖湿地公园、成子湖旅游度假区、三台山国家森林公园等景区。精心策划乡村文化旅游、大运河和古黄河文化旅游、红色文化旅游、名人文化旅游、山水文化旅游等旅游线路。强化品牌推广，高质量持续办好"国际生态四项公开赛"、衲田花海音乐季、"心宿情迁"四季游等活动，推动旅游宣传营销向品牌化跃升。

（二）深耕地方传统文化，聚焦非遗传统体系建设

深挖地方文旅资源，策划文旅项目，凝聚文化和旅游发展新合力，提升旅游业的文化内涵、旅游产品的文化品质以及广大游客的文化体验。举办非遗讲座、手工讲堂、展示展览，推介非遗图书，制作非遗漫画，开展进基层、进校园等活动，让更多市民认识非遗、爱上非遗，为弘扬中华优秀传统文化，营造保护文化和自然遗产的良好社会氛围；以积极构建优秀传统文化传承体系为目标，促进"非遗＋文化""非遗＋旅游"等融合发展，积极开发传统和民俗旅游商品，推动非遗项目在旅游景区设立"非遗工坊""非遗

传承基地"，培育一批融合性强、文化特色明显，可以体验互动的情景式非遗项目活态传播场所，打造非遗文化传承和发展的核心区。

加强物质、非物质文化遗产保护，将非物质文化遗产的重点工作从"重申报、轻保护"向"重申报、重保护"转变；加大旅游产业融合开发力度，贯彻可持续发展理念，增加文创产品、体验产品与项目、高端定制产品，增强文化旅游产品特色化；整合社会资源，对非物质文化遗产产品创意开发、现代包装营销、新媒体推广等问题，邀请旅游、设计、新媒体、文创等行业代表进行合作交流，借助大运河文化带城市非遗展等重大活动进行宣传，举行文化旅游推介会。

（三）规范旅游市场秩序，提升公共服务水平

规范旅游市场秩序，提升公共服务水平。建立旅游、公安、工商、交通、物价、应急等部门联动执法机制，每季度开展"双随机"旅游执法检查和"一日游""出境游"专项整治，重点打击"低价游"等损害地方旅游品牌和品质的旅游行为和超范围经营行为。开展骆马湖旅游度假区相对集中行政处罚权试点工作，综合解决旅游市场监管中的问题，推动旅游监管水平提升。

满足游客合理诉求。将文明旅游、游客满意度评价列入旅游业发展年度目标考核。提高从业人员服务水平，营造安全便利、舒适有序旅游环境，提升游客对宿迁旅游的认同感和满意度；开展系列文化惠民活动，切实加强和优化公共文化服务措施，努力提高公共服务质量和水平，包括活动提质、服务延伸、品牌优化、机制创新、功能拓展等。以项目为抓手，开展全年公共文化服务效能提升工作，加快图书馆、文化馆、博物馆的公共服务质量的提升。

（资料来源：宿迁市文化广电和旅游局官网及该局相关工作报告，在此致谢！）

参考文献

顾雅敏、张浩欣、万承承、鲍新琳：《休闲农业与乡村旅游融合发展的路径探索——以宿迁市为例》，《产业与科技论坛》2020 年第 13 期。

吴宪霞：《宿迁旅游现状及品牌特征研究》，《西南林业大学学报》（社会科学）2019 年第 2 期。

于学洪：《关于推进大运河宿迁段文旅融合发展的建议》，《宿迁日报》2019 年 7 月 14 日。

吴宪霞、严敏：《基于文化软实力的旅游目的地品牌文化营销战略——以宿迁市为例》，《重庆城市管理职业学院学报》2019 年第 1 期。

叶露明：《宿迁旅游的发展现状及对策分析》，《智能城市》2017 年第 4 期。

佚名：《宿迁：打造四大旅游名片 奋力建设国内知名旅游目的地城市》，《群众》2016 年第 8 期。

B.16
2020年商丘市文旅融合发展报告

李学鑫　司然*

摘　要：　商丘市文旅融合发展呈现文旅品牌引领、发展新业态、打造精品线，开拓夜间文旅经济和全民艺术普及活动等特点。针对文旅融合发展中的问题，本文提出深耕文旅品牌、完善配套设施，传承优秀文化、保护开发资源，延长产业链条、开拓文旅业态等建议。

关键词：　文旅融合　汉文化旅游景区　商丘市

一　商丘市旅游文化资源概况

商丘市，简称"商"，位于河南省东部、苏鲁豫皖接壤地，是国家历史文化名城、中国优秀旅游城市、国家文明城市、国家园林城市、全国绿化模范城市。下辖夏邑县、虞城县、柘城县、宁陵县、睢县、民权县、梁园区、睢阳区等6县2区，1个省直管县级市永城市和城乡一体化示范区商丘新区，总面积10704平方公里，2019年户籍总人口930万。商丘地理区位优越、交通辐射多向，是全国区域流通节点城市之一，国家"八纵八横"高铁网交汇城市之一，国家发展改革委、交通运输部命名的国家物流枢纽承载城市。商丘市煤炭资源丰富，是全国重要的粮食生产基地。2019年，商丘市实现地区生产总值2911.20亿元。

---

* 李学鑫，博士，商丘师范学院测绘与规划学院教授；司然，江苏师范大学人文地理学研究生。

（一）五千年悠久历史，增辉中华灿烂文明

商丘历史悠久，早在原始社会时期，就有人类的活动。距今约一万年前后，燧人氏居商，发明了人工取火，推动人类结束茹毛饮血的蛮荒时代。国家级重点文物保护单位——王油坊古文化遗址被学术界认为"河南龙山文化王油坊类型"。商丘是传说时期高辛氏帝喾的生活地区，是先商时期、商朝前期和周朝宋国的都城，是商部族的起源和聚居地、商朝最早的建都地、商人商品商业的发源地、商文明的诞生地，有"华商之源"的美誉。帝喾高辛氏年十五而佐颛顼，三十登帝位，都亳（今睢阳区南）。尧之弟契封于商丘，舜帝嫡子商均封于有虞。西汉至西晋时期的梁国建都于商，北宋开国皇帝赵匡胤因发迹于商丘，称顺应天命，所以到了宋真宗景德三年（1006）改宋州为应天府，大中祥符七年（1014），又升名为南京，与首都东京开封、西京洛阳、天京大名合称"四京"，居于陪都地位。北宋灭亡，康王赵构于1127年五月在南京登基建立南宋，商丘又成为南宋初年的都城。唐末五代后唐，商丘开始称归德。商丘古城是国务院命名的全国历史文化名城，考古发掘证实，商丘有着5000年的历史文化积淀。

（二）文化丰富多元，商宋文化领风骚

商丘是中华文明的重要发祥地之一，文化丰富，灿烂而多元，古商文化、火文化、宋国文化、老庄文化、孔祖文化、汉梁文化、木兰文化、微子文化、红色文化等，如日月星河，灿烂夺目。其中，古商文化和宋国文化是商丘在全国最具代表性的两大文化品牌，是商丘地方文化的代表。商丘是殷商文化之源。商的始祖契所居之商就是今天的商丘；商先公的主要经营地在商丘一带；商先公曾八次迁徙，其中五次与商丘有关。商丘是商族的发祥地、商业的发源地、商朝立国的主要根据地。宋国是商纣王庶兄微子启的封国。《论语·微子》中微子与箕子、比干被称为"殷之三仁"。西周分封，封微子于宋，使殷商遗民又回到了他们的老根据地——商朝的发源和建立地，春秋时期的宋国是"中华圣人文化"的源头，处于中国传统文化核心

地位的儒家、道家、墨家、名家四大学派皆出自宋国。诸子百家中，孔子的祖居之地，老子、庄子、墨子的故里均在商丘周边200公里以内。宋国文化作为一种独特的区域文化，直接继承了商文明的主要内容，间接汲取了周文化的某些内涵。商丘的商宋文化是中原文化、黄河文明的代表，也是炎黄文化和中华文明的时代缩影。

（三）优秀传统薪火传，孕育名人辈出

商丘人杰地灵，名人辈出。在这里生活过的有发明人工取火的燧人氏，天下文字始祖仓颉，五帝中的颛顼、帝喾，中华火神阏伯，中华酒祖杜康（少康），商业之祖王亥，商朝创立者商汤，宋国第一君微子启，大成至圣先师孔子，墨学创始人墨子，老庄学派创始人庄子，西汉名相申屠嘉，汉朝开基功臣灌婴，轻死重义的栾布，中华神医华佗，著名文学家江淹，"天下文官祖"沈鲤，清比海瑞的宋缅，文学家侯方域，清初廉吏汤斌，"清廉为天下巡抚第一"的宋荦等。帝王将相在这里演绎了波澜壮阔的历史，圣贤先贤在这里创造了光辉灿烂的优秀文化，为中华民族的发展做出了卓越贡献。

（四）文物古迹星罗棋布，人文旅游资源丰富

商丘市现有世界文化遗产2处（通济渠商丘南关段、通济渠商丘夏邑段）、国家级非物质文化遗产3项（四平调、木兰传说、麒麟舞），国家级文物保护单位15处，省级文保单位46处；国家5A级景区1处（芒砀山汉文化旅游景区），国家4A级景区4处（商丘古文化旅游区、商丘日月湖景区、淮海战役陈官庄纪念馆景区、睢县北湖景区），国家3A级景区8处，5个国家级湿地公园。拥有包括商丘古城、芒砀山汉梁王墓群在内的不可移动文物1.6万多件。其中，商丘古城，城墙、城湖、城郭三位一体，外圆内方，形似古钱币，风格独特、脉络清晰、格局完整，被考古界、文化界和建筑界誉为"古城建筑博物馆"；永城芒砀山梁共王刘买陵内遗存的《四神云气图》，早于敦煌壁画630余年，被国内外考古专家赞誉为"敦煌前之敦

煌、敦煌外之敦煌"。星罗棋布、熠熠生辉的人文景观及名胜古迹，为商丘发展文化旅游业提供了丰厚的基础。

二 商丘市文旅融合发展现状

商丘市以建设"文化旅游强市"为目标，以创建"国家全域文化旅游示范区"为抓手，以文化旅游供给侧改革为主线，保护传承中华元典文化，弘扬黄河文化并创造性转化、创新性发展，打造"殷商之源·通达商丘"城市品牌和"游商丘古都城·读华夏文明史"文化旅游品牌，加快推进文化旅游高质量发展。

（一）确立"游商丘古都城·读华夏文明史"文旅品牌

商丘是中华文明的发祥地之一，有5000多年的文明史，历史脉络清晰，千年绵延从未中断过。商丘以其文化起源的独特性、厚重的思想本源、丰厚的内涵底蕴，逐步确立"游商丘古都城·读华夏文明史"文旅品牌，建设"殷商文化"和"商丘古都城文化"传承创新发展区，凝练文化精髓，建设精品景区，将文化旅游发展与地域性、多元性、民族性、艺术性等多方面因素融合，构筑华夏历史文明商丘传承创新样板区。

游商丘古都城，一城阅尽五千年。商丘是商部族的起源和聚居地、商朝最早的建都地、商人商品商业的发源地，也就是商文明的诞生地。殷商文化起源于商丘、兴盛于安阳。以弘扬发展殷商文化为重点，推进商丘古城宣传营销品牌建设和商丘古城修复性保护展示工程建设。深度挖掘、系统梳理商丘古都城的历史沿革、精粹内涵、文化肌理、风俗民情、轶闻传说等，整合全市各县（市）区独具特色的火文化、朱襄文化、庄周文化、葛天文化、汉梁文化、木兰文化、圣贤文化、根亲文化、廉洁文化、忠烈文化等商丘文化资源，带动全域文化旅游业发展，实现文旅融合新发展。成立商丘殷商文化研究会，进一步挖掘殷商文化的丰富内涵，聘请北京大学考古文博学院教授、"夏商周断代工程"项目首席科学家李伯谦等人担任研究会顾问，编撰出版《殷商文化研究》系列辑刊，阐释殷商文化蕴涵的优秀文化基因、思想精髓、道德追求、人文精神和现代价值。

塑商丘精品工程，读华夏文明史。以商丘古都城景区、永城芒砀山汉文化旅游景区、黄河故道生态文化旅游景区为重点，实施文化旅游精品工程。全面梳理商丘历史文化资源，将炎帝、燧人氏、颛顼、帝喾、微子、木兰等文化符号联结起来，将商丘的自然景观和人文精神有机结合起来，打造殷商文化的溯源之旅、商丘古城的游玩之旅、汉梁文化的体验之旅、黄河故道的休闲之旅、农耕文化的乡愁之旅，持续推进"游商丘古都城、读华夏文明史"文化旅游品牌传播，实现以文旅为核心的全域旅游发展。

（二）发展文旅融合新业态，推介精品旅游路线

近年来，商丘市以全域旅游、乡村旅游、生态旅游、智慧旅游为引领，实施产业开发和带动战略，促使旅游产品的结构优化、调整和产业提档升级，发展文旅融合的新业态。积极推进以芒砀山景区为中心的汉文化旅游景区、以商丘古文化旅游区为中心的商丘古文化景区、以淮海战役陈官庄纪念馆为代表的红色旅游景区和以日月湖、黄河故道国家森林公园为重点的生态景区建设。加快柘城容湖生态旅游区、太丘生态民俗文化旅游区等旅游景区和体育、旅游、生态融合，形成时尚体育运动基地。目前，商丘市建成全国休闲农业与乡村旅游示范县1个（民权县）、全国休闲农业与乡村旅游示范点1个（宁陵县刘花桥）、中国美丽田园1个（宁陵县刘花桥梨园）、中国最美休闲乡村2个（夏邑县太平西村、夏邑县歧河乡青铜寺村）、中国乡村旅游模范村2个（梁园区刘口乡张庄村、虞城县田庙乡刘杨庄村）、全国乡村旅游重点村1个（民权县北关镇王公庄村）、省级乡村旅游示范乡镇3个，省级乡村旅游特色村25个，省级乡村旅游示范村2个，省级乡村旅游示范农庄5个。芒砀山景区荣获河南省"五钻级智慧景区"称号。2019年，商丘市（不含永城市）全年共接待国内外游客2343.92万人次，比上年增长45.8%。实现旅游总收入53.4亿元，比上年增长56.4%（见表1）。

表1　2019年淮海经济区城市旅游总收入

单位：亿元

城　市	总收入	城　市	总收入
徐　州	854.16	济　宁	873.15
宿　迁	587.93	菏　泽	220.92
连云港	336	枣　庄	245.39
宿　州	214.02	临　沂	851.41
淮　北	126.1	商　丘	53.4

　　依托商丘的文化资源（见表2），推介精品旅游线路（见表3）。商丘积极开发独具特色的历史文化之旅、绿色生态之旅、红色记忆之旅、田园风光之旅、科普研学之旅等精品旅游线路；打造殷商文化的溯源之旅、汉梁文化的体验之旅、商丘古城的游玩之旅、黄河故道的休闲之旅、农耕文化的乡愁之旅。

表2　商丘市国家A级景区和湿地公园

景区等级	景区名称
5A	芒砀山汉文化旅游景区
4A	商丘古文化旅游区、商丘日月湖景区、淮海战役陈官庄纪念馆景区、睢县北湖景区
3A	庄子文化旅游景区、商丘黄河故道国家森林公园、柘城容湖生态旅游区、睢杞战役纪念馆、承匡古城景区、太丘生态民俗文化旅游区、王公庄文化旅游景区、夏邑县长寿文化景区
2A	白云禅寺景区、袁家山景区、睢县东关清真寺景区、郭土楼乡村旅游景区
国家湿地公园	民权黄河故道湿地公园、柘城容湖国家级湿地公园、睢县中原水城国家级湿地公园、虞城周商永运河国家级湿地公园、梁园黄河故道国家级湿地公园

表3　商丘市文化旅游特色线路

线　路	主要景区
历史文化游	芒砀山景区、商丘古文化景区、殷商文化博物馆、宋国故城考古遗址公园
红色文化游	淮海战役陈官庄纪念馆、睢杞战役烈士陵园、彭雪枫纪念馆
生态文化游	日月湖、黄河故道国家森林公园、柘城容湖国家级湿地公园、睢县中原水城国家级湿地公园、虞城周商永运河国家级湿地公园

（三）开展全民艺术普及活动，开拓夜间文化旅游经济

2020年3月，永城市举办了第二届全球文旅创作者大会之"老家河南"美好春游季（永城芒砀山站）启动仪式，发布了"老家河南"美好春游季期间芒砀山旅游区优惠政策。开展汉服秀、非遗演出"莲花落"、大汉婚礼秀、非遗演出"傩仪祈福"等传统文化节目的展演。邀请来自全国各地的文旅达人、主流新闻媒体到夫子山景区玻璃栈道、僖山景区（高空蹦极）、玻璃吊桥等地进行打卡体验和作品创作。邀约国内外文旅创作者、省内外各大媒体等，深入当地，从"山水风景""豫味美食""非遗传承""民俗风采""美丽乡村"等角度进行采风创作。

商丘市积极发展全民艺术普及活动，举办商丘淮海大书场活动、"传承非遗文化，绽放文艺奇葩"文艺汇展、"鉴古辨真"鉴宝活动、文化创意展现场体验活动、商丘人共游文化创意展、文化创意展路演活动；举行"欢乐中原·文明商丘"群众文化活动、夏季广场文化演出活动、春节文化活动、舞台艺术送农民活动、红色文艺轻骑兵活动等。2020年8月，河南省第七个全民艺术普及周启动仪式在商丘市日月湖景区举行，围绕"讲好黄河故事，奏响文旅乐章"主题，开展各类文艺演出、展览、培训、讲座、文化下乡等活动。麒麟舞、肘歌、竹马舞、舞龙舞狮、歌舞、戏曲等全省性群众文化活动与景区相结合，线上与线下相结合，"文化＋"旅游景区融合发展，探索景区发展和艺术普及的新形态。

开拓夜间文化旅游经济。围绕"丰富夜间生活、促进夜间消费、打造不夜城"主题，进一步优化旅游资源，打造"夜游"景区；完善多元业态，打造"夜购"商圈；汇聚传统美食，打造"夜食"街区；丰富文化生活，打造"夜娱"高地，切实满足游客、群众多元化消费需求和对美好生活的向往。出台实施促进夜间经济发展的政策措施，全市夜间消费潜力得到极大释放，夜间经济实现快速发展。同时，各县（市、区）充分发挥资源优势，深度挖掘消费潜力，围绕"吃、住、行、游、购、娱"等业态，立体化打造一站式夜间经济样板，涌现出了帝和广场、虞城马牧街、柘城榕湖、宁陵

清水河等一批深受游客、群众喜爱的特色夜市和夜间消费集聚区，有力地促进了文旅融合。夜间文化旅游经济有时尚购物、特色餐饮、名优特产、文化娱乐、玉石字画五大业态，建设各类商户展位300多个，销售众多特色鲜明的商丘产品，如农家紫薯、粉条、新鲜瓜果、挂面、芝麻叶、汉梁王酒、贾寨豆腐干、诚实人食品、马家牛肉等。

三 推进商丘市文旅融合发展的几点建议

商丘市汇聚了汉文化、火文化、商文化、木兰文化、黄河运河文化等精品文化，但是商丘市缺少一个标志性和在全国影响力显著的旅游品牌，同时在"商文化"和"汉文化"的协同发展中顶层设计不够。作为商文化的发源地，商丘本身的商业却并不发达，经济实力一般，难以撑起商业城市的称号。商丘市的文化旅游产业链较短，缺少一批有特色的文化产品，旅游产业服务支撑乏力，难以对游客形成较强的吸引力，来商的游客也多是附近短途游客，走马观花的游览，以"一日游"为主。同时，商丘市主要景点周边的配套设施少，交通条件相对落后。另外商丘的文化景点以分散经营为主，各自管理。缺少景点之间的串联。零散化的文化旅游管理让游客的旅游体验欠佳。缺少文化旅游产业的整合，商丘市的文旅融合、旅游经济就难以做大做强。

商丘市应该积极抓住国家全面推进优秀文化保护传承和发展的契机，大运河文化生态带、黄河文化带建设发展机遇，打造好文旅品牌，推进文旅深度融合。

（一）深耕文旅品牌，完善配套设施

商丘目前正处在文旅融合发展的初期起步阶段，正面临着文旅融合发展的重要机遇期，"黄河文化生态带""大运河文化带"建设等国家战略应时推进。

商丘现留存有140多公里生态故道，是黄河文化密不可分的重要组成部分。商丘市应当抓住黄河生态保护和高质量发展的重大战略机遇，以生态文化旅游廊道为重点，推动黄河故道山水林田湖草一体保护，生态文化旅游一体推进。将散布在黄河故道沿线的火文化、微子文化、圣人文化、汉梁文化、忠烈文化、红色文化等文化业态串点连线，全线、全景、全业展现"殷商之源、黄河文化"。

商丘是隋唐大运河的行运之地，现存两处世界文化遗产；要依托中国大运河通济渠商丘南关段、夏邑济阳段，加强沿线生态保护和文化标识建设，打造商丘大运河国家考古遗址公园。要培育"运河+"融合新业态，提质升级旅游业态。

深入挖掘文旅资源，策划文旅项目，不断增强"殷商之源，通达商丘"的城市品牌在国内外的影响度、知名度和美誉度。在商丘古城、芒砀山汉文化景区、燧皇陵、宋国古城等景区周围规划建设旅游服务产业带，提供优质的"食宿行游购娱"服务。完善配套设施，加强建设地方美食名吃、旅游商品开发，加快宾馆饭店、文化娱乐场所、旅游集散中心等配套设施建设以逐步完善旅游"六要素"，加强宾馆饭店配套建设，组织全市宾馆饭店参与旅游团队的住宿接待。重点扶持一批酒店创建旅游星级饭店，支持建设一批具有商丘文化特色的酒店、民宿、农家乐；加快实施主干路快速化改造工程，着力构建通达的对外交通网络，与网约车平台、共享出行平台、出租车公司合作，方便游客的出行。高标准规划建设旅游度假区游客集散中心，构建旅游公共信息平台，推动智慧旅游建设，为游客提供多样化、个性化、便利化信息服务。

（二）传承优秀文化，保护开发资源

传承商丘古城优秀文化，对于古城文物保护工作要用"最严格的保护，让文化遗产焕发新生，留住文化根脉，守住民族之魂"。商丘古城乃殷商之源，历史文化内涵丰富，源远流长，多种文化在这里交汇。在坚持发掘保护和开发利用相结合的基础上，推进殷商之源文化大遗址考古公园项目，包括殷商文化博物馆、宋国故城考古遗址公园、中国大运河商丘南关段考古遗址

公园、商丘古城修复保护展示、徐堌堆汉墓群保护展示等，加大对燧皇陵、朱襄陵、帝喾陵、仓颉墓、汤王台、微子祠、三陵台等遗存的修复保护展示利用力度，加强对木兰文化旅游风景区、伊尹医养特色小镇的建设，为商丘文化旅游发展提供坚实基础。现在的华商文化、好人文化是在古城文化发展的基础上，根据历史和文化发展而逐渐形成的新的文化形式，有着丰富的古城文化基因，更是古城文化的重要组成部分。

传承红色文化优秀基因。商丘是一座红色城市，曾是淮海战役、渡江战役两大战役总前委所在地，红色文化资源丰富，毛主席曾视察黄楼纪念馆、淮海战役纪念馆、淮海战役总前委旧址（中原野战军司令部旧址）、睢杞战役烈士陵园、中共中央中原局扩大会议秘书处旧址等地。基于此，商丘应进一步修复、完善和提升红色旅游景区，科学规划红色旅游线路，整合商丘红色旅游资源，与周边徐州、开封和郑州等城市加强合作，把红色文化做强做足，打造军事题材影视基地和国防建设教育基地，提振商丘红色旅游。

（三）延长产业链条、开拓文旅业态

延长文旅产业链条。文旅产业覆盖面大、渗透力强，与其他产业结合就能催生新的业态。要大力推动文化旅游与其他产业的融合，创新农业旅游、乡村旅游、工业旅游、科技旅游、生态旅游、研学旅游、健康旅游、体育旅游等业态。比如推进商丘体育旅游，体育旅游以运动、健身、休闲、娱乐、度假等为主要元素，以参与、欣赏、观看、体验体育活动为主要形式，将体育运动与旅游度假完美地结合在一起，契合了当代人所崇尚的户外活动、回归自然、休闲娱乐、崇尚健康的旅游理念。商丘地处平原，人口众多、交通区位优势明显，有利于体育旅游项目的发展，目前商丘虽然拥有睢县北湖景区的国际铁人三项、永城芒砀山景区的大汉之源国际徒步大会两大知名体育赛事活动，但在当今商丘文化旅游大发展的背景下，仅这两项赛事无法满足体育旅游的市场需求和发展全民健身运动的健康需求。围绕商丘的旅游特色资源，商丘应引进或者策划独具特色的体育赛事活动，助力商丘文化旅游产业发展。积极开展殷商文化、历史人物等相关创意产品、商品研发，打造产

品丰富、特色明显的旅游购物体验店。大力推进各类文博场馆、旅游景区（点）功能优化提升，增加文化惠民、旅游功能等服务类别，提升游客游览的舒适度和便捷度。

开拓乡村休闲农业旅游。乡村振兴战略是新时代"三农"工作总抓手。商丘是农业大市，是国家粮食生产核心区，农村地域广阔、村情千差万别。在尊重乡村传统文化、保留乡村特色风貌、保持乡村建设肌里基础上，试点先行，以点带面建设具有田园风光、生态宜居的美丽乡村。围绕乡村振兴战略，大力实施文化旅游公共设施、乡村传统工艺振兴、乡村文化产业发展、乡村文化人才培育等计划，根据乡村发展实际，引导培育一批生态农业、休闲农业、农家民俗、农耕文化等乡村振兴农业旅游品牌项目，实现乡镇有品牌、村村有项目，一村一品，差异化发展的乡村旅游格局。

（资料来源：商丘市文化广电和旅游局官网及该局相关工作报告，在此致谢！）

参考文献

刘玉杰主编《华商之源——商丘》，河南科学技术出版社，2018。
孙玉林、祝传君、谢芳、朱贤正、黄萍阁、李思琪：《全力叫响"游商丘古都城·读华夏文明史"文化旅游品牌》，《商丘日报》2020年6月8日。
李佳倩：《基于SWOT分析的商丘燧皇陵景区发展策略浅析》，《2019中国旅游科学年会论文集》2019。
张长寿、张光直：《河南商丘地区殷商文明调查发掘初步报告》，《考古》1997年第4期。
李晓璐、杜广赵、闫凯璐、马淑贤：《中国古城旅游产业开发经验与启示——以商丘古城为例》，《大众投资指南》2018年第10期。
范周：《文旅融合的理论与实践》，《人民论坛·学术前沿》2019年第11期。

B.17
2020年宿州市文旅融合发展报告

陶玉国　马　跃　魏中胤*

摘　要：　宿州市文旅融合发展呈现重点项目先导、发展全域旅游，搭建线上平台、梨花节庆耀眼，文创产品开发、聚焦刘邦和灵璧奇石，设计精品线路、创设文旅高地的特点。针对其文旅融合发展不充分等问题，本文提出发展区域联盟、建设文化旅游名城，注重品牌宣导、提升"运河名城·云都宿州"知名度，培扶龙头企业，引领文旅融合发展，坚持推陈出新、丰富文旅融合发展内涵等策略。

关键词：　文旅融合　全域旅游　宿州市

一　宿州市概况

宿州，简称"蕲"，辖四县（萧县、砀山县、灵璧县、泗县）一区（埇桥区），面积9939平方公里，2019年末户籍人口658.27万。宿州有"徐南形胜、淮南第一州"的美誉，先后荣膺国家园林城市、国家智慧城市、国家森林城市、安徽省历史文化名城等称号。

历史悠久，人文荟萃。周朝时期始建蕲邑，隋唐年间，因通济渠（汴水）开通，置宿州。宿州是楚汉文化、淮河文化、孝贤文化的重要发源地。

---

*　陶玉国，博士，江苏师范大学历史文化与旅游学院副教授；马跃、魏中胤，江苏师范大学城乡规划学硕士研究生。

小山口、古台寺遗址距今有 8000 年历史,闵子骞、子张、齐白石、刘伶、嵇康、嵇绍等历史名人在此留下文坛佳话,宿州有"中国观赏石之乡""中国书画艺术之乡""中国书法艺术之乡""中国马戏之乡""中国酥梨之乡"等称号。

区位优越,交通便捷。史上记载宿州"舟车会聚,九州通衢之地""扼汴控淮,当南北冲要""跨汴阻淮,信江北一要地"。地处安徽省北部,皖、苏、鲁、豫四省交界,襟临沿海,东部及东北部与江苏省宿迁市、徐州市接壤,南临蚌埠市,西部至西北部与淮北市、河南省商丘市、山东省菏泽市毗邻。

文旅资源特色明显。汉兴福地萧县皇藏峪,现为国家森林公园、国家 4A 级旅游景区,因汉高祖刘邦藏身避祸而得名。千年古刹瑞云寺,掩映于中国最大的古青檀树群落林间。天门山中天门寺,孔圣曾在此洗墨晒书。国家 4A 级旅游景区灵璧奇石文化园,集中展示了大量精品奇石,讲述了赏石文化的传承历史。砀山县良梨镇良梨村 2019 年晋升为全国乡村旅游重点村,村内全国"最美树王"——砀山梨树王令人称奇,驰名中外的砀山梨花节,使人流连忘返。市区内的新汴河景区,现已打造为国家 4A 级旅游景区、国家研学旅行实践基地。

二 宿州市文旅融合新进展

宿州市全面实施区域协同、文旅融合发展战略,以"运河古城·云都宿州"为城市文旅品牌,通过打造重点文旅示范项目、丰富文旅产品业态,探索全域旅游发展新路径[1]。2019 年全年入境旅游人数 5.40 万人次,较上年增长 5.3%;国内旅游人数 2989.93 万人次,增长 14.4%。国际旅游外汇收入 2398.24 万美元,增长 2.9%;国内旅游收入 212.37 亿元,增长 19.2%;旅游总收入 214.02 亿元,增长 19.1%。全市共有公共图书馆 6 个,图书馆藏书量为 159.3 万册。群众艺术馆、文化馆有 109 个。年末有线电视入户率为 26.0%,广播节目综合人口覆盖率为 99.8%;电视节目综合人口覆盖率为 99.8%。全年组织文艺活动 5996 次。全市共有世界文化遗产 1 处,

国家 4A 级旅游景区 5 家、3A 级旅游景区 11 家，省级以上研学旅行基地 7 处，省级以上红色旅游经典景区 3 处，省级旅游特色街区 2 处，全国乡村旅游重点村 1 处，三星级以上旅游饭店 6 家，旅行社和分社 46 家。

（一）重点项目先导　发展全域旅游

宿州市把文旅项目建设作为文旅融合发展的重中之重，参与编制大运河保护传承利用规划纲要，重点建设泗县大运河世界文化遗产保护利用工程，将宿州元素、宿州项目纳入国家、省相关专项规划。通过项目建设、创建评定、旅游扶贫、宣传营销、规划引领等方式大力推动了全域旅游的发展。新汴河景区获评国家 4A 级旅游景区，并启动创 5A 规划编制工作；萧县皇藏峪国家森林公园，开启创 5A 对标提升工程；灵璧钟馗文化园，备战创 4A 实地验收工作；萧县蔡洼红色旅游景区和泗县运河人家，启动创 4A 工作；与深圳华侨城、岭南园林、东方园林等多家公司商讨合作，持续推进符离生态旅游大道景区招商建设；闵祠中华孝文化园项目列入安徽省 PPP 项目库；提升改造五柳风景区；宿州三鲨海洋世界、丰大文旅项目、宿马绿地衢坊街、砀山古城特色街区、泗县运河风情街等新项目进展顺利；与徐州签署文化旅游融合发展合作协议，符离大道通车，两市旅游直通车发班；符离大道重点旅游项目规划编制、符离古镇开发规划编制、五柳风景名胜区规划修编等工作全面展开。

新汴河全域旅游带概念规划初步形成。丰大汴河小镇综合文旅项目建设稳步推进、进展顺利。项目集会展商务、酒店娱乐、文化旅游、优质教育、高端居住、主体商业于一体，是宿州着力打造的产城融合、旅游兴盛、文化繁荣、生活宜居的汴北新城的重要组成部分。小镇景区秉承"提升水工程、保护水资源、优化水环境、建设水生态、宣传水文化"的理念进行规划建设，设计创意精巧，空间布局严谨，个性特色鲜明，具有丰富的景观要素、厚重的历史文化积淀及浓郁的人文生活气息，是集防洪蓄水、生态维护、旅游观光、休闲健身、广场集会、文化娱乐、科普教育等功能于一体的大型综合性景区。该项目管理规范、规模大、档次高，特别是在建设中融入宿州当地的文化元素，展示了宿州深厚的文化底蕴。

通过政企联手，宿马园区将把现代服务业特别是文旅融合发展的文章做足做好，以形成强大的物流、人流、资金流，推动宿州商贸和文化旅游向高端发展。坚持一切服务围着招商引资转，通过产业扶持资金支持、厂房租金补贴、代建厂房及回购、税收奖励、产业发展基金等招商政策，将最大限度降低企业入驻成本，以"保姆式""一站式"的服务，赢得了广大企业和社会各界的高度认可。白居易文化产业园依托白居易名人文化，结合书法文化、战争文化、马戏文化、饮食文化，是集人文历史与生态旅游、休闲度假融为一体的综合性产业园。中华孝文化园立足于孝文化推广，依托孔子高徒闵子骞"鞭打芦花"的故事和宿州古八景之一"闵墓松风"而建，是中华孝道研学旅行基地。

萧县官桥镇、砀山县唐寨镇等5个乡镇获批省级优秀旅游乡镇；埇桥区关湖村、灵璧菠林村等10个村获批安徽省乡村旅游示范村；砀山县良梨镇、灵璧县渔沟镇争创省级旅游小镇；新增安徽省四星级农家乐6家、三星级农家乐9家；萧县皇藏峪国家森林公园、灵璧县虞姬文化园等6处景区获批安徽省研学旅行基地；南翔云集文化旅游特色街区获批安徽省旅游特色街区等。

（二）搭建线上平台　梨花节庆耀眼

通过省文化和旅游厅门户网站及安徽文旅、安徽文化云、安徽非物质文化遗产保护中心微信公众号等线上宣传平台，举办非遗线上展览及直播互动，并开展非遗线下推介及现场展销、"皖北人游皖北"等系列活动，推介宿州市传统医药和饮食类非遗项目，让更多的社会公众了解丰富多彩的非遗项目和生动的非遗保护实践。针对"皖北人游皖北"活动提供的惠民政策，助推区域性旅游市场建设。

"运河古城·云都宿州"品牌宣传效果斐然。加入淮海经济区文化旅游联盟、组团参加淮海经济区旅游产业交易会和大运河文化旅游博览会，举办运河古城·云都宿州文化旅游推介会及踩线活动，邀请淮海经济区10个城市及皖北兄弟城市，到宿州考察踩线。举办"砀山梨花旅游节、酥梨采摘

节""梨园马拉松赛、马术系列活动"等，获得游客高度认可。CCTV1 新闻联播、CCTV5、人民日报、新华网等媒体，对宿州市进行旅游宣传报道，大力提升宿州旅游的知名度和美誉度。新版宿州旅游形象宣传片拍摄完成，积极参加安徽省 1 + N 旅游营销宣传计划，继续在央视投放宿州旅游形象广告。积极开展旅游交通标识牌完善项目和高速服务区旅游化改造试点，全面融入"运河古城·云都宿州"形象宣传语。

砀山县以乡村生态旅游为核心，打造梨花旅游节特色品牌，形成以"春季赏花、秋季摘果"为重点的乡村旅游框架。2019 年砀山入选"国家全域旅游示范区"，砀山梨园入选安徽"十大乡村"旅游线路。砀山梨花节入榜安徽省农委评定的 2017 年省级休闲农业和乡村旅游"十佳特色农业节庆活动"；梨花节期间，通过举办全国马术耐力赛、中华民族大赛马、全国摄影大赛、国际梨园马拉松赛等 12 项大型活动，丰富梨花节内涵，吸引更多游客来砀山赏花观光，促进乡村旅游经济持续快速发展。节庆期间游客总量超 200 万人次，旅游收入达 3 亿多元。梨花节已成为砀山经济社会发展成果的重要展示窗口、开放交流的重要载体，在生态旅游、城镇建设、招商引资，以及培育先进文化和传播砀山形象等方面发挥了重要作用。砀山梨花旅游文化节 2011 年入选全国"十大人文节庆活动"并被评为"中国最佳绿色人文旅游节庆"等；2015 年荣获"中国特色生态旅游节庆奖"。砀山荣获"中国最美生态宜居旅游名县"称号，成为中国优秀生态文化旅游目的地[2]。

（三）文创产品开发　聚焦刘邦和灵璧奇石

积极推进文创开发，打造宿州特色旅游商品，培育宿州市省级非遗项目，包括砀山毛笔制作技艺、灵璧磬石制作技艺等。2018 年度宿州市"十佳"特色旅游商品中有两项在中国特色旅游商品大赛中获奖：1 项金奖、1 项铜奖；在安徽省旅游文创设计大赛中，荣获银奖 1 项、铜奖 2 项。新设计的旅游文创宣传纪念品主要包括宿州旅游手绘地图、折页、精品画册、手提袋、雨伞、充电宝等。

皇藏峪景区，将文创旅游商品作为突破口，深度挖掘景区文化内涵，开发以森林公园、汉文化、佛教文化及研学旅游等为主题的系列文创产品。"皇藏峪 IP 刘邦系列文创旅游纪念品"与"皇藏峪醒蝉便携式茶具"影响显著。

深圳文交所灵璧石文化产业板迎来全国第一家上市的石文化品牌。其在深圳文交所成功挂牌掀开灵璧石文化发展的新篇章，探索出一条通过股票金融服务实现灵璧石价值转化的成功之路，真正实现灵璧石文化产业转型升级和可持续发展，摆脱长期出卖资源型销售模式，让更多的灵璧石爱好者、收藏者从中受益，使灵璧石文化产业融入国家文化产业和旅游产业发展的大潮中。

（四）设计精品线路　创设文旅高地

宿州以符离大道为轴，推进沿轴线带的文化旅游资源开发，用地域特色文化点亮旅游，以文旅融合推进发展。建设文旅融合发展的生态大道，提升全市文化旅游发展。符离大道沿线地带有新汴河生态风景区、白居易文化产业园、西山花海旅游度假区、龙脊山风景区、五柳风景区、中华孝文化园、大明文化园、皇藏峪国家森林公园、天门寺风景区、萧窑遗址园、金寨古文化遗址园、蔡洼红色旅游景区等 12 个景区，景区均按国家 3A 级及以上标准规划建设。符离大道沿线连接宿徐两大城市，立足历史文化长廊，形成"适业、宜居、乐游"的生态绿色丝带，构筑"花园、家园、乐园、果园、田园"五园一体的一站式旅游集聚带，成为引领周边地区文化旅游发展的重要标杆；发挥休闲娱乐、商贸物流、民俗民生、文化旅游功能，成为集"文化游、生态游、健康游、探秘游"为一体的融合发展的典范。

利用相关媒体大力推广宿州特色旅游资源和精品旅游线路（楚风汉韵风情游、梨乡果海生态游、历史文化研学游、经典战争溯源游等二日游线路）。灵璧县也精心打造"一日游"和"二日游"、楚汉文化之旅、奇石文化之旅、休闲农业之旅、平原风情之旅等精品线路产品[4]（见表1）。

表1　宿州市文旅精品线路

楚风汉韵——奇石文化二日游	第一天:上午,赴国家4A级景区萧县皇藏峪国家森林公园,参观瑞云寺景区;午餐在皇藏峪品尝黄淮名吃蘑菇鸡;下午,参观天门寺景区;晚住萧县
	第二天:上午,赴灵璧县,参观奇石原产地渔沟镇——中国灵璧石国际交易中心——中国灵璧石石林公园——天一园灵璧石博物馆;午餐设在灵璧渔沟镇;下午,参观灵璧县城——灵璧奇石大市场——虞姬墓;返程,结束愉快旅程
楚风汉韵——梨园风情二日游	第一天:上午,赴国家4A级景区萧县皇藏峪国家森林公园,参观瑞云寺景区;午餐在皇藏峪品尝黄淮名吃蘑菇鸡;下午,参观天门寺景区;晚住萧县
	第二天:上午,沿310国道赴中国梨都砀山,参观梨树王——鳌头观海——瑶池烟霞——故黄驿站;中餐设在砀山;午餐后返程结束愉快旅程
皇藏峪一日游	上午,游览瑞云寺、皇藏洞;午餐在皇藏峪,品尝黄淮名吃蘑菇鸡;下午,游览天门寺、晒书场等景点;结束愉快行程
灵璧奇石一日游	上午,游览全国四大奇石之首灵璧奇石产地渔沟——中国灵璧石大市场(交易、采购)——天一园灵璧石博物馆——中国灵璧石汇展中心——中国灵璧石国家公园——宋代采石坑遗址——一品石苑——中国灵璧石国际交易中心;中午在灵璧渔沟镇灵璧石国际交易中心就餐。下午,瞻仰、凭吊霸王别姬遗址——虞姬墓——参观灵璧钟馗画和民间艺术;结束愉快行程
五柳风景名胜区一日游	上午,游览龙脊山(大方寺)景区;午餐在龙脊山,品尝特色地锅鸡;下午,游览五柳省级风景名胜区、大龙泉寺等,游览结束返回
砀山黄河故道风情一日游	上午,游览中国梨都砀山——故黄驿站等景点;午餐在砀山碧清庄园,品尝庄园特色餐饮;下午,结束行程

三　宿州市文旅融合发展新策略

宿州文旅资源特色突出,大运河、灵璧奇石、梨花节庆品牌影响巨大。要把文旅产业融合发展作为主导战略,把文旅产业作为战略性支柱产业培育,优化产业结构,推动经济转型;深化文旅资源调研,准确定位、深挖文化资源，高起点、大手笔制定旅游业发展规划；注重彰显特色，提升旅游景点吸引力；加大"运河古城·云都宿州"品牌传播，把宿州打造成省际交汇区域重要的文化旅游目的地。

（一）区域联盟发展，建设文化旅游名城

整合明清黄河故道、隋唐运河、京杭运河旅游资源，建设淮海文化度假旅游区。加大区域联合旅游营销力度，完善淮海经济区文化旅游联盟建设。推进地域文化创意开发、设计服务与相关行业交互融合，发展网络视听、移动多媒体、数字出版、动漫游戏等新兴文化产业，培育具有核心竞争力的文化创意设计龙头企业和机构[5]。

加大与淮海经济区其他城市旅游交流与合作的力度，加强跨省旅游风景道建设，共同推出区域旅游的经济线路，共同开拓区域旅游市场，不断拓宽旅游合作领域，真正实现市场互动、互利共赢的发展格局。

开展文化旅游项目的创意工作。由资源依赖性旅游向创意引导型旅游转变。资源有限创意无穷，资源特色不明显或丰度不足的地方，文化旅游产业通过创意引领也会发展得很好，如淮北市隋唐运河古镇、安庆市孔雀东南飞影视基地、蚌埠市大明文化园。秉持精品意识，以理念创新和技术创新，着力打造一批有特色、有创意、有品质、有品牌、辐射带动强的文化旅游产品。

（二）注重品牌宣导，提升"运河名城·云都宿州"知名度

深挖细耕地方文化旅游资源，充分利用各类平台载体，强化宣传推介，扩大文旅品牌影响力；强化招商引资，吸引好的项目和资本，提升品牌竞争力。以加大旅游行业监管力度、优化旅游行业服务品质、提升文明旅游建设等为重点，全力推动旅游业转型发展。同时，创新宣传视角和推介方式，进一步提高"运河名城·云都宿州"的知名度和美誉度[3]。

提升宿州名片影响力，建设非物质文化遗产重点项目。广泛开展非物质文化遗产调查，建立非物质文化遗产档案。积极做好项目申报工作，力争淮

北花鼓戏、埇桥马戏、符离集烧鸡制作技艺、埇桥剪纸、埇桥琴书、宿县大鼓、杂技、鞭打芦花等列入国家级非遗名录，提高本地旅游文化知名度。进一步提升"中国马戏之乡""中国书法之乡""中国曲艺之乡"文化艺术内涵，大力举办马戏节、曲艺节、书法节、艺术节等特色旅游节，扩大旅游名片影响力。

（三）培扶龙头企业，引领文旅融合发展

重点扶持宿州文旅产业"龙头"，推进资源向优势企业集团集聚。对其在土地供给、融资投资、税收财政等方面给予扶持。整合文化旅游优质资产，通过政府资产划转、企业并购、控股，组建文化旅游产业集团，使其成为符合现代企业制度的经营实体和市场主体，成为宿州文旅市场的主导力量和文旅产业的战略投资者，实现资源优势向产业优势转化。通过龙头企业的品牌优势、市场优势、资本优势和技术优势，把分散的、小规模生产经营组织起来，形成集群，带动整个产业水平提高。着力构建地域特色鲜明、发展重点突出、产业优势明显、总体实力不断提升的文旅产业发展新格局。

（四）坚持推陈出新，丰富文旅融合发展内涵

立足扼汴控淮的盛唐运河历史，逐步打出宿州旅游鲜明的形象招牌。宿州历史遗存少但历史典故较多，重点开发和打造一些以恢复宿州鼎盛时期城市风貌为主的市景观赏文化，推动宿州向文化影视基地发展，开创宿州影视文化产业新局面。依托新汴河建设，着力打造一系列文化旅游精品项目，并将其作为宿州运河文化的精品和旅游的核心产品。依托闵祠及雪枫公园等景点，用心挖掘一批富有文化底蕴的旅游项目，打造宿州乃至全国著名的孝文化和红色旅游文化的精品。依托五柳景区，不断深化山水产品体系，延伸产业链，将五柳打造成皖北独具特色的文化体验示范区。结合区域地方特色和文化细分，持续加大城乡特色文化广场建设，通过建筑、广场、露天舞台、雕塑、演艺馆、灯饰、广场植物、文化小品，展示皖北文化的独特魅力；结合各种文化节庆活动的举办，进一步促进本土旅游产业稳健发展，让每一位

市民和游客都成为文化产业的享受者、民俗文化的传播者、旅游形象的塑造者、旅游产业的受益者。升级景区软硬件配套设施，提升旅游景点景区品质，切实把文旅资源特色优势转化为发展优势。确立文旅融合发展促进惠民增收的战略思路，通过大力发展各类型的乡村游，让周边群众富起来，让农村人居环境得到美化和改善，助推乡村振兴。

（资料来源：宿州市文化和体育局官网及该局相关工作报告，在此致谢！）

注释

［1］任百成：《宿州市旅游业发展策略研究》，《经济研究导刊》2012 年第 24 期。

［2］宿州市文化旅游体育局：《运河古城·云都宿州"宿州文旅"精彩亮相第二届大运河博览会》，2020。

［3］陈鹏、宋徽、陈基寒：《浅析宿州休闲农业与乡村旅游融合发展策略》，《湖北经济学院学报（人文社会科学版）》2016 年第 5 期。

［4］蔡雪洁、鲁林红：《基于游客满意度的乡村旅游景区服务质量提升策略研究——以安徽省宿州市为例》，《长沙大学学报》2014 年第 6 期。

［5］黄侠、韩传龙：《地方旅游产业人才培养研究——以安徽省宿州市为例》，《江苏师范大学学报（教育科学版）》2014 年第 S1 期。

B.18
2020年淮北市文旅融合发展报告

余慕溪　马　跃　蒋佳霓*

摘　要：　现阶段淮北市文旅融合发展呈现出：文化遗产保护规范有序、文旅园区建设亮点频现、宣导营销成效明显、精品线路提档升级、新业态蓬勃发展等特点。为进一步提升淮北市文旅融合发展水平，针对现阶段发展中的不足，本文提出科学规划、引导文旅融合发展，因地制宜、彰显文旅融合特色，注重宣导、强化城市品牌形象，整合资源、争取政策扶持发展的提升策略。

关键词：　文旅融合　中国碳谷　文旅园区　淮北市

一　淮北市概况

淮北，古称"相城"，位于安徽省北部，有4000多年的历史，是我国著名的运河故里、中国酒乡、能源之都，被誉为"皖北江南"。淮北下辖三区（相山区、杜集区、烈山区）一县（濉溪县），面积2741平方千米，2019年户籍人口218.7万人。市内风景名胜有相山森林公园、龙脊山自然风景区、隋唐运河古镇等。淮北红色旅游资源丰富，拥有1个国家级、4个省级和9个市级爱国主义教育基地，其中淮海战役总前委旧址小李庄和双堆

---

* 余慕溪，博士，徐州工程学院管理工程学院讲师；马跃，江苏师范大学城乡规划学硕士研究生；蒋佳霓，江苏师范大学人文地理学硕士研究生。

烈士陵园被列入全国 100 个"红色旅游经典景区"。

淮北市历史文化底蕴厚重。春秋时期政治家蹇叔、汉代思想家桓谭、魏晋时期"竹林七贤"嵇康和刘伶、现代著名雕塑大师刘开渠等皆生于斯或长于斯。淮北市拥有 6 处国家级重点文物保护单位，76 处市县级重点文物保护单位，796 处各类古遗址、古墓葬、革命旧址以及临涣古城等。淮北也有 2700 多年的酿酒历史，口子窖酒亦出产于此。

淮北市是城市生态修复修补典范。作为重工业转型城市，淮北实现了"煤城"向"美城"的华丽转身，先后荣膺全国文明城市、全国绿化模范城市、国家园林城市、国家森林城市等称号和获得中华环境优秀奖。

二 淮北市文旅融合新进展

淮北市实施"中国碳谷·绿金淮北"发展战略，高度重视文化旅游产业融合发展，不断提升全市文化旅游品位，塑造文旅品牌，致力于将文化旅游产业培育成支柱产业。文旅融合发展成为"十四五"期间重要发展战略。

淮北市有相山森林公园景区、隋唐大运河博物馆、隋唐运河古镇风情区、东湖景区、南湖景区、南山景区、龙脊山景区、双堆集烈士陵园、临涣文昌宫淮海战役总前委旧址等 15 处风景区，其中 4A 级景区 3 处，3A 级景区 10 处，2A 级景区 2 处。拥有口子国际大酒店、凌云宾馆等星级宾馆 3 家；旅行社 35 家；省级旅游农家乐 18 家；旅游商品定点企业 13 家；旅游从业人员 5000 多人。淮北市 2019 年全年共接待海外游客 21947 人次，接待国内游客 1666.4 万人次，旅游外汇收入 1095.2 万美元，较 2018 年分别增长 10.1%、12.8% 和 16.9%，国内旅游收入达 109.5 亿元[2]。2019 年淮北市成功举办了葡萄采摘节、黄里杏花节、石榴文化旅游节等节庆活动。淮北市烈山区与相山区分别被列入国家全域旅游示范区创建目录，烈山区烈山镇榴园村入选 2020 年全国乡村旅游重点村。

2019 年末全市共有各级档案馆 6 个，其中国家综合档案馆 5 个，专业

档案馆1个，馆藏档案资料126.7万卷（件、册），库馆总建筑面积7810平方米。全市广播综合人口覆盖率99.95%，电视综合人口覆盖率99.65%。全市共有9家数字影院，52块影幕。全市有文艺表演团体39家（其中国有艺术院团2家），国有博物馆5家，公共图书馆和文化馆各5家，音像制品经营单位3家，歌舞娱乐场所38家，网吧87家，电子游戏4家。全年共举办大型文化活动1场，群众性文化活动15次，专业文艺团体演出262场，各类表演团体送文化下乡400余场，创作剧（节）目12个。全年全市报纸出版发行4.5万份，销售收入1054万元；出版物发行单位147家，销售总额2.34亿元。

（一）立足传承 文化遗产保护规范有序

淮北持续推进大运河—淮北段遗址本体保护，深入挖掘大运河文化价值，同时积极推进石山孜遗址文化公园建设。组织第六批省级非遗项目代表性传承人申报，组织剪纸项目参加中国非遗博览会传统工艺比赛，并进入全国10强入选总决赛。杜集区（腰鼓）获评2018～2020年安徽省民间文化艺术之乡称号。

非遗传承与保护工作持续强化。淮北6个项目新入选省级非遗项目、9人获得省级非遗项目代表性传承人称号；开展全市"文化和自然遗产日"非遗项目展示展演、中国美术馆"中国好手艺作品展"等国内展演活动；淮北大鼓、夏派唢呐、商派面塑等省级非遗项目入选2019"一带一路"中国·芒市国际非物质文化遗产展，商派面塑参加瑞典斯德哥尔摩"中国文化周—美好安徽"暨安徽文化年活动。上述非遗活动进一步提升淮北非遗的知名度。

2019年编制完成《淮北市大运河文化保护传承利用实施纲要》，争取国家、省级文物保护专项经费1000余万元，用于柳孜运河遗址整治工程、临涣城墙保护管理工程、烈山窑址抢险加固保护工程；出版《运河·中国—隋唐大运河历史文化考察》，该书被誉为纸质的大运河文化博物馆；濉溪县明清酿酒作坊，被证实为目前全国第四处经过科学考古发掘的酿酒遗址，为目前全国唯一覆盖蒸馏酿酒全流程设备、面积最大的酿酒作坊遗址；颛孙子张墓、烈山窑址等五家单位入选第八批省级重点文物保护单位；濉溪老城石板街"新四军4师师部旧址"保护修缮项目被列入2019年全省革命文物保护利用项目；洪山画像石祠是国内迄今经考古发掘所发现的唯一一套最为完整的汉代画像石祠堂。

（二）项目先行　文旅园区建设亮点频现

文旅村镇与文旅项目建设全面推进。编制完成旅游扶贫重点村刘桥村和北山村的旅游扶贫规划，开展旅游村创建工作。口子文博园建成并对外开放，四季榴园荣获省级特色旅游小镇，获国家林业局批准建设安徽淮北烈山国家石榴公园，依托公园的研学基地获批省级研学旅行基地。柳孜村入选省第五批千年古镇、千年古村落地名文化遗产名录。双堆集烈士陵园、淮海战役总前委旧址（文昌宫）、小李家获批省级红色旅游景区。石榴小镇获评省级特色小镇和省级旅游特色小镇，芳香小镇获评省级实验特色小镇，金西域生态休闲农业项日入选全国首批农业PPP试点，段园葡萄采摘节入选省级"十佳特色农业节庆活动"，相山区凤凰山绿色食品旅游区获批国家农村产业融合发展示范区。

景区创建提升工程持续推进。乾隆湖、老城石板街、隋唐运河古镇文化大观园、中湖、南翔云集街区、朔西湖、凤西湖等12个景区完成创建提升工程。相山区、烈山区入选全国第二批创建全域旅游示范区名录。四季榴园景区、南湖景区先后获批国家4A级景区，其中南湖景区荣获国家休闲渔业基地和国家体育公园称号。高岳现代农业示范园、隋堤景区获批国家3A级旅游景区，隋唐运河柳孜遗址景区积极开展4A级旅游景区创建。截至目前，淮北市旅游景区数量达15个，其中4A级旅游景区3个，3A级旅游景区10个，2A级旅游景区2个[1]。

文旅基础设施建设持续强化。完成116座旅游厕所上线百度地图的电子登记工作。市区至榴园的旅游公交专线由节假日发车改成每日发车；濉溪县新能源公交车通达所有乡镇和景点景区并开通红色旅游专线。

（三）品牌塑造　宣导营销成效明显

淮北市不断加大文旅营销宣传力度。先后开展"百企""百业""百村""百景""百品""跟着故事游安徽"等一系列旅游营销宣传活动，成功举办一系列旅游节庆活动；参加省"1＋N"央视旅游营销宣传，成功举办第六届葡萄采摘节、第十届石榴文化旅游节等系列旅游节庆活动；光明日报刊登《安徽淮北花期正盛踏青时》，该文被"学习强国"选作推荐学习文章，新华网、光明日报对和村花海进行宣传报道；参与"安徽旅游十大古村镇"推广宣传活动，韩国、西班牙等地旅游体验官走进临涣体验生活；央视《发现之旅》栏目组完成对临涣茶文化专题拍摄；积极加入淮海经济区文化旅游联盟、淮海经济区融媒体联盟、大运河文化旅游联盟等，开展对外营销宣传；中国日报国际版刊发黄里笆斗杏的报道，向世界推介淮北；中央电视台国庆专题节目也报道了石榴文化旅游节的盛况[3]。

实施文旅品牌战略，首趟淮北—北京高铁被冠名为"中国碳谷·绿金淮北"。"口子窖"酒、羲强乳业老酸奶等10件商品入选省旅游必购商品和特色商品。"大庄葡萄""塔山石榴""黄里笆斗杏""黄营灵枣"等入选国家地理标志产品名录。一大批作品获得文化强省建设专项资金扶持，全年组织创作微电影42部；数字电影《血战小朱庄》等实现了社会效益和经济效益双丰收；隋唐运河古镇被评为省级广播影视基地。莱博特相框制造有限公司和相山之声文化艺术有限责任公司入选省级文化产业示范基地。

（四）乡村特色　精品线路提档升级

淮北市发布文旅乡村精品线路，促进休闲农业与乡村旅游融合发展。线路分为半日游、一日游和两日游三种形式。

半日精品游线路：相山现代农业示范园——相山黄里、双楼花海——元一佳和农场、长寿南山——四季榴园、濉溪蒙村——濉溪老城石板街、濉溪黄新庄——柳江口景区等。

一日精品游线路：段园葡萄小镇——淮北市育之宝生态有机养殖农场——

双楼花海、濉溪老城石板街——南湖景区——七彩和村、柳江口景区——临涣古镇——小李家红色旅游景区、淮海战役双堆集红色教育基地——濉溪芦沟村等。

两日精品游线路：段园葡萄小镇——淮北育之宝生态有机养殖农场——元一佳和农场——长寿南山——四季榴园——七彩和村、淮海战役双堆集红色教育基地——濉溪芦沟村——小李家红色旅游景区——临涣古镇——濉溪黄新庄——柳江口景区、南湖景区——老城石板街——濉溪蒙村——相山现代农业示范园——相山黄里等。

立足实际，在美丽乡村建设中，推动文化＋旅游＋农业，打造美丽乡村示范精品线路：以城市东外环路为轴带，以东部山场为基地，以特色小镇为节点，以绿色生态为主题，打造城东生态绿金美丽乡村建设示范轴圈；以泗永公路沿线为轴带，以隋唐大运河文化为名片，以农业观光体验为特色，打造大运河文化美丽乡村建设示范带；以濉溪县刘桥镇和相山区渠沟镇美丽乡村建设试点为示范，以新型城镇化建设为统筹，以火神庙文化园、芳香小镇建设为重点项目，打造城西全域美丽乡村建设示范片区。

（五）模式创新　新业态产业蓬勃发展

做好融合发展文章，发展"文化＋旅游""旅游＋农业""旅游＋教育""旅游＋体育""旅游＋康养"等新型业态[4]。新媒体日新月异，淮北日报和淮北广播电视台等媒体通过转型升级，深度参与淮北重大旅游节庆活动，提高了淮北文旅的传播力和影响力。凤凰山食品工业园和口子酒文博园将工业生产与旅游观光体验相结合，以4A级工业旅游区标准设计建设，将工业产品与旅游产业有效对接，为淮北工业旅游提供了坚实基础。隋唐运河古镇集文创、影视、演艺、商业、餐饮、居住、景区为一体，是省旅游集团在淮北旅游地产开发中的一种创新模式。杜集区高岳现代农业示范园建成集西域风情、现代农业、四季花海、采摘体验、休闲观光为一体的田园综合体。大运河柳孜遗址景区世界文化遗产与淮北历史文化相结合、遗产保护与展示相结合、文化发展与旅游观光相结合，旨在向世人展示历史的、真实

的、生动的运河文化。柳孜文化园，集农业观光、旅游和遗产保护为一体，为游客提供别样的休闲体验。石榴文化旅游节的民俗文化和风土人情助推淮北群众性自行车运动发展并成为宣传淮北的重要品牌。长寿南山文化旅游项目集赏花、书画、摄影、民俗展演、迷你马拉松等为一体，融合发展文化、旅游和体育三大业态，活动包括文艺演出、非遗展示、民间技艺展示、互动体验、农副产品推广、旅游商品售卖等。

烈山区宋疃镇通过探索"特色农业＋农闲旅游"模式激发新动能，"特色农业＋农闲旅游"的农旅发展模式助力乡村振兴，实现家门口小康之路。同时，淮北市积极打造电商智慧系统与服务平台，强化"互联网＋"等路径探索。每年的"花海果香·七彩和村"文化旅游节吸引周边游客纷至沓来。游客可赏"千树万树梨花开"之美景，可听悠扬空灵之古琴声；可一饱绿色农产品之口福，可感花海果香朗诵会之魅力。2019年，宋疃镇农业休闲体验、民宿餐饮等旅游综合收入近5000万元，接待游客30万人次。产业发展"铺好"乡村农民致富路，电商"解锁"乡村发展新业态，农闲旅游激发乡村发展新活力。

三　淮北市文旅融合发展提升策略

2019年，淮北市文旅融合发展取得较大进展，但仍存在如下问题：政策引导作用不够明显，缺乏产业发展专项规划；产业主体散、小、少、弱的现状还未能彻底改观，缺乏核心景区和龙头景区，较大规模的文化产业主要集中在印刷、工艺美术等传统行业，新兴产业发展速度较慢，文旅融合发展引导示范作用没有充分显示；旅游业"吃、住、行、游、购、娱"等要素系统构建不足，对全市经济发展拉动不明显；旅游市场开发不充分，旅游基础设施较薄弱，难于满足大型旅游团队和自驾游等需求；高水平的文旅产业领军人才储备不足；文旅资源对外尤其是对周边地市的宣传力度不够，辐射影响力仍需进一步强化提高，与打造淮海经济区旅游目的地城市仍有很大差距。面对上述问题，本文特提出促进淮北文旅融合发展的提升策略。

（一）科学规划，引导文旅融合发展

加强政策研究，持续推进文旅融合发展的提升。坚持"宜融则融、能融尽融"基本思路，坚持"以文塑旅、以旅彰文"发展方向，以制度化推进文旅真融合、深融合。启动编制文旅融合发展规划及相关专项规划，全力推动淮北文化旅游融合发展。

编制落实淮北市文化旅游融合"十四五"发展规划、中心湖带概念性规划等项目。要突出规划的前瞻性，高起点、高标准制定各项规划，突出规划的整体性，将文化旅游基础设施建设纳入规划内容。加强对旅游规划实施的监督和旅游开发建设的管理，严禁盲目开发、低水平重复建设和破坏生态环境行为。坚持规划带动，促进有序发展。立足高起点、高着眼、高目标，科学制定文旅融合发展规划，与区域发展、产业布局、休闲观光、旅游景点等相融合。

（二）因地制宜，彰显义旅融合特色

坚持因地制宜，促进特色发展。从淮北文化遗产、旅游资源、自然景点出发，发展最富有地方特色的文旅融合。精心谋划推进一批文旅融合发展的重大工程、重大项目和重大举措，开发一批具有文化特色和内涵的旅游商品，培育一批以文旅融合为特色的重点企业。

重点项目是文旅融合的核心和载体。要充分利用四季榴园、南湖公园等4A级旅游景区，培育淮北红色、乡村、研学一日游等一批精品线路，打造一批具有淮北特色和富有辐射力、影响力的重点旅游项目。

不断加快全域旅游创建步伐。充分利用互联网、微博、微信等媒体进行全方位宣传，积极包装旅游产品、优化旅游宣传品，积极加强对外宣传推介、提升与扩大淮北旅游的影响力和辐射面。要重视旅游基础配套设施建设，加快完善全市旅游交通设施，解决好景区最后一公里问题。

（三）注重宣导，强化城市品牌形象

持续宣导淮北文化旅游品牌，推介淮北特色文化。坚持规范管理，培育品牌名牌。开展文旅融合示范点、特色村、明星村、精品线路等创建和推介活动，全力打造知名文旅品牌。着力打造运河文化、汉文化、红色文化、酒文化、好人文化等城市文化品牌，积极开展休闲农业、乡村旅游、特色餐饮、特色小镇、旅游景区、旅游商品等品牌创建。

从文化淮北、美景淮北、味道淮北、民俗淮北等角度拍摄，推出文化旅游创意营销系列宣传片，利用电视台、微博、微信、公众号、客户端以及抖音、快手等新媒体渠道开展城市形象宣传推广，打造城市品牌形象。修订《淮北文旅指南》和《淮北文明旅游简明读本》，详细介绍淮北景点分布和旅游知识等，集中展示淮北城市形象和文旅资源，指导游客畅游淮北。

强化创新营销推广。开展新媒体宣传活动，借助新浪网、新浪微博、大象群、马蜂窝、文旅体"双微"等平台推出入选省级文旅品牌的农家乐、民宿以及景区等。结合旅游假期，发布文旅精品线路，不断提升淮北市知名度和聚焦力。

（四）整合资源，争取政策扶持发展

要积极调动各级政府把文旅融合发展摆上议事日程，调动多方资源，真抓实干，大力营造文旅融合发展的浓厚氛围，尽可能地帮助解决文旅融合发展过程中的困难和问题。要创新人才引进机制，多渠道引进文旅融合产业发展的急需人才，推动全市文旅产业向好发展，巩固和扩大全国文明城市创建成果，提升市民素质和城市形象。

（资料来源：淮北市文化旅游体育局官网及该局相关工作报告，在此致谢！）

注释

［1］ 余敏辉：《关于淮北文化旅游业发展的探讨》，《淮北师范大学学报（哲学社会科学版）》2014 年第 6 期。

［2］ 淮北市文化旅游体育局：《淮北市文化旅游体育局 2019 年工作总结》，2020 年 6 月 18 日。

［3］ 孙园、王敏：《中小城市农业节事活动发展策略研究——以淮北石榴文化旅游节为例》，《淮北师范大学学报（哲学社会科学版）》2019 年第 5 期。

［4］ 吕宁、冯凌：《淮北资源枯竭型城市转型之路：旅游业发展》，《资源与产业》2012 年第 2 期。

B.19
2020年济宁市文旅融合发展报告

苗天青　沈　山　高庆帅*

摘　要：　济宁市文旅融合发展态势良好：品牌引领、特色设计，传承发展、引智聚源，创新产品业态、构建特色文旅产业体系，打造文旅特色村镇、推进乡村生态旅游，组建研究基地、推进文化遗产保护开发利用。针对济宁市现代文旅项目正在培育、儒学品牌传承不足、夜间文旅经济建设刚刚起步，城市活力有待提升等问题，本文提出聚焦文旅融合发展、深度培育市场，聚焦传统文化两创、推动项目建设，聚焦文艺精品创作、强化营销推广，聚焦公共服务建设、提升城市活力等策略。

关键词：　文旅融合　夜间旅游　济宁市

一　济宁市概况

济宁市位于鲁西南中心腹地、黄淮平原与鲁中南山地交接地带，辖任城区、兖州区2区，曲阜市、邹城市2市，微山县、金乡县、鱼台县、汶上县、嘉祥县、泗水县、梁山县7县，并设有济宁高新区、太白湖新区、济宁经济技术开发区、曲阜文化建设示范区等功能区，总面积1.1万平方公里，户籍人口893万，为国家二类大城市。济宁素以"孔孟之乡、运河之都、文化济宁"著

---

* 苗天青，博士，江苏师范大学地理测绘与城乡规划学院教授；沈山，博士，教授，江苏师范大学人文社会科学研究院副院长；高庆帅，江苏师范大学人文地理学硕士研究生。

称，文化底蕴深厚，中国历史上的五大圣人——孔子、孟子、颜子、曾子、子思都诞生在此地，济宁是中华文明重要的发祥地和儒家文化发源地。博大精深、世代尊崇的儒家思想，成为东方文化的重要标志和世界文化宝库的珍贵遗产。

济宁市境内各类文化遗存7000多处，可移动文物130万件，数量居全国地级市第1位，在全国享有"天下汉碑半济宁"的美誉，拥有全国重点文物保护单位36处，其中，孔庙、孔府、孔林和纵贯全境的京杭大运河是世界文化遗产，济宁市拥有江北最大的淡水湖微山湖，拥有东夷文化、儒家文化、水浒文化、运河文化等特色文化，被称为"东方圣地"。

二　济宁市文旅融合发展现状

2019年被称为中国文化产业和旅游业深度融合发展的元年。济宁市坚持"宜融则融、能融尽融、以文促旅、以旅彰文"的发展思路，全面实施"文旅突破"战略。曲阜入选首批国家全域旅游示范区；微山湖旅游区通过国家5A级景观质量评审；新增国家3A级以上旅游景区10家，其中4A级景区3家；全国乡村旅游重点村2个。

通过搭建曲阜文化建设示范区、干部政德教育基地、孔子学院总部体验基地、儒学人才高地"四大战略平台"，深化文化旅游改革创新，推进文旅产业融合发展。高标准建设尼山圣境、运河水上旅游线路、南阳古镇旅游综合开发等文旅项目；拓展文旅营销渠道，促进文旅消费升级，依托形式丰富的节庆与会展，举办各类活动5.8万场次，旅游消费总额873.15亿元、同比增长11.83%，接待国内外游客8040.8万人次、同比增长9.03%；着力建设文化旅游强市，打造国家级旅游度假区和国际文化旅游目的地城市，全国重点文物保护单位5处、三星级以上旅游饭店达到37家，3A级及以上旅行社达到26家；推动文化和旅游业高质量融合发展，发挥曲阜国家级全域旅游示范区带动效应，加快推进微山湖旅游区创建国家5A级旅游景区，持续开创文化和旅游业融合发展新局面。

（一）品牌引领，特色设计

2016 年曲阜市将"文旅强市"战略写入"十三五"规划并列为"五大战略"之首。在"十三五"国民经济和社会发展规划与《关于加快文旅强市建设的实施意见》中，曲阜市将文化旅游业确立为战略性支柱产业，编制全域旅游发展总体规划，实现多规融合，保障文旅发展的动力和活力，全面推进文旅产业融合和业态创新。目前，在《济宁市全域旅游发展规划》框架下，着重突出"点、线、面"的结合，策划精品文化旅游项目，推进旅游产业集群布局，做好"旅游＋"融合文章，完善文化旅游公共服务设施，打响"文化济宁"旅游品牌，持续推进全域旅游向纵深发展。发挥曲阜国家级全域旅游示范区带动效应，争取国家和省级对全域旅游示范区的政策支持，指导微山县、汶上县创建省级全域旅游示范区，全力打造全域旅游目的地城市。

打造"圣地、文化、水乡"的城市文旅品牌。依托东文西武、南水北佛、中古运河的旅游资源禀赋，打造"圣地、文化、水乡"的旅游品牌。曲阜市围绕"文旅强市"战略部署，以文铸魂、以旅强体、以创兴城，构建"中有明故城'三孔'景区、南有尼山圣境、北有文化国际慢城"的全域旅游格局，开创文旅融合的"曲阜模式"，打造"东方圣城"和"中国传统文化发源地"品牌；微山县围绕"微山湖"打造"水乡"品牌，陆续开发文旅节庆品牌、乡村旅游品牌以及文旅商品品牌等系列；邹城市全面提升"孟子修学游"和"邹东深呼吸"乡村游两大旅游品牌内涵和影响力，以品牌化推动全域旅游发展；汶上县围绕文化旅游融合发展，注重特色，擦亮"千年佛都"的旅游名片，构建"一寺一湖一古城"发展框架；嘉祥县依托青山景区晋升 4A 级旅游景区和首批文化旅游特色小镇、文旅融合发展样板村评选的契机，着力创建文化旅游品牌。

以"孔孟之乡、运河之都、文化济宁"为主题，设计特色体验性活动和特色精品旅游线路。开展"拜圣习儒、圣地研学、儒乡农耕、运河访古、湖上泛舟、走进水浒"六大体验性活动，打造"国学经典研学游、文化圣地体验游、儒乡民俗生态游、运河微山湖休闲游"四大系列主题旅游线路。

济宁参与首届山东国际精品旅游产业博览会，以"孔孟之乡、运河之都、文化济宁"为主题，推出特色精品旅游线路，国际旅行社的"游读文化圣地曲阜三日游线路"和曲阜风光旅行社的"诗意旅行咏归圣城"诗歌研学之旅分别以全省第一、第二名入围"山东省十佳精品旅游线路"；运河水上旅游线路成功首航，以深化文旅融合为原则，以运河文化、古镇风情为内核依托，以豪华游船为旅行载体，以文艺演出、非遗展示、民俗表演等特色活动丰富游览体验，串联运河沿岸和南阳古镇10个著名景点；微山县以文旅融合为新旧动能转换突破口，整合文旅资源，打造历史文化、红色文化、运河文化、民宿文化、生态文化五类文旅产品。

依托儒学文化优势，推出文化圣地朝圣游、国学经典研学游、始祖文化寻根游、东方圣城夜间游、国际慢城生态游等特色线路。邹城市充实"邹东深呼吸·畅游三线九山"产品线路，持续丰富旅游产品业态，深化文旅融合发展，围绕"旅游＋"开发露营、山地越野、户外训练、攀岩拓展、中医养生、温泉养生及民宿、影视拍摄等产品；汶上县推出莲花湖湿地景区赏花汇、民俗文化游、杨店镇采摘园等旅游线路。

（二）传承发展，引智聚源

依托节庆会展推进优秀传统文化"创造性转化和创新性发展"。启动第三届山东文化惠民消费季，围绕"文旅融合·惠享生活"主题，推出"儒学原乡·文化圣地"演出、"跟着孔子趣游尼山"等活动，促进文化和旅游深度融合。尼山圣境先后承办央视晚会、尼山世界文明论坛、国际孔子文化节、世界儒学大会、2019中国旅游日山东分会场启动仪式等文化活动，推出大型礼乐演出《金声玉振》、夜游尼山等体验活动；参与第八届山东国际文化产业博览交易会，近40家文化旅游企业以"开放·融合·创新"为主题，展示济宁文化实力与传承发展、文旅融合与项目建设；曲阜市成功举办六届"百姓儒学节"，实现儒学"双创"发展，推出中华成人礼、开笔礼等文化活化项目。

济宁文化旅游国际推广大会作为2019中国（曲阜）国际孔子文化节重要组成部分，以"游读济宁 体验圣地"为主题，重点进行济宁文化旅游推

介；邹城市聚焦文旅融合，传承古会民俗，举办二月二民俗文化节和峄山景区花朝节活动，成为峄山景区旅游新亮点；太白湖新区掀起"文旅＋体育"的新热潮，承办吉利博越济宁太白湖马拉松赛、全民健身会等重大运动赛事，以及九届太白湖放鱼节、济宁太白湖荷花节、太白湖文化旅游艺术节、太白湖民俗花灯艺术节、太白湖大唐国际牡丹花会等特色文化旅游活动，发展文旅融合综合性景区；"泗水赏花汇"活动作为山东省五大乡村旅游品牌节庆活动之一，成功举办八届，以"春来泉乡美，赏花到泗水"为主题，突出"赏百花，品乡村"旅游特色；微山县为突出当地文化特色，开展微山湖荷花节、伏羲文化节、仲子文化节、微子祭祀节等近20个节庆活动。2020年春节启动"东方圣城冬游季·孔子故里过大年"主题活动，整合年节民俗文化，以孔府、孔庙、尼山圣境、孔子六艺城等景区为重点，结合历史街区、特色村落和文化主题酒店，开展民俗展演活动；汶上县深入挖掘当地佛教、儒家、生态文化资源，相继开展中国汶上宝相寺太子灵踪文化节、汶上文化旅游节、莲花湖湿地赏花汇等一系列活动。

县区交流，引智聚源，共助文旅融合发展。2019年10月文化旅游融合发展现场推进会议顺利召开，现场观摩泗水县龙湾湖文旅融合发展集聚区，学习泗水县文化旅游融合发展的新经验、新做法。曲阜市儒家研学旅游基地、邹城市博物馆等文旅融合发展项目及建设也受到称赞；济宁市旅游公共服务中心举办文旅融合发展培训班；召开夜间文旅经济发展现场观摩推进会，进一步深化文旅融合，加快推进夜间文旅经济发展。曲阜尼山圣境举办"文旅深度融合，讲好中国故事"座谈会，以"以文兴旅，以旅扬文"为原则，围绕"文化修贤度假胜地"和"世界级人文旅游目的地"的总体定位，积极搭平台，聚资源，集众智，引进"智库专家"，助力文旅融合高质量发展，高标准编制曲阜"十四五"文化和旅游发展规划、优化提升文旅融合高质量发展人才工程，在文化交流、文明互鉴方面，跨界合作，融合创新。以孔府菜美食节、文化演出、非遗展示为载体，曲阜文化旅游推广活动走进广州；金乡县依托深厚的历史文化底蕴和丰富的旅游资源，大力实施文旅融合，发展独具特色的文化旅游，对羊山景区和金龙湾文旅小镇的融合发展经验给予充分肯定，2020年3月，金乡县羊山景区入选2019年度济宁市"十佳研学旅游基地"；嘉祥县加快完善特色旅游产业发展，打造文化旅游新业态，擦亮文化旅游"新名片"，鲁锦实业有限公司与青岛旅游集团签署合作协议，共同推动企地双方文化旅游产业发展。

（三）创新产品与业态，构建特色文旅产业体系

创新文旅产品，培育文旅新业态。济宁市以"运河之都，济宁有礼"为主题，挖掘旅游商品资源，提高文旅商品创新，打造文化旅游商品品牌，举办"广胜杯"文化创意设计及旅游商品大赛；市文化中心、市杂技城"四馆一城"相继开放运营，打造孔孟之乡文旅融合演艺场馆新地标；邹城市搭建研学游资源共享平台，全面整合孟庙孟府、峄山、上九山古村、邹鲁农业公园、葛炉山等景区，融入研学课程、国学体验等元素，重点开发研学旅游产品，成立孔子研学旅游联盟，丰富孟子修学游的产品体系；曲阜市推出国家级非物质文化遗产孔府菜和以曲阜三宝为主的旅游商品，打造"政德、师德、青少年、儒商"文化教育培训基地；根据第三届山东文化惠民消费季活动安排，依托文化旅游览胜、艺术精品欣赏、新兴时尚采撷、传统工艺体验、数字文化畅享、人文素养提升六大板块，创新文旅产品形式（见表1）。

表1　济宁市文旅产品创新活动

类　型	活动内容
文化旅游览胜	推动文化和旅游深度融合，整合文化和旅游资源，扩大文化惠民补贴范围，从更广的层面推动文化和旅游消费
艺术精品欣赏	组织开展旅游演艺、影视剧、戏剧戏曲、演唱会、音乐会、杂技等文艺展演活动
新兴时尚采撷	组织国内外知名设计企业、国内著名民族文化品牌、文化创意产品展示展销，探索文创产品个性定制
传统工艺体验	开展传统工艺精品展销、非遗传习表演、中医药推广，以及陶瓷文化、饮食文化等系列展示体验活动
数字文化畅享	在文化旅游电商、网络视听、数字出版、在线旅游、网络教育、动漫展示等领域，开展数字体验、网购特卖、儿童数字阅读体验等消费活动
人文素养提升	组织开展形式多样的文化艺术知识讲座、展览、论坛、沙龙及阅读体验、诗词大赛、休闲健身等活动

挖掘旅游产品的文化内涵，打造全省优质文化和旅游产品体系。2020年5月19日上午，山东"六好"优质文化和旅游产品暨2020年中国旅游日山东省活动发布会举行。省文化和旅游厅发布"六好"文化和旅游产品名录。按照"齐赏好景、悦听好声、游习好理、畅飨好味、悠游好趣、乐淘好品"6个板块，制定了《山东"六好"优质文化和旅游产品要素标准和评选认证标准》，评选出了六类产品各100项、共计600项具有山东标志性、典型性、代表性的优质文化和旅游产品。济宁市共有37项入选（见表2）。

表2　济宁市"六好"文旅产品名录

单位：项

版块	标准	济宁优质文旅产品	数量
齐赏好景	好山色、好水脉、文化特色旅游区等观赏景区	曲阜明故城（三孔）旅游区、尼山圣境、邹城孟庙孟府景区、宝相寺景区、泗水泉林泉群自然风景区、峄山景区、尼山孔庙及书院、泗水万紫千红旅游度假区	8
悦听好声	戏曲、音乐、歌曲、展演项目等文艺作品	微山湖端鼓腔、尼山圣境金声玉振剧场演出、金乡地方戏、尼山圣境宋版雅乐表演、尼山圣境仁厅儒韵雅集秀、尼山圣境六代小舞	6
游习好理	博物馆、图书馆、纪念馆、孔孟之乡、齐鲁古国、红色研学、工业旅游等文旅产品	尼山圣境"明礼生活方式"、铁道游击队纪念园、曲阜儒家文化研学旅行基地、孟子故里研学三日营、阅湖尚儒研学基地、孟子故里研学二日营、去圣地寻找中国人的精神密码、兴隆文化园研学游	8
畅飨好味	著名菜系、著名小吃等饮食文化和特色产品	微山湖全鱼宴、孔府宴、水浒宴、小磨香油	4
悠游好趣	特色民宿、客栈、山庄、酒店、温泉、滑雪场、海洋牧场、小街等现代化商业游玩景区、度假村	上九山村山里胡同精品民宿、尼山书院酒店	2
乐淘好品	非遗工艺品、养生产品、海产品、农产品等文创产品、旅游商品	孟子故里文化礼品系列、鲁柘澄泥砚、楷雕、微山湖芡实、金乡大蒜、泗滨砭石、微山湖莲子、松花蛋、藕粉等、武松牛肉、梁山结义酒	9

围绕弘扬中华优秀传统文化，推进研学旅游基地建设。抓住"儒学文化热"，将研学旅游作为文旅融合的新业态来培育，开辟文化旅游业新旧动能转换的重要路径。济宁"1+3"研学旅游特色产业集群，不仅入选山东

省首批现代优势产业集群，也成为济宁市新旧动能转换的重要路径之一。嘉祥县纸坊镇嗨皮小镇（第七批文化产业示范基地之一）以教育为IP，植根儒家文化，秉承"传承、多元、发展、创新"的发展理念，坚持"亲子+教育+乡村旅游"全方位融合，开设6大主题、32个实践项目、1500余个课程。富山国防教育基地（国家3A级旅游景区）占地500余亩，总投资1.2亿元，以武器实物和体验式军事训练为载体，设有四大功能区及体验区，是以弘扬国防教育、传承红色文化为主的新旧动能转换的典型代表。汶上依托宝相寺、关帝庙、文庙景区串联优势和资源集聚优势，通过政德教育展馆、乡村儒学传承体验村居建设等项目，搞活龙头企业，适时组建文化旅游集团公司，擦亮当地旅游品牌。邹城市深挖文化内涵大力推进研学游，率先成立研学旅游联盟——邹鲁研学旅游联盟，形成"产、学、研、销"一体化发展模式，开发儒学体验游等研学旅游产品，推出教育培训等一系列活动，孟庙孟府景区创建国家港澳青少年游学基地，峄山景区、三仙山等景区获批成为"济宁修学旅游示范基地"，推出传统礼仪展演和文化体验项目，打造新型体验式游学活动，活态展示与体验儒家传统礼仪。金乡县培育发展文旅融合新业态产品，创新业态产品体系，圣亚达铅笔有限公司获"文化旅游新业态优秀企业"称号，发挥红色资源优势，打造提升红色文化研学基地和干部政德教育基地。微山县全域谋划，以微山湖旅游发展集团为主体，对微山岛、南阳古镇、微山湖国家湿地公园等核心文旅资源进行整合（见表3、表4）。济宁首架GA8固定翼飞机在微山岛容商集团旅游综合体"航空小镇"落户，成为引领微山文化旅游业融合发展的新动能，填补济宁在低空飞行旅游领域的空白。

实施"景区活化"战略，推进夜间文旅经济。2020年3月，济宁市发布《关于扎实做好疫情结束后文化旅游业迅速恢复发展工作的实施方案》，全力支持任城区整合太白楼、东大寺历史文化资源，建设"运河记忆"历史文化街区，力争主城区打造5个夜间文旅示范街区，每个县市区打造1~2条县级示范街区。依托运河音乐厅、声远舞台、杂技城等演艺场所，打造一批夜间精品剧目。大力实施"景区活化"举措，鼓励支持有条件的景区推出"日游夜演"演艺活动。适时延长文化场馆开放时间，探索开展夜间

淮海蓝皮书

表3 微山县五类文旅产品资源

类型	文旅产品内容
红色文化	铁道游击队纪念园、微山湖抗日英烈纪念园、微山湖湿地红色驿站;微电影《微山湖上秘密交通线》、"做一天游击队员""重走湖上秘密交通线"等主题活动;微山湖党性教育基地(龙头景区微山岛)、湖上政德教育基地(微山湖渔家水街)
运河文化	以"游南阳、行大运"为主题,活化运河文化博物馆、修复古建筑群、修复利建闸遗产点;实施古运河廊道、湖中运道等工程,推进开发夏镇、韩庄等地的运河文化
历史文化	马坡镇梁祝故里现存明代正德年间梁祝碑;两城镇伏羲故里,留有宋时主体建筑、伏羲陵庙、伏羲文化展示长廊、动漫《伏羲》;运河重镇鲁桥,实施仲子庙修复工程,开办儒学讲堂
民俗文化	国家级非物质文化遗产——端鼓腔的传承;吃渔家饭、住渔家屋、乘渔家船、干渔家活、说渔家事、做渔家人等民俗文化活动
生态文化	微山湖湿地公园等生态资源集聚区;湿地环保科普、湿地研学旅行等产品;开发一系列生态环保的工艺品、食品

表4 微山县"文旅+"发展示范项目

类型	项目
文旅+农业	微山岛栖凤园、微山湖慕莲小镇等农业旅游示范点、田园综合体、精品采摘园
文旅+水利	建设微山湖国家级水利风景区
文旅+渔业	微山湖渔家水街、南阳王苏白民俗村等休闲渔业示范点
文旅+电子商务	淘湖网、微山湖云村等优质电商
文旅+餐饮服务	微山湖全鱼宴、乌鳢宴、荷花宴等餐饮品牌
文旅+工业	微山湖小龙虾、咸鸭蛋、大闸蟹、荷叶茶等微山湖特色商品

文化体验活动。自2020年5月以来,全市先后有13家旅游景区及夜市街区陆续开展夜间活动。2020年7月,市文化和旅游局根据《关于开展全市文化旅游夜间经济发展示范街(区)申报工作的通知》(济文旅普〔2020〕23号)有关要求,组织开展文旅融合夜间经济示范街(区)评选工作,将8个街(区)命名为文化旅游夜间经济示范街(区)(见表5)。

表5 济宁市文化旅游夜间经济示范街(区)

类型	街区名称
文化旅游夜间经济示范街(区)	任城区仙营北里夜市、兖州区牛楼小镇景区、曲阜市尼山圣境、泗水县泗张圣地桃源商业街、微山县微山湖国家湿地公园、鱼台县鱼稼里、高新区创新谷集装箱小镇、太白湖新区太白湖景区

（四）打造文旅特色村镇，推进乡村生态旅游

推动文旅小镇、文旅融合样板村、景区村庄创建，实施乡村旅游提档升级。2019年，济宁市邹城市石墙镇上九山村和梁山县大路口乡贾堌堆村荣获"全国乡村旅游重点村"称号。济宁市文化和旅游局根据《关于培育打造市级文化旅游特色小镇和文旅融合发展样板村的通知》（济文旅字〔2019〕104号）有关要求，在山东省率先评选了6个文化旅游特色小镇和20个文旅融合发展样板村。2020年7月，根据《关于开展第二批市级文化旅游特色小镇创建工作通知》（济文旅普〔2020〕23号）有关要求，市文化和旅游局组织第二批济宁市文化旅游特色小镇评选工作，决定将7个小镇命名为文化旅游特色小镇。目前全市共有13个文化旅游特色小镇，20个文旅融合发展样板村，4个全国乡村旅游重点村，它们成为独具特色、潜力深厚的乡村文旅发展龙头，为推进乡村旅游奠定了坚实的基础（见表6）。

表6 济宁市文旅特色小镇和文旅融合发展样板村

村镇	批次	名单
文化旅游特色小镇	第一批次（2019年）	曲阜市尼山圣地文化旅游小镇、邹城市蓝陵水韵古城文化旅游小镇、泗水县龙湾湖乡村文化旅游集聚区、微山县微山岛文化旅游特色小镇、嘉祥县纸坊文化旅游特色小镇、兖州区牛楼文化旅游小镇
	第二批次（2020年）	曲阜市海棠小镇、泗水县等闲谷艺术小镇、邹城市石墙文化旅游小镇、嘉祥县东方左岸假日小镇、金乡县金龙湾文旅小镇、汶上县老龙湾小镇、梁山县水浒文化特色小镇
文旅融合发展样板村	第一批次（2019年）	兖州区新驿镇东一村、曲阜市吴村镇簸箕掌村、曲阜市尼山镇鲁源新村、曲阜市吴村镇峪东村、泗水县泗张镇王家庄村、泗水县泗张镇宋家沟村、泗水县圣水峪镇东仲都村、泗水县济河街道夹山头村、邹城市石墙镇上九山村、邹城市张庄镇上磨石岭村、邹城市香城镇泉山沟村、微山县微山岛镇大官村、微山县微山岛镇杨村、鱼台县张黄镇大闵村、鱼台县王鲁镇孟楼村、嘉祥县纸坊镇武翟山村、嘉祥县纸坊镇青山村、汶上县郭楼镇古城村、梁山县大路口乡贾堌堆村、梁山县大路口乡沙沃李村

推进乡村生态旅游，服务乡村振兴。乡村旅游起到促进农民增收、农业增效、农村繁荣的作用，是乡村振兴的重要引擎。济宁着力把山东文化惠民

消费季打造成为推动乡村文化振兴的重要品牌，推动文化旅游消费扶贫，推介贫困地区文化产品和乡村旅游精品目的地；微山县依托"湖上船家""运河人家"等全省十大文化旅游品牌，在微山岛发展"红色渔乡乡村游"，在南阳古镇发展"运河船家游"，在以驩城东大农业生态园、张楼滨湖生态园为代表的采摘园发展"湖畔农园乡村游"，在以两城独山东村、伏羲庙、鲁桥仲子庙为代表的景点发展"寻根体验乡村游"。推进旅游产业资源基础好的村庄搞好 A 级景区创建，微山岛镇大官村被评为济宁市 3A 级景区村庄。2019 年 5 月，微山县凭借历史人文底蕴、绿色生态旅游、独特旅游文化以及休闲度假环境，获"中国最美生态文化旅游名县"荣誉称号；邹城市抓住全域旅游发展机遇，实施乡村旅游扶贫工程，引导发展时令特色采摘、农家乐游、旅游商品开发等扶贫项目，推动脱贫致富；泗水县龙湾湖片区将文化优势、自然资源优势、交通优势相结合，走出文化旅游融合发展的创新之路，着力建设泗河乡村旅游带，为其他地区发展乡村游趟出路子；曲阜市创新"文化 +"模式，构筑"文化国际慢城 + 乡村民俗"的特色模式，依托儒家文化、特色民俗村等建成中国大陆第三家国际慢城、第一个文化国际慢城；嘉祥县组织开展济宁市第三届乡村旅游美食节、济宁市"百万市民游乡村"等重大活动，助力乡村旅游发展。

（五）组建研究基地，推进文化遗产保护开发利用

组建山东省文物考古研究院济宁文物考古研究基地，推进文化遗产保护开发利用。2019 年济宁共编制保护规划、维修方案等 90 余项，完成十余处重大工程前期考古勘探，新增国保单位 5 处，总数达到 41 处，居全省第一；成功举办 2019 年"文化和自然遗产日"宣传展示一系列活动，围绕"非遗保护·中国实践"主题，结合"文旅融合助推非遗保护"宣传专题，举办丰富多彩的文博和非遗主题活动 40 余场。曲阜市利用国家全域旅游示范区创建契机，推进鲁国故城大遗址保护、三孔景区彩绘修复、文物景区消防改造，严格保护"老三孔"（孔庙、孔府和孔林）、积极培育"新三孔"（尼山圣境、孔子博物馆、孔子研究院），拓展文化旅游体验空间；汶上县对大

运河南旺分水枢纽工程大遗址片区实行重点保护，启动建设南旺枢纽考古遗址公园；微山县围绕传统村落保护、古建筑修缮、旅游形象提升、基础设施完善等各类重点工程，夯实文旅融合发展基础。6处有重要价值的乡村文化遗产被纳入文物保护范围，以微山史志为基础，深度挖掘乡村文化资源，梳理优势文化资源并编辑成书，逐步制定文化保护与展示计划，建立县级第四批传承人，完成各级非遗项目和传承人的申报工作。

三　推进济宁市文旅融合发展的关键对策

当前，济宁市文旅品牌定位准确、战略推进有序、市县特色突出，文旅融合发展总体态势良好，但是也存在传统文旅项目主导、现代文旅项目正在培育、儒学品牌传承不足、夜间文旅经济建设刚刚起步、城市活力有待激发等问题。围绕建设文化旅游强市的主线，打好"三孔、大运河"两张世界文化名片，实现提升"群众满意度、经济贡献度、对外知名度"三大目标，重点做好培育市场、项目建设、营销推广、城市活力提升等工作，推进文旅深度融合发展。

（一）聚焦文旅融合发展，深度培育市场

不断深化文化和旅游融合发展体制机制，支持孔子文旅集团、尼山文旅公司、儒源集团等重点文旅企业做大做强，加快形成研学旅游优势产业集群，打造旅游发展新优势。做好顶层设计，研判旅游消费数据，有效配置各类资源，平衡淡旺季差异，加快完善配套设施服务，满足人民群众多样化需求。强化旅游市场管理，建立旅游市场综合监管责任清单，加大旅游环境综合整治，规范旅游企业经营行为，提高从业人员服务水平，营造安全便利、舒适有序旅游环境。

抢抓一系列重大市场机遇，继续强化招商引资工作。抢抓优秀传统文化"两创"、全域旅游发展、省委省政府注重南四湖开发等一系列重大机遇，强化曲阜文化建设示范区引领作用，将示范区建设、尼山世界文

明论坛、尼山世界儒学中心等重大事项纳入省或国家"十四五"规划，高标准承办国际孔子文化节（尼山世界文明论坛），推进尼山世界文明论坛相关工程，依托孔子研究院、孟子研究院，加大"儒学大家""尼山学者"等高端人才引进培养力度，推出一批重大儒学研究成果；多元挖掘优秀传统文化资源，提升干部政德教育基地建设品质。加快推进微山湖旅游区创建国家5A级旅游景区，推动微山县、汶上县创建省级全域旅游示范区。深入挖掘文旅资源，策划文旅项目，凝聚文化和旅游发展新合力，提升旅游业的文化内涵、旅游产品的文化品质以及广大游客的文化体验，依托投放宣传广告、举办合作活动、提升精品线路、拓展客源市场等途径，实施"全员招商"制度，确定将珠三角、长三角地区作为重点招商区域，对接重点目标企业，在重点城市举办文旅专题招商推介会，提升文化旅游产品的吸引力和竞争力，不断增强"文化济宁"在国内外的影响力、知名度和美誉度。

（二）聚焦传统文化两创　推动项目建设

济宁市在壮大集群、打造品牌、非遗传承上走在前、做示范，准备出台《研学旅游产业集群培育方案》，以新时代文明实践中心为载体，开展百场戏曲进校园、千场大戏进农村等文化活动，全面推行"图书馆＋书院"、乡村儒学讲堂等模式，加快建设文化强市首善之区，组织开展非遗传承活动，为传统文化"双创"注入新活力。充分发挥市文旅集团牵引作用，着力提升核心景区功能，大力培育"新三孔"等文旅新热点，完成南四湖全域旅游规划，着力推进尼山圣境二期、复兴之路文化科技项目、南阳湖田园综合体、华侨城古运河十里画廊等重点文旅项目建设，依托国家大运河文化公园战略机遇，推动大运河总督府遗址博物馆、济州古城、南旺考古遗址公园等文旅项目建设，规划建设泗河乡村旅游带，全线贯通泗河堤顶路自行车绿道，构建全域旅游大格局。从组织领导、体制机制、政策措施等方面要求，确保各项部署要求落到实处，推动济宁文旅融合工作实现新突破。

（三）聚焦文艺精品创作，强化营销推广

全力创作精品剧目、打造精品节目、筹办精品演出、勇夺精品大奖，打造山东梆子大戏《龙湾湖》、儿童剧《荡起双桨》等重点剧目，筹办全市中青年演员汇演，做好国家艺术基金申报和各类文艺奖项争取工作，深化与保利、荣宝斋等知名文化企业合作，办好"创意济宁"文化产品设计大赛，提升文化产业品质内涵，进一步打响济宁市文艺创作名气。统筹谋划，系统部署，整合资源，以"儒家文化""运河文化""乡土风情"为主题，打造文化圣地研学游、运河微山湖休闲游、儒乡民俗生态游精品线路，创新文化旅游产品。加强与国内外知名旅行社合作，北上京津冀、南下苏浙沪、西拓中原腹地、外联日韩东南亚，举办重点城市文旅推介会，深入推进与新媒体宣传营销合作、与主流媒体宣传推广合作，扩大济宁文化旅游影响力。

（四）聚焦公共服务建设，提升城市活力

实施项目带动、保护推动、创建促动、合作拉动，擦亮"运河之都"文化名片，扎实做好国家文物保护利用示范区创建工作，探索建立济宁市博物馆联盟，加强革命文物保护，着力做好文物保护文章。加大旅游产业融合开放力度，提升文化内涵、科技水平、绿色含量，增加创意设计产品、特色体验产品、定制导制产品，发展融合新业态，提供更多精细化、差异化旅游产品和让旅客更加舒心、放心的旅游服务，增强文化旅游产品的多样化和特色化。适时恢复全市各级图书馆、文化馆（站）、博物馆、纪念馆等免费开放，全面落实乡镇综合文化站整改、总分馆制建设等工作，依托市文化中心、市杂技城、济宁大剧院等，开展一系列文化惠民活动，增加高品质文化供给，推动文旅设施由"建好"向"用活"转变、推动文化活动由"增量"向"提质"转变，全面提升城市活力。

（资料来源：济宁市文化和旅游局官网及该局相关工作报告，在此致谢！）

参考文献

杨凤东：《文旅融合促新旧动能转换》，《中国旅游报》2018 年 7 月 15 日。

刘印河：《文旅融合下的夜间旅游经济开发》，《中国旅游报》2019 年 11 月 18 日。

由少平：《理念融合、机制融合、创新融合——文旅融合发展的着力点》，《人文天下》2019 年第 1 期。

张中华：《全域旅游视角下曲阜儒家文化资源整合与创意开发》，《济宁学院学报》2018 年第 5 期。

《关于济宁市文化旅游特色小镇和文旅融合发展样板村名单的公示》。

《关于公布山东"六好"优质文化和旅游产品名录的通知》。

B.20
2020年菏泽市文旅融合发展报告

高庆帅　田青青*

摘　要：　菏泽市文旅融合发展向好：规划引领、主题活动推进，项目建设先导、加速产业融合，持续品牌营销、市场融合增强，利用文博和非遗传承、助力乡村振兴，不断完善供给、创新公共服务。但是其文旅融合发展不充分的问题也较突出，基于此本文提出坚持问题导向、规划引领、落实重点任务，推进重点项目建设、不断强化品牌资源的发展，提升公共服务水平、创新艺术精品，保护传承文化遗产、有效利用并创新发展，建设智慧传播平台、促进文化市场繁荣等策略。

关键词：　文旅融合　牡丹之都　菏泽市

一　菏泽市概况

菏泽市位于山东省西南部，地处鲁苏豫皖四省交界地带，承东启西，引南联北，下辖牡丹区、定陶区2区，曹县、成武县、单县、巨野县、郓城县、鄄城县、东明县7县，设有菏泽经济开发区、菏泽高新技术产业开发区，2019年，总面积12238.62平方千米，户籍人口1025.80万人。原系天然古泽，济水所汇，菏水所出，连通古济水、泗水两大水系，是中华民族发祥地之一，是中国牡丹之都和著名的戏曲之乡、武术之乡、书画之乡、民间

---

* 高庆帅，江苏师范大学人文地理学硕士研究生；田青青，江苏师范大学学科地理硕士研究生。

艺术之乡。菏泽历史文化底蕴深厚，文旅融合前景广阔。目前，全市国家级文物保护单位 11 处、省级 95 处、市级 162 处；国家级非遗名录 31 项、传承人 22 名，省级 93 项、传承人 51 名，市级 241 项、传承人 362 名，国家级非遗数量居全国地级市第三位，国家级、省级非遗及传承人数量连续 9 年居全省第一。牡丹文化、水浒文化、堌堆文明、黄河文明、非遗文化以及红色文化等为文旅融合发展提供资源保障。

二　菏泽市文旅融合发展现状

菏泽市以高质量融合发展为主题，打造"魅力菏泽"城市名片，着力推动"曹州文化生态保护实验区、山东省地方戏曲振兴发展示范区、文化和旅游融合发展先行区"三区建设，立足丰厚人文资源，探索融合发展路径，从文旅规划融合、产业融合、非遗文化融合、文博资源融合、活动融合、设施融合、市场融合、营销融合八大方面着力推进文旅融合高质量发展。菏泽市 A 级景区共 29 家（其中 4A 级 4 家，3A 级 10 家），星级饭店共 10 个，2019 年全市接待游客 2367.20 万人次，比上年增长 10.6%，实现旅游消费总额 220.92 亿元，增长 12.1%。其中接待入境游客 1.87 万人次，增长 5.1%，入境游客消费额 439.62 万美元，增长 20.3%。

（一）规划引领，主题活动推进

文化旅游发展规划引领。2019 年，《菏泽市文化旅游发展规划》编制启动，这是山东省编制的第一个地级城市文旅融合发展规划，强调以"文旅融合发展理念"引领城市建设，将历史文化元素融入城市发展，围绕历史文化培根铸魂，彰显地域特色，发挥文旅融合综合带动效应。着眼文化旅游项目设计，推进重点文旅项目建设，创新优秀文化旅游产品，明确文旅融合发展方向，提出做大做强牡丹文化旅游产业，持续推进黄河和黄河故道旅游开发，突出解决乡村旅游发展面临的问题，做好"伏羲桑梓，尧舜故里"文章，创建红色文化教育基地，打造"牡丹、水浒、黄河、始祖、非遗、红色"文化旅游名片，突出文化旅游形象表达，形成深挖内涵、串珠成链、连片成面、集群发展的文旅融合发展路径。

注重理念引入，展示菏泽特色旅游资源。菏泽市鲁锦工艺品有限公司和郓城水浒好汉城两家文化旅游企业参展 2019 北京国际旅游博览会，与其他参展城市沟通交流，为菏泽市文化旅游融合发展和打造文旅品牌注入新的发展理念。参展第八届山东文化产业博览交易会，以牡丹文化为主题、"一都四乡"为主线，以历史文化传承为经、文创产品展示为纬，设置重点旅游景区介绍展台，展示旅游资源和精品线路，同时推动牡丹文创科技产业园项目建设。

主题活动推进，打造文旅产业发展新亮点。2019 年 8 月，第三届菏泽文化惠民消费季活动，以"文旅融合·惠享生活"为主题，整合全市优质文化和旅游资源，创新文化旅游消费模式，推介文化旅游产品，培育特色文化旅游消费机制；2020 年 5 月，开展"中国旅游日"暨第四届菏泽文化和旅游惠民消费季活动，以"荟享文化，惠游菏泽"为主题，以推动文旅消费结构升级、推进文旅产业高质量融合发展为目标，组织各类文旅企业开展惠民活动，策划"乐游菏泽、乐赏菏泽、乐购菏泽、乐享菏泽"四大板块 110 余项文旅活动，创新文化旅游产品，打造"惠游菏泽"特色主题旅游线路。第 28 届菏泽国际牡丹文化旅游节推出 57 项文化活动，组织策划文旅项目"双招双引"，举办文创产品创意设计大赛等；2020 年 4 月，第 29 届菏泽国际牡丹文化旅游节开幕，以"赏盛世牡丹、品魅力菏泽"为主题，发展文化展演、旅游观光等综合性文化旅游活动，策划形式多样的"云端"节会活动 20 余项，网络直播"名导带你赏牡丹""强国云赏菏泽牡丹"等活动，开展文化展演、旅游观光、人文民俗等 100 余项线下活动，展示"魅力菏泽城，云游牡丹节"的文化旅游资源；借助文化节举办机遇，开展首届书香牡丹读书节活动，以"促进文旅融合，贡献文化力量"为主题，展示菏泽"一都四乡"文化底蕴，推进"书香菏泽"建设进程。单县牌坊古城景区、湖西革命烈士陵园、开山景区、四君子文化产业园、浮龙湖景区等旅游景区逐步开放，依托历史底蕴、文旅资源、景区类型、旅游设施等优

势策划开展"全域旅游文化节"等系列节庆活动。

积极培育"大动漫产业"。组织开展 2020 网易国际动漫游戏博览会，它是迄今为止规模最大的动漫游戏产业展会，作为菏泽文旅集团与网易新闻的首次合作，充分把二次元文化、电子竞技文化与菏泽历史文化相结合，打造文旅产业发展新亮点，提升城市品牌知名度。

（二）项目建设，加速产业融合

实施"一项目一领导、一项目一专班、一项目一方案、一月一通报"制度，集中力量推进 50 余项文旅项目落地实施，建设方特文化科技创意产业园、牡丹文创小镇、水浒好汉城第三期文化旅游项目、菏泽市博物馆新馆片区、鲁西南记忆二期工程、巨野金山旅游片区等文旅项目，8 个文旅项目入选省文旅重点项目，大型实体画院建设及国画风采展示项目入选省推荐资助项目，融入牡丹文化的鲁菜文化和产业发展项目"特色主题宴——牡丹宴"得到充分肯定，建立全市重点文旅项目库，统一进行宣传推介，组织 15 家文化产业企业申报省文化产业重点项目，构建产业融合发展新态势。推进精品旅游项目招商引资和建设，水浒故里旅游集散中心建设项目、宇憩乐樱中医药文化旅游示范基地项目、方特文化科技创意产业园项目、菏泽华夏部落文化旅游区项目、曹县花海田园特色小镇项目、山东菏泽汽车小镇国际赛车文化旅游项目、白虎山天池风景区旅游开发项目等 7 个精品旅游项目投资总额近 60 亿元，艺术中国·牡丹古镇项目投资总额达 100 亿元，其投资规模、发展前景、建设速度使其成为全市众多文旅项目中的典型代表。

（三）品牌营销，增强市场融合

加大品牌营销、传播文化旅游新形象。2019 年 11 月，菏泽市以《中国推介》栏目为载体，介绍菏泽牡丹、讲述菏泽故事、分享菏泽物产，推介中国牡丹之都——菏泽，设计"牡丹花品冠群芳""底蕴厚重的千年古城""名甲天下的牡丹之都""黄河入鲁第一站"四大板块，介绍全市历史悠久的文化、丰厚的旅游资源以及文旅融合发展的新优势，展示菏泽在加快新旧动能转换、实现高质量发展等方面的新成效。借助第 29 届菏泽国际牡丹文化旅游节举办之机，《中国推介》栏目组为菏泽制作两期《中国 1 分钟》推介视频，一期介绍菏泽历史、水浒故事、革命老区、菏泽牡丹和九曲黄河，另一期重点推介国家 4A 级景区——曹州牡丹园，介绍曹州牡丹园内牡丹种类、景点美景及菏泽国际牡丹文化旅游节。第 29 届菏泽国际牡丹文化旅游节首次采取线上举办，通过"网络直播 + 互动"向世界推介菏泽，展现本届文化旅游节活动形式新、宣传范围广、资源展示全、社会关注度高的特点，宣传推广成效显著，开幕式视频观看量超 5000 万次，短视频播放量达 1.6 亿次，微博话题阅读量达 1.1 亿次，各类直播互动达 2000 万人次，同时，发放文化和旅游惠民消费券，设置全市惠民消费季商品展，激发全市文化和旅游消费潜力，特色产品销售在线成交 16327 单，推动牡丹节与世界牡丹大会联动发展，"一会一节"成为菏泽牡丹产业交流合作、开放发展的重要平台，持续增强"中国牡丹之都"品牌影响力。完成官方微信公众号等全部新媒体账号的整合，实现文旅营销融合，将文化资源与旅游资源联合宣传，以崭新的文化和旅游品牌形象塑造新时代奋进的菏泽形象。

挖掘旅游产品的文化内涵，打造优质文化和旅游产品体系。根据《山东"六好"优质文化和旅游产品要素标准和评选认证标准》，菏泽市共有 21 项入选山东"六好"优质文化和旅游产品名录库（见表 1）。

表 1 菏泽市"六好"优质文化和旅游产品

单位：项

板块	标准	山东总量	菏泽优质文旅产品	数量
齐赏好景	好山色、好水脉、文化特色旅游区等观赏景区	100	中国牡丹园、曹州牡丹园、水浒好汉城、单县浮龙湖旅游度假区	4
悦听好声	戏曲、音乐、歌曲、展演项目等文艺作品	100	山东梆子、《天地武魂》表演、山东坠子	3
游习好理	博物馆、图书馆、纪念馆、孔孟之乡、齐鲁古国、红色研学、工业旅游等文旅产品	100	巨野博物馆、水浒少年研学基地、中国鲁锦博物馆、淘馆习理	4

板块	标准	山东总量	菏泽优质文旅产品	数量
畅飨好味	著名菜系、著名小吃等饮食文化和特色产品	100	百寿坊羊肉汤、好汉壮馍、水浒英雄宴、成武酱大头、什集烧羊肉	5
悠游好趣	特色民宿、客栈、山庄、酒店、温泉、滑雪场、海洋牧场、小街等现代化商业游玩景区、度假村	100	鲁西南记忆、湖岛探秘、菏泽牡丹源温泉度假小镇	3
乐淘好品	非遗工艺品、养生产品、海产品、农产品等文创产品、旅游商品	100	鲁锦床品－手绘铜纤维系列、东明粮画	2

整合队伍，强化市场管理，推动文化旅游市场融合。菏泽市积极做好 A 级旅游景区管理，完成景区经营状况调查，开展景区违法违规突出问题专项摸查；强化市场监管，对全市 A 级旅游景区、旅行社、旅游饭店开展安全检查、文化旅游系统扫黑除恶工作，持续推进"一次办好"事项改革；深化执法改革，整合现有资源，组建文化市场综合执法支队。借助市场资源将文化资源优势转化为推动经济发展的新动力，树立"开发就是最好的保护"理念，理解开发性保护和保护性开发的关系，运用市场办法做好非遗传承与保护工作，明确市场定位，将新技术、新业态、新设计融入产业发展。

（四）文博传承，助力乡村振兴

菏泽市文博资源丰富，现有不可移动文物点 2058 处，各级文物保护单位 518 处，拥有可移动文物 81558 件/套，实际数量 231026 件，其中珍贵文物 1338 件/套（一级文物 23 件，二级文物 123 件，三级文物 1192 件），全市建有各级各类博物馆 17 家。深化文物保护利用改革，以高质量发展为目标，着力构建依法保护、合理利用、传承发展的文保利用体系，出台《关于加强文物保护利用改革的实施方案》，推动牡丹文化遗产、堌堆文化遗址、菏泽市博物馆（新馆）、定陶王墓地（王陵）等文物保护工程建设，加强菏泽黄河流域文物保护利用，积极申报国家文物保护利用示范区，参与中华文明探源工程和"考古中国"重大研究，强化机构建设、投入机制、科技支撑、人才机制，推行"互联网＋中华文明"行动计划，建设菏泽市文博专家智库，加大对文物保护工作的资金支持力度。2020 年 4 月，郓城县对省级文物保护单位侣楼侣公家祠进行修复，编制《侣楼侣公家祠保护修缮方案》，省财政厅拨付专款 133 万元。参加"5·18 国际博物馆日"主场活动和"全省博物馆十大精品陈列展览"颁奖仪式，获得全省博物馆十大精品陈列展览"优秀组织奖"、鲁西南战役指挥部旧址纪念馆专题展获"精品奖"、巨野县博物馆专题展获"优秀奖"。此外，全市积极推进文博资源与旅游融合发展，联合江西省文物考古研究院在巨野县举办"昌邑故国——海昏侯墓精品文物展"，在推进文物合理利用和健全文物保护机制的基础上，推动文博资源与旅游融合发展。

菏泽市是非遗文化大市，国家级非遗项目数量居全国地级市第三位，国家级、省级非遗项目及传承人数量连续 9 年居全省第一，积极做好非遗文化的传承保护，《曹州文化生态保护实验区规划纲要》通过省厅评审，山东省非遗十大亮点工作——《菏泽市非物质文遗产条例》颁布实施，参加扬州首届大运河文化旅游博览会、第十五届深圳文博会、2019 首届山东省非遗传统戏剧类项目小戏展演等，持续提升菏泽非物质文化遗产知名度。2019 年 10 月，菏泽市鲁锦、东明粮食画、黄泥古陶参加第七届中国成都国际非物质文化遗产节，依托非遗国际论坛、国际非遗博览园主会场等活动展现菏泽深厚的非遗文化底蕴。2020 年 6 月，成武县举办 2020 年"文化和自然遗产日"菏泽主场活动，围绕"文物赋彩、全面小康；非遗传承、健康生活"主题开展非遗表演等活动，开放戏曲展示和山东梆子、枣梆等传统剧目展演活动，传播文化遗产价值、展现菏泽风采。此外，菏泽市积极推进非遗文化与旅游融合发展，精选部分戏剧曲艺、武术杂技等表演类非遗项目，打造"曹州古韵"非遗实景演出，将曹州文化生态保护实验区建设与全域旅游相结合，各县区着眼于乡村旅游示范点建设融合非遗文化元素，重点打造《郓城水浒小镇·印象水浒》旅游实景演艺项目，深挖红色文化资源统筹规划建设，策划红色精品旅游线路，创建红色爱国主义基地。

文博和非遗传承，助力乡村振兴。2020 年 5 月，市文化和旅游局召开全市文化旅游行业扶贫专题会议，对全市文化旅游脱贫攻坚工作进行安排部

署，推进文化和旅游产业扶贫工作，实施"非遗助力脱贫，推动乡村振兴"工程，对1480个省扶贫工作重点村综合性文化活动室等设施建设情况进行专项督察，继续实施"一村一年一场戏"文化惠民工程，加强扶贫题材文艺作品创作工作，分类指导全市30个旅游扶贫村，发展乡村旅游业态，强化文化旅游行业扶贫工作任务落实，完成文化旅游脱贫攻坚任务。山东省文化和旅游厅发布《关于公布第三批全省"非遗助力脱贫、推动乡村振兴"典型乡镇（街道）的通知》，根据《山东省"非遗助力脱贫、推动乡村振兴"工程实施方案》有关要求，菏泽市单县浮岗镇与单县北城街道入选第三批全省"非遗助力脱贫、推动乡村振兴"典型乡镇（街道）。

（五）完善供给，创新公共服务

完善文化旅游设施供给，创新公共服务。菏泽市实行市县乡村四级公共文化设施全面免费开放政策，以及各级博物馆、民俗博物馆、乡村记忆馆、历史文化展示陈列中心等基本免费开放政策，完善基层综合性文化服务中心（文化活动室）建设和乡镇（街道）综合文化站提档升级，围绕农家书屋数字化建设情况，组织开展全市数字化农家书屋调研。同时，全市文旅系统创新策划推出云视听、云课堂、云上春游看菏泽、在线图书馆等线上文化旅游服务，郓城县开展山东梆子网络演唱会，策划组织16个戏曲节目；精准把握全民阅读发展趋势，开展"云端上"共享书香阅读节活动，利用线上平台把读书、赠书、选书、听书和荐书等优质资源有机融合，深入推广全民阅读、优化公共文化服务创新举措。

三　推进菏泽市文旅产业进一步融合发展的基本对策

文旅融合是当前文化旅游工作的大趋势、大潮流、大方向。目前，菏泽市文旅融合发展在文旅项目建设、品牌资源开发、文物传承保护、文化旅游产品以及文旅市场与宣传推介等方面有待提升。菏泽市"精品文化旅游产业"作为十大产业之一被列入《菏泽市新旧动能转换重大工程实施规划》，对文化旅游业提出更高要求：以高质量融合发展为主题，围绕"提供优秀文化产品、优质旅游产品"中心环节，大力推进顶层设计、文旅业态、文旅项目、文旅品牌"四个突破"，把握文化和旅游融合规律，立足实际，积极探索有效路径，重点抓好服务发展大局、打造艺术精品、提升公共服务水平、做好文化遗产保护传承利用、推动文旅资源开发、推动文旅项目建设、做强做优宣传推介、繁荣发展文化市场、推进文化和旅游深度融合九个方面工作，推动文化旅游的理念融合、职能融合、产业融合、市场融合、服务融合。

一是坚持问题导向、规划引领，落实重点任务。科学编制相关规划和推进方案，加强协调、形成合力；强化组织领导，建立健全文化和旅游领导体制、工作机制和组织机构，以问题为导向，以推动工作落实为基准，着力开展文化和旅游系统大调研活动，确保省市安排的重点工作落实到位。

二是推进重点项目建设，不断强化品牌资源的发展。以项目建设为载体，抓好重点文旅项目，加大招商引资力度，继续推进方特文化科技创意产业园区、郓城水浒好汉城、定陶花舞世界、成武部城水街、巨野金山地质公园、单县湿地修复绿色长廊、曹县华夏部落等精品文旅项目功能完善，打好打响红色、黄河、牡丹、祖源、水浒、非遗六张城市文化品牌。

三是提升公共服务水平，创新艺术精品的生产。加大投入力度，补齐文旅基础和公共设施服务短板，以公共设施建设为本，以乡村文化振兴为目标，加快推进市博物馆新馆、市档案馆新馆、市文化广场建设，以及市民文化中心投入使用，大力发展乡村文化旅游。做好文化和旅游扶贫，办好文化民生实事，增强群众文化旅游获得感和幸福感，开展高质量文旅融合活动，创新艺术精品、打造文创产品、策划特色旅游路线。

四是保护传承文化遗产，有效利用并创新发展。以科学保护为先，以有效利用为支撑，坚守文物安全底线，加强革命文物保护利用，推动不可移动文物保护项目修葺，提升可移动文物管理水平，做好文物宣传保护利用工作；保护好、传承好、利用好文化遗产，建立菏泽市非物质文化遗产研究院，挖掘地方文化蕴涵的深刻内涵，让底蕴丰厚的菏泽文化资源活起来、火起来、亮起来、传起来。

五是建设智慧传播平台，促进文化市场繁荣。推动文化市场体制机制改革，以培育监管为重心，以高质量发展为目标，依托重点文旅项目，大力发展文化创意产业、精品特色旅游业，抓实文旅消费带动，加快发展文旅融合新业态，增添新旧动能转换力量和样本；推动文化和旅游市场繁荣有序；引导文旅宣传拓宽视野，以智慧平台建设为基础，树立全球化思维、互联网思维，做好新闻出版广电工作，推动新闻出版业和新媒体平台创新发展，着力增强菏泽文化和旅游影响力。

　　（资料来源：菏泽市文化和旅游局官网及其相关工作报告，在此致谢！）

参考文献

菏泽市文化和旅游局：《〈菏泽市文化旅游发展规划〉编制正式启动》，2019 年 8 月 19 日。

李金早：《推进文旅融合、发展全域旅游、共创美好生活》，《市场观察》2018 年第 5 期。

刘治彦：《文旅融合发展：理论、实践与未来方向》，《人民论坛·学术前沿》2019 年第 16 期。

周建标：《文化产业与旅游业的产业链，融合机制探究》，《新疆社科论坛》2017 年第 5 期。

王渔：《文旅融合下文化遗产与旅游品牌建设探讨》，《现代商业》2019 年第 12 期。

B.21
2020年枣庄市文旅融合发展报告

孙天胜　魏芃坤　魏中胤*

摘　要： 枣庄市的文旅融合发展呈现规划引领、塑造文旅发展空间格局
等特点。具体措施包括：营销推进、构筑优质文旅产品体系；
文化惠民、展示风情讲好枣庄故事；业态转型、推进世界遗产
双创发展。针对文旅融合发展中存在的问题，本文提出品牌战
略实施，构建精品旅游品牌体系；重大项目引领，推进文旅产
业集群建设；产业要素融合，推动文旅产业业态创新；区域特
色培育，构建特色景区组合体系等推进措施。

关键词： 文旅融合　鲁风运河　枣庄市

一　枣庄市概况

枣庄市位于山东省南部，辖市中区、薛城区、山亭区、峄城区、台儿庄
区和滕州市五区一市及枣庄国家高新区，面积4564平方公里。2019年底市
域总人口422万。

枣庄是一座历史名城，古称"三国五邑"之地，是科圣墨子、工匠祖
师鲁班、造车鼻祖奚仲的故里；是抗战时期彪炳史册的台儿庄大战之地、铁
道游击队故事的发生地，现在更是一座生态绿城、转型新城。枣庄荣获国家

---

* 孙天胜，江苏师范大学历史文化与旅游学院教授；魏芃坤，江苏师范大学城乡规划学硕士研
究生；魏中胤，江苏师范大学人文地理学硕士研究生。

森林城市、国家园林城市、国家卫生城市称号；被列入国家资源城市转型试点市、国家农村改革试验区、国家现代农业示范区、国家农业可持续发展试验示范区。枣庄作为资源型城市被列入国务院督查激励名单。

枣庄有"中国红色经典城市"的美称。古运河畔的台儿庄大战纪念馆，再现抗战时期台儿庄大战中中国将士浴血奋战的宏伟场面。台儿庄大战纪念地、铁道游击队纪念公园被列入全国 100 个重点红色旅游景区，枣庄市与井冈山、延安、西柏坡、遵义、瑞金等城市一起被原国家旅游局确定为全国重点调度的 20 个红色旅游城市。台儿庄古城入选中国首批"海峡两岸交流基地"。

作为新兴的旅游城市，境内 A 级景区共有 47 家，其中 5A 级景区 1 家（台儿庄景区）、4A 级景区 12 家、3A 级景区 18 家，拥有国家级湿地公园 4 处，国家级非遗项目 2 项，省级非遗项目 31 项，市级非遗项目 252 项；国家级非物质文化遗产项目传承人 1 人，省级 11 人，市级 55 人。著名旅游景点有台儿庄古城、抱犊崮—熊耳山风景区、微山湖湿地红荷风景区、冠世榴园、铁道游击队影视城、墨子纪念馆等。

二 枣庄市文旅融合发展现状

2019 年，枣庄市文化旅游业发展迅速。接待游客 2712 万人次，实现旅游总收入 245.39 亿元。组织开展了 2019 年国际博物馆日、中国旅游日暨"鲁风运河·生态枣庄"媒体行活动。文化产业高质量发展。《墨子鲁班文创产品及木制品智能制造》《铁道游击队红色基因创新性传承项目》入选第四届山东省文化创新奖。成功举办第八届山东国际文化产业博览交易会枣庄分会暨枣庄市文化产业博览交易会。滕州市墨子文化城、台儿庄全域旅游暨智慧古城、山亭区文化旅游服务中心等 5 个项目入选 2020 年山东省新旧动能转换重大项目库第一批优选项目。

（一）规划引领、塑造文旅发展空间格局

为了全面打造现代产业强市、生态文化名城，枣庄市出台《关于加快

旅游业改革发展、建设旅游强市的实施意见》《枣庄市全域乡村旅游工作实施方案》《枣庄市全域旅游厕所革命示范市建设工作实施方案》，编制实施《枣庄市全域旅游发展五年行动计划（2016～2020年）》等一系列规划。以推进大运河文化带枣庄旅游精品产业集群发展和大运河文化经济带生态枣庄示范区项目建设为抓手，出台了《关于进一步加快台儿庄古城创建国家级文化产业示范园区的实施意见》《枣庄市精品旅游产业发展专项规划（2018～2022年)》等文件及规划，打造文化产业示范园，推进枣庄沿运河文化带、全域生态游、乡村休闲游的发展。

枣庄市还着力打响"鲁风运河·生态枣庄"品牌。枣庄市对全市文旅发展空间格局进行优化、调整，形成点面结合、重点突出、兼顾组合的"一核、两带、四极、十片区"文旅发展空间格局。"一核"是指台儿庄古城。"两带"是指运河文化旅游风光带和环城绿道游憩带。"四极"是指台儿庄区（古城旅游区）、滕州市（微山湖湿地旅游区）、山亭区（抱犊崮—熊耳山旅游区）、峄城区（冠世榴园旅游区）。"十片区"是指建设"点线面链接、区域化联合、集群式发展、品牌化营销"的乡村旅游集群片区，包括市中区永安南部乡村旅游片区、峄城区冠世榴园乡村旅游片区、枣庄高新区杨峪片区、台儿庄区涛沟桥湿地乡村旅游片区、薛城区蟠龙河旅游片区、山亭区葫芦套乡村旅游片区、翼云湖乡村旅游片区、岩马湖乡村旅游片区、滕州市秀美荆河乡村公园片区、龙阳乡村旅游片区等十个乡村旅游集群片区。支持乡村旅游品牌企业发展，在"鲁南乡村民宿"品牌下，培育"运河人家、湿地渔家、榴园人家、山乡人家、森林人家"五大乡村旅游品牌。

（二）营销推进、构筑优质文旅产品体系

枣庄市认真贯彻落实山东省委、省政府关于提升"好客山东"品牌形象、丰富品牌内涵的指示要求，挖掘旅游产品的文化内涵，打造优质文化和旅游产品体系。根据《山东"六好"优质文化和旅游产品要素标准和评选认证标准》，评选出24项优质文化和旅游产品，入选山东"六好"优质文化和旅游产品名录库（见表1）。

表1 枣庄市"六好"文旅产品名录

单位：项

板块	标准	优质文旅产品	数量
齐赏好景	好山色、好水脉、文化特色旅游区等观赏景区	台儿庄古城景区、滕州微山湖湿地红荷风景区	2
悦听好声	戏曲、音乐、歌曲、展演项目等文艺作品	抗战情景剧《刘洪与芳林嫂》、柳琴戏《滚灯》、传统古琴演奏、鲁南山花皮影戏、高派山东快书、微山湖湿地手鼓表演、铁道游击队大型真人实景演出	7
游习好理	博物馆、图书馆、纪念馆、孔孟之乡、齐鲁古国、红色研学、工业旅游等文旅产品	墨子纪念馆、铁道游击队景区研学旅行课程	2
畅飨好味	著名菜系、著名小吃等饮食文化和特色产品	枣庄辣子鸡、冠世榴园石榴、长红枣、枣庄菜煎饼	4
悠游好趣	特色民宿、客栈、山庄、酒店、温泉、滑雪场、海洋牧场、小街等现代化商业游玩景区、度假村	盈泰生态温泉度假村、西集龙河休闲集群片/仙坛山温泉小镇、莲青山滑雪场	3
乐淘好品	非遗工艺品、养生产品、海产品、农产品等文创产品、旅游商品	鲁班锁、石榴系列产品、台儿庄古城系列文创、伏里土陶、大战酒系列、滕州微山湖系列产品	6

全面推进"提振文旅促进消费"系列活动。节庆推介活动与文化旅游融合发展，持续推进淮海经济区域、京杭大运河城市旅游推广联盟等的旅游合作和推广活动，策划举办"鲁风运河·生态枣庄"枣庄主题节庆、"好客山东·匠心枣庄"文旅嘉年华、"鲁风运河"美食节活动、中国（滕州）微山湖湿地红荷节、中国春节旅游产品博览会、台儿庄运河龙舟赛等文化旅游节庆活动。

台儿庄古城是枣庄市文旅产业发展的龙头。春节旅游产品博览会暨台儿庄古城年货节，景区汇聚"威风锣鼓""狮王争霸""社火巡游""火龙钢花"等特色非遗项目，打造中国非遗年文化品牌和"最美中国年"精品旅游项目。台儿庄古城国家级文化产业园区以古城为核心，集文化创意、会展博览、教育培训、健康养生、影视演艺和版权贸易等产业于一体，拥有各类企业 400 多家，文化产业从业人员 1.2 万余人，文化产业年产值达 30 亿元。

（三）文化惠民、展示风情讲好枣庄故事

自 2016 年起，每年举办"枣庄市群众文化艺术节"。围绕打造品牌、共促发展、文化惠民、服务群众等理念，突出城市转型升级和经济文化融合发展两大核心主题，整合各类文化资源，精心设计剧团调演、广场舞赛、非遗系列展示、书画剪纸巡展、声乐比赛、读书演讲比赛、文艺创作成果展演等主题活动。推动乡镇和村居等基层文化单位开展灵活多样、小型分散的文艺活动，确保文化艺术节真正成为群众自己的节日。举办中华传统文化才艺大赛，发布"文旅融合·畅游枣庄"工作内容。举行了"非遗"进景区活动，枣庄传统刻瓷技艺、核桃微雕、大郡泥塑、葫芦烙画等"非遗"项目在景区进行现场展示。

开展公共文化服务效能再提升行动。推进公共文化场馆、镇（街）综合文化站、基层综合性文化服务中心等服务设施设备建设，开通数字图书馆、数字文化馆、数字博物馆，推出"文化慕课"、"枣博邀您云欣赏"、景区"云视听"等线上服务数字资源，海量的电子图书、数据库、线上文化活动、景区 VR 供群众免费使用。线上征集了柳琴戏、剪纸、书画等宣传推介优秀文艺作品 400 余件。组织举办"声游枣庄游我来说"有声故事征集活动，讲述有关枣庄文化和旅游景点、美丽乡村、历史故事、历史名人、旅途见闻、美景美食、风土人情、特色产品等内容。

枣庄市还组织媒体采风团"展现枣庄风情、讲好枣庄故事"，围绕枣庄山水生态、运河风情、乡村民俗等文化旅游资源，深入考察与传播。通过峄城冠世榴园石榴产业、祥和庄园大型实景剧《一代天骄》、微山湖红荷湿地非遗表演、原汁原味的鲁南石头部落，一展鲁南民俗文化。在"文旅融合，畅游枣庄"主题下，峄城区精心培育石榴特色产业，推进鲁笔博物馆、寨山乡村旅游区等项目建设；滕州市实施城市森林公园、荆河湿地公园、墨子湖等生态旅游项目，龙山胜境则融农业观光研学教育于一体；山亭区注重保护利用好传统村落，挖掘文化内涵，突出民俗特色，发展生态旅游。

（四）业态转型、推进世界遗产双创发展

重建台儿庄古城，遵循"留古、承古、扬古、用古"的原则，以运河文化、大战文化、民俗文化为主线，以百庙、百馆为载体，活化百业、百艺、百态，建成大运河文化带独具魅力的文旅之城。台儿庄当今则以"双创"理念为导向，推进文化遗产传承发展。以古城为龙头，带动现代旅游服务业崛起，成为新旧动能转换的重要引擎。同时整合古城、祥和庄园、双龙湖湿地观鸟园、运河湿地公园等七大资源，推动旅游业由"景区旅游"向"全域旅游"发展模式转变。

台儿庄古城成立营销中心，确立"国际市场引领国内市场"的营销战略。通过开拓国际市场、布局全国市场、巩固周边市场、深耕淮海经济区市场等策略，构建发展新格局。围绕"抓品质、促服务、树形象、创佳绩"的思路，以游客满意为标准，以品质化服务为方向，推出微笑服务、细微服务、定制服务、个性化服务，提出"不让一个游客在台儿庄受委屈"的承诺，全面提升旅游品质，知名度和美誉度不断提升，形象愈加多元和立体。

打造大运河城市超级 IP，推动大运河文化实现创造性转化、创新性发展。成立 IP 运营公司，通过 IP 授权、衍生品开发、城市 IP 导入等方式，实行产业开发。以动漫营销为起点，推动动漫小镇建设和城市文旅产业发展，以全新的表现方式彰显大运河文化，带动运河全产业链发展。台儿庄国有资产经营有限公司与福建笨笨投资有限公司、功夫动漫股份有限公司就大运河超级 IP 动漫开展投资合作，制作发行第一季 52 集动画片，每集 12～15 分钟，计划在国内主流媒体播出并发行到共建"一带一路"国家，助推台儿庄运河故事走向世界。

三　推进枣庄市文旅融合深度发展的基本路径

枣庄市通过实施品牌战略、发展产业集群、推动系统融合、产业跨界融合等方式赋能，推进文旅融合高质量发展。

（一）品牌战略实施，构建精品旅游品牌体系

以"鲁风运河·生态枣庄"为文旅发展的整体品牌，结合各区（市）文旅发展品牌定位，全面整合城市品牌、全域旅游品牌、文化旅游目的地品牌、重点旅游景区品牌、旅游核心吸引物或载体品牌、红色旅游品牌、乡村旅游品牌、旅游商品品牌等多层次、全产业链的品牌体系，构建精品旅游品牌体系。

实施整体品牌营销计划。各区市在整体品牌形象统领下，形成各具特色的子品牌。通过品牌营销，不断深化品牌精神文化内涵，强化品牌个性。加强品牌维护管理，通过专项规划，改善城市整体环境，提高品牌的影响力。

（二）重大项目引领，推进文旅产业集群建设

以台儿庄古城景区为核心，充分发挥龙头带动、核心辐射功能，形成文旅精品产业集群。围绕大运河文化带建设，重点推进大运河文化带枣庄旅游精品产业集群，抓好台儿庄文化产业园、墨子文化城等重点项目，实施台儿庄大运河国家文化公园项目建设。抢抓大运河国家文化公园建设机遇，规划公园东起台儿庄区邳庄镇涛沟河，西到京台高速大运河服务区并延伸至微山湖运河沿线区域。按照"保护与利用相得益彰、传承与创新相辅相成、快进与慢游相互衔接、传统与现代相互支撑"的总体原则，依据"东部慢起来、中部活起来、西部动起来、区域连起来"的发展思路，着力实施"保护传承、研究发掘、环境配套、文旅融合、数字再现"五大工程，统筹考虑遗产资源分布，构建"台儿庄古城—大运河—南部山区—大运河文旅小镇（京台高速台儿庄大运河服务区及文旅功能拓展区）—微山湖"区域联动的"一城一河一山一镇一湖"产业发展新格局，形成以台儿庄古城为龙头引领、大运河文化带主轴带动整体发展、交通网络高效连接、多点联动合力发展的区域文旅发展空间格局，促进"薛城、微山湖、台儿庄、峄城"旅游一体化发展，形成枣庄市沿运河文旅发展新轴线。

（三）产业要素融合，推动文旅产业业态创新

积极推进产业要素融合，推动文旅产业业态创新。以台儿庄古城、滕州微山湖湿地、冠世榴园、抱犊崮—熊耳山等核心景区为重点，加大景区内文化休闲、演艺娱乐、参与体验等互动性项目开发，提升旅游获得感和体验度。开发特色旅游餐饮，培育大型或连锁型鲁南美食品牌，开发农家乐精品美食宴，开发鲁南特色街美食系列，构建不同消费层次、不同特色口味美食体系。发展"鲁南民宿"乡村旅游住宿品牌，强化地方特色住宿开发，推进鲁南乡村民宿产业发展。打造"民宿+旅游"模式，探索"庄园+民宿"的产业融合模式。加强鲁南旅游商品的开发设计和市场推广，引进有实力的商业集团公司，挖掘红色文化、运河文化及地方土特产等特色资源，提升商品品质和文化、经济附加值。

构建主客共享的文旅空间和产业业态。加快枣庄环城游憩带旅游休闲廊道建设，丰富旅游风景道骑行专线，规划建设连接休闲街区、公园、城市游憩带的慢行交通系统。打造具有游憩、体验、文化、教育、运动、健身等复合功能的主题旅游线路，带动周边旅游景区串联和联合开发。加强城市休闲娱乐和互动体验型产业开发，举办形式多样、参与性强的市民文旅休闲活动，让游客能够充分融入枣庄市民生活，感受枣庄城市魅力。通过主客共享，有效延长游客逗留时间，增进游客对枣庄的了解。推进"旅游+"行动，推动文化旅游产业与互联网、农业、工业、体育、医疗保健、健康养老养生、交通运输、房地产等相关产业进行有机融合。

（四）区域特色培育，构建特色景区组合体系

强化各区（市）的地方优势资源和特色产业培植，通过快捷通达、衔接便捷的旅游综合交通运输体系，构建全域"市—区（市）—旅游城镇—旅游景区（点）—服务驿站"的游客服务体系，实现全域旅游的发展和文旅产业的深度融合。

根据枣庄资源型、组团式城市的特点，建设特色工业旅游示范点。强化

对废旧矿井和塌陷区的生态修复和旅游开发利用，推进工业旅游、生态旅游、乡村旅游等产业发展。围绕百年中兴文化资源，建设中兴国家矿山地质公园。发挥滕州市现代工业优势，发展工业旅游新产品。发挥中国城头豆制品加工基地、祥和庄园牧场、汉诺庄园等工牧业基地的功能，开发集观光游览、科普教育、娱乐休闲、参与体验于一体的工业旅游项目。

加快旅游＋康养、旅游＋体育、旅游＋教育研学基地建设。推进康养产业与旅游产业深度融合，建设了一批集特色医疗、休闲度假、保健养生、温泉疗养、运动生活于一体的健康旅游服务综合体，培育一批中医药健康旅游示范点、示范区、示范基地。扩大体育产业与旅游产业融合覆盖面，培育国家级体育旅游示范基地和精品赛事活动，发展符合枣庄实际的绿色骑行、登山运动、生态垂钓等活动。深化文化教育与旅游产业的融合。依托台儿庄大战纪念馆爱国教育基地、铁道游击队红色教育基地、八路军抱犊崮革命教育基地、滕州国防科技教育基地等，打造精品研学旅游基地和组合线路，建成研学旅行实践教育高地。

（资料来源：枣庄市文化和旅游局官网及该局相关政府工作报告。在此致谢！）

参考文献

张钦：《枣庄市运河文化资源的旅游开发》，山东艺术学院硕士学位论文，2017。

白秀军：《基于大数据的枣庄市智慧旅游服务平台构建研究》，山东师范大学硕士学位论文，2018。

韩笑：《新旧动能转换视域下枣庄市精品旅游产业发展》，《枣庄学院学报》2019年第4期。

B.22
2020年临沂市文旅融合发展报告

李永乐　魏芃坤　蒋佳霓*

摘　要： 临沂市把文旅产业确立为战略性支柱产业，以商博会为核心品牌，打造节庆会展旅游活动，构建"红+绿+黄"产品体系，推进文旅深度融合发展。针对其文旅融合发展不充分等问题，本文提出继续推进文旅融合发展的策略：强规划设计、培骨干企业、塑区域品牌、提发展质量、构旅游联盟。

关键词： 文旅融合　全域旅游　临沂市

一　临沂市概况

临沂市位于鲁南偏东，与江苏省北部接壤，辖3区9县和临沂高新技术产业开发区、临沂经济技术开发区、临沂临港经济开发区3个开发区，总人口1179.8万，总面积1.72万平方公里，是山东省人口最多、面积最大的市。该市成功创建中国优秀旅游城市、国家园林城市、国家环保模范城市、全国文明城市、全国双拥模范城市、国家卫生城市、国家森林城市等，获得中国物流之都、中国市场名城、中国会展名城、中国温泉之城、中国工程机械名城、中国板材之都、中国金刚石之都、中国食品之都、中国书法名城等称号。

临沂市有2500多年建城史，《孙子兵法》《孙膑兵法》竹简出土于此。

---

* 李永乐，博士，教授，江苏师范大学人文社会科学研究院；魏芃坤，江苏师范大学城乡规划学硕士研究生；蒋佳霓，江苏师范大学人文地理学硕士研究生。

孔子"72贤徒"中有13人、历史上"24孝"中有7孝在临沂。宗圣曾子、智圣诸葛亮、书圣王羲之以及书法家颜真卿和珠算发明家刘洪等都出生或曾生活于此。

临沂有蒙山景区、岱崮地貌旅游风景区、王羲之故居、旅游重点村竹泉村、汤头温泉、地下大峡谷等著名旅游景点,有王羲之、颜真卿、萧道成、诸葛亮等历史文化名人。沂河、沭河纵贯全境,城区拥有"六河贯通、八水绕城"水城景观;沂河风景区是国家首批18个水利风景区之一,沂河获评"最美家乡河"。临沂市还获得首批国家物流枢纽、联合国绿色工业平台、中国最具投资价值十大城市、中国十佳生态宜居典范城市、世界滑水之城等称号。

二 临沂市文旅融合发展现状

临沂市致力建设与丰富的文旅资源相匹配的文化大市、文化名市,推进文旅产业高质量发展,连续被山东省委、省政府授予"文化强省建设先进市"。截至2019年,全市共有A级旅游景区195家,其中5A级1家、4A级28家。星级饭店34家,其中四星级以上9家。旅行社102家,其中出境游组团社5家、全国百强社1家、赴台资质旅行社1家。省级旅游度假区3个,省级以上工农业旅游示范点92家、省级旅游商品研发基地15家、休闲购物街区12家。2018年,全市接待游客7506.85万人次,实现旅游收入825.86亿元,较上年增长14.08%。2019年全域旅游快速发展,旅游消费额比2018年增长13%。建成市、县、乡、村四级公共文化服务体系网络。城区"四馆"中市图书馆,市文化馆创建国家一级馆,市博物馆创建国家二级馆,新建市美术馆,"四馆"年均免费接待市民342万人次。在广大农村基层实施了"百乡千村"示范工程,建成基层综合文化服务中心3892个、文化小广场5260个,开创了经济欠发达地区基础文化设施建设新模式。

坚持以文促旅、以旅彰文,不断地提升沂蒙文化影响力,推进文化业和旅游业深度融合。推进文化和旅游的产业化、市场化,丰富文旅产品的供给

类型和供给方式。以特色化、品质化、项目化、效益化为导向，重点推进临沂文化和旅游在资源、产业、市场、公共服务、人文交流等领域的深度融合。

（一）确立战略性支柱产业的定位，推进文旅产业快速稳定发展

临沂市坚持把文化和旅游业作为国民经济战略性支柱产业进行培植，推动其持续快速稳定发展。2019 年，文化及相关产业增加值占 GDP 比重为4.56%，高于全省平均水平。创意产业和园区建设提质增效，鸿儒集团被授予国家级版权示范基地，先后创建省级重点园区 4 家、省级文化产业园区 1家、省级文化产业示范基地 8 家、省文化创意集市 2 家。

旅游产品业态齐全，构建了以全域旅游为统领，以乡村旅游和红色旅游为支撑，以"绿色沂蒙、红色风情、文韬武略、水城商都、温泉养生、地质奇观、乡村休闲、研学教育"为代表的八大板块精品旅游产品体系，形成涵盖省内、苏豫皖、京津冀、长三角四大区域的 600 公里范围客源市场圈。临沂成功创建"中国优秀旅游城市"，并被列入"全国重点红色旅游城市""山东省乡村旅游示范市"名录，是首批国家全域旅游示范区创建单位之一、第四批全国旅游标准化试点单位之一和山东红色旅游核心区。市域 9个县中 2/3 为山东省旅游强县，数量为全省第一。沂南县和沂水县被纳入全国旅游标准化示范县名录，沂南县成为首批国家级旅游业改革创新先行区之一。乡村旅游特色明显、内涵丰富，创建全国休闲农业与乡村旅游示范县 3个、省级休闲农业与乡村旅游示范县 3 个，省级旅游强乡镇 42 个、特色村86 个。竹泉村等 7 个村入选首批"中国乡村旅游模范村"，8 个村入选"全国重点旅游村"。共有 54 项优质文化和旅游产品入选山东"六好"优质文化和旅游产品名录库，占全省 600 项的 9%（见表 1）。

编制《临沂市文化旅游业发展三年行动计划》，明确文化旅游业供给侧改革的方向、方法路径，促进全市文化旅游业持续健康发展。围绕旅游的食、住、行、游、购、娱各个环节，推广沂蒙地方菜肴饮品等"沂蒙文化旅游六好产品"，突出沂蒙文化主题酒店、特色交通标识系统建设及服务、

沂蒙民俗及文娱演艺活动、文化旅游商品，营造具有沂蒙区域特色的旅游目的地文化环境氛围。

表 1　临沂市"六好"文旅产品名录

单位：项

板块	标准	优质文旅产品	数量
齐赏好景	好山色、好水脉、文化特色旅游区等观赏景区	沂蒙山旅游区、中华奇石城旅游区、文峰山景区、竹泉村旅游度假区、沂水地下大峡谷旅游区、云瀑洞天景区	6
悦听好声	戏曲、音乐、歌曲、展演项目等文艺作品	沂蒙山小调、柳琴戏、雪山彩虹谷红嫂剧场、桃棵子村红色文化旅游故事、情景剧《红土地》、情景剧《沂蒙红崖》(莒南版)、蒙山祭山文化演出	7
游习好理	博物馆、图书馆、纪念馆、孔孟之乡、齐鲁古国、红色研学、工业旅游等文旅产品	临沂市青少年示范性综合实践基地、临沂东夷文化博物馆、中印硅谷科技—创客研学基地、鲁南革命烈士陵、红嫂红色文化旅游区、钻石矿景区、天上王城穿越千年研学游、天谷·天然地下画廊地质奇观科普研学、红色体验营	9
畅飨好味	著名菜系、著名小吃等饮食文化和特色产品	蒙山光棍鸡、八大碗、蒙山兔子头、蒙山全蝎、糁、沂蒙大锅全羊、莒南驴肉、蒙山全羊汤、沂蒙小豆沫、烟薯25号地瓜(新庄)	10
悠游好趣	特色民宿、客栈、山庄、酒店、温泉、滑雪场、海洋牧场、小街等现代化商业游玩景区、度假村	兰陵国家农业公园、压油沟山道跑马场、蒙山康谷温泉度假区酒店、地下大峡谷·天谷·地下画廊地下河溶洞漂流、东山书院、天上王城景区王者之战、富泉山居精品民宿、沂蒙·山舍/水舍、蒙山会馆、大地乡居·石泉、智圣汤泉水上乐园、东方瑞海国际温泉度假村、临沂动植物园	13
乐淘好品	非遗工艺品、养生产品、海产品、农产品等文创产品、旅游商品	柳编产品、兰陵美酒、沂蒙小调系列产品、沂蒙小棉袄、豆黄金天然腐竹、蒙山豆干、沂蒙山麦饭石、蒙山龙雾茶、温河酒、沂蒙春山茶系列(绿茶、黄茶、红茶)	9

（二）以商博会为核心品牌，打造节庆会展活动

以中国国际商贸物流博览会（商博会）为龙头，打造节庆会展品牌。临沂市开展多项文化活动，包括中国国际商贸物流博览会（商博会）、中国·临

沂资本交易大会、世界人造板大会、书圣文化节、诸葛亮文化旅游节、中国·临沂东夷文化节等会展旅游经济和文化节庆活动（见表2）。临沂·河东国际陶笛艺术交流会、临沂河东百里沂河水上运动挑战赛、临沂汤头（国际）温泉节等新兴节庆会展活动规模不断扩大。

表2　临沂市节庆名录

节庆名录	节庆内容
中国国际商贸物流博览会（商博会）	国家级综合性展会活动,由中国商业联合会、中国交通运输协会、中国百货商业协会等主办。2010年创办,每年9月举行
中国·临沂资本交易大会	中国·临沂资本交易大会由山东省资本市场发展促进会、山东省民间商会、临沂市银行业协会和保险行业协会主办,致力于提高金融服务经济社会发展的能力,推进区域金融中心建设
世界人造板大会	"中国板材之都",世界人造板大会在此永久落户,作为商博会的重要配套项目,不断增加文化元素
书圣文化节	修复全国重点文物保护单位王羲之故居,举办了书圣文化节,传播"书圣故里"品牌。被评为"中国节庆50强"之一
诸葛亮文化旅游节	沂南古称阳都,是"智圣"诸葛亮童年生活地,每年5月举办文化旅游节
中国·临沂东夷文化节	临沂是东夷文化核心区和遗址分布密集的地域,文化节旨在挖掘开发利用和传播东夷文化,促进沂蒙精神、红色基因与东夷文化的结合

　　加强文化旅游市场营销。瞄准淮海经济区、鲁南经济圈等客源市场,通过策划旅游线路踩点活动和重要文化旅游节会活动加大市场营销力度。组织"高铁开进沂蒙山"百家旅行社（媒体）踏线采风活动、"沂河之夏——文化旅游节"活动;策划组织"文化四季、多彩临沂"系列活动,办好第20届推进广场文化艺术节、民间秧歌会、乡村文化旅游节等多项市民节会活动。落实"市场换市场活动",在深度游、体验游人数和营销收入上实现新突破。发挥好平台服务和宣传推介作用。优化全省捆绑营销质量,在央视等主流媒体上,集中策划好"亲情沂蒙、红色临沂"品牌宣传。应用好"临沂文化旅游服务云"平台和"码上游临沂"。借助《中国推介》强力宣传临沂文化旅游品牌,通过中国网、华人频道、看中国、新浪、雅虎、网易、腾讯、优酷、

土豆、爱奇艺、抖音、今日头条以及美国推特、国际综合视频平台、雅虎等国内外知名网络平台向全世界宣传推介临沂文化和旅游的新形象。

（三）构建"红＋绿＋黄"产品体系，推进文旅深度融合发展

构建"红＋绿＋黄"文旅产品体系，打造集教育性、参与性、互动性、体验性为一体的旅游目的地，构筑临沂文旅产业的"梦想空间"。

"红"是用好"沂蒙精神"文化品牌，发展"沂蒙红色文化产业"，打造沂蒙红色文化研学教育"高地"，推进红色沂蒙国家5A级旅游景区创建。坚持红色文化精品创作，推出《沂蒙情》《沂蒙魂》《沂蒙红崖》《沂蒙组歌》《巍巍大青山》《赵志全》《崔家沟》等一批文艺精品。大型现代柳琴戏《沂蒙情》先后获文华优秀剧目奖、泰山文艺奖等并入选国家艺术基金项目。借助歌剧《沂蒙山》在全国巡回演出的巨大影响力，推出重走沂蒙山、跟着歌声游沂蒙、沂蒙重大战役军事游等特色活动，提升"一次沂蒙行、一生沂蒙情"红色文化研学游品牌传播力。创新开展"沂蒙红色文艺轻骑兵——千村行"，年均送戏下乡5000余场。

"绿"是用好沂蒙山世界地质公园等优势资源，发展"绿色景区"，塑造"绿水青山"。发挥好蒙山作为国家5A级景区的龙头效应，扎实推进龟蒙、云蒙、天蒙、彩蒙等8大景区旅游产品打造和线路组织，建好沂蒙山世界地质公园。接续沂水地下大峡谷·萤火虫水洞5A级景区创建复评工作。推进"生态水城"建设，管理好沂河、沭河、温泉等水系资源。建设山水文化沉浸式体验景区，打造高品质的现代沂河文化生态景观带。

"黄"是发挥好竹泉村、代村、常山庄、压油沟村等乡村旅游重点村的示范带动作用，打造沂蒙黄土地上乡村旅游产业的"样板"。抓好十大乡村旅游集群片区建设，指导全市30个田园综合体创建2A或3A级景区。发展民宿产业，制定出台旅游民宿管理办法，规范民宿发展，打造新时代的精品民宿。发挥"中国十大最美乡村""中国乡村旅游模范村""全国乡村旅游重点村"品牌效应，做好"样板"和"示范"，推动乡村旅游提质增效，助力乡村振兴。

　　文旅融合的典范临沂国际影视城，被授予"山东省文化产业示范基地"称号，累计接待游客 600 多万人次、《红高粱》等影视剧组 80 多个。汽车主题公园先后组织举办国际吉尼斯汽车大赛、汽车特技表演等大型汽车活动20 余次，成为鲁南地区独具特色的汽车运动基地。

　　在"红""绿""黄"总体战略导向下，临沂市各县区文旅融合发展特色纷呈。

　　兰山区把小城镇分为四类：城市带动型、旅游驱动型、基础服务型和新型小城市，错位培育，特色发展，争创全省率先发展示范镇、全国百强镇。枣园镇确立现代物流城、宜居宜工新型工业小城市的战略方向，对接中心城市、承接辐射、联动发展。汪沟镇坚持城郊工贸物流强镇、文化重镇、生态名镇的特色定位，承接城区产业转移，"农文旅"融合发展。

　　莒南县坚持项目主导、一镇一品，推进文旅产业融合发展。加大对历史文化、红色文化、庄氏文化、佛教文化、民俗文化的整理发掘，提升旅游产品的文化内涵。聚力建设大店庄氏庄园、天佛佛教文化苑、刘山养生谷项目、裕隆度假区和卧佛寺等项目。按照乡村旅游"一镇一品""一村一特""一户一业"的产业发展格局，培植乡村旅游示范点。

　　沂南县实施"文旅兴县"战略，探索出"政府主导、统筹城乡、文旅融合、全域发展"的县域文旅融合发展的"沂南模式"，打造"红嫂家乡、智圣故里、温泉之都、休闲胜地"的特色旅游品牌，被列入"全国旅游标准化试点县""全省旅游综合改革试点县"名录。

　　蒙阴县按照农商文旅融合发展的思路布局，把旅游业作为"新旧动能转换"的主导产业，加快实施"全域旅游、全景蒙阴"战略，推出工业旅游新产品"银麦之旅"，拉长旅游产业链条，为全域旅游增添新亮点。观啤酒工艺，赏园林美景，品原浆啤酒，成为新银麦啤酒有限公司工业旅游板块的常规项目。岱崮镇大崮村坚持"旅游+民俗+历史+"的"红色人家+大崮生活"的乡村旅游综合开发之路。大崮保卫战纪念馆、崮乡民俗馆、磨盘风景墙、石贴风景画和五谷人家、福寿人家、富榆人家等文化民俗景点及农家乐地方特色浓郁。

费县确定了以旅游为内核、以文化创意为灵魂、以养老养生为功能服务的老龄产业发展理念，在国内首次创新提出"文旅寿养"产业融合发展的战略思路，推动文化旅游、长寿养生两大经济板块深度融合。

临沭县坚持文旅融合发展，助力乡村振兴。做好"特色"文章，提升乡村传统文化、红色文化、民俗文化的发展力，培育特色旅游强镇强村。临沭街道依托"苍马山"，打造"田园牧歌，山里人家"、金正阳休闲农业观光园、茶文化景观园与博物馆等旅游项目；蛟龙镇是新华社山东分社诞生地，突出"粉条文化"特色，建成鲁南苏北地区唯一一座"粉条文化园"和新华社山东分社诞生地纪念馆；青云镇打造"柳编"品牌，建设柳文化旅游风情小镇，建成柳庄柳编民俗博物馆、天醴山休闲园；店头镇打造"鲁东南红色第一村"陈巡会村，建成滨南红色文化纪念园；曹庄镇打造"红绿蓝古"多彩朱村，将红色文化与民居度假旅游相融合，建设集红色旅游、清代民居、休闲采摘于一体的旅游度假乡村。

三 推进临沂市文旅产业深度融合发展的基本策略

临沂市积极探索推进文旅融合发展路径，比如抓管理服务质量、优化文旅市场环境，加强区域合作、拓展客源市场，弘扬优秀传统文化、加强文物保护利用，聚焦新旧动能转换、推进文旅产业融合发展等，使文旅融合发展的格局初步形成，发展态势越来越好。但也存在相关方意识不强、融合不够、战略不明、研究不足等问题，今后临沂市应该在以下五方面发力，推动文旅融合更好更快发展。

（一）加强规划设计，优化产业布局

一是加强顶层规划与设计。融合文化旅游、红色文化传承与文物保护、美丽乡村建设、生态环境综合整治，统筹产业规划与国民经济和社会发展规划、国土空间规划、城乡规划、综合交通、环境保护、林地与耕地保护、水利规划等各类规划，制定多规合一的《临沂市全域旅游规划》《临沂市文化

旅游发展规划》，推进文旅产业协调发展。

二是推进文旅深度融合。接续构建红色研学教育旅游、绿色山水生态旅游以及黄土地乡村旅游相结合的"红+绿+黄"旅游产品体系，持续丰富产业发展业态，完善旅游特色镇村建设。联合教育、体育、卫生健康等部门，建设研学教育旅行示范基地、中医药健康旅游基地、体育旅游示范基地和工业旅游示范基地等。

三是优化产业布局。根据发展主题，整合县区资源，有重点地选择性发展。以城市旅游、水上旅游、红色旅游、研学旅游、乡村旅游、工业旅游等为重点，确定文化旅游项目，避免资源和投资重复浪费。

（二）培植骨干企业，推动产业转型

一是培植骨干文旅企业。建立文化旅游投融资大平台，充分利用"好客山东——招商引资云平台"及项目库服务系统。通过投资项目开发，培育扶持文化旅游产业领域的龙头企业，发挥对资金、人才、信息、技术等要素的集聚效应，推动重点文化旅游企业发展，提升综合竞争力。

二是加大产业项目培育。按照高质量发展的要求，"建链补链、延链强链"推动文旅产业的组织建设。以临沂华侨城文旅综合开发项目为龙头，打造集主题娱乐、文化休闲、演艺传承、温泉度假、品质宜居于一体的高品质文旅新城，使其成为城市会客厅和省级文旅示范性项目。

三是建设文旅综合体。建设大型城市文化主题公园和文旅综合体，深挖临沂地域文化，打造"主题公园+文化+演艺+科技"的文化旅游综合体，形成城市核心吸引物。依托王羲之故居、孔庙、砚池街等，打造书法文化主题街区和休闲购物主题街区。

（三）塑造区域品牌，打造精品旅游

一是提升区域品牌定位。强化设计，持续推出反映临沂市特色的品牌LOGO及标识系统。在品牌传播方面，传统与现代方式相结合，既要运用传统的电视、电台、报纸杂志、旅行社旅游推介会、促销活动、节事活动等传播方式，也要运用互联网、网络平台、抖音、快手等新媒体，更要通过支持电影电视剧和综艺节目的拍摄等来传播。

二是发展城乡旅游新业态。发展工业旅游、汽车营地、低空飞行游、运动休闲游、康养健身游等新兴业态。工业旅游方面，发展融入旅游元素的工业基地游和矿坑酒店、游乐场所或冰雪旅游项目。例如，罗庄区的传统钢铁厂、建陶企业的厂区遗址，通过文化创意重新设计老厂房、老设备、老环境、老景观等，提供更多的具有艺术魅力和人文情怀的"旧时代景观"。

三是打造水上旅游项目。发展沂河、沭河、分沂入沭道连接的"一道两河"的水上旅游项目，形成沂河滨水休闲带、沭河生态休闲体验带、红色文化休闲带。以文旅需求来引导城市建设，提升城市品质。丰富乡村旅游业态，拓展乡村产业链条，发展精品民宿，融合产业发展，保障度假供给，由节假农家乐向乡村度假、乡村生活转型，增加和提高了乡村旅游舒适度、满意度和获得感。结合金水河流域、沂蒙泉乡等重点美丽乡村片区建设，实施美丽乡村景区化工程，打造乡村振兴"齐鲁样板"。

（四）提升发展质量，发挥特色优势

一是创建红色5A级景区。以蒙阴县孟良崮战役纪念地、费县大青山突围纪念地、沂南县沂蒙红色影视基地、莒南县八路军115师司令部旧址为核心区域，创建红色旅游国家5A级景区。做好蒙阴县垛庄镇孟良崮红色小镇、沂南县马牧池红色小镇、莒南县大店庄氏庄园的建设。

二是规划建设国家军事公园。弘扬《孙子兵法》思想，突出临沂的兵学文化特色，整合红色旅游资源，创建国家军事公园5A级旅游景区。整合沂蒙山区红色旅游资源，运用高科技虚拟现实投影技术进行战役情景展示、战场复原、战术推演、战法教学、兵器排列、人景互动、爱国主义教育等，形成集军事战斗展示、红色政权建设、践行群众路线于一体的沂蒙特色的国家军事公园。

三是发展红色研学教育旅游。发挥红色文化景区、爱国主义教育基地、党性教育基地等的特质，重点发展红色研学旅游产品，结合沂蒙精神、红色

文化，完善配套，打造红色研学教育旅游品牌。研制"红色研学礼仪"国家标准，从红色入场礼仪、红色讲解礼仪、红色接待标准到服装服饰、餐饮休息、背景音乐等，形成标准化的红色研学礼仪规范，率先在国内推出并推广。

（五）构筑旅游联盟，建设智慧平台

一是发挥淮海经济区旅游联盟功能。引入大型旅行社集团，发挥淮海经济区十市旅游联盟的功能，同时组好省内六市联盟（泰安、青岛、济宁、枣庄、临沂、日照），互相促进，彰显发展力。

二是组建文创技术人才团队。组建临沂市文创产品技术人才研发团队，打造文创旅游商品系列品牌，让游客"有游、有购、有礼"。引入国际品牌酒店，发展旅游度假酒店、主题文化酒店和情趣文化酒店，提高住宿质量、乐趣和舒适度。加强对从业人员的培训，提高服务水平，不断提升游客旅游的满意度、获得感和幸福感。

三是建设智慧文化旅游平台。建立临沂文旅大数据中心，形成集旅游指挥调度、政策引导、信息发布、旅游咨询、投诉处理、信息采集、信息利用等功能于一体的综合性信息平台。开发建设景区智慧网系统，建设景区信息网站、票务信息财务结算系统、线上电子商务门户、城市共享 GIS 系统等。通过一系列智能化服务，游客获得了"智慧服务，无时无刻不在"的旅游新体验。

（资料来源：临沂市文化和旅游局官网及该局相关工作报告，在此致谢！）

参考文献

高存华、王聪聪：《临沂市文旅产业发展短板及对策建议》，《山东经济战略研究》

2020 年第 7 期。

刘鹏：《文旅融合视角下沂蒙红色文化资源的旅游开发思考》，《人文天下》2019 年第 7 期。

王春玲：《临沂市加快商、文、旅一体化发展研究》，《辽宁行政学院学报》2015 年第 4 期。

案 例 篇
Case Reports

B.23
台儿庄古城的文化保护与传承利用

渠爱雪　夏桂香　姬 曼*

摘　要： 作为中国第一座"二战"纪念城市、运河文化博览城、旅游
休闲度假目的地，台儿庄古城是全国全域旅游示范区创建的
发展典型和发展样板。基于台儿庄古城文化特质，本文从传
承创新文化，实现特色发展；政府强力助推，实现快速发
展；文化金融创新，实现活力发展；多元品牌打造，实现高
质发展；积极宣传营销，实现异速发展；文旅融合联动，实
现集群发展等六大方面总结了其成功经验，并从历史文化遗
产保护、特色文化品牌打造、历史文化遗产阐释、文化旅游
形象宣传等四方面提出文化保护和传承利用的优化建议。

关键词： 文化传承　运河文化　台儿庄古城

---

* 渠爱雪，博士，江苏师范大学地理测绘与城乡规划学院教授；夏桂香、姬曼，江苏师范大学
人文地理学硕士研究生。

一 台儿庄古城概况

台儿庄古城，地处山东省枣庄市台儿庄区、苏鲁豫皖四省交界地带、京杭大运河中心点。古城肇始于秦汉，发展于唐宋，繁荣于明清，并在清乾隆年间获得"天下第一庄"之美誉。抗日战争时期的台儿庄大战让这座古城化为一片废墟，但也使它成为历史抗战名城。基于历史保护与城市发展的双重任务，台儿庄以历史遗存为依托，以大战文化、运河文化为主脉，遵循"存古、复古、创古、用古"的基本原则，集保护性开发、创造性传承和创新性发展为一体，采用"政府主导、市场运作"模式，于2008年开始在原址全面有序地展开古城重建工作，重塑了古城风貌，保护和传承了台儿庄独特的文化内涵，促进了城市历史风貌区的有机更新和经济转型。台儿庄成为山东省乃至全国古城重建的典范，先后获批联合国教科文组织亚太地区非物质文化遗产国际培训中心枣庄基地、首个国家文化遗产公园、首个国家非物质文化遗产博览园、中国大陆首家海峡两岸交流基地、国务院侨办华文教育基地、国家级文化产业实验园区、国家5A级景区、国家版权贸易基地、齐鲁文化新地标，并相继获得"中国旅游创新奖"、"全国旅游系统先进集体"、"全国旅游秩序最佳景区"、"全国旅游标准化示范单位"、"中国十大魅力会议目的地"和"山东省服务名牌"等荣誉，被世界旅游组织称为"活着的古运河""京杭运河仅存的遗产村庄"，成为中国第一座"二战"纪念城市、运河文化博览城、旅游休闲度假目的地。台儿庄重建确立了兼顾历史文化传承与保护利用的古城保护策略，根植历史文化，以文脉承古今，以文旅融合发展为路径，在保护、修复中谋发展，走出了一座古城带动一座城市新生的发展之路。

二 台儿庄古城文化特质

2006年，"京杭大运河——中河台儿庄段"和"台儿庄大战旧址"成为第六批全国重点文物保护单位。运河古城和大战遗址成为台儿庄古城的两

大标志，是台儿庄文化特色的核心构成、旅游目的地的核心竞争力。

"二战"遗存纪念地。1938年台儿庄大捷，中国军队赢得了正面战场的第一次重大胜利，台儿庄成为中华民族扬威不屈之地。台儿庄古城经过"二战"炮火的洗礼，其战时指挥中心、防御阵地、攻防节点等53处"二战"遗迹保存完好，是世界上"二战"遗存最多的抗战名城，是中国唯一一座"二战"纪念城市和中国近代战争文化遗产的重要组成部分。在保护大战遗存的基础上，台儿庄按原貌重建新生，恢复建设受损的战场遗址和城墙空间，打造战争场景模拟体验区，展示大战过程、展现战争场景，建成了世界上"二战"遗迹最多、保存最完好的文化遗存纪念城市，是首个国家文化遗产公园和爱国教育基地、大陆首个海峡两岸交流基地。

运河文化博览城。台儿庄古城位于京杭大运河的中心点。其中，京杭大运河（台儿庄）月河段3000米的古河道、13处明清时期的古码头、960米的古驳岸，与台儿庄闸遗址一起构成一套完整的古代运河水利工程文化遗产体系，成为首批入选世界文化遗产的河段。台儿庄被世界旅游组织称为"活着的古运河""京杭运河仅存的遗产村庄"。台儿庄地处千里运河南北过渡地带，为"山东南大门，徐州北门户"，汇通南北、中心交融，各路商贾云集于此，素有"水旱码头"之称，成为中西文化、南北文化交汇地。其依水而建的古建筑群囊括中西、南北风格建筑，如欧式建筑、宗教建筑、北方大院、鲁南民居、徽派建筑、水乡建筑、闽南建筑和岭南建筑，运河文化、宗教文化相互融合，民俗文化、非遗文化琳琅满目，形成多元、包容和开放的运河文化特色。

三 台儿庄古城文化保护与传承利用的成功经验

传承创新文化，实现特色发展。历史文化是台儿庄古城立城之根。通过文化植入突出古城文化特色，进而创新发展、特色发展，台儿庄实现了古城文化传承与保护利用的双效统一。具体实践主要从两方面展开。一是古城保护性修复。台儿庄古城重建遵循世界文化遗产标准进行，保护了水工设施完备、风貌遗存完整的 3 公里古运河；保存了古城 95% 的道路肌理和水系框架；保护了台儿庄大战的全部战争遗址，建成了大战遗址公园和纪念馆；在充分调查、论证、采访、照片搜集及史书记载基础上，恢复古城毁于战争而有价值的古建筑；在古城原有非物质文化遗产基础上，引入运河大鼓、鲁南皮影、柳琴戏、伏里土陶、曹县面人等 30 余项非物质文化遗产，建设了台儿庄非物质文化遗产博览园，全方位实现了历史风貌区的恢复，较好传承了原本的城市精神气质。二是基于古城保护的古城功能优化。主要是通过对古城功能的整合与更新来实现的。具体依托运河、大战等历史文化资源，以京杭大运河（台儿庄城区段）和台儿庄大战旧址两个国家级文物保护单位为保护对象，将古城的历史价值与现代功能需要相结合，对周边硬件与空间进行升级及活化；以文化经营、商业服务、旅游休闲、生活居住为主要职能，细化古城功能空间，建设形成集中体现台儿庄运河商业和运河村落传统人文风貌的地方特色历史文化街区，形成具有运河古城风貌的旅游休闲城镇，引导当地商业、娱乐、饮食、文化、交通等迅速发展，有效激发古城区活力。

政府强力助推，实现快速发展。基于其较强的公共产品属性，文化旅游产业发展初期，政府的行政力量往往比市场本身更具效率优势。台儿庄古城重建及文化旅游资源开发正是在政府大力支持下高效展开的。政府将古城建设作为城市转型发展的关键项目，大力支持台儿庄古城的规划、设计、管理、运营、招商等工作，为古城发展提供了有力保障，形成了政府主导下的旅游与文化创意产业共生融合模式。具体而言，政府组织搭建各种平台，建设国家级文化产业示范园区、打造文化产业集群；为解决多头管理和资源条块分割问题，整合发改委、经贸委、财政局、文化局、旅游局、服务业协调办公室等管理部门的职能，组建新的旅游和服务业发展局。政府制定《关于加大对非物质文化遗产博览园发展财政支持的若干意见》，加大财政支持；奖励优秀龙头文化企业，支持和鼓励各类文化企业发展；定期发布《台儿庄古城信息专报》，建立健全文化产业统计监测体系；成立台儿庄运河古城开发建设管理办公室，在管理体制上给予根本保障；出台《台儿庄古城保护管理条例》，从制度、机制上对古城规划、管理进行规范。

文化金融创新，实现活力发展。文化金融是实现文化资源活化、转化的重要手段和重要推手。台儿庄在重建中，政府积极引导银企对接，形成了"政府引导＋企业出资＋公司运作"的运作模式。建设初期，政府引导7家国有大型煤炭企业共出资50万吨煤（评估价值4亿元），入股成立枣庄市台儿庄运河古城投资股份有限公司。地方政府的引导，是隐性财政担保，使银行资金安全性得到较好保障。枣庄市政府出台《关于进一步加大金融支持力度促进全市文化产业加快发展的意见》，人民银行济南分行下发《关于金融支持枣庄市资源枯竭城市转型的意见》，对重点抗战文化企业给予利率优惠贷款支持；各金融机构按照"一类一品、一企一品"原则，先后推出文化创意预售版权质押贷款、无形资产抵押贷款、门票收费权抵押贷款、非物质文化遗产产业化贷款、旅游船抵押贷款等金融创新产品，为古城保护与文化旅游发展提供了有效的金融支持，有效激活了发展主体，实现了活力发展。

多元品牌打造，实现高质发展。台儿庄古城大力实施"用品牌引领发展、做文化旅游典范"战略，通过高标准规划和文化振兴工程，打造具有非遗特色的文化旅游品牌。台儿庄古城建设以高标准组织、管理规范起步，成立"服务标准化工作领导小组"，制定《台儿庄古城景区国家级服务标准化试点工作实施方案》《台儿庄古城景区服务标准化管理办法》《台儿庄古城景区服务标准化监督检查制度》等，最终形成了覆盖古城文化资源与旅游开发管理和服务全过程的标准体系，很好地实现了高标准起步发展。

积极宣传营销，实现异速发展。台儿庄定位"运河古城、大战故地"，由政府牵头组织，全方位、大力度展开古城推介和招商宣传活动，产生轰动效应，燃爆旅游市场。政府出资重点打造"枣庄二日游"，枣庄市财政局先后拨款7000万元同地方和国家新闻媒体合作，以"古城台儿庄——一个寻梦的地方"等为主题，借助央视、中央媒体为台儿庄古城在全国范围内进行大规模广告宣传。2016年除夕，台儿庄古城五次登上中央电视台屏幕，美轮美奂的台儿庄夜景出现在《新闻联播》中。建立微信公众号，与知名艺人、博主等合作，邀请乐团、艺人等举办音乐节、演唱会等，对台儿庄的历史和文化进行大力宣传和旅游推广；通过非物质文化遗产博览会、海峡两岸交流基地、运河文化节、全国古城重建研讨会、大运河产业峰会、京杭大运河城市旅游推广年会、世界旅游小姐巡游、城市发展战略研讨会、全国百名文化记者行采风、全国记者摄影活动、春节庙会、城市嘉年华等一系列"大事件营销"，不断扩大台儿庄古城品牌的影响力和吸引力，极大提升了台儿庄"运河古城、大战故地"城市名片知名度和旅游热度，很好地促进了旅游市场的持续开拓。

文旅融合联动，实现集群发展。始于文化，活于产业。文化是一个旅游目的地的精神与灵魂；旅游是文化的重要载体。文化和旅游的融合发展，有助于同时促进两大产业提质增效和转型升级，塑造地区旅游经济核心竞争力。作为国家 5A 级景区，台儿庄古城将文化与旅游融合作为突破口，围绕"中华运河文化传承核心区、国际知名旅游目的地、世界文化遗产"三大定位，将历史文化与地方民俗文化融合，构筑了古城、湿地和运河文化体验全域旅游格局；构建文化产业链，用产业构建古城空间格局，打造文化产业基地和文化产业示范区，培育文化产业集群，形成产业化力量，引导旅游文化产业快速发展。全域旅游"台儿庄模式"成为全国全域旅游示范区创建的发展典型和发展样板。自 2010 年古城开放以来，台儿庄迅速上升为山东旅游"第三极"，被外界赞为"古城奇迹"；2010 年，荣登新世纪"齐鲁文化新地标"榜首；2010～2014 年，累计接待游客 1000 余万人次。文化与旅游的融合联动，带动了吃住行游购娱等台儿庄旅游服务业的强势崛起，进而通过文旅融合+，带动文创产品、旅游演艺、文化博览等文化产业集群发展，有力促进了台儿庄经济结构优化调整和城市转型发展。

四　优化提升策略

历史文化遗产保护提升。尽管台儿庄在重建中注重遗产原真性，但在其"复古、创古、用古"的过程中，仍然出现了对台儿庄大运河及大战遗产本体及其周边环境破坏的情况，对历史建筑的修复及仿古建筑的建造，很大程度上干扰了古城历史和运河文化的展示，影响游客对运河古城的认知。为此，一是要自上而下，发挥政府在历史文化遗产保护中的主导作用，相关管理、监督执行部门，要奖惩分明，形成严格约束机制与保护评估机制，严格执行《文物保护法》《非物质文化遗产法》《历史文化名城名镇名村保护条例》《保护世界文化和自然遗产公约》《国务院关于加强文化遗产保护的通知》《山东省台儿庄古城保护条例》等法律法规，真正使以立法形式保护古城建设的方式能够落地。二是要自下而上，充分发挥当地民众、外来游客等对古城文化遗产保护性开发的监督作用，认真对待群众的批评投诉，认真落实群众的保护性开发建议。三是强化与运河沿线城市间的交流合作，创新保护传承利用机制，加强运河沿线文化遗产整体性保护。

特色文化品牌打造提升。一是提升标志性品牌产品。围绕"'二战'名城、运河古城"，对台儿庄巷战场景模拟体验、建筑遗存和战争节点展示、运河古城场景体验（古运河划龙舟、运河浮桥等）等，进行系统性的逻辑设计和方式设计，打造好体验式、参与式精品文化旅游项目。二是充分挖掘本土文化特色。融合地方民俗文化，如踩高跷、皮影戏、柳琴戏、运河大鼓、运河号子、渔灯秧歌等，邀请游客在观赏的基础上进行体验和尝试。三是积极打造具有古城特色的周边产品。积极推广本土知名品牌、地方特色美食、文化符号产品。四是加强区域文化品牌旅游合作。围绕台儿庄大战纪念馆红色旅游经典景区，做大做强红色旅游；依托台儿庄古城——微山湖旅游区积极建设运河风光带，打造提升"鲁风运河"品牌；积极融入区域旅游发展大格局，联手打造京杭大运河文化旅游品牌、淮海经济区文化旅游品牌等。

历史文化遗产阐释提升。对遗产的阐释与展示是游客了解遗产的最重要渠道，是促进旅游对文化遗产发挥积极作用的重要途径，也是提升游客体验的有效方式。台儿庄古城现有的遗产阐释与展示工作存在内容简略浅显、相关性差和形式传统等问题，不能与遗产价值相匹配，不能显著提升游客对遗产价值和文化内涵的认知，降低了游客的旅行体验感和满意度。为此，需要加强对工作人员的系统性培训学习，深化工作人员对台儿庄古城遗产文化内涵的理解，增强工作人员文化认知、认同意识；加强对现存或已经消失的遗产价值与内涵的展示，提升游客对遗产的认知程度；增加多媒体、参与式互动的展示形式，形成系统、完整的文化遗产阐释与展示体系。

文化旅游形象宣传提升。一是充分利用新媒体时代大众网络平台、移动客户端、直播空间等，加大网络及移动端的营销投入；二是借力大运河文化带建设契机，积极承办方式多样的交流、推广活动，提升景区的影响力；三是深度挖掘遗产的价值与内涵，强化各种场景、活动的文化信息关联度。

参考文献

葛剑雄：《大运河历史与大运河文化带建设刍议》，《江苏社会科学》2018 年第 2 期。

张伟：《文化产业与城市更新———基于"台儿庄古城"项目的实证分析》，《东岳论丛》2012 年第 4 期。

王坤：《资源枯竭型城市古城重建项目管理模式研究———以山东省台儿庄古城为例》，《经济视角》2015 年第 3 期。

王明远：《台儿庄古城的重建：记忆重构、公共记忆与国家话语》，《民俗研究》2016 年第 1 期。

杨倩：《台儿庄古城旅游营销策略研究》，《商业经济》2017 年第 10 期。

韩笑：《台儿庄古城模式：枣庄运河文化带建设的探索与实践》，《枣庄学院学报》2020 年第 3 期。

董玉洁：《台儿庄古城景区遗产阐释与展示研究》，山东大学硕士学位论文，2020。

B.24
窑湾古镇的文化传承与保护利用

魏中胤　沈　山　孙峻岭*

摘　要：　窑湾古镇是大运河徐州段的"文化地标"。目前其在目标定
　　　　　位和整体发展战略、文化空间组织和核心体系、地域文化遗
　　　　　产的活化和地域文化精神的外化等方面存在问题，因此本文
　　　　　从目标战略、传承精神、保护核心、利用内容四个方面提出
　　　　　窑湾古镇的文化传承和保护利用建议。

关键词：　窑湾古镇　运河精神　文化传承

一　新沂市窑湾古镇概况

　　新沂市窑湾镇是江苏省历史文化名镇，毗邻邳州、睢宁和宿豫，北面流
入的老沂河和京杭大运河在此交汇而流入骆马湖。窑湾也是江苏省北部地区
空间环境形态、文化遗迹保存最完整的大运河古镇，清代至民国时期苏北运
河段最繁华的商埠码头，见证了数百年的运河历史。

　　民国时期，随着大运河漕运功能的消失、铁路公路运输的发展、运河
南北航运功能的衰退，特别是运河港口建设重心的迁移，曾经的苏北运河
重镇窑湾失去了传统发展优势，也失去苏北地区运河重镇和商贸中心的功
能，古镇的传统建筑与建筑群落迅速衰败。20 世纪 50 年代的水利工程建

---

　　*　魏中胤，江苏师范大学人文地理学硕士研究生，科研助理；沈山，博士，教授，江苏师范大
　　　学人文社会科学研究院副院长；孙峻岭，博士，徐州市政府研究室副主任。

设与 20 世纪 60 年代的"文化大革命"使运河古镇的历史建筑被破坏，文化被割裂，古镇进一步失去了环境特色优势。20 世纪 80 年代以后，生活条件得到改善的镇民对原有住房进行大规模改建，镇区的新建筑不断代替历史文化建筑，古镇的历史文化建筑被毁或坍塌，遗存越来越少，古镇的历史文化特色在不断涌现出的新建与翻建中逐渐消失。

窑湾古镇素有"五奇、四险、八古"之说。这"五奇"是：鸡鸣晓三县、一镇跨两县、街天呈一线、日落大街南、奇门或遁甲。"四险、八古"分别是哨楼林立、八方炮台、四面环水、曲街深巷和汉时古桥、千年古槐、韩信点将台、楚王城楼、关羽马槽、玄帝庙、黑陶古窑、古码头。清末民初的鼎盛时期，古镇设有 8 省会馆和 10 省商业代办处。

2007 年，同济大学阮仪三教授主持"国家历史文化名城研究中心历史街区调研"时，记录下窑湾古镇存有清代和民国初期建设的赵信隆酱园店、吴家大院、江西会馆、山西会馆、大清邮局、过街楼以及古码头、古桥、古碑亭、古槐和界牌楼、南哨门、北门等古建古民居 835 处（间）。

二 窑湾古镇的保护和建设历史

2001 年 4 月，新沂市政府做出《关于保护和开发窑湾镇古民居的决议》。

2004 年 11 月，南京工业大学专家学者领衔编制的《窑湾古镇保护与利用规划方案》，通过专家论证，为窑湾古镇的保护、恢复、利用提供了依据。

2008 年，新沂市委、市政府决定加大对窑湾古镇的保护开发力度，成立新沂骆马湖旅游发展有限公司，全面展开窑湾古镇的保护开发工作，窑湾古镇保护开发项目被列为徐州市政府和新沂市政府的重点建设项目。

2008~2010 年，先后聘请南京大学城市规划设计研究院、东南大学历史建筑研究所等单位完成《江苏窑湾历史文化名镇保护规划》《江苏窑湾历史文化街区保护规划》等保护性开发规划。

自 2009 年以来，投入 20 多亿元资金，按照规划要求对古镇进行保护开发。先后对"中宁街""西大街"两条古商业街的明清建筑进行修缮,修复古建筑 1600 多间、面积达 3.2 万平方米,完成两条古街的基础设施改造工程,修复南哨门码头和牌坊、疏通后河及护城河 1000 多米,修建景观桥 5 座;完成吴家大院、赵信隆酱园店、东典当、窑湾典当博物馆、窑湾民俗史话馆、大清窑湾邮局、文革印象馆、马南圃书画艺术馆、南哨门、界牌楼、北门锁钥、山西会馆、江西会馆、天主教堂等十多处历史遗存的修建工程;完成护城河东岸民俗文化街区工程、古镇申遗保护整改工程。新建生态式停车场 1.8 万平方米,星级厕所 10 个,完成了景区内绿化、景点介绍牌、道路指示牌等基础配套设施建设。窑湾古镇已形成西大街、南大街、运河大堤、中心河和骆马湖湿地公园等五大景区。

2012 年 10 月窑湾古镇被国家旅游局正式批复为国家 4A 级旅游景区。获评"江苏省历史文化名镇",被国家旅游局、住建部评为"旅游特色镇""全国特色景观旅游名镇",获得过"中国最具魅力乡村旅游目的地"、"中国十佳村镇慢游地"、"最具潜力的古镇"和"最佳人文古镇"等荣誉称号。窑湾古镇也曾被国家文物局列入 2014 年大运河申遗保护候选名录。

三 窑湾古镇保护利用存在的问题

2019 年 2 月 1 日,中共中央办公厅、国务院办公厅印发《大运河文化保护传承利用规划纲要》。按照习近平总书记重要指示精神,打造大运河文化带,深入挖掘大运河丰富的历史文化资源,保护好、传承好、利用好大运河这一宝贵遗产。建设大运河文化带,传承弘扬中华民族优秀传统文化的价值内核,推动大运河文化与新时代元素相结合,推进文化旅游业和相关产业融合发展,以文化为引领促进区域经济和社会的高质量发展,为新时代区域创新融合协调发展提供示范和样板。

《大运河徐州段文化保护传承利用实施规划》,提出启动"一园、两带"国家文化公园试点、示范建设的行动计划,即"窑湾核心展示园,蔺家坝-荆山桥集中展示带和梁王城—骆马湖风景区集中展示带"。窑湾核心展示园的功能定位为：中运河段城河共生聚落文化、物流天下商贸文化、南北漕运船工文化、多元交融地域文化的集中展示，活态传承的核心展示园。毫无疑问，窑湾古镇的功能定位核心目标就是作为大运河徐州段的"文化地标"。

那么我们需要站在"大运河文化地标"的视角审视"窑湾古镇"目前存在哪些问题。

大运河文化地标需要体现"特定的历史时期和地理空间上的地位和功能"、"所在区域与运河相关的集中而代表性的文化形象和文化价值"以及"新时代的文化功能和利用价值"。因此，我们可以看到作为文化地标的窑湾古镇明显存在几个方面的问题。

一是目标定位和整体发展战略不够明晰，以至于修缮后的建筑功能组织不够合理，各个功能分区的定位和价值未得到体现，缺乏卓有影响力的"标识"和"核心吸引物"，综合影响力和综合效应未得到体现。

二是缺乏文化地标意识，文化空间组织和核心体系不够清晰。窑湾古镇素有"五奇、四险、八古"之说，衍生出诸多文化：商贾文化、邮驿文化、酱园文化、酒肆文化、码头文化、会馆文化、民俗文化、典当文化、寺庙文化、军事文化等，包罗万象、纷繁复杂。行走在窑湾古镇，你很难感受其"独特"和"核心"，未能形成"重点突出""层次分明"的"独特标识"。

三是地域文化遗产的活化和地域文化精神的外化不够明确。窑湾古镇未能充分展现中运河段特别是徐州段运河的文化遗产和文化精神，展示零星单一，缺乏整体性和系统性，民众和游客的感知效果一般。遗产活化形式缺乏创新，文化活动的形式、数量和质量都存在一定的问题。

四 窑湾古镇的文化传承与保护利用建议

根据窑湾古镇传承保护利用中存在的问题，窑湾古镇文化传承和保护利用工作应着重四个方向：目标战略、传承精神、保护核心、利用内容。

一是目标战略：确立"文化地标"战略目标。从传统的运河苏北"文化古镇"，走向中运河"文化地标"，构建大型运河文化景观综合体，即集遗产保护与现代利用、古镇旅游与文化景观、文化休闲与现代康养、水上运动与运河生活体验等多功能为一体的"运河文化景观综合体"。

二是传承精神：确立徐州"运河精神"的传承核。历史上，隋唐大运河包括流经徐州的老汴河段和徐州至淮安清口的泗水河段，京杭大运河又有470余年的"借泗借黄行运"的历史。有五省通衢、中国东部第一战略要地之称的徐州地区，既是兵家必争之地，商家必须经达之地，也是漕粮运输的关键枢纽、治运保漕的险峻之地。隋唐和北宋年间，徐州就因为其重要的军事地位和汴水、泗水航道，赢得"京东第一要冲"的称号。金代时期的徐州地区，因战争和黄水泛滥，经济文化衰败，而元明清时期京杭大运河的贯通，为徐州带来了新的活力，徐州又成为樯橹林立、商贾云集、物流四方的大都会。徐州官民为治河、护运、保城付出很多，整体上保障了关系国家命脉的漕运贯通，形成了徐州的大运河文化。治水、护运和保城的特殊历史，决定徐州段运河文化独具慷慨激越、悲壮哀婉的特质。历史上，大运河徐州段的诸多船闸、石堰、官署等重要设施经常在顷刻之间被冲毁或埋于地下，屡兴屡毁，屡毁屡建，但如今多成为地下的历史陈迹。因此作为大运河徐州段的"文化地标"，窑湾古镇理应突破传统的文化精神，承担起传承徐州"运河精神"的任务，即整个大运河徐州段的"治水、护运和保城"的伟大精神。

三是保护核心：确立"窑湾运河物质遗产"和"大运河徐州段非物质文化遗产"的保护体系。中运第一湾的历史文化遗存，在"破败不堪"—"修缮维新"的过程中，虽然"原真性"缺失，"尊重性"不够，造成甚多遗憾，但是"历史重塑"过程中，对窑湾物质文化遗产的保护理念和价值发掘成为现代保护的基础。对于大运河徐州段非物质文化遗产，笔者认为最有特色的应该是徐州治水和保运的历史经验和科学技术。比如：以"梯级建闸"，控制"漕河枯竭"（沛县段）；以"水次建仓"协调"漕粮北运"（"广运仓"设徐州）；以"分司派驻"加强"朝廷控制"（三处"工部分司"、一处"户部分司"）；以"上游分洪"预防"下游决口"（徐州上游、下游）；以"束水冲沙"解决"河道沉积"（徐州段）；以"开挖新河"应对"运道淤塞"（沛县段）；以"开通汕运"避开"黄运交汇"（沛县、邳州段）；以"分类筑堤"阻止"黄河横切（运河）"；以"高压反腐"保证"漕运畅通"；以"现场办公"协调"各方责权"。这才是保护和传承的核心内容。

四是利用内容：活化遗产、外化精神、创意活动。活化遗产是指在保护的基础上寻找和赋予历史遗存新的功能。用现代创意的方式保留遗存特色，需要通过重新塑造注入新的元素，在不破坏的前提下增加互动、参与和体验，而不是简单的展示，如增加窑湾赵信隆酱园店、窑湾绿豆烧酒坊、酒肆的参与性体验项目。外化精神就是对大运河徐州段的"治水、护运和保城"伟大精神的外化传播，可以通过亲民性的形式、整体系列性的活动、地方性的创意产品、生动趣味性的故事等方式外显精神。创意活动是指一系列、具有年度连续性、广泛参与性的主题活动的举办，如创始于2001年的"平遥古城国际摄影大展"、创始于2013年的"中国镇江西津渡国际纪录片盛典"、参与者甚多的"记录江苏"之"运河·人家"变迁历史的短纪录片大赛等。

参考文献

阮仪三、田乃鲁：《苏北运河古镇——窑湾——国家历史文化名城研究中心历史街区调研》，《城市规划》2008年第3期。

郑民德：《京杭大运河与区域社会变迁研究——基于江苏省窑湾镇为对象的考察》，《江南大学学报（人文社会科学版）》2018年第6期。

马晓、周学鹰：《历史建筑遗产活化实验之一——徐州新沂窑湾赵信隆酱园店》，《古建园林技术》2015年第9期。

李佳静、刘博敏：《"文化"导向的历史文化街区保护模式探讨——以窑湾历史文化街区为例》，《江苏城市规划》2014年第5期。

谢乾丰：《江苏省新沂市窑湾镇窑湾绿豆烧酒传统酿造工艺简析》，《云南农业大学学报（社会科学）》2018年第5期。

B.25
徐州市马庄香包产业发展报告

孟召宜　沈思展　王梦琪*

摘　要：　位于江苏省徐州市贾汪区潘安湖国家湿地公园西侧的马庄村是产业转型、文旅融合发展的典型。马庄是文化立村、旅游富民的代表，其国家级非遗马庄香包历经萌芽探索、稳步发展、跨越发展、创新提升等阶段，走出香包＋文化引领、品牌树立、旅游联动、产品创新的发展路径。下一阶段，马庄香包还需注意科学规划、内涵挖掘、产业完善等，以实现高质量发展。

关键词：　非物质文化遗产　香包产业　徐州市马庄村

香包，又称"香囊""香缨""容臭"，俗称"香布袋""香蛤蟆"。在我国，制作和佩戴香包的习俗至少可以追溯到春秋时期。《离骚》有"扈江离与辟芷兮，纫秋兰以为佩"记载，其中的"佩"就是香包，也指佩戴香包的意思。而"江蓠""纫芷""秋兰"则是填充香包的草药和香料[1]。汉代乐府诗《孔雀东南飞》中"红罗覆斗帐，四角垂香囊"也有香包记载。古代社会中的香包有着丰富的意蕴，从最初的医药功能，到后世礼仪、爱情、祈福等功能的并行[2]。在中国，很多地区的人们会制作香包。比如云南地区彝族等少数民族利用花卉制作的干花香包，雁门关晋北一带的苦豆豆

---

　* 孟召宜，博士，江苏师范大学地理测绘与城乡规划学院教授；沈思展、王梦琪，江苏师范大学人文地理学硕士研究生。

香包、河南郑州的芦氏香包。国内较为知名的有入选第一批国家级非物质文化遗产名录的甘肃庆阳香包、入选第二批国家级非物质文化遗产扩展名录的徐州香包。其中徐州香包又以泉山区曹氏香包和鼓楼区王氏香包为主要的传承谱系。近年来在马庄村"党建引领、文化立村、旅游富民"发展理念引领下，二十年前还名不见经传的马庄香包迅速走红，获得了良好的经济社会效益，走上了一条非遗保护、旅游开发、产业创新的文旅融合发展之路。

一　徐州市马庄村非遗香包走红

徐州市贾汪区潘安湖街道马庄村地处徐州市北郊，西临 104 国道、京福高速，东靠徐贾快速通道，南濒京杭大运河，距徐州高铁站 18 公里、观音机场 50 公里，区位优越、交通便利。全村现有 5 个村民小组，人口 2863 人，党员 116 名。改革开放以来，马庄村"两委"带领全体村民，在推进经济、政治、文化、社会、环境和党的建设中，坚持党建领导、文化立村、旅游惠民，不断探索建设社会主义新农村的新路子，形成了颇具特色全国知名的"马庄文化"和"马庄现象"。

马庄香包是国家级非物质文化遗产产业化和生产性保护的成功案例。传统的徐州香包系手工制作，内容以喜庆吉祥题材为主，包括十二生肖、吉鸟祥兽、佳卉奇果、百子仙童、龙凤呈祥、鸳鸯戏水、松鹤延年、喜鹊闹梅等，寄托着人们祈求祥瑞、辟邪纳福、丰衣足食的美好愿望。其造型丰富多样，主要有心形、圆形、菱形、元宝形、蝴蝶形、花瓶形、水滴形、长方形、人物娃娃等。马庄香包遵循传统香包手工缝制技法，结合电脑绣花工艺，既节省人力和时间，又保证香包的手工性。内容上，马庄香包艺人结合时代特征，在继承传统的基础上，创新制作出"中国梦""核心价值观""金马腾飞""牧童短笛"等主题的香包[3]。

2017 年 12 月 12 日，习近平总书记来到徐州市贾汪区潘安湖街道马庄村进行十九大后的首次调研。在王秀英老人的香包工作室，习总书记买了一款名为"真棒"的香包。全国各大媒体对此争相报道，让更多的人知道了

这个位于潘安湖畔的村庄不仅有苏北第一支农民铜管乐队，还有国家级非物质文化遗产——香包。2018年之后，马庄顺势而为，依托香包产业相继建设香包客栈、香包小镇、香包文化大院、马庄文创综合体等项目，香包产业加快发展。2018年，马庄接待游客60万人，香包销售额达800万元；2019年，接待游客80万人，香包销售额突破1000万元。

二 马庄香包产业的发展历程

马庄村原是徐州地区重要的煤矿开采区之一。百年来的煤矿开采虽然让当地人民富了口袋，但村民的精神生活变得空虚。同时，采煤使大部分土地变成塌陷地。在国家实施节能减排和环境治理等政策指导下，马庄村实现转型发展。从靠煤吃饭到自办轻工业，再到文旅融合，从"地下积累"到"地上发力"，当地人们逐渐摆脱依靠煤矿开采谋生的困窘，走上了文化致富的创新之路。其中，马庄香包作为其文化立村的代表性产业，历经了萌芽探索期、稳步发展期、跨越发展期、创新提升期等阶段。

萌芽探索期。马庄乃至徐州地区一直有端午节佩戴香包的习俗。人们将中草药磨成粉装入香包，以达到驱邪避秽的目的。改革开放后，一年一度的马庄庙会邀请徐州民间艺人助阵，其中，徐州香包销量很好。从小热爱缝补刺绣的马庄村民王秀英老人也在庙会上售卖一些她自己手工缝制的鞋垫、布鞋和香包等布艺刺绣制品。在看到香包市场火热后，王秀英便将制作重心放在香包上。2005年，马庄庙会受到徐州市邀请，在云龙湖畔举办。王秀英等人制作的香包受到许多市民的喜爱。但此时的香包仍然只是马庄人们在节日活动上佩戴、装饰的饰品和逢集赶会时售卖的小商品，马庄香包还没有真正走上市场，也未带来明显的经济效益。

稳步发展期。随着马庄庙会、灯会等节庆活动的不断开展，王秀英和她的香包作品不断被人熟知，一些人慕名而来向王秀英学习香包制作技艺。2009年，王秀英的香包作品《公子香帽》获首届"徐州香包"大赛银奖。同年，她的作品被认定为国家级非物质文化遗产项目——徐州香包代表作品。2011年，王秀英香包被评为徐州名特优旅游商品。2012 年，随着潘安湖国家湿地公园的建成开放，更多来到马庄旅游的人开始接触、了解王秀英的手工香包。2013 年，王秀英被评为徐州市级非物质文化遗产传承人。2014 年，王秀英香包工作室成立。2015 年，中央电视台《中华文明行》栏目采访王秀英并播出。2016 年 10 月，王秀英中药香包由徐州市妇联选送，参加了《第 22 届义乌国际博览会》全国妇女创业就业展示展洽活动。同年，王秀英在徐州市妇女手工制作创新大赛中获一等奖，被评为"徐州双创之星"。2016 年 12 月，马庄村成立徐州艺香香包有限公司，以村大院北二楼为香包制作场地，马庄香包走上产业化道路。

跨越发展期。2017 年 12 月 12 日，中共中央总书记习近平来到马庄村考察调研，在王秀英香包工作室询问香包制作、销售情况。2018 年，马庄村借势借力打造香包小镇，先后建设了香包主题客栈、展览馆、大舞台、大课堂、工作室、专卖店等。其中，香包文化大院集制作室、体验馆、展示销售馆、研发工作室于一体。同年 9 月，马庄"徐州香包风情小镇"入选江苏第二批旅游风情小镇建设名单。

创新提升期。马庄有专业团队进行产品的开发、研发；销售模式由线下转变为线上线下相结合。同时马庄村已申请注册"马庄真旺""马庄""捧捧场""真旺""马庄真棒""马庄村""真棒"等 7 款香包商标，并获得近 30 项香包专利。2020 年，马庄村和南京中医药大学合作开发防疫香囊。接下来，马庄村将通过在各景区、高铁站、机场等地设立香包展销柜台拓展销售渠道；通过建设集商业、文化、生活、娱乐休闲功能于一体的马庄文化大集，为香包发展提供常态化的经营环境和展销模式；通过结合时代文化设计制作新型香包造型等一系列创新措施，获得更大的社会经济效益，将马庄香包产业推向新的发展阶段。

三　马庄香包产业的发展模式

近年来，马庄在各级政府领导下，根据自身文化优势、借势媒体宣传、顺应旅游需求、培养非遗艺人，不断创新，摸索出一条具有马庄特色的香包

发展之路。

香包＋文化引领，营造良好经营环境。马庄村曾获得"全国文明村""中国十佳小康村""中国民俗文化村""全国民主法治示范村""全国军民共建社会主义精神文明先进单位"等荣誉称号。文化立村的发展理念为马庄以及马庄香包发展奠定了精神土壤。改革开放后，面对煤矿资源的逐渐枯竭、生存环境的逐渐恶化、村风民风的逐渐衰落，马庄村两委带领全村人民积极探索转型改革的出路。为改变村民精神生活匮乏的状况，村党委书记孟庆喜在1988年组织起苏北第一支农民铜管乐队，利用业余时间排练曲目。乐队的出现丰富了马庄村民的文化生活、改变了村民精神面貌。进而，马庄村相继组织举办马庄庙会、元宵灯会、马庄"村晚"、啤酒狂欢节、纳凉晚会、农民运动会等民俗文化活动；建设村史馆、好人文化广场、文化礼堂、婚礼小镇、图书阅览室和文创综合体等文化服务阵地。多年的文化建设使得马庄村的文化底蕴分外浓厚。以文化立村为指导形成的香包产业不仅增加了农民收入、改善了村民关系，还与铜管乐队、良好的婆媳关系组成了"乐队、香包、婆媳好"的马庄三宝。在文化立村、文化兴村的良好环境下，香包的发展得到了上自村党委、下至村民的支持，促成了香包文化节、香包文化大院的举办和建成，不仅为马庄香包的发展奠定了文化基础，也壮大了马庄文化产业。

香包＋宣传先导，形成品牌效应。在如今的快速消费时代，"重技艺轻品牌""重质量轻宣传"的非遗产品陷入"酒香也怕巷子深"的发展困局[3]。非遗品牌的塑造与传播，对民俗文化遗产的创造性和创新性发展具有重要意义[4]。从2016年马庄艺香香包有限公司成立，到2017年习总书记视察马庄后"马庄香包""真棒""捧捧场"等香包品牌的注册、香包制作技艺专利的申请、马庄香包文化节的开展，马庄香包在每个阶段都注重品牌建设。同时，非遗传承人的培养为非遗注入灵魂和思想，其身份也从手工艺人转变为非遗名人，销售店铺成为名店，进而"名人效应"也助推非遗品牌的形成。从小学习刺绣、剪纸等技艺的王秀英老人结合生活经历和徐州民俗，创造出了"五毒金蟾包""公子香帽"等具有徐州地域艺术特色的香包，获得了相关领域的关注和肯定。王秀英（作为徐州市非物质文化遗产传承人，尤其是受到习总书记的接见和鼓励后），和她的"王秀英中药香包"既吸引了更多的村民学习香包制作技艺，也带来了大量的香包订单和前来购买的顾客，为马庄香包的发展树立了良好的品牌。在销售模式方面，马庄香包以线上线下相结合的销售方式，即"线下为主促进销量、线上为辅铺开销路"的双线销售路径进行宣传销售。一方面，在潘安湖国家湿地公园、徐州高铁站等人流量大的景区和场所，马庄香包设立销售点进行品牌推广；集研发、制作、销售、展览、体验为一体的香包文化大院，在增强消费者体验中形成了独特的销售途径。另一方面，利用微信、淘宝等网络平台，马庄香包销售途径不断拓宽，品牌知名度不断提升。

香包+旅游联动，吸引多方市场流量。马庄村东邻潘安湖国家湿地公园、南濒京杭大运河，旅游资源十分优越。马庄村经济转型开始，就树立了"旅游富民"的发展理念。2001年，马庄村集体煤矿关闭后，从地下煤矿产业转到地上的文化立村和旅游发展上。2009年，马庄村成立江苏徐州马庄文化旅游发展有限公司；2012年，潘安湖国家湿地公园建成开放，位于潘安湖西侧的马庄村抢抓机遇、紧跟发展，搭上旅游发展的快速车。2013年，马庄村党委前往著名民俗村——陕西袁家村调研考察，学习其乡村旅游发展经验。结合自身文化基础和资源优势，马庄村建成以马庄民俗文化广场、天下春婚庆创意产业园等为主的观光休闲旅游项目和两汉采摘园、金马山庄等为主的农趣体验旅游项目。同时，具有马庄民俗特色的元宵灯会和民俗庙会每年如期开办，吸引了大批民间手工艺人和旅游者前来展示参观。此外，马庄村积极策划"民俗文化游""生态休闲游""党建教育游"等旅游产品。随着马庄民俗旅游热火朝天地进行和潘安湖国家湿地公园如火如荼地发展，二者相互助推共振。一方面，王秀英香包工作室、香包客栈在潘安湖景区相继落户，更多的游客了解到马庄香包等民俗文化，形成了以潘安湖旅游活动为依托的香包消费市场；另一方面，全国媒体对马庄模式和马庄香包的广泛关注与报道，吸引了来自全国各地的人来马庄参观考

察，也带来了马庄乡村旅游人流量。2018 年，以香包文化为主题的"徐州香包风情小镇"入选江苏第二批风情旅游小镇，标志着马庄香包在文旅融合的双向发展中再上台阶。

香包＋产品创新，满足多元消费需求。徐州是两汉文化的发祥地，汉代时徐州香包工艺便已经出现，经过两千多年的发展演变，逐渐形成了具有徐州地方特色的徐州香包工艺。传统的袋装香包，经流传改良，现已有圆形、心形、方形、水滴形、扇形、元宝形。此外，还有动物、人物等造型。徐州香包色彩丰富，遵循五行配色规律的同时多用暖色调，以红、黄、绿、蓝、白、黑为主，明亮鲜艳不失雅致。2017 年，习总书记带火的"真棒"香包，是马庄村王秀英老人根据生活中插针用的针棒，创作出的长条形香包。此外，王秀英老人还创作了布艺《十二生肖》《金马腾飞》《牧童短笛》《中国梦》系列作品 300 余件。马庄有专业的香包产品研发部门，致力于打造与众不同的香包样式品类。同时，工人们有好的想法也会积极反映。除香包外，U 形枕、抱枕儿童玩具等也在构思规划中。传统的香包从刺绣到缝制皆为手工。在快速消费的时代，纯手工的香包制作费时费力，无法满足大量的订单需求。为保持手工制作的精细和匠心，马庄香包上的刺绣主要使用机器批量完成，而填充和缝制都是手工进行。为增强人们对香包的了解和体验，马庄还设立香包制作体验区，消费者可以自己挑选布料，进行制作，一方面让消费者体验到香包制作的乐趣；另一方面使消费者感知非遗手工制品制作的不易，获得良好的购买体验。如今，香包不再只是作为一种佩戴的饰品，也是一种文化符号，成为馈赠亲友的礼品，具有地域特色的文创纪念品、伴手礼。

四　推进马庄香包产业高质量发展的建议

马庄香包的成功为传统技艺和美术类非物质文化遗产开创了一条可借鉴可复制的文旅融合发展路径。通过非遗品牌的树立提升了地区的知名度和美誉度，创造了良好的社会效益，也为非遗产业化发展提供了模式上的参考。

但同时，快速发展的马庄香包，也需要考虑科学规划、内涵挖掘、产业完善等问题。

制定科学规划，勿求速求全。2017 年习总书记的访问，为马庄和马庄香包带来了巨大流量和广泛关注。香包文化大院、香包小镇、香包文化节都是在这一时间节点建成或成立的。随着马庄香包产业的不断扩大，建立更大的生产销售空间、举办更具规模的香包推介活动是必要的，但在这一过程中，要避免选址、设计等造成资源不合理利用和资源浪费现象。为此，需要邀请专业团队，进行科学的、符合实际的规划编制，科学合理地扩大香包产业规模，切勿为追求眼前的利益而搬上不符合当前生产能力和市场需求的项目。

深挖香包内涵，勿浅尝辄止。无论是非遗传承人王秀英老人还是其他从事香包制作的手工艺人，限于当时的社会环境，大多受教育程度和文化水平不高。尽管有高超的技艺和坚守的匠心来制作香包产品、传承香包技艺，但她们自身对于徐州香包的历史溯源、文化内涵不能做出深层阐释。非物质文化遗产与普通手工艺品的最大区别是其拥有的历史传承和文化内涵。因此建立香包博物馆，深入挖掘马庄香包、徐州香包乃至中国香包的历史文化内涵，形成独特的文化品牌，使之发挥非物质文化遗产应有的文化魅力，对于马庄香包而言至关重要。

完善产业链条，勿独骑前行。当前，马庄香包制作中重要的一环——中药的原材料大多依靠外界购入，既增加了香包制作的成本，也不利于香包产业链的完整构建。建立中草药种植园，为消费者提供从原材料种植、产品加工制作到销售的体验。实现香包博物馆、中草药种植园、香包文化大院、文创综合体、马庄文化大集等多个空间的协同联动，打造从文化解读、中药种植、材料准备、香包缝制到产品展销的完整香包产业链。并配合马庄村其他民俗活动向消费者提供从纵向到横向延伸的消费体验，构建完善的香包产业链条，不仅有利于香包产业发展壮大，也有利于马庄文化产业乃至马庄整体的发展。

参考文献

曹进、张淑萍:《庆阳香包的文化符号学阐释》,《甘肃联合大学学报(社会科学版)》2007 年第 4 期。

李金娟:《医礼情福:古代香包功能小考》,《敦煌学辑刊》2011 年第 1 期。

翟胜增:《民间工艺传承视角下徐州马庄香包工艺发展途径研究》,《美与时代(上)》2018 年第 8 期。

刘彤瑶:《传统手工艺类非遗生产性保护路径探索——以徐州"曹氏香包"为例》,《人文天下》2019 年第 9 期。

肖雪锋、刘磊:《民俗类非遗品牌的塑造与传播策略》,《当代传播》2018 年第 6 期。

B.26
徐州市民博产业发展报告

张 莹*

摘　要： 徐州民博产业发展呈现相对集中、专题为主、规模不等的特征，典型代表有徐州圣旨博物馆、徐州龟山民博馆、徐州红色教育纪念馆等。徐州圣旨博物馆在全国具有较高的知名度和美誉度。

关键词： 民博产业　民博文化园　民博小镇　徐州市

博物馆一般分为国有博物馆和非国有博物馆，国有博物馆属于事业法人单位，在国内占据着主流地位，其发展历史、规模、藏品数量、质量及影响力都强于非国有博物馆；非国有博物馆即民办博物馆，是指经过文物部门审核，获得民办非企业单位登记管理机关批准许可取得法人资格设立的博物馆，其设立和审核一般由属地进行管理。

徐州厚重的历史和灿烂的文化为徐州民间收藏提供了丰厚的物质基础和多样的收藏题材。改革开放以来，随着人民物质文化生活的不断改善和提高，以徐州为中心的淮海经济区各地民间收藏热度不断提升。各类藏品交易和鉴宝活动经常开展，也助推了民间收藏的发展。民间收藏是民博发展的基础，民办博物馆的发展经历了由自发到自觉发展的过程，进入快速发展阶段。徐州也与全国各地一样各类民博馆发展呈现参差不齐现象，在国家鼓励博物馆多元化发展的政策下，认识、保护和发展民博馆是一个值得社会关注的问题。

---

* 张莹，徐州龟山民博馆副馆长、民进鼓楼区基层委员会主委。

一 徐州民博产业发展基本情况

徐州博物馆按性质分为文物类博物馆、行业类博物馆和非国有（民办）类博物馆。2019 年，在徐州市级行业主管部门登记备案的三类博物馆共 18 家，其中文物类 11 家，行业类 3 家，非国有（民办）4 家，行业博物馆和非国有博物馆的发展已经成为城市博物馆发展的新趋势。

通过对市、县、区文旅局主管业务部门调研，徐州尚未经主管部门备案登记的各类博物馆将近 20 家，它们成为徐州民博产业发展的主体。自 2001 年徐州首家民博馆开业，20 年来徐州民博业总体上发展呈现相对集中、专题为主、规模不等的特征。徐州圣旨博物馆在全国具有较高的知名度和美誉度。

民办博物馆是由民间收藏、民间创办的，依法设立并取得法人资格，向公众开放的非营利性社会服务机构，是公众参与文化遗产保护的重要形式。民办博物馆来源于民，成长于民，服务于民，成为公办博物馆的补充。徐州民博产业主要有民企兴办、个人兴办、国助民办三类。民企兴办是由私营企业自主投资创办和运营的博物馆（如贾汪卧龙泉抗战馆），个人兴办是由个人力量投资创建和经营的博物馆（如圣旨博物馆），国助民办即由国家或政府在资金、土地或场馆建设等方面帮助个人或企业建立的民办博物馆（如龟山民博馆）。

徐州民博产业发展文化基础厚实、政府引导促进有力，由单纯的个人收藏行为逐步发展并转化为社会行为的集中体现。文化基础厚实：徐州地处苏鲁豫皖四省交界处，作为淮海经济区中心的徐州地区文化厚重，民间收藏盛行，历史上流传至今的艺术佳作、民风民俗、文物古迹，特别是汉文化资源和遗存丰富，为民间收藏、整理、展示、传承和民办博物馆的发展提供了物质基础。政府引导促进有力：地方政府重视引导民间收藏，专门在户部山开辟场馆和街道用于民间藏品交易、交流、学习，引导行业协会定期举办民间鉴宝活动，2014～2019 年连续在淮海文博园举办了六届中国·徐州国际文化博览会，成为引领淮海、影响全国的民间工艺产业博览交易平台。政府主管部门对徐州文博市场进行管理，引导其产业化发展、规范化经营。2017年组织全市文物流通市场专项整顿行动，初步评估确定了全市文物商店1家，文物拍卖企业2家，古玩和旧货市场13个，其他经营主体149家。

二 徐州民博产业的典型代表

徐州市目前正常运行的民办博物馆的典型代表为徐州圣旨博物馆、徐州龟山民博馆、徐州红色教育纪念馆（贾汪）。

徐州圣旨博物馆。该馆属于专题性博物馆，位于鼓楼区龟山景区（国家4A级旅游景区）内，占地面积约28000平方米，建筑面积约9500平方米，是一座集收藏、研究、展示、教育、活动为一体的专题性博物馆。其前身是20世纪80年代末周庆明收藏的诰封圣旨及科举文献藏品的专项陈列，2000年，徐州圣旨博物馆成立，原馆面积仅为800平方米。2008年在市政府着力打造龟山汉墓博物馆旅游区的背景下，该博物馆自筹资金，在原馆址北侧新建主陈列楼和点石园两个展区，达到建筑、园林与周围环境的完美结合。主陈列楼由国内著名设计师刘家琨设计，建筑既有传统文化元素，又有现代建筑风格，集外观厚重、环保实用为一体。点石园由沈炳春先生设计，依山而建，园内楼台亭阁、小桥流水，既有江南园林的秀美，又有北方园林的雄奇。两个展区相映生辉、相得益彰，既体现了博物馆陈列展示的功能，又给观众在参观之余提供了休闲娱乐的去处，在中国现代博物馆建筑中可谓珠联璧合，独树一帜。现珍藏文物有1.2万余件（套），展出各类珍贵文物3000余件（套）。馆内陈列基本分为三大主题：《奉天承运》收藏存世圣旨，文辞训雅，字字珠玑；《蟾宫折桂》收藏科举资料，种类齐全，史料翔实；《其藏也周》收藏各类文物，弥足珍贵，蔚然大观。内容丰富的藏品，形成了资料翔实、脉络清晰的圣旨发展史，具有极高的史料价值，填补了一些历史空白，同时从不同侧面展示中华民族绚丽多彩的传统文化，也折射出波澜壮阔、风云激荡的时代变迁。圣旨博物馆高度重视以藏品为依托，开展

综合性的科学研究工作。建馆以来，圣旨博物馆编纂出版了《中国圣旨大观》和《馆藏文物珍品》两部专著，均由上海辞书出版社出版发行，其中《中国圣旨大观》获中国古籍图书奖二等奖。《科举考试中的卷票》《清代黄马褂》《清代妇女冠饰》等多篇论文在国内文博杂志上刊发。博物馆高度注重文博的交流与合作，通过电视、网络、新媒体、全国巡展等多种渠道与方式向社会公众传播和弘扬中国优秀传统文化，在南昌滕王阁、苏州木渎镇、苏州穹窿山开设分馆，与苏州文旅集团合作建立"苏州状元博物馆"。2015年以来，博物馆的"紫气东来圣旨驾到"明清圣旨珍品展和"诏诰天下状元及第"科举文物展两个主题的巡展，已在北京、山东、浙江、四川、福建、江苏等地成功举办，取得了良好的社会效益与经济效益，受到社会各界广泛关注。在传统博物馆转型发展的过程中，圣旨博物馆积极与龟山景区合作，率先通过文旅融合的方式，开展一系列研学、游学等活动，加大社会宣传与社会教育力度，成为社会中活跃的新角色。它还先后与澳大利亚格里菲斯大学孔子学院联合成立"中国文化实践基地"；与中国矿业大学、江苏师范大学、江西科技大学、徐州万科城民主小学、徐州风化街中心小学联合成立校外"实践活动基地"；与朵朵红儿童教育、承德轩教育、大马美术画室、佳艺美术画室等社会教育机构建立了长期合作关系。2016年以来，共开展了200余场社会教育活动，其中每月以节日和重大事件为载体，举办内容丰富、形式多样的特色研学活动，以"参与、体验、快乐、分享"为宗旨，凸显活动的情景性、感染性、实践性和娱乐性，使大家在愉快自然的氛围中参与学习和实践活动，从而激发了大家对传统文化的热爱和认同感，较好地体现出博物馆的功能性。

徐州龟山民博馆。该馆属于综合类性质的博物馆，位于徐州市鼓楼区北部，烽火硝烟古战场的九里山北麓、闻名遐迩的龟山汉墓东侧，是龟山民博文化园的重要组成部分。建筑总面积13579平方米，分地上二层、地下一层，大小展厅共15间。2014年9月龟山民博馆对公众免费开放，拥有完善配套的展厅、库房、多功能会议洽谈室和地下停车场，重要的民间收藏聚集区和文化交流会客厅，较大的民间藏品展示、交流、交易平台，成为淮海经济区现代博物馆的典范，发挥着"龙头"引领作用。徐州龟山民博馆，收藏2000多件（套）藏品，均来自地方民间的收藏大家，集中展现了不同时期的徐州历史风貌和人文精神。目前，对外开放的主要是一楼五个展厅，即萧龙士艺术馆藏品展（面积约430平方米）、驷德堂厅（面积约256平方米）、博藏雅集A馆与B馆（面积约520平方米）、汉襄堂展厅。萧龙士艺术馆的藏品主要是萧龙士先生的字画及其朋友为萧老祝贺类书画；驷德堂藏品以古陶、高古瓷和金铜佛造像为主；博藏雅集展厅云集了十多位收藏家的藏品，包含瓷器、佛头造像、牙雕、徽雕、青铜器、高古玉器等。同时，徐州龟山民博馆紧邻徐州龟山探梅园，与龟山景区遥相呼应，作为重要的旅游资源，其旅游功能日益突出，在鼓楼区创建全域旅游的过程中，成为文化旅游吸引力的重要载体、创建全域旅游N+的必要节点。

徐州运河支队抗日纪念馆（贾汪）。该馆属于红色教育纪念馆，2009年创建，2011年底开放，先后建成了淮海民俗馆、红色记忆收藏馆、徐州会战纪念馆、贺成美术馆等六个馆，总建筑面积达8000平方米，年均参观人数10万人次。其中徐州会战纪念馆是反映抗战时期正面战场22场大会战之一的文物场景式纪念馆，收藏各类抗战文物上万件。卧龙泉民办馆主要服务内容为企业和基层党建团建活动。

三　徐州民博产业的发展展望

当前，民博产业发展面临的主要问题：一是身份定位制约民办馆发展。民办博物馆定位大多是民办非企业单位，在规划、土地使用、扶持资金等方面与国有博物馆相差甚远。定位制约市场经济下民办博物馆的生存空间，导致其经营困难，所以许多民办博物馆一直不进行登记注册。二是扶持政策的落实不到位。国家文物局出台了《关于进一步推动非国有博物馆发展的意见》，但市场经济下的社会发展迅速，政策未能与时俱进，因此解决不了现实问题。建议作为具有地方立法权的徐州市出台扶持民博收藏产业发展的政策法规。三是经营比较困难。民博馆普遍规模小，市场意识不够，不注重宣

传推广，知名度低，经营起来困难。四是人才不足。民博馆多是从民间收藏起步，收藏人员很难具有馆藏文物的展示、规划、设计等专业知识，加上数字化发展需要，对馆藏文物的展示提出了更高的要求，而民博馆缺乏专业人才的加盟。五是民博馆谋求经济效益的目标制约其发展。民办馆由于投资主体需要，更多地关注经济效益，鉴于其规模和数量有限，其藏品的权威性容易引起社会的质疑，进一步阻碍其发展。因此民博馆在关注经济效益的同时，应逐步强化社会效益，更多参与到社会活动中，融入本地经济发展主题，延伸和扩大发展空间，争取纳入政府发展规划，通过产业化以获取更广阔的发展前景。

徐州民博产业发展展望。徐州民博产业的发展需要政府的进一步引导和支持，以便更好地服务徐州淮海经济区文化中心的发展。徐州市鼓楼区通过龟山云创文旅小镇（龟山民博小镇）的建设，来推动民博产业的集聚发展和解决土地供给、政策服务等相关问题。民博小镇建设被纳入徐州市政府"三重一大"项目、城建重点工程，核心区占地1352亩，由清华大学整体规划设计。其包括龟山核心景区、龟山民博文化园、艺术家村落、商业居住配套等功能区；与九里山风景区、丁万河水利风景区、白云洞（寺）、植物园等项目融为一体，集文物展示、文化交流、创意研发、学术研究、休闲娱乐和观光旅游等多种功能于一体，形成徐州城市博览聚集区、文化产业创新区、城市旅游核心区及现代人文示范区，在彰显徐州"汉"文化特色的同时，融合现代元素，形成高端、时尚的人文聚集地，并推进国家5A级旅游景区创建。

圣旨博物馆以创建国家三级博物馆为总目标，针对藏品和特定专题，组织专家和专业人员进行研究，通过展览、出版、讲座、活动等形式呈现给社会公众，被誉为"皇牍文化教育"的第二课堂。从藏品征集、开放服务、社会参与、标准化建设等方面，不断提升发展，凸显行业引领作用。

龟山民博馆充分依托鼓楼区建设龟山民博文化园的相关配套工程，培育城市文化新地标。龟山民博文化园是以民间藏品展示、交流、交易为主体，同时兼具旅游、教育、休闲等功能的综合性文化产业园区，目标是建成淮海经济区具有较大影响力的文化产业园区，能够与淮海文博园良性互动、错位发展，形成南有淮海文博园、北有龟山民博文化园的徐州文博产业发展格局。

徐州运河支队抗日纪念馆通过合作发展计划，在卧龙泉景区内再建周梅森影视文学艺术馆、徐州民间汉画像石收藏馆、古陶艺术馆、茶具收藏博物馆和古木家具博物馆五个馆，打造形成区域性的文化展示中心。

参考文献

张国超：《我国民办博物馆的发展现状、问题与对策》，《江西社会科学》2011 年第 4 期。

《关于进一步推动非国有博物馆发展的意见》（文物博发〔2017〕16 号），2017 年 7 月 17 日。

《关于促进民办博物馆发展的意见》（文物博发〔2010〕11 号）。

董丽娜：《博物馆文本英译的语用等效研究——以徐州圣旨博物馆为例》，《湖北第二师范学院学报》2016 年第 4 期。

Abstract

This book is composed of four Parts: General Report, Special Report, City Report and Case Report.

The first part is the General report. Firstly, it systematically explains the basic connotation and theoretical development of culture and tourism integration; secondly, it summarizes the development trend of the cultural industry and tourism industry in Huaihai Economic Zone, as well as the carrier construction including beautiful villages, characteristic towns, one park and two areas and key tourism villages; at the end, it puts forward the strategic orientation of promoting the integration of culture and tourism in Huaihai Economic Zone.

The second part is the Special Report. Firstly, it summarizes the establishment of Huaihai Economic Zone and the development progress of regional cooperation. Then it mainly analyzes the development trend of cultural industry and tourism industry in Huaihai Economic Zone, and measures and forecasts the integration of culture and tourism in the region. In the final specialized analysis, it focuses on the development of the material cultural heritage , the intangible cultural heritage, scenic spots, cultural events of the latest three years, beautiful countryside and feature towns, the construction of rural complex integration modern agriculture industrial park and rural industry integration and development demonstration zone in the Huaihai Economic Zone, makes the development direction clear and puts forward countermeasures or suggestions.

The third part is the City Report. It introduces respectively 10 cities in the Huaihai Economic Zone, such as Xuzhou, Lianyungang, Suqian, Shangqiu, Suzhou, Huaibei, Jining, Heze, Zaozhuang, and Linyi, summarizes the development trend, key construction projects, brand image construction, theme activities and urban characteristics of urban culture and tourism integration from 2018 to 2019, and puts forward suggestions and strategies for promoting the integration in view of the problems.

The fourth part is the Case Report. The first case is to explore the cultural inheritance, protection and utilization of two towns in the Grand Canal cultural belt of Huaihai Economic Zone, Taierzhuang and Yaowan ancient towns. The second case is to probe into the development process and mode of the intangible cultural heritage of MaZhuang Sachet Industry. The last case is based on the development of Xuzhou Folk Expo industry.

The 2020 Huaihai Blue Book can be used as reference for the decision-making of local governments at all levels, especially the local governments in Huaihai Economic Zone, to promote the integration of culture and tourism development according to local conditions, provide strategic support for the planning, regional layout and investment decisions of various cultural industries and tourism industries, and also provide objective third-party data for consumers of culture and tourism industry to choose culture and tourism destinations and related industry projects.

Keywords: Cultural and Tourism Industry Integration; Cultural Industry; Tourism Industry; Huaihai Economic Zone

Contents

I   General Report

Abstract: This paper systematically explains the basic connotation and theoretical development of culture and tourism integration, summarizes the development trend of culture and tourism industries in Huaihai Economic Zone, and introduces the carrier construction including beautiful villages, characteristic towns, one park and two areas and key tourism villages. The research finds that the culture and tourism integration in Huaihai Economic Zone is in the stage of collaborative development and integration, the regional tourism is transforming itself from industrial upgrading to culture and tourism integration, the regional culture and tourism brand is transforming from city image to Huaihai culture and tourism destination, and the regional culture and tourism marketing is transforming from individual city marketing to regional tourism alliance promotion. The strategic orientation of promoting the integration of culture and tourism in Huaihai Economic Zone is to deeply integrate the national strategies including " Grand Canal Cultural Belt" and "Yellow River Cultural and Ecological Belt", and build a new development pattern of "two highlands, one pole", "two axes, two belts" and "multiple nodes"; to strengthen the top-level design and establish a regular consultation and coordination mechanism; to build key projects and restructure the product system of culture and tourism integration.

Keywords: Cultural and Tourism Industry Integration; Cultural Industry; Tourism Industry; Huaihai Economic Zone

II   Special Reports

B. 2   Establishment and Development of Huaihai Economic Zone

Gu Yuncheng, *Sun Junling and Li Yongmei* / 023

Abstract: Huaihai Economic Zone, as one of the earliest inter-provincial economic cooperation organizations in China, has experienced the period of 20 member cities' horizontal joint development, the period of 8 member cities' integration construction and the period of 10 member cities' coordinated development. At present, The Huaihai Economic Zone is in the critical period of comprehensively deepening coordinated development. It has encountered the opportunity of transformation development speed-up and overall high-quality development. The regions collaborate with each other for continuous development in diversified fields and vast space.

Keywords: Transverse Joint; Urban Integration; Huaihai Economic Zone

B. 3   Report on the Cooperation and Development

in Huaihai Economic Zone

Che Bingqing, *Shen Zhengping and Wu Jianxing* / 039

Abstract: Since the Huaihai Economic Zone was established, there are five stages in the evolution of regional cooperation: horizontal combination, depth expansion, image building, core polarization, strategic planning. The field of cooperation is changed from economic construction to social development, while the subject of cooperation is changed from government departments and organizations to enterprises and markets, the level of

cooperation is from horizontal connection to in-depth development, and the effect of regional cooperation is constantly expanding and strengthening. The research on regional cooperation in Huaihai economic zone reflects the process of changing from qualitative description to quantitative revelation, from competition to cooperation, from difference to interaction, and from macro scale to micro scale. Based on the perspective of new national development strategy, the trends of regional cooperation research in Huaihai economic zone will be regional spatial integration, regional urban agglomeration integration, regional collaborative development and urban-rural integration.

Keywords: Regional Cooperation; Collaborative Development; Huaihai Economic Zone

B.4　Report on the Cultural Industry of Huaihai Economic Zone

Meng Zhaoyi, Han Yutong and Feng Biao / 051

Abstract: The cultural industry in the Huaihai Economic Zone begins to take shape with basically complete categories and its layout is being completed gradually in the competitions of enterprises in the park. It has accumulated a lot of experience during the development on quality improvement for the brand building, on the scale expansion for the culture and tourism integration, on the remodelling for the Internet +, on the motivation increase for the attracting of investment, and on the intensive cluster for the park planning. To overcome the shortcoming, such as low overall level, obvious regional differences, obvious structural convergence, traditional industry dominance, weak development coordination, weak product competitiveness, unfavorable resource utilization, and disjointed culture and tourism integration, we propose the ways for development by improving the structure, enlarging the scale, optimizing the distribution, and clustering and put forward the strategies, including diversification of attracting investment, intensification of cultural industry parks, normalization of platform connections, and diversification of brand marketing.

Keywords: Huaihai Economic Zone; Cultural Industry; High-quality Development

B. 5   Report on the Tourism Industry in Huaihai Economic Zone

Shi Chunyun, Jiang Qiao and Shen Shikun / 065

Abstract: There had been more than 387 scenic spots with the level over AAA in Huaihai Economic Zone by the end of 2019. The tourism consumption was increased year by year with the increase of visitors from both home and abroad. At present, there are some problems in the development of tourism industry: the overall low level of tourism development, slow growth in the dominant domestic tourism market, sluggish development of inbound tourism, initial integration of culture and tourism. Therefore, some countermeasures are put forward as follows: setting the tourism as an important path for the future industrial poverty alleviation, laying the foundation for tourism with the rapid development of service industry, opening the opportunity for the development of tourism in the region by the increase of residents' disposable income, speeding up tourism spatial cooperation based on the interchange of infrastructure in the region, and making the integration of culture and tourism as the core driving force for the sustainable development of tourism.

Keywords: Tourism Industry; Tourism Consumption; Huaihai Economic Zone

B. 6   Measurement and Forecast of the Integration

of Culture and Tourism in Huaihai Economic Zone

Hu Tinghao, Yu Muxi / 082

Abstract: Taking 10 cities in the Huaihai Economic Zone as the research object, this paper uses the Herfindahl-Hirschman index method and the GM (1, 1) gray forecast model to measure and forecast the current development status and future development trends of culture and tourism integration in the Huaihai Economic Zone. The research is based on the data related to the culture and tourism industry from 2011 to 2019. It is found from the study that the current integration of culture and tourism in the Huaihai Economic Zone is at a medium-

to-high level of integration. Among the 10 cities, Linyi and Xuzhou have the highest level in the culture and tourism integration, while Heze, Suqian and Shangqiu are not so high. During the 14th Five Year Plan period, the integration of culture and tourism in the Huaihai Economic Zone will steadily increase year by year and present good development trend.

Keywords: Cultural and Tourism Integration; Herfindahl-Hirschman Index Method; Gray Forecasting Model; Huaihai Economic Zone

B.7 Report on the Tourist Attraction Development in Huaihai Economic Zone

Wang Zhonghua, Wang Yucan and Huang Qingxiang / 090

Abstract: There are 6 5A scenic spots and 113 4A scenic spots in Huaihai Economic Zone. There is great difference in the distribution of number, type and level of different tourist attractions in different cities. Generally, the overall distribution characteristics of Jiangsu—Shandong Province is higher than that of Henan and Anhui Province. There are more than 100 A-level scenic spots in both Linyi and Jining. The trend of the scenic attraction development shows the transition from scenic spot construction to the establishment of regional tourism demonstration area, from urban individual marketing to the promotion of regional tourism association, from upgrading from scenic spots to culture and tourism integration development.

Keywords: Scenic Spots; Type of the Scenic Spot; Regional Tourism Association

B.8 Report on the Development of Material and Cultural Heritage in Huaihai Economic Zone

Li Yinde, Shen Shan and Si Ran / 102

Abstract: There are plentiful physical cultural heritage in Huaihai Economic

Zone. It has 2 world cultural heritage sites, 4 national historical cities, 7 provincial historical cities, 119 national officially protected monuments and sites, 634 provincial officially protected monuments and sites, 2 famous Chinese historical and cultural villages and 29 traditional Chinese villages. We will protect, inherit and utilize the physical cultural heritage by scientific planning, laws and regulations, interaction between departments, integration, and thematic activities.

Keywords: Physical Cultural Heritage; Officially Protected Monuments and Sites; Historical Cities, Historic Town (Village); Chinese Traditional Villages

B. 9 Report on the Intangible Cultural Heritage
in Huaihai Economic Zone

Zhang Zhongmou, Shen Shan and Si Ran / 118

Abstract: In the Huaihai Economic Zone, there are 1 representative intangible cultural heritage of humanity, 83 national intangible cultural heritage and 403 provincial intangible cultural heritage. The protection and development of intangible cultural heritage will be guaranteed by the "projects and successors under the national planning", the "thematic activities enhancing the influence of intangible cultural heritage", and the "laws and regulations promoting the inheritance and innovation of intangible cultural heritage protection". The protection, utilization of the intangible cultural heritage means a lot to the sustainable development of China and even the earth. Therefore, promoting the integration of intangible cultural heritage and other industries is the basic way for the innovative development of intangible cultural heritage in the future.

Keywords: Intangible Cultural Heritage; Grand Canal Cultural Belt; Intangible Cultural Successor

B.10　Report on the Development of Cultural Events

in Huaihai Economic Zone　　*Wang Zhongzhi*, *Ma Yue* / 135

Abstract: This paper sorts out the major cultural events which have been organized in 10 cities during the recent 3 years in the Huaihai Economic Zone, and explains their types and organizational forms, including major festival activities, regional cultural heritage exhibition activities, sports events and regional cooperation alliances. It also summarizes 8 hot cultural events that affect the development of culture and tourism integration in the Huaihai Economic Zone.

Keywords: Cultural Events; Hot Spot Analysis; Huaihai Economic Zone

B.11　Report on the Development of Beautiful Villages

and Characteristic Towns in Huaihai Economic Zone

Qiu Fangdao, *Gao Qingshuai and Wei Zhongyin* /143

Abstract: Huaihai Economic Zone focuses on the industrial development and promotes the construction of "one village, one product" professional demonstration villages. 109 villages and towns have been listed in the national "one village, one product" professional demonstration villages and towns directory. Efforts have been made to improve the environment and accelerate the construction of "China's beautiful leisure villages", and 20 villages have been recommended as China's beautiful leisure villages. The zone also lays emphasis on the cultivation and display of characteristic towns. 8 towns have been listed in the national characteristic towns directory. This paper puts forward suggestions, including planning guidance, industrial support, standardized construction of beautiful countryside, industrial guidance, cluster agglomeration, and brand marketing for characteristic towns.

Keywords: Industrial Demonstration Village; One Village One Product; Beautiful Leisure Village; Characteristic Town

B. 12　Report on the Development of Rural Complex and Modern
　　　　Agricultural Industrial Park in Huaihai Economic Zone
　　　　　　　　　Cui Yongwei, *Shen Shan and Wei Pengkun* / 168

Abstract: This paper explains the origin and concept of rural complex, modern agriculture demonstration garden industrial park, and rural industry integration development, analyzes the naming, basic situation, development and construction objectives of the three national parks in Huaihai Economic Zone, and puts forward that the rural complex should pay attention to the inheritance of culture, the environment of the characteristics of regional and reveal; The construction of modern agricultural industrial park should be based on the cultivation of leading industries, establishment of agricultural brands, construction of scientific research platforms and industrial complexes. The development orientation of demonstration parks for the integration of rural industries should be emphasized on the construction of the whole industrial chain, the multi-function polymerization, the construction and improvement of interest connection mechanism, and the monitoring, evaluation and demonstration effect.

Keywords: Rural Complex; Modern Agricultural Industrial Park; Demonstration Park for Integration of Rural Industries

Ⅲ　Urban Reports

B. 13　Report on the Integration of Culture and Tourism
　　　　in Xuzhou City　*Zhao Huiyong*, *Shen Shan and Wang Yucan* / 182

Abstract: The integration of the cultural and tourism industries in Xuzhou will keep the increasing supply of products, the new vitality in the integration, the display of cultural heritage in an all-round way, the promotion of "culture and tourism + publicity", the creation of quality products and an intelligent tourism platform, the service environment optimization, the establishment of global tourism, and the healthy

development of culture and tourism focusing on cultural heritage and ensuring the integration. In view of the insufficient integration of culture and tourism and other problems, this paper puts forward suggestions as follows: 1. Pushing forward the project reorganization; 2. Constructing the product system of the integration of cultural and tourism; 3. Implementing the "culture and tourism +" project; 4. Constructing the new mechanism of the integration of cultural and tourism; 5. Building an integration platform; 6. Building a highland for integration and development of Huaihai culture and tourism; 7. Sticking to the strategy of regional coordinated development; 8. Building an open, integrated and shared regional development pattern.

Keywords: Integration of Culture and Tourism; Inheritance of Chinese Culture; XuZhou City

B. 14　Report on the Integration of Cultural

　　　and Tourism in Lianyungang City　*Xu Mei, Wang Yucan* / 196

Abstract: The developing situation of the integration of the culture and tourism industries in Lianyungang is presented by the new pattern of projects in the advancement, the event planning, the culture and tourism festival brand, the fine creation, the inheritance and motion of local fine traditional culture, the system construction, the protection and inheritance of cultural heritage, the consolidation of the position and the improvement of the system of public cultural services. In view of the inadequate integration of cultural and tourism, this paper proposes strategies, including the scientific planning, the in-depth integration of culture and tourism, ideas enhancement, constant innovation of featured tourism product projects, expansion of space, deep construction of tourism resources development, precise positioning, tourism brand publicity, publicity, and promotion of city image.

Keywords: Integration of Cultural and Tourism; Lian Yungang City; Huaihai Economic Zone

B.15   Report on the Integration of Culture and Tourism

in Suqian City   *Shi Fei , Si Ran and Huang Qingxiang* / 205

Abstract: The integration of Suqian culture and tourism industry shows good trend: building culture and tourism brand, building the leading projects, improving the service facilities, extending the industrial chain, holding the theme sensation, promoting the high-quality routes, developing the night tourism, building the night economic belt, enriching the publicity forms and learning the advanced experience. In view of the small scale of integration of culture and tourism, this paper proposes strategies including continuously polishing the fame of the city, increasing the visibility and reputation of the city, deeply cultivating local traditional culture, focusing on the construction of intangible cultural heritage traditional system, standardizing the order of the tourism market, and improving the level of public services.

Keywords: Xiang Yu's Hometown; Night Economic Belt; Suqian City

B.16   Report on the Integration of Culture and Tourism

in Shangqiu City   *Li Xuexin , Si Ran* / 217

Abstract: The integration of culture and tourism in Shangqiu city shows the trend of leading by the culture and tourism brand, developing new business forms, building high-quality goods line, and exploring the night economy of culture and tourism and the popularization of art. In view of the problems in the integration of culture and tourism, some suggestions are put forward, such as cultivating culture and tourism brand, improving the supporting facilities, inheriting the excellent culture, protecting and developing the resources, extending the industrial chain and developing the culture and tourism formats.

Keywords: Integration of Culture and Tourism; Han Dynasty Cultural Scenic Spot; Shangqiu Ancient City

B.17　Report on Integration of Culture and Tourism in Suzhou City

Tao Yuguo, Ma Yue and Wei Zhongyin / 228

Abstract: The integration of culture and tourism in Suzhou is presented by the key project, the regional tourism, the establishment of online platform, pear blossom festival, cultural and creative product development, Liu Bang and Lingbi strange stone, high quality routes, and the culture and tourism highland. In view of the inadequate integration of cultural and tourism, this paper puts forward strategies, including developing the regional alliance, building the famous culture and tourism cities, paying attention to brand promotion, enhancing the popularity of "Canal Famous Cities: Cloud City Suzhou", cultivating and supporting the leading enterprises, leading the integration of culture and tourism, bringing forth the new through the old and enriching the connotation of culture and tourism integration.

Keywords: Culture and Tourism Integration; Global Tourism; Suzhou City

B.18　Report on Integration of Culture and Tourism

in Huaibei City　　　　*Yu Muxi, Ma Yue and Jiang Jiani / 238*

Abstract: At the present stage, the culture and tourism integration development of Huaibei City presents a good situation: the cultural heritage protection is standardized and orderly, the culture and tourism park construction highlights are frequent, the publicity and marketing effect is obvious, the quality lines are upgraded, and the new business forms are booming. To further improve the development level of cultural tourism integration in Huaibei City, this paper puts forward the promotion strategies of scientific planning, guiding the development of cultural tourism integration, adjusting measures to local conditions, highlighting the characteristics of cultural tourism integration, paying attention to propaganda, strengthening the city's brand image, integrating resources and striving for policy support.

　　Abstract: The development of the integration of culture and tourism in Jining shows the trend of insisting the brand orientation, the design of special cultural activities and characteristic line; inheriting the excellent traditional culture, promoting the development of double creative; innovating the products, nurturing new forms; building the culture and tourism characteristics of villages and towns, promoting the rural eco-tourism; establishing the research base, promoting the protection and utilization of cultural heritage. In view of modern culture and tourism program uner cultivation, insufficient Confucianism brand heritage, the start-up of economic construction of night culture and tourism, the urgent demand of urban dynamic excitation, we need to take actions, such as focusing on the integration development of culture and tourism, cultivating the culture market; paying attention to traditional culture of double creative, promoting the construction of project; focusing on literature and art high-quality goods, deepening the marketing promotion; and improving the construction of public service and urban vitality.

　　Keywords: Integration of Culture and Tourism; Night Tour; Ji Ning City

　　Abstract: The development of the integration of culture and tourism in Heze shows the development trend of leading by planning, promoting the theme activities; leading by project construction, accelerating the industrial integration; brand marketing and market integration; utilization of cultural relics and intangible

cultural heritage of inheritance, helping the rural revitalization, constantly improving the supply and innovation public services. In view of the inadequate integration of culture and tourism, this paper puts forward the following strategies: sticking to problem oriented, taking prospective planning and implementing key tasks; promoting the construction of key projects, constantly strengthening the development of the brand resources; enhancing the level of public services and the innovation production of art products; protecting cultural heritage of inheritance with effective utilization and recreation; constructing the intelligence communication platform and promoting the prosperity of the cultural market.

Keywords: Integration of Culture and Tourism; City of Peony; He Ze City

B.21 Report on the Integration of Culture and Tourism in Zaozhuang City

Sun Tiansheng, Wei Pengkun and Wei Zhongyin / 273

Abstract: The integration of culture and tourism in Zaozhuang shows the trend of planning, optimizing the spatial pattern of culture and tourism development, promoting marketing, building a high-quality culture and tourism product system, benefiting the people with culture, displaying customs and telling zaozhuang stories well, transforming the business format and promoting the mass entrepreneurship and innovation development of world heritage. In view of the insufficient integration of culture and tourism, the paper proposes the implementation of brand strategy, the construction of high-quality tourism brand system, the leading of major projects, the promotion of culture and tourism industry cluster construction, the integration of industrial factors, the promotion of culture and tourism industry innovation, regional characteristic cultivation, the construction of characteristic scenic spot combination system and so on.

Keywords: Integration of Culture and Tourism; Shandong Style Canal; Ecological; Zaozhuang City

Abstract: Linyi has established the culture and tourism industry as a strategic pillar industry, with the Business Expo as the core brand, built festival and exhibition activities, built the "red + green + yellow" product system, and promoted the in-depth integration of culture and tourism. In view of the insufficiency of integration of culture and tourism, this paper puts forward some strategies for further promoting integration of culture and tourism: strengthening planning and design, cultivating backbone enterprises, building regional brands, improving development quality, and establishing tourism alliance.

Keywords: The Integration of Culture and Tourism; Global Tourism; Lin Yi City

Ⅳ Case Reports

Abstract: As the first World War Ⅱ memorial city in China, a Canal Culture Expo City and tourism and leisure destination, Taierzhuang ancient city is a model for establishing and developing the national tourism demonstration region. Based on the cultural characteristics of Taierzhuang ancient city, this paper summarizes the experience from the following aspects: cultural inheritance and innovation for characteristic development, government's strong support for rapid development, cultural financial innovation for vigorous development, pluralistic brands building for high quality development, propaganda and marketing for various development, integration and linkage of culture and tourism to achieve cluster development. Meanwhile, this paper puts forward the suggestions for

淮海蓝皮书

cultural protection and inheritance: historical and cultural heritage protection, characteristic cultural brand establishment, historical and cultural heritage interpretation and culture and tourism image propaganda.

Keywords: Cultural Heritage; Canal Culture; Taierzhuang Ancient City

B.24 Research on Inheritance, Protection and Utilization
of Cultures of the Yaowan Ancient Town

Wei Zhongyin, Shen Shan, Sun Junling / 302

Abstract: Yaowan Ancient town is the "cultural landmark" of Xuzhou section of the Grand Canal. There are problems in the target orientation and overall development strategy, the organization and core system of cultural space, the activation of regional cultural heritage and the external embodiment of regional cultural spirit, etc. This paper puts forward suggestions on the cultural inheritance and protection and utilization of Yaowan Ancient town from four aspects: target strategy, inheritance of spirit, protection of core and utilization of content.

Keywords: Yaowan Ancient Town; Canal Spirit; Cultural Inheritance

B.25 Report on the Development of Mazhuang Sachet Industry

Meng Zhaoyi, Shen Sizhan, Wang Mengqi / 308

Abstract: Mazhuang, as a typical model of industrial transformation and integration of culture and tourism, is located on the west side of the Pan'an Lake National Wetland Park in JiaWang District, Xuzhou City, Jiangsu Province. It is an industry representative village endowed by cultures and enriched by tourism. Mazhuang Sachet has experienced several phases: exploring, steady development, spanning development, innovation promoting and so on. Development patterns of sachets have been established for Sachets + cultural guidance, brand establishment, tourism linkage and product innovation. To achieve high quality development, Mazhuang should pay more attention to scientific programming, connotation excavation, industry improvement and so on.

Keywords: Intangible Cultural Heritage; Sachet Industry; Mazhuang Village

B.26 Xuzhou Private Museum Industry Development Report

Zhang Ying / 317

Abstract: The development of private museums in Xuzhou is characteristic by agglomeration development, thematic activities and different scales. The typical representatives are Xuzhou Imperial Edict Museum, Xuzhou Guishan Private Museum, Xuzhou Red Education Memorial and so on. Xuzhou Imperial Edict Museum enjoys high visibility and high reputation in China.

Keywords: Private Museum Industry; Private Museum Culture Park; Private Museum Town; Xuzhou City

《淮海蓝皮书·淮海经济区发展研究报告》约稿函

　　为了将本蓝皮书打造成促进淮海经济区协同发展的智库交流平台，淮海蓝皮书编委会诚邀各界专家共同参与，面向淮海经济区区内外各高校、研究机构、政府部门及与区域发展相关的企事业单位征稿。

　　《淮海蓝皮书·淮海经济区发展研究报告》为年度报告，年度主题选择为"文旅融合""区域协同""城乡融合""数字淮海"等，基本结构为总报告、专题报告、城市报告、案例报告、发展借鉴等。编委会将根据年度主题和稿件情况对篇章结构进行适当调整。

　　征稿时间与评审流程：（1）采用编委会约稿和自由投稿相结合的形式；撰稿人应在每年6月30日前提交拟撰写的稿件名称、主题内容、框架结构、调研方法、基本结论，编委会每年7月初召开蓝皮书选题研讨会，对拟撰稿件进行评审。（2）通过评审的选题需于每年9月1日前提交专题研究报告。编委会每年9月初召开蓝皮书内容评审会，对来稿进行评审，并将评审意见通知撰稿人。对录用的稿件，编委会将根据国家相关标准和稿件质量给予稿酬。

　　稿件要求以电子版形式提供，每个主题章节的字数应控制在20000字以内；要求作品严格遵守学术规范，内容无知识产权争议；引用文献、观点、事实和数据应注明来源，网上资料的引用应注明出处以便核实。具体写作规范及体例参见《皮书手册——写作、编辑出版与评价指南（2015）》（http：//www.pishu.cn/xzzq/psgf/）

　　有意参加编撰的专家和学者，请于编委会联系。

联系邮箱：mount87@163.com
联系电话：13615117576　沈老师

《淮海蓝皮书》编委会
2021 年 3 月

社会科学文献出版社

皮 书

智库报告的主要形式
同一主题智库报告的聚合

❖ 皮书定义 ❖

皮书是对中国与世界发展状况和热点问题进行年度监测，以专业的角度、专家的视野和实证研究方法，针对某一领域或区域现状与发展态势展开分析和预测，具备前沿性、原创性、实证性、连续性、时效性等特点的公开出版物，由一系列权威研究报告组成。

❖ 皮书作者 ❖

皮书系列报告作者以国内外一流研究机构、知名高校等重点智库的研究人员为主，多为相关领域一流专家学者，他们的观点代表了当下学界对中国与世界的现实和未来最高水平的解读与分析。截至2021年，皮书研创机构有近千家，报告作者累计超过7万人。

❖ 皮书荣誉 ❖

皮书系列已成为社会科学文献出版社的著名图书品牌和中国社会科学院的知名学术品牌。2016年皮书系列正式列入"十三五"国家重点出版规划项目；2013~2021年，重点皮书列入中国社会科学院承担的国家哲学社会科学创新工程项目。

权威报告·一手数据·特色资源

皮书数据库
ANNUAL REPORT(YEARBOOK)
DATABASE

分析解读当下中国发展变迁的高端智库平台

所获荣誉

- 2019年，入围国家新闻出版署数字出版精品遴选推荐计划项目
- 2016年，入选"'十三五'国家重点电子出版物出版规划骨干工程"
- 2015年，荣获"搜索中国正能量 点赞2015""创新中国科技创新奖"
- 2013年，荣获"中国出版政府奖·网络出版物奖"提名奖
- 连续多年荣获中国数字出版博览会"数字出版·优秀品牌"奖

成为会员

通过网址www.pishu.com.cn访问皮书数据库网站或下载皮书数据库APP，进行手机号码验证或邮箱验证即可成为皮书数据库会员。

会员福利

- 已注册用户购书后可免费获赠100元皮书数据库充值卡。刮开充值卡涂层获取充值密码，登录并进入"会员中心"—"在线充值"—"充值卡充值"，充值成功即可购买和查看数据库内容。
- 会员福利最终解释权归社会科学文献出版社所有。

社会科学文献出版社 皮书系列
SOCIAL SCIENCES ACADEMIC PRESS (CHINA)

卡号：819977914189
密码：

数据库服务热线：400-008-6695
数据库服务QQ：2475522410
数据库服务邮箱：database@ssap.cn
图书销售热线：010-59367070/7028
图书服务QQ：1265056568
图书服务邮箱：duzhe@ssap.cn

S 基本子库
UB DATABASE

中国社会发展数据库（下设 12 个子库）

整合国内外中国社会发展研究成果，汇聚独家统计数据、深度分析报告，涉及社会、人口、政治、教育、法律等 12 个领域，为了解中国社会发展动态、跟踪社会核心热点、分析社会发展趋势提供一站式资源搜索和数据服务。

中国经济发展数据库（下设 12 个子库）

围绕国内外中国经济发展主题研究报告、学术资讯、基础数据等资料构建，内容涵盖宏观经济、农业经济、工业经济、产业经济等 12 个重点经济领域，为实时掌控经济运行态势、把握经济发展规律、洞察经济形势、进行经济决策提供参考和依据。

中国行业发展数据库（下设 17 个子库）

以中国国民经济行业分类为依据，覆盖金融业、旅游、医疗卫生、交通运输、能源矿产等 100 多个行业，跟踪分析国民经济相关行业市场运行状况和政策导向，汇集行业发展前沿资讯，为投资、从业及各种经济决策提供理论基础和实践指导。

中国区域发展数据库（下设 6 个子库）

对中国特定区域内的经济、社会、文化等领域现状与发展情况进行深度分析和预测，研究层级至县及县以下行政区，涉及省份、区域经济体、城市、农村等不同维度，为地方经济社会宏观态势研究、发展经验研究、案例分析提供数据服务。

中国文化传媒数据库（下设 18 个子库）

汇聚文化传媒领域专家观点、热点资讯，梳理国内外中国文化发展相关学术研究成果、一手统计数据，涵盖文化产业、新闻传播、电影娱乐、文学艺术、群众文化等 18 个重点研究领域。为文化传媒研究提供相关数据、研究报告和综合分析服务。

世界经济与国际关系数据库（下设 6 个子库）

立足"皮书系列"世界经济、国际关系相关学术资源，整合世界经济、国际政治、世界文化与科技、全球性问题、国际组织与国际法、区域研究 6 大领域研究成果，为世界经济与国际关系研究提供全方位数据分析，为决策和形势研判提供参考。

法律声明

　　"皮书系列"（含蓝皮书、绿皮书、黄皮书）之品牌由社会科学文献出版社最早使用并持续至今，现已被中国图书市场所熟知。"皮书系列"的相关商标已在中华人民共和国国家工商行政管理总局商标局注册，如 LOGO（ ）、皮书、Pishu、经济蓝皮书、社会蓝皮书等。"皮书系列"图书的注册商标专用权及封面设计、版式设计的著作权均为社会科学文献出版社所有。未经社会科学文献出版社书面授权许可，任何使用与"皮书系列"图书注册商标、封面设计、版式设计相同或者近似的文字、图形或其组合的行为均系侵权行为。

　　经作者授权，本书的专有出版权及信息网络传播权等为社会科学文献出版社享有。未经社会科学文献出版社书面授权许可，任何就本书内容的复制、发行或以数字形式进行网络传播的行为均系侵权行为。

　　社会科学文献出版社将通过法律途径追究上述侵权行为的法律责任，维护自身合法权益。

　　欢迎社会各界人士对侵犯社会科学文献出版社上述权利的侵权行为进行举报。电话：010-59367121，电子邮箱：fawubu@ssap.cn。

社会科学文献出版社